Jörg-Thomas Titz

Pfälzerwald
und Deutsche Weinstraße

Wandern & Einkehren

50 Touren zwischen Kaiserslautern und Elsass

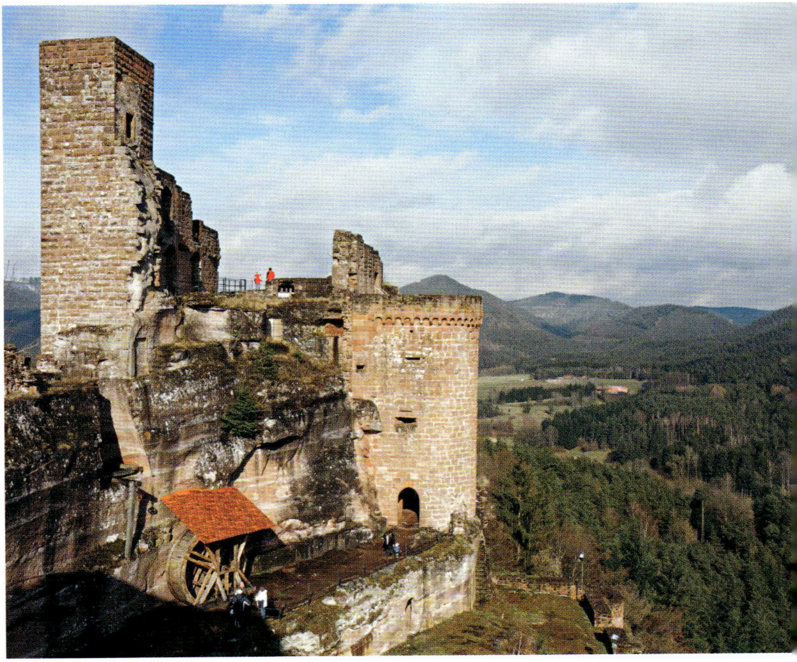

ROTHER
BERGVERLAG

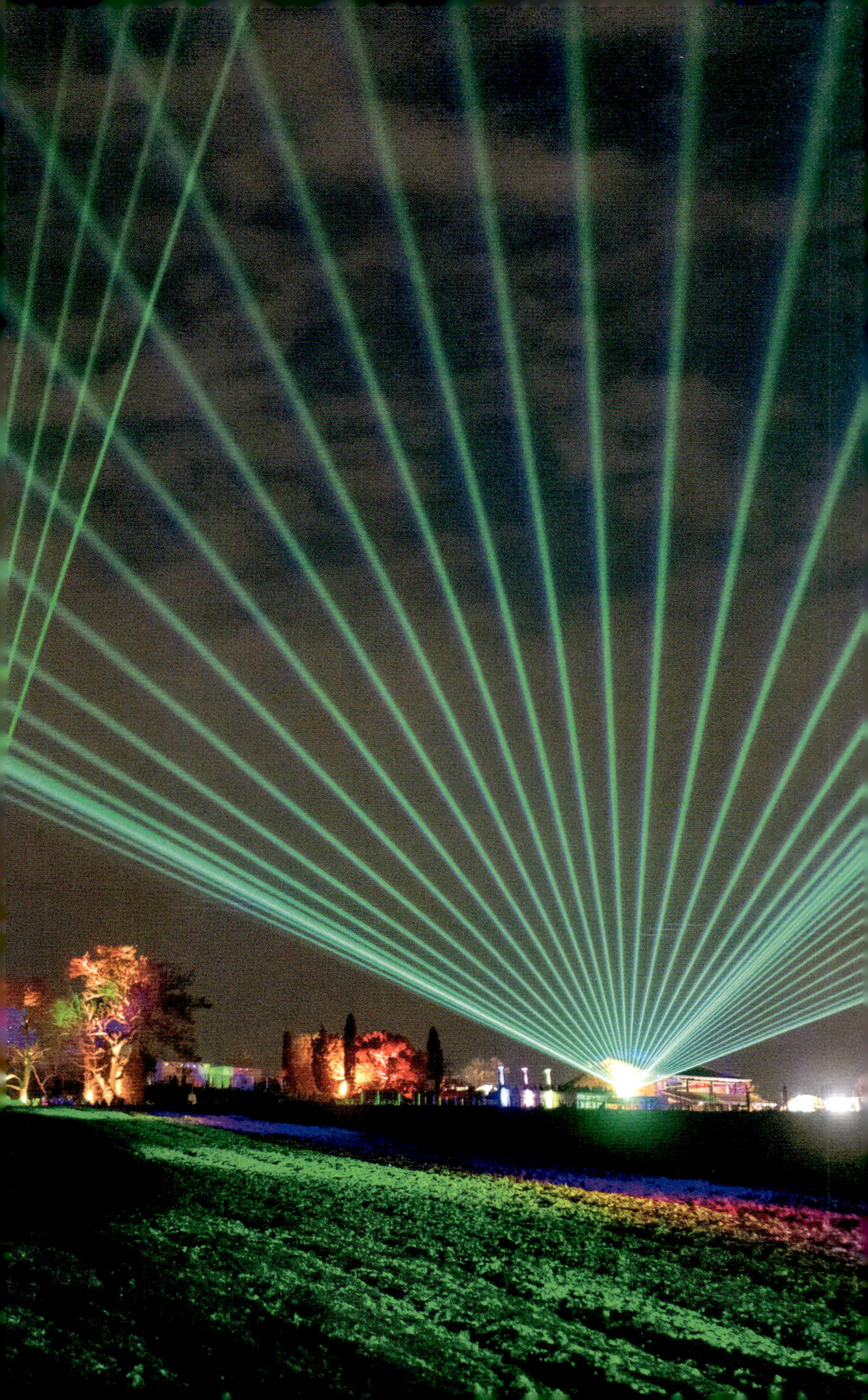

Vorwort

Die 50 Rundwanderungen im Pfälzerwald und in den Weinbergen entlang der Deutschen Weinstraße sind Ausflüge für das Auge und den Gaumen. Meistens wandern wir auf guten Wegen, und was man unterwegs so alles entdecken kann, ist abwechslungsreich und auch für Kinder unterhaltsam. Wir kehren in urigen Hütten ein, in denen die Pfälzer Küche deftig, die Auswahl an Weinen groß und die Atmosphäre locker ist. An den Wanderwegen liegen auch Naturfreundehäuser und Gasthöfe, in denen Wanderer willkommen sind und sich aufwärmen können. So kann selbst eine Winterwanderung bei frostig kalten Temperaturen oder ein verregneter, trüber Tag durch die Einkehr in einem gemütlichen Gasthof zu einem gelungenen Wandererlebnis werden. Auch für Wanderer, die hohe Ansprüche an die Küche und das Ambiente stellen und lieber am Abend nach einer Wanderung schick essen gehen möchten, gibt es kulinarische Empfehlungen.

Der Pfälzerwald ist das größte zusammenhängende Waldgebiet Deutschlands. Charakteristisch für diese Region sind die ausgedehnten Kiefernwälder und mächtige Felsen aus rötlich-gelbem Buntsandstein. In diese Felsen ließen die Stauferkaiser im 12. Jahrhundert trutzige Felsenburgen bauen, deren Ruinen wir auf unseren Wanderungen erkunden. Die Pfalz ist nach Rheinhessen auch das zweitgrößte Weinanbaugebiet Deutschlands. Die Weinberglandschaft am Westrand der klimatisch milden Rheinebene wird die »Toskana Deutschlands« genannt. Hier reifen mediterrane Früchte wie Mandeln, Feigen, Aprikosen und Oliven. Das Rebenmeer erwandern wir auf Teilstücken des Pfälzer Weinsteigs, einem der beiden beliebtesten Premium-Fernwanderwege der Pfalz. Dieser führt uns auch durch viele kleine Weindörfer mit schmucken Fachwerkhäusern und romantischen Winkeln. Auf dem zweiten Premium-Fernwanderweg, dem Pfälzer Waldpfad, durchstreifen wir einsame Waldgebiete mit bizarren Sandsteinfelsen, die auch der Lebensraum von Luchs und Wildkatze sind.

Die Nähe zum Elsass und das geschichtliche Erbe der Region, die einmal ein französisches Departement war und zum Königreich Bayern gehörte, tragen mit zu der Pfälzer Lebensart bei; französisches Savoir-vivre ist nicht zu übersehen. Pfälzer sind gesellig und kontaktfreudig, was man leicht auf einem der vielen Weinfeste erfahren kann.

Beim Wandern wird der Kopf frei, man vergisst für ein paar Stunden den oft turbulenten Alltag und kann neue Kraft schöpfen. Wandern macht Spaß, fördert die körperliche und seelische Gesundheit, erhöht die Kreativität und steigert die geistige Leistungsfähigkeit. Unsere Pfalz ist wunderschön! Es lohnt sich, das von der Natur und der Sonne verwöhnte Land und seine Menschen auf einer Wanderung kennenzulernen. Und es lohnt sich vor allem auch, wiederzukommen.

Ich wünsche Ihnen erholsame Wandertage und gesellige Stunden in einer gemütlichen Hütte oder einem netten Gasthof.

Altleiningen, im Januar 2023 Jörg-Thomas Titz

Laserstrahlen und buntes Licht erhellen die Weinberge bei der Bad Dürkheimer Weinbergnacht.

Inhalt

Der Umwelt zuliebe ...

Auch beim Wandern hinterlassen wir einen ökologischen Fußabdruck, aber im Einklang mit der Natur unterwegs zu sein, ist gar nicht so schwer!

VORBEREITUNG UND ANFAHRT

- Sich vorab informieren, worauf in Bezug auf Natur und Umwelt in der jeweiligen Wanderregion besonders zu achten ist.
- Soweit möglich mit Bahn und Bus anreisen, Wander- und Rufbusse nutzen.
- Ist eine Anfahrt mit dem Auto nötig, Fahrgemeinschaften bilden.
- Bei weiten Anfahrten Mehrtagestouren planen oder von einem Quartier vor Ort aus mehrere Touren absolvieren.
- Flugreisen möglichst reduzieren und durch Beiträge zu Klimaschutzprojekten kompensieren.

KLEIDUNG UND AUSRÜSTUNG

- Beim Kauf von Outdoor-Kleidung auf umweltfreundliche und faire Herstellung achten und Kleidungsstücke möglichst viele Jahre nutzen.
- Ausrüstung kann man eventuell auch gebraucht kaufen oder ausleihen.
- Reparieren statt neu kaufen.

VERPFLEGUNG

- Beim Einkauf Bio-Ware, regionale und saisonale Erzeugnisse bevorzugen.
- Hütten und Gasthäuser auswählen, die regionale Produkte verwenden.
- Auf Einwegflaschen und Plastikverpackungen verzichten, stattdessen wiederverwendbare Trinkflaschen und Brotzeitboxen benutzen.

ÜBERNACHTUNG

- Bei lokalen Anbietern buchen, damit Menschen vor Ort profitieren.
- Auf Hütten und in anderen Unterkünften Strom und Wasser sparen.

UNTERWEGS

- Wege benutzen und Abkürzer vermeiden.
- Sperrungen von Wegen und Schutzgebieten respektieren.
- Keine Blumen pflücken und keine Pflanzen entnehmen.
- Waldbrandgefahr beachten.
- Müll wieder mit nach Hause nehmen und dort entsorgen.
- Toilettengänge in freier Natur möglichst vermeiden.
- Lärm vermeiden.
- Hunde an die Leine nehmen.

ROTHER
BERGVERLAG

Top-Touren

Zum Hambacher Schloss, Wiege der deutschen Demokratie
Wo am 27. Mai 1832 auf dem Hambacher Fest der Ruf nach Freiheit und Demokratie erschallte, führen heute abwechslungsreiche Wanderwege durch den Pfälzerwald *(Tour 14, 4.00 Std).*

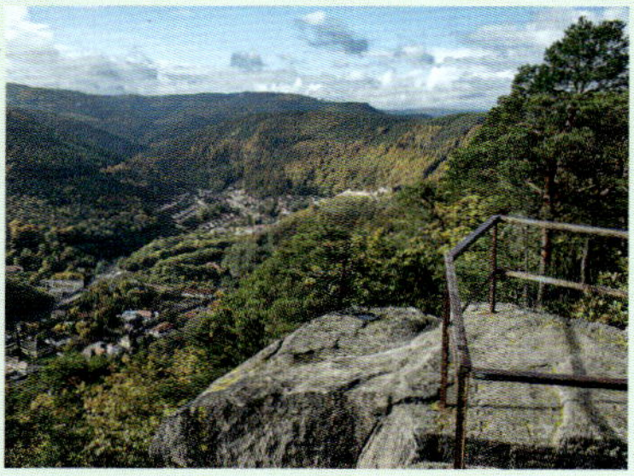

Fachwerkhäuser, Felsenmeer und eine bewirtschaftete Burg
St. Martin ist eines der schönsten Fachwerk-Weindörfer an der Weinstraße. Es wird von der bewirtschafteten Kropsburg überragt, von der wir weiter auf herrlichen Waldwegen zum Felsenmeer auf der Kalmit wandern *(Tour 15, 5.00 Std.).*

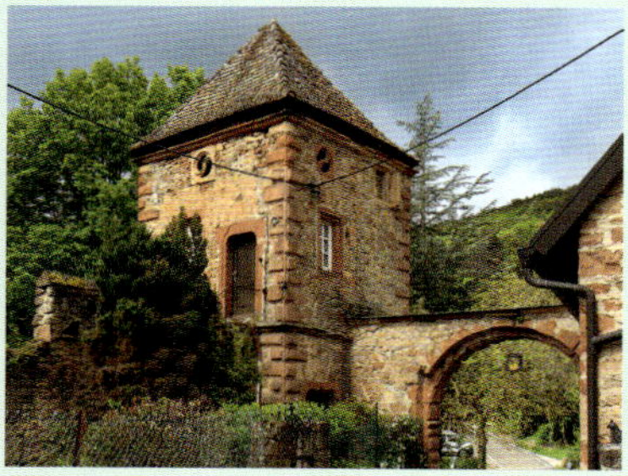

Felsenburgen der Stauferkaiser
Im Trifelsland bei Annweiler stehen auf den Berggipfeln mächtige Burgen und am Waldrand windschiefe Hexenhäuschen *(Tour 24, 3.00 Std.).*

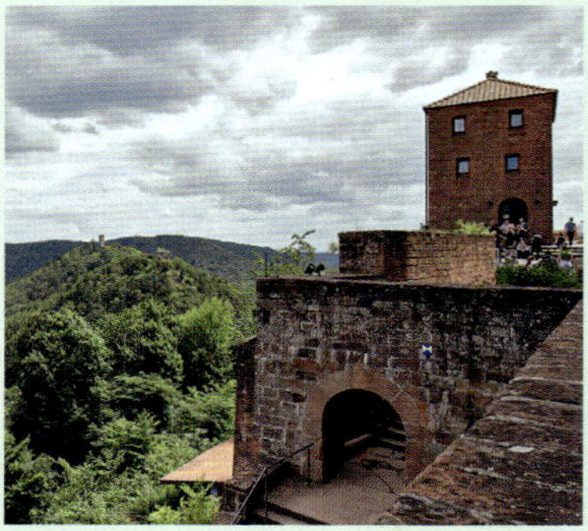

Schönster Aussichtsberg
Von dem 552 m hohen Hohenberg haben wir den besten Blick auf die Burgen Trifels, Anebos und Scharfenberg. Wir wandern vom Weinort Birkweiler dorthin *(Tour 25, 2.45 Std.).*

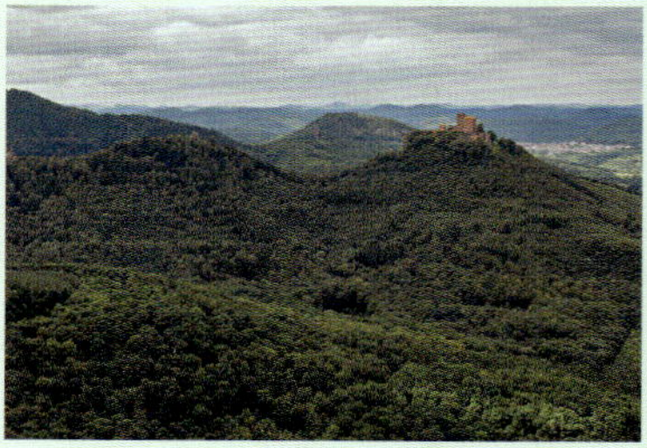

Affenschaukel und Kleine Kalmit
Auf der Ilbesheimer »Affenschaukel« wandern wir vorbei an der »Schönsten Weinsicht« durch die Weinberge auf die Kleine Kalmit *(Tour 26, 3.50 Std.).*

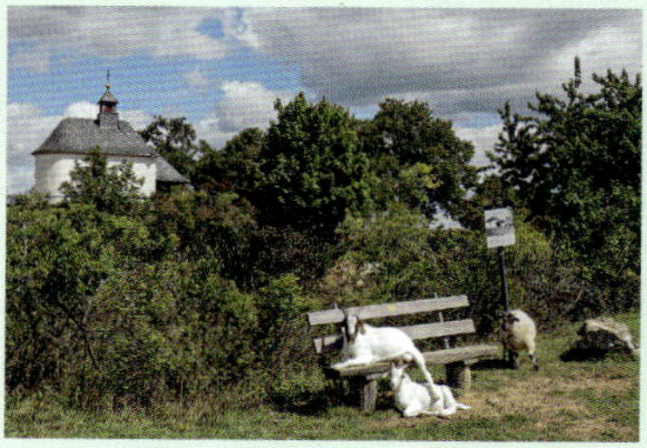

Aussichtsfelsen und ein Paddelweiher
Auf einem Teilstück des Hauensteiner Schusterpfads wandern wir am Paddelweiher vorbei zum Wanderheim Dicke Eiche und genießen den Weitblick von mehreren Aussichtsfelsen *(Tour 30, 3.30 Std.).*

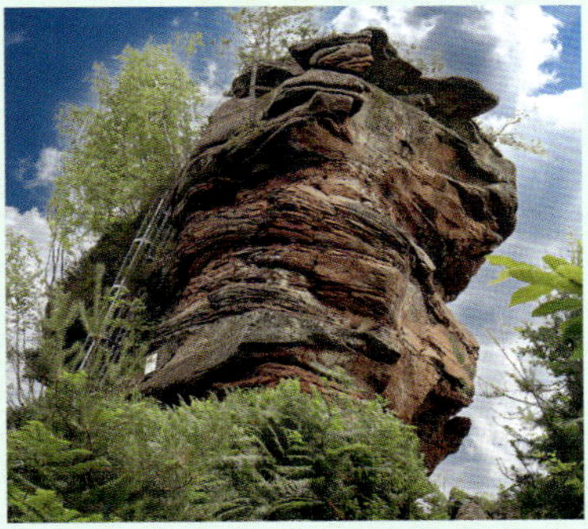

Der Dahner Felsenpfad
Der Dahner Felsenpfad mit seinen schroffen Buntsandsteinfelsen, Aussichtspunkten und verschlungenen Waldwegen gilt als spektakulärster Wanderweg im Pfälzerwald *(Tour 31, 3.00 Std.).*

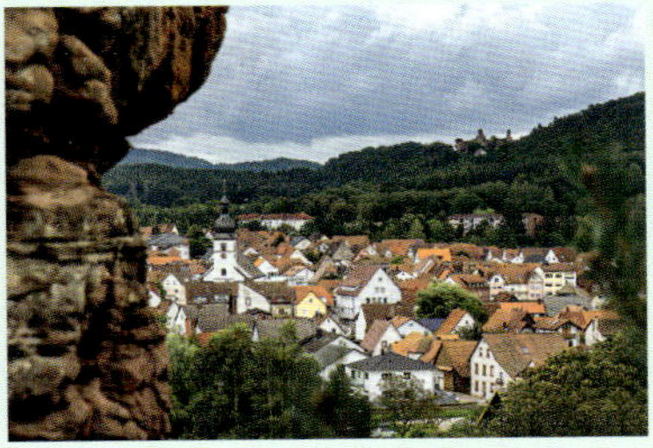

Puhlstein-Tour und Drachenfels
Die Aussicht vom südlichen Puhlsteinpfeiler zählt zwar zu den schönsten im Pfälzerwald, für Kinder ist jedoch der Blick vom Drachenfels mit seinen abenteuerlichen Felsenkammern der Aussichtspunkt Nummer 1 *(Tour 32, 4.00 Std.).*

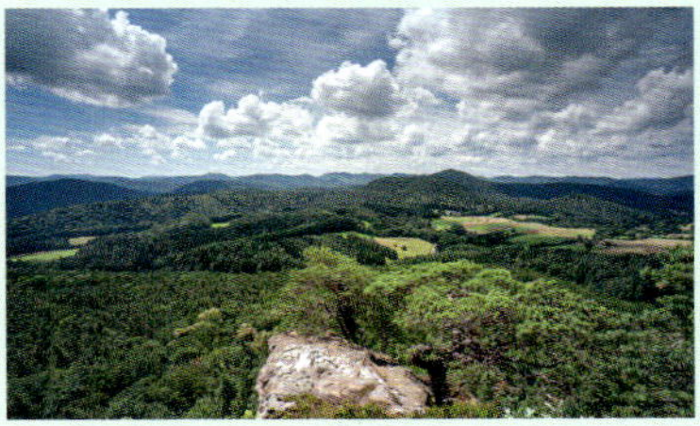

Altschlossfelsen und Diana-Bild
Der Weg, auf dem auch der frühere Bundeskanzler Helmut Kohl gerne wanderte, führt von Eppenbrunn ins französische Roppeviller. Auch er war von den gewaltigen Felsformationen der Altschlossfelsen fasziniert *(Tour 37, 4.00 Std.).*

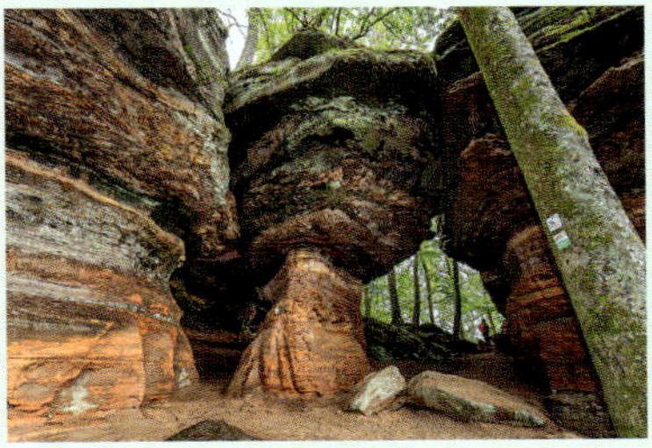

Karlstalschlucht und Industriegeschichte
Im Karlstal bei Trippstadt fließt die Moosalbe durch eine wildromantische Schlucht mit Holzstegen und einem kleinen Pavillon. Karl Josef von Hacke, der hier ein Eisenhammerwerk betrieb, ließ diese 1780 im Stil eines englischen Landschaftsgartens anlegen *(Tour 43, 4.00 Std.).*

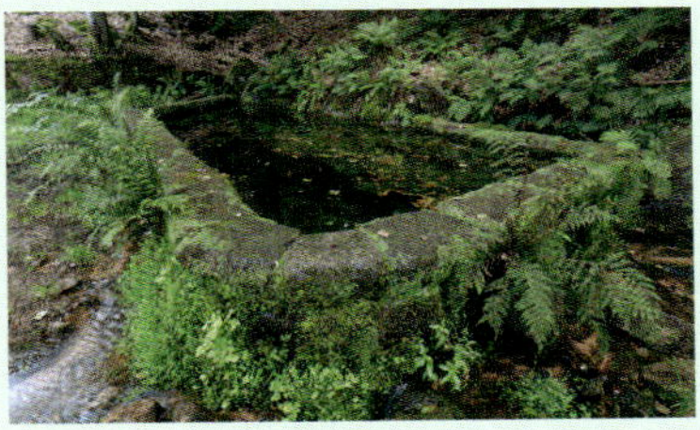

Allgemeine Hinweise

Anforderungen

Alle beschriebenen Touren sind Rundwanderungen von zwei bis fünfeinhalb Stunden Dauer, wobei die meisten zwischen drei und vier Stunden lang sind. So bleibt während eines Wandertags immer genügend Zeit für Besichtigungen und eine Einkehr. Je nach Anforderung sind die Wanderungen in zwei Gruppen eingeteilt. Die Farben bedeuten:

■ **Leicht**

Die Wege sind gut beschildert, deutlich zu erkennen und gefahrlos bei jedem Wetter zu begehen. Sie können auch von weniger Geübten und kleineren Kindern begangen werden.

■ **Mittel**

Die Route kann streckenweise über schmale, steile und bei Nässe rutschige Pfade verlaufen, und die Beschilderung kann lückenhaft sein. Hier wird ein gewisses Maß an Trittsicherheit, Orientierungssinn und Kondition vorausgesetzt.

Gehzeiten

Die angegebenen Gehzeiten sind großzügig bemessen und beziehen sich auf ein durchschnittliches Wandertempo von vier Kilometern pro Stunde auf guten Wegen. Steigungen und schlechte Wege verlängern die benötigte Zeit; dies wurde bei den Zeitangaben berücksichtigt. Beschriebene Abstecher sind in den Zeit- und Entfernungsangaben enthalten, Pausen und Besichtigungen nicht.

Beste Wanderzeit

In der Pfalz kann man das ganze Jahr über herrlich wandern, selbst bei Neuschnee und schlechtem Wetter ist die Region eine Wanderung wert, denn dann herrschen dort ganz besondere Stimmungen. Die Weinberge sind natürlich im Herbst am schönsten, wenn sich das Weinlaub bunt verfärbt. Während der Weinlese ist das Betreten der Wein-

Besonders reizvoll ist es, zur Zeit der Mandelblüte zu wandern.

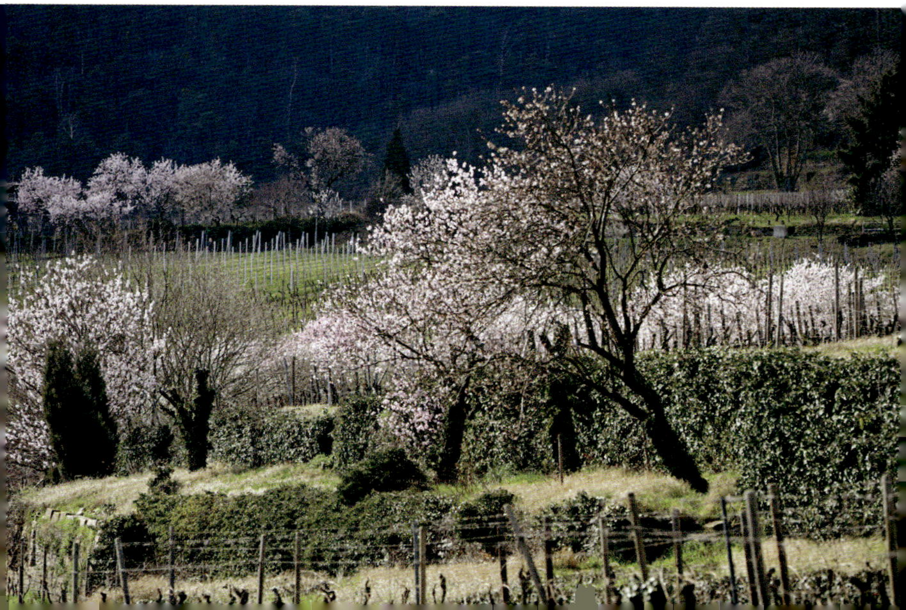

GPS-Tracks und Koordinaten der Ausgangspunkte

Zu diesem Wanderbuch stehen auf www.rother.de GPS-Tracks und Koordinaten der Ausgangspunkte zum kostenlosen Download bereit.
4. Auflage, Passwort: 307704aew
Sämtliche GPS-Daten wurden vom Autor im Gelände erfasst. Verlag und Autor haben die Tracks und Wegpunkte nach bestem Wissen und Gewissen überprüft. Dennoch können wir Fehler oder Abweichungen nicht ausschließen, außerdem können sich die Gegebenheiten vor Ort zwischenzeitlich verändert haben. GPS-Daten sind zwar eine hervorragende Planungs- und Navigationshilfe, erfordern aber nach wie vor sorgfältige Vorbereitung, eigene Orientierungsfähigkeit sowie Sachverstand in der Beurteilung der jeweiligen (Gelände-)Situation. Man sollte sich für die Orientierung auch niemals ausschließlich auf GPS-Gerät und -Daten verlassen.

berge verboten, doch werden die Hauptwanderwege meistens offen gehalten. Im Pfälzerwald sind Mai bis November die besten Monate; im Winter können die Wege bei Frost und Schnee vereist sein.

Karten und touristische Informationen

Empfehlenswert sind die gedruckten topografischen Wanderkarten von NaturNavi GmbH Stuttgart (www.naturnavi.de) im Maßstab 1:25.000 und die Rad-, Wander- und Freizeitkarten im Maßstab 1:25.000 bzw. 1:40.000 von Pietruska Verlag & Geo-Datenbanken GmbH Rülzheim (www.pietruska.de). Die früheren amtlichen topografischen Karten des Landesamts für Vermessung und Geobasisinformation Rheinland-Pfalz sind nicht mehr als aktualisierte gedruckte Ausgabe erhältlich. Sie können im Internet unter https://lvermgeo.rlp.de abgerufen werden, wobei aber keine Wanderwege eingezeichnet sind. Bei digitalen Karten sind die von openstreetmaps (www.openstreetmap.org), opentopomaps (https://opentopomap.org) und Kompass (www.kompass.de) zu empfehlen und im Internet abrufbar. In ihnen sind ebenfalls keine Wanderwege und Markierungen eingezeichnet. Die kostenlosen digitalen Karten von opentopomaps (www.opentopomap.org) und die kostenpflichtige Karte Topo Deutschland von Garmin (www.garmin.de) sind als Basiskarten für GPS-Geräte geeignet.
Im Pfälzerwald sind viele Wegkreuzungen und Plätze als Anfahrtspunkte für Rettungsfahrzeuge (Rettungspunkt) mit Nummern gekennzeichnet, die in den topografischen Karten eingetragen sind und dem Wanderer als Orientierungshilfe dienen.
An vielen interessanten Stellen in der Pfalz sind Erklärungstafeln und »Rittersteine« aufgestellt. »Rittersteine« sind Steinmarken mit eingemeißelten Inschriften, die auf naturkundliche oder geschichtliche Sehenswürdigkeiten hinweisen. Sie sind nach dem Gründungsvorsitzenden des Pfälzerwaldvereins Karl Albrecht von Ritter (1836–1917) benannt.
Nicht alle Ausgangspunkte unserer Wanderungen sind mit dem öffentlichen Nahverkehr erreichbar. Doch man kann eine Wanderung unterwegs auch in einem Ort beginnen, der von einem Bus oder der Bahn angefahren wird. Auskünfte über den öffentlichen Nahverkehr sind

Internetadressen der Tourist-Informationen der Pfalz

Tourismus Deutsche Weinstraße
www.deutscheweinstrasse-pfalz.de
Südliche Weinstraße e. V.
www.suedlicheweinstrasse.de
Tourismus im Dahner Felsenland
www.dahner-felsenland.net
Südpfalz-Tourismus
www.suedpfalz-tourismus.de
Südwestpfalz Touristik e. V.
www.suedwestpfalz-touristik.de.

Regionale Tourist-Informationen der Pfalz:
Trifelsland in Annweiler
www.trifelsland.de
Bad Bergzaberner Land
www.bad-bergzaberner-land.de
Region Bad Dürkheim
www.bad-duerkheim.com
Leiningerland
www.leiningerland.com
Deidesheim
www.deidesheim.de
Edenkoben
www.garten-eden-pfalz.de
Elmstein und Lambrecht
www.vg-lambrecht.de
Freinsheim
www.urlaubsregion-freinsheim.de
Grünstadt
www.gruenstadt.de
Herxheim bei Landau
https://herxheim.suedlicheweinstrasse.de
Kallstadt
www.urlaubsregion-freinsheim.de
Landau
www.landau-tourismus.de
Leinsweiler und Landauland
www.landauland.de
Maikammer
www.maikammer.de
Neustadt an der Weinstraße
www.neustadt.eu
St. Martin
www.sankt-martin.de

beim Verkehrsverbund Rhein-Neckar unter www.vrn.de, auf der Internetseite zur Mobilität in Rheinland-Pfalz ROLPH (www.rolph.de) und bei www.fahrplan.guru abrufbar.
Jede Region und jeder größere Ort in der Pfalz hat eine eigene Tourist-Information oder ein Verkehrsbüro. Auf der Internetseite des Tourismus Deutsche Weinstraße (www.deutscheweinstrasse-pfalz.de) sind die regionalen Tourist-Informationen der Pfalz verlinkt (siehe Kasten). Auf diesen Seiten kann man sich über Unterkünfte, Wohnmobil-Stellplätze, Sehenswürdigkeiten, Weinfeste, Freizeitparks und vieles mehr informieren und Info-Material bestellen.

Logos der beiden bekanntesten Wanderwege.

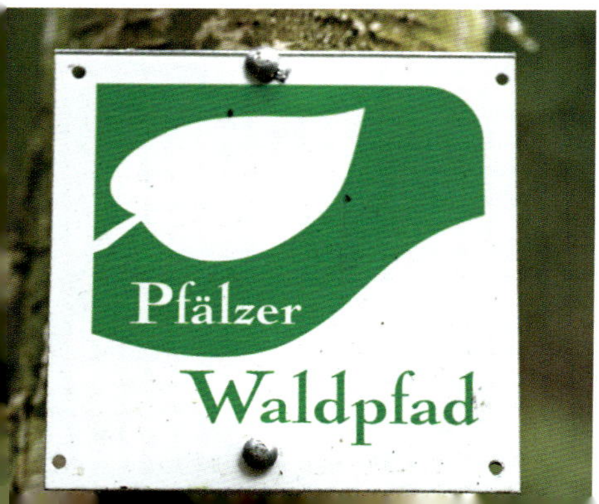

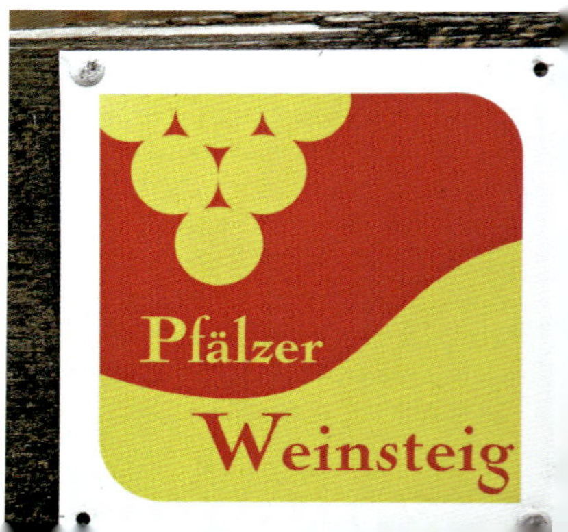

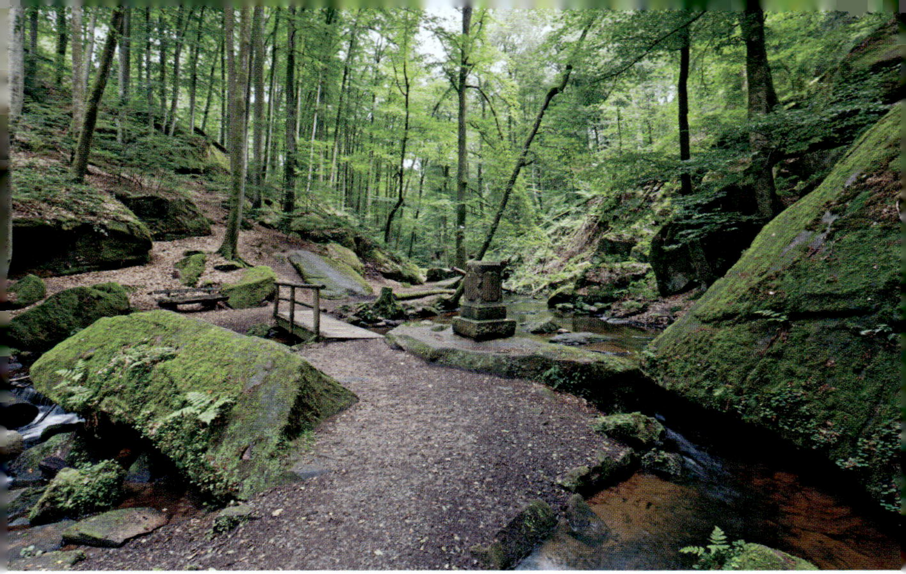

Wasser besitzt eine magische Anziehungskraft auf Kinder, wie hier an der Moosalbe in der Karlstalschlucht bei Trippstadt (Tour 43).

Pfalzcard

Die Pfalzcard (www.pfalzcard.de) ist die All-inclusive-Gästekarte für die Pfalz. Gäste, die in einem der teilnehmenden Hotels, Gästehäuser oder Jugendherbergen übernachten, können den öffentlichen Nahverkehr in der Region kostenlos nutzen und haben freien Eintritt in den Landauer Zoo, das Sea-Life in Speyer, das Dynamikum in Pirmasens, das Hambacher Schloss und viele andere Museen und Freizeiteinrichtungen.

Trekking-Camps

Wer im eigenen Zelt übernachten möchte, kann unter www.trekking-pfalz.de einen Platz in freier Natur in einem der 15 Trekking-Camps buchen. Diese sind nur zu Fuß erreichbar und vom 1. April bis 1. November buchbar. Sie liegen vor allem im östlichen Teil des Pfälzerwalds. Frühzeitiges Buchen ist angeraten, denn an jeder Übernachtungsstelle gibt es höchstens vier Lagerplätze für jeweils 2–3 Personen pro Zelt. Alles, was man zum Übernachten, Essen und Trinken benötigt, muss man selbst mitbringen. Feuerstelle, Brennholz und eine Komposttoilette sind vorhanden.

Fern- und Themenwanderwege

Die bekanntesten Fernwanderwege der Pfalz sind der Pfälzer Weinsteig und der Pfälzer Waldpfad. Wir wandern auf mehreren Abschnitten dieser beiden Prädikatswanderwege. Der 172 km lange Pfälzer Weinsteig führt am Rand der Haardt auf schmalen Wegen mit vielen Aussichtspunkten durch die Weinberge, Weindörfer, Kastanien- und Kiefernwälder vom Haus der Deutschen Weinstraße in Bockenheim bis zum Deutschen Weintor in Schweigen. Mit seinen zahlreichen Auf- und Abstiegen überwindet der Weg dabei 6000 Höhenmeter. Der 143 km lange Pfälzer Waldpfad beginnt in Kaiserslautern und verläuft auf der Westseite des Pfälzerwalds über Johanniskreuz, Rodalben und Dahn ebenfalls nach Schweigen.

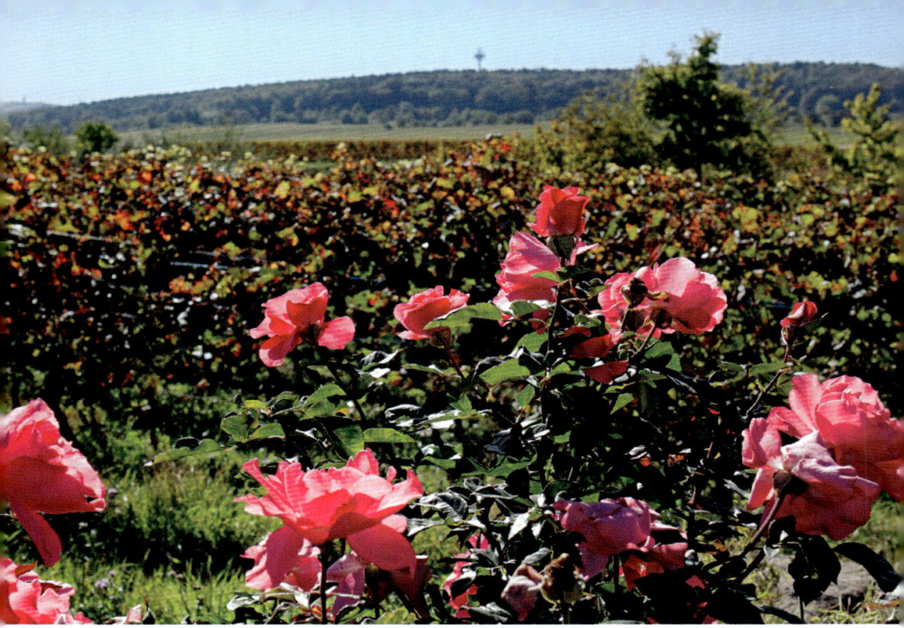

Rosen in einem Weinberg bei Weisenheim am Berg. Rosen sind Indikatorpflanzen für Mehltau, an denen der Winzer einen Befall schneller erkennen kann als an den Weinreben.

Der Jakobsweg nach Santiago de Compostela zum Grab des heiligen Jakobus ist vermutlich der berühmteste internationale Fernwanderweg in Europa. Ein Zugangsweg – der Pfälzer Jakobsweg – führt durch die Pfalz. Er folgt dem historischen Pilgerpfad von Speyer zum Kloster Hornbach. Auch der Europäische Fernwanderweg Nr. 8 (Nordsee-Rhein-Main-Donau-Karpaten-Bosporus) führt durch die Pfalz.
Weitere Themenwanderwege, auf denen wir streckenweise wandern, sind der Annweiler Burgenweg (7,5 km), die Pfälzer Hüttentour (18 km), der Felsenland Sagenweg (86 km), der Dahner Felsenpfad (12 km), die Wasgau-Seen-Tour (21 km), der Napoleon-Steig (12 km) und der Bären-Steig (13 km) bei Bruchweiler-Bärenbach, der Pfälzer Keschdeweg (54 km), der Busenberger Holzschuhpfad (24 km), der Hauensteiner Schusterpfad (15 km), der Rodalber Felsenweg (44 km), bei Lemberg der Rothenberg-Weg (9 km) und der Graf-Heinrich-Weg (11 km), der Felsenwaldweg (13 km) bei Pirmasens, in Neuleiningen der Leininger Burgenweg (21 km) und in Altleiningen-Höningen der Leininger Klosterweg (16 km). Auf Teilstücken dieser Wanderwege sind wir ebenfalls unterwegs. 2018 wurde in Leinsweiler anlässlich des 150. Geburtstags des Malers der 9,4 km lange Max-Slevogt-Wanderweg eröffnet. Der Wanderweg Deutsche Weinstraße verläuft auf etwa 100 km Länge am Rand der Haardt von Bockenheim durch die Weinberge bis nach Schweigen. Der 60 km lange Pfälzer Mandelpfad führt auf sonnigen Wegen durch die Weinberge zwischen Neustadt-Königsbach und Bad Bergzabern. Der 12 km lange Mönchsweg folgt den alten Pfaden, auf denen vor 900 Jahren schon die

Zisterziensermönche des Klosters Eußerthal zum Trifels unterwegs waren. Viele dieser Themenwanderwege wurden vom Deutschen Wanderinstitut e. V. als Premiumwege zertifiziert. Infos und GPX-Tracks dazu sind auch unter den Internetadressen von Wanderportalen wie www.tourenplaner-rheinland-pfalz.de abrufbar.

Ausrüstung

Zum Wandern in der Pfalz genügen auf allen Wegen leichte Wanderschuhe. Bei Nässe sind wasserdichte Schuhe mit grober Profilsohle angeraten, da Naturwege verschlammt und rutschig sein können. Weil man auf einer Tageswanderung oft nicht weiß, ob sich das Wetter verschlechtert, empfehle ich immer, eine atmungsaktive Regenjacke und eine Regenhose im Rucksack dabei zu haben. Beides ist gleich wichtig, denn wenn das Regenwasser an der Jacke herabläuft, saugt sich eine Stoffhose mit Wasser voll, wird schwer, unbequem und kann sogar zu einer Unterkühlung führen. Ein langer Wanderponcho ist eine Alternative zur Regenjacke und -hose. Bei Wanderungen in den Weinbergen schützen eine Kopfbedeckung und Sonnencreme vor der heißen Sommersonne. Und zu guter Letzt sollte man vor allem an heißen Tagen etwas zum Trinken dabei haben, denn Durst mindert die Leistungsfähigkeit.

Kinder

Die Pfalz lässt bei einer Familienwanderung keine Langeweile aufkommen. Kinder können immer wieder Neues entdecken und sich dafür begeistern. Auf vielen der beschriebenen Wanderungen liegen Naturlehrpfade, Berghänge und Felsen zum Erklimmen und Rutschen. Höhlen und dichtes Unterholz versetzen Kinder in eine Zeit, als noch Ungeheuer und wilde Tiere im Wald hausten. Burgen mit geheimen, dunklen Gängen und Felsenkammern erwecken den Ritter im Kind und regen seine Fantasie an, die es in der freien Natur grenzenlos ausleben kann. Liegen dann noch kleine Bäche, Tümpel und Weiher am Weg, sind diese für müde Kinderfüße eine willkommene Abkühlung und Erfrischung. Wasser und das Leben darin besitzt für Kinder immer wieder eine magische Anziehungskraft, und ein entspanntes Weiterwandern ist nach einem Wasserspiel garantiert. Auch die Möglichkeit, an einer Hütte oder einem Rastplatz Würstchen und Stockbrot über dem offenen Lagerfeuer grillen zu können, begeistert Kinder und trägt dazu bei, dass sie sich auf die nächste Familienwanderung freuen. Lassen Sie Ihren Kindern aber Zeit zum Herumtoben und Erforschen des für sie Unbekannten und helfen Sie ihnen dabei, unsere herrliche Natur zu verstehen und zu bewahren.

Das Wandergebiet »Pfälzerwald und Deutsche Weinstraße«

Das Wandergebiet liegt im Süden des Bundeslands Rheinland-Pfalz. Begrenzt wird es im Osten vom Rheintal und im Westen von der Linie Kaiserslautern – Pirmasens; im Norden von der Autobahn A 6 und im Süden vom Elsass. Der Pfälzerwald ist mit einer Fläche von 1589 km² das größte zusammenhängende Waldgebiet Deutschlands. Auf den sandigen Böden wachsen ausgedehnte Kiefernwälder, die charakteristisch für den Pfälzerwald sind. Dazwischen erheben sich mächtige Felsen aus rötlich-gelbem Buntsandstein. An seinem Ostrand geht der Pfälzerwald in die Weinbergland-

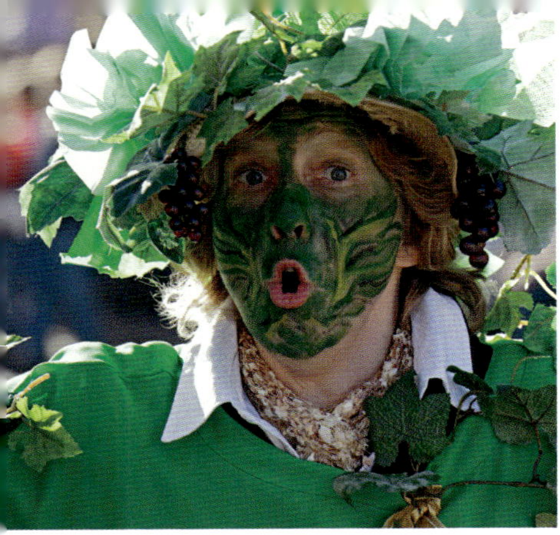

Forster Weingeist beim Deutschen Weinlesefest in Neustadt a.d.W.

schaft der Haardt über. Zwischen den Weinbergen und dem Wald erstreckt sich ein schmaler Streifen aus Esskastanienwäldern. Die Pfalz ist mit knapp 24.000 ha Rebfläche nach Rheinhessen das zweitgrößte Weinanbaugebiet Deutschlands. Auf 65 % der Fläche sind rund 43 weiße Rebsorten und auf 35 % der Fläche rund 39 rote Rebsorten angepflanzt. Die wichtigsten weißen sind Riesling (25 %), Müller-Thurgau (8 %), Grau- und Weißburgunder (10 %) und Chardonnay (3 %). Die wichtigsten roten Rebsorten sind Dornfelder (12,5 %), Spätburgunder (7 %), Portugieser (6 %), Regent (2,3 %), Cabernet-Sauvignon (1 %) und St. Laurent (1,2 %). Der dunkelrote Dornfelder ist eine Spezialität der Pfalz. Er wurde einst entwickelt, um dem blassen Spätburgunder mehr Farbe zu geben, war also ein »Deckrotwein«. Mit der Zeit hat dieser Bordeauxähnliche Rotwein viele Liebhaber gefunden. Die Klimaerwärmung begünstigt das Wachstum von Pilzen wie Mehltau und Schwarzfäule, die den Reben schaden. Deshalb werden zunehmend pilzwiderstandsfähige Rebsorten angepflanzt, sogenannte Piwis wie Regent oder die 2021 neu zugelassene Rebsorte Felicia. 1800 Sonnenstunden im Jahr, die mildesten Temperaturen Deutschlands, nicht zu viel Niederschlag und gute mineralstoffreiche Böden aus Sand, Lehm, Mergel und Ton schaffen für den Weinanbau ideale Bedingungen. Die Pfälzer Winzer haben die Qualität ihrer Weine stetig verbessert. 2017 wurden erstmals drei Pfälzer Weine mit der höchsten Stufe des Weinführes Gault&Millau bewertet: Fünf Trauben und das Prädikat »Weltklasse« erhielten ein Forster Kirchenstück Riesling Großes Gewächs des Deidesheimer Weinguts Geheimer Rat Dr. von Bassermann-Jordan, ein Cuvée X aus Bordelaiser Trauben des Weinguts Knipser in Laumersheim und ein Birkweiler Kastanienbusch Riesling Großes Gewächs des Weinguts Ökonomierat Rebholz aus Siebeldingen. Das fast schon mediterrane Klima lässt in der Pfalz auch Mandeln, Aprikosen, Feigen und sogar Oliven, Zitronen, Orangen und Kiwi reifen.

Brauchtum

Die Pfälzer pflegen ihr Brauchtum. Das Festjahr beginnt Ende Februar/Anfang März mit der »Winterverbrennung«, dem »Stabauslaufen« und dem Hansel-Fingerhut-Fest in Forst (2. Wochenende im März) und endet im Dezember mit den Weihnachtsmärkten, deren bekanntester in Deidesheim stattfindet. Zur Faschingszeit ziehen bunte Fastnachtsumzüge durch viele Orte, wobei in Dahn und Grünstadt die größten sind. Vor Ostern findet wie in Ramsen das traditionelle »Ostereierschießen« statt, bei dem mit Luftgewehren auf Scheiben geschossen wird und man als Preis bunt gefärbte Ostereier bekommt. Am Dienstag nach Pfingsten wird vor dem Deidesheimer Rathaus die historische Geißbockversteigerung nachvollzogen. Am 3. Wochenende im Juli drängen sich beim beliebten Stadtmauerfest unzählige Besucher im historischen Freinsheim. Der traditionelle Billigheimer Purzelmarkt mit seinem großen Festumzug, dem Pferderennen und den Wettbewerben für Jung und Alt findet am 3. Wochenende im September statt. Dieses Fest wurde erstmals 1450 gefeiert anlässlich der Verleihung der Stadtrechte durch König Friedrich III., der damit auch das Abhalten eines Jahrmarkts erlaubte. Von Mai bis September muss man an der Weinstraße nicht weit bis zu einem Weinfest fahren. Jeder Ort hat hier seine eigene Weinkerwe oder sein Winzerfest. Die größten sind das Mandelblütenfest in Gimmeldingen (abhängig von der Mandelblüte im März/April), das Andergassen-Fest in Neustadt-Hambach (1. Wochenende im Mai), das Burg- und Weinfest in Wachenheim (2. Wochenende im Juni), das Kalmit-Fest in Ilbesheim (4. Wochenende im Juli), der Grünstadter Weinwettstreit (3. Wochenende im August), der Bad Dürkheimer Wurstmarkt (2. und 3. Wochenende im September) und das Deutsche Weinlesefest in Neustadt (1. Wochenende im Oktober) mit seinem großen Winzerfestumzug. Feuerwehrfeste, Töpfer- und Bauernmärkte, Mittelaltermärkte, kulinarische Weinbergswanderungen und Veranstaltungen zu Kultur, Kunst und Wein gestalten das Pfälzer Festjahr kurzweilig. Etwas Besonderes ist die Bad Dürkheimer Weinbergnacht. Die spektakuläre Open-Air-Weinprobe findet Anfang März in den Weinbergen oberhalb des Orts statt. Ein Netz aus grünen Laserstrahlen spannt sich dann dort über die Weinberge und die Trockenmauern werden mit farbigem Licht beleuchtet. 2018 war diese Nacht ein einmaliges Erlebnis, denn die Weinberge waren tief verschneit und die Schneeflocken funkelten im Licht der Skybeamer. Am Erlebnistag Deutsche Weinstraße (letzter Sonntag im August), bei dem die 80 km lange Weinstraße zwischen Bockenheim und Schweigen für den Autoverkehr gesperrt ist, verwandeln sich die Weinstraße und die Weinorte in eine einzige Festmeile, die Hunderttausende von Besuchern auf Fahrrädern, Inlineskatern und Wanderschuhen anlockt.

Ein rußiger Kuss ist Brauch auf dem Hansel-Fingerhut-Fest in Forst.

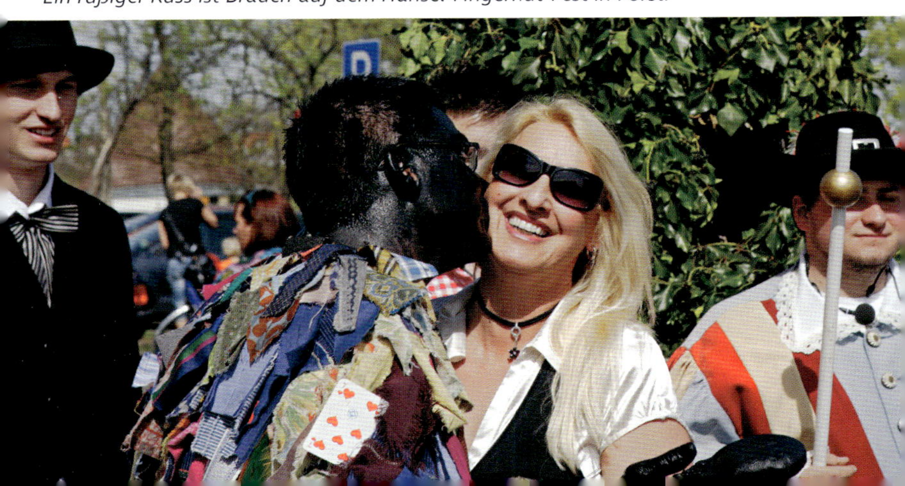

Die kulinarische Seite der Pfalz

Die traditionelle Pfälzer Küche ist deftig und kalorienreich. Die Pfalz war in der Vergangenheit immer ein Land, das viele verschiedene Herren hatte und immer wieder von Kriegen und Zerstörung heimgesucht wurde. Früher verdienten sich die meisten Bewohner der Pfalz ihren Lebensunterhalt mit harter körperlicher Arbeit. Viele Pfälzer Speisen entstanden in Notzeiten aus den wenigen Dingen, die die Menschen damals hatten, und mussten die Energie für die schwere Arbeit liefern. Das bekannteste Pfälzer Gericht ist der »Saumagen«, der meist mit Sauerkraut und Kartoffelbrei oder Bauernbrot serviert wird. Er besteht aus einer grob gehäckselten Mischung von magerem Schweinebauch, Bratwurst-Mett, Kartoffeln, Weißbrot, Eiern, Zwiebeln und Gewürzen wie Pfeffer, Salz, Muskat und Majoran. Der beste »Saumagen« wird jedes Jahr in einem Wettbewerb der Pfälzer Metzger und Köche ermittelt. Auch grobe Bratwürste und Leberknödel sind typisch für die Pfalz. Deftig sind aber nicht nur diese Speisen, sondern auch die Sprache der Pfälzer. Ein »Pfälzer Sack« besteht aus einer Bratwurst und zwei Leberknödeln, während der »Schiefe Sack« neben der Bratwurst nur einen Leberknödel hat. Die »Pfälzer Dreifaltigkeit«, die auch »Pfälzer Teller« genannt wird, vereint Saumagen, Leberknödel und Bratwurst in einem Gericht. »Himmel und Hölle« ist eine heiß ausgelassene Blut- und Leberwurst mit Kartoffelbrei. Selbst in der gehobenen Gastronomie wie dem »Schwan« in Trippstadt, dem ältesten Gasthof im Pfälzerwald, werden solche Gerichte angeboten, nur klingt ihr Name dort vornehmer: »Leber-Blutwurst-Bonbon mit Kartoffel-Lauchragout«. »Gebreedelte« sind Pfälzer Bratkartoffeln, die oft mit Speck oder ausgelassener Leberwurst vermischt sind. Auch »Gequellte mit weißem Käs« sind ein

Beim traditionellen Eingeschärrten am Sauhäuschen in Hertlingshausen garen Gäste mitgebrachte Speisen in der heißen Asche eines Holzfeuers.

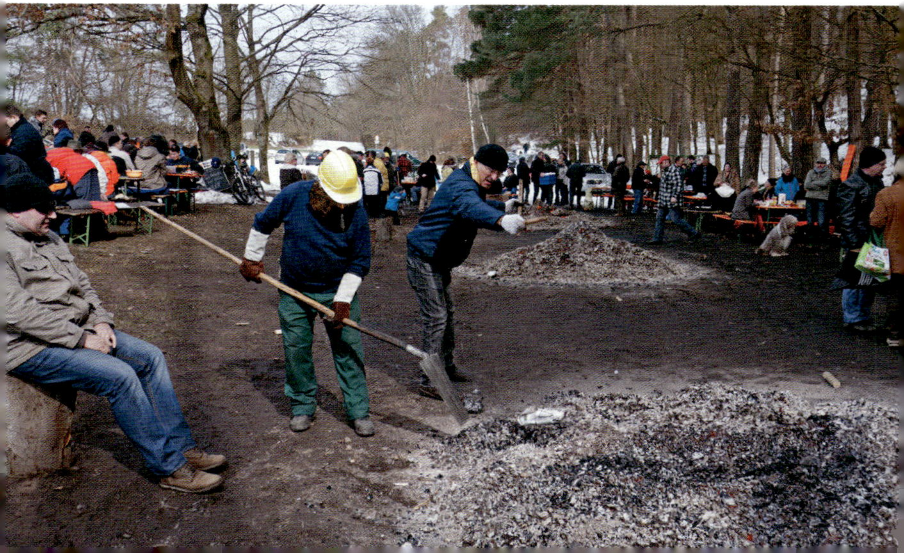

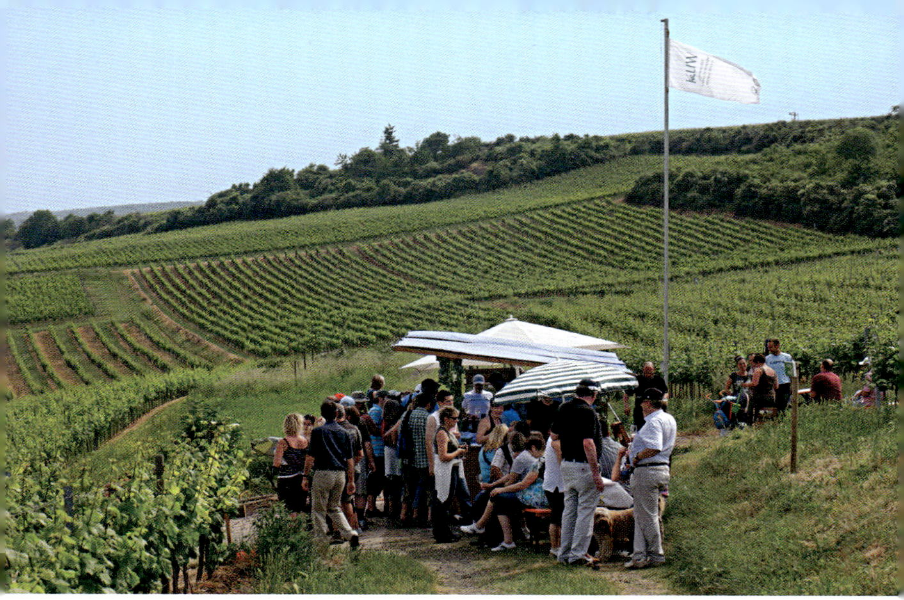

Weinausschank in den Weinbergen bei der Sausenheimer Weinbergswanderung.

beliebtes Pfälzer Gericht: Pellkartoffeln mit Quark, der mit Zwiebeln, Schnittlauch, Kümmel, Pfeffer und Salz angemacht ist. Vor allem in der Westpfalz schätzt man die »Hoorige«, kleine Klöße aus rohen, geriebenen Kartoffeln mit einer Speck-Soße. »Schales« sind kuchenartige, dicke Kartoffelpuffer mit Speck und Zwiebeln. Für »Rostige Ritter« oder »Arme Ritter« werden Reste aus altbackenen Brötchen oder Weißbrot in eine Mischung aus Milch, Eiern, Zucker, Zimt und Vanille eingelegt und gebacken. Danach überstreut man diese mit einer Puderzucker-Zimt-Mischung und serviert sie mit Vanillesoße oder einer Weinschaumsoße. Auch »Weckspatzen« stammen aus der Resteverwertung und waren früher ein typisches Arme-Leute-Essen. Harte Brot- oder Brötchenreste werden in Milch eingeweicht und gesalzen. Löffelweise wird der Brei dann in kochendes Wasser gegeben. Sind die Weckspatzen gar, steigen sie an die Wasseroberfläche und werden abgeschöpft. In der Pfälzer Küche werden häufig auch salzige und süße Speisen kombiniert, wie bei der »Grumbeersupp mit Quetschekuche«, der Kartoffelsuppe mit Zwetschgenkuchen. Zum Nachtisch gibt es dazu gerne »Kerscheplotzer« oder einen »Kirschenmichel«, wie der Kirschkuchen in der Pfalz genannt wird.

Da die Römer die Esskastanien in die Pfalz brachten und diese Bäume am Haardtrand regelrechte Kastanienwälder bilden, gibt es natürlich auch viele Gerichte mit »Keschde« als Beilage: Wild, Gänse-, Enten- und Hasenbraten mit Rotkraut und Keschde sind beliebte Festtagsessen. Die Nähe zum Elsass brachte den Flammkuchen und auch Weinbergschnecken in die Pfalz. Mit Beginn der Weinlese wird Neuer Wein ausgeschenkt, der gut zu einem Zwiebel-, Petersilien- oder Flammkuchen passt. Und da das Rheintal der Gemüsegarten Deutschlands ist, stehen frisches Gemüse, Salate und im Mai/Juni Spargel häufig auf der Speisekarte.

Die moderne Pfälzer Küche jenseits von Saumagen und Schiefem Sack

Die moderne Pfälzer Küche entwickelt sich immer mehr zu einer Gourmet-Küche, die Mediterranes mit Regionalem zu bekömmlichen, südländisch leichten Speisen verbindet: Carpaccio vom Pfälzer Saumagen auf Weißkrautsalat mit Kartoffelwürfel und Kümmelvinaigrette; Dorade Royale in milder Safran-Weißburgundersoße; Pfälzer Flusszander auf geschmorten Blutwurstscheiben in Meerrettichsoße; Wildforelle auf glacierten Gartengurken; Pfälzer Wiesenlamm mit Kartoffelbaumkuchen; in Spätburgunder geschmorte Kalbsbäckchen mit mediterranem Gemüse; Salate mit Holunderblütenvinaigrette oder für Kinder Saumagenwürstchen auf Rahmpüree. Dazu bieten viele Winzer neben ihren ausgezeichneten Weinen Neuentwicklungen an: Aperitif-Essig, Winzersekt, Secco, Pfälzer Edelbrände aus Schlehen, Aprikosen, Mirabellen und Weintrauben oder Liköre aus Keschde, Weinbergpfirsichen und Mandelblüten. Selbst aus dem Abfall der Weinpresse wird ein guter, hochprozentiger Tresterbrand, der »Pfälzer Grappa«, destilliert. Ganz dem modernen Zeitgeist entsprechend, wurde im Dezember 2014 von der Destillerie Thomas Sippel in Weisenheim am Berg ein Palatinus Single Malt Whisky ausgeschenkt, der dreieinhalb Jahre in Eichen- und alten Portweinfässern reifte. Auch der Saillt Mór von Ralf Hauer aus Bad Dürkheim ist ein erlesener Pfälzer Whisky. Seine besondere Geschmacksnote verdankt der 46 %ige Cask-strength-Whisky dem Zusatz von ein wenig getorftem, schottischem Malz. Um seinen vollen Geschmack zu entfalten, verdünnt man ihn mit einem winzigen Spritzer reinsten Quellwassers oder gibt ganz extravagant einen Brocken Gletschereis ins Glas. Auch ein bei Spitzengastronomen begehrter Kaffee kommt aus der Pfalz. Holger Blank röstet in seiner Neustadter Manufaktur »Blank Roast« erlesene Kaffeesorten individuell bei niedrigen Temperaturen in einem

Sektflaschen im Museum der Sektkellerei Schloss Wachenheim. Von links nach rechts: 1,5 l Magnum, 3 l Doppelmagnum, 9 l Salamanassar, 15 l Nebukadnezar, 25,5 l Sovereign, 18 l Melchior, 12 l Balthasar, 6 l Methusalem, 1,5 l Magnum.

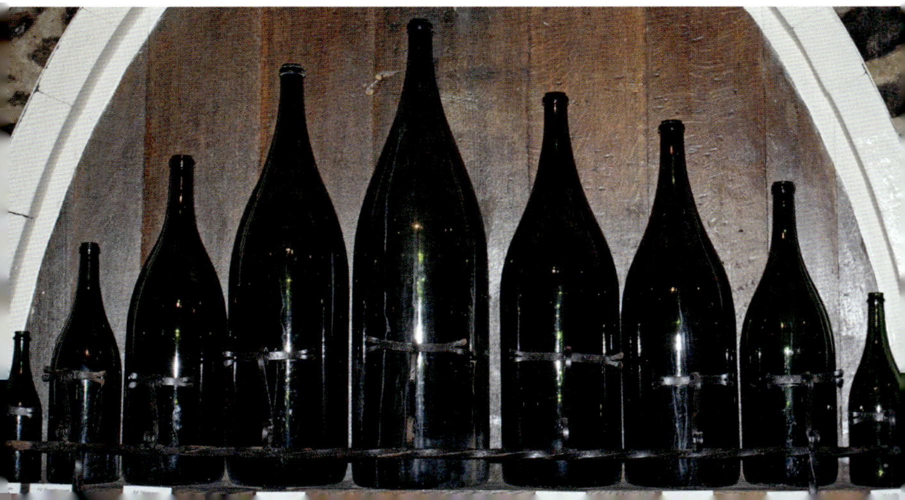

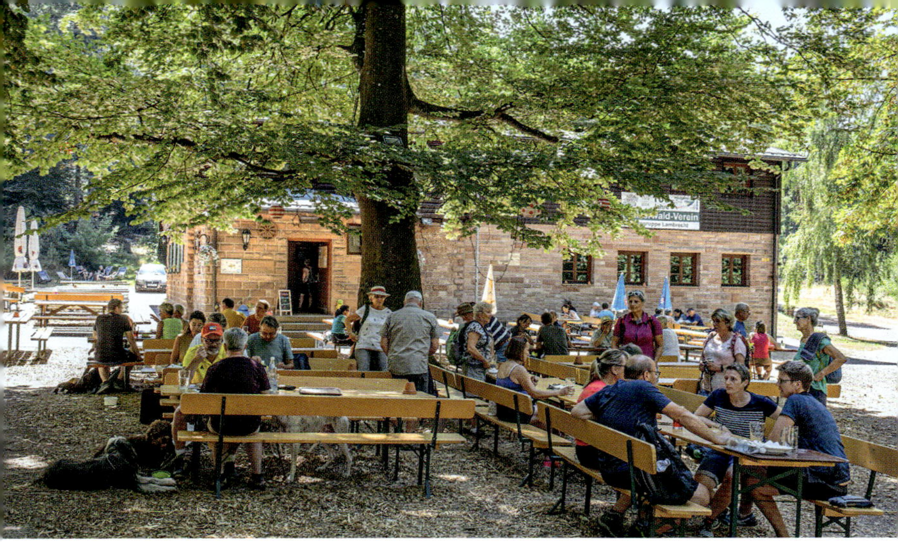

Wanderer kehren in der Lambertskreuzhütte ein (Tour 8).

Trommelröster und veredelt diese geschmacklich, indem er etwas Rebenholz zugibt. Sein Kaffee wurde bereits auf dem Sommerfest des Bundespräsidenten in Berlin ausgeschenkt. Wer möchte, kann freitags um 16 Uhr in der gläsernen Rösterei (Mußbacher Landstraße 21, Neustadt an der Weinstraße) erleben, wie ein wirklich guter Kaffee entsteht.

Pfälzer Hüttenkultur

1902 wurde in Ludwigshafen der Pfälzerwaldverein (PWV) gegründet. Dieser Wanderverein, der heute über 25.000 Mitglieder hat und auch eine eingetragene Bundesnaturschutz-Organisation ist, ist maßgeblich an der Entwicklung des Wandertourismus in der Pfalz beteiligt. Ein besonderes touristisches Alleinstellungsmerkmal des Pfälzerwalds sind seine bewirtschafteten Wanderhütten, die meist nur zu Fuß erreichbar sind. Etwa 110 solcher Hütten errichtete der Pfälzerwaldverein seit 1904. Heute gibt es davon noch rund 70, in denen Wanderer einkehren und zum Teil auch übernachten können. Seit 2021 gehören diese bewirtschafteten Hütten im Pfälzerwald zum Immateriellen Kulturerbe Deutschlands der UNESCO. Einige Hütten sind verpachtet, andere werden von den ehrenamtlichen Mitgliedern des Pfälzerwaldvereins betrieben. Früher hatten alle Hütten mittwochs und am Wochenende geöffnet. Fragt man einen Pfälzer, warum dies so ist, bekommt man gerne die Antwort »Weil am Mittwoch der Doktor geschlossen hat und am Wochenende die Wanderer kommen, die unter der Woche arbeiten müssen«. Bedingt durch die COVID-19-Pandemie stehen die bewirtschafteten Hütten heute vor dem großen Problem, nicht mehr genügend Helfer zu finden, sodass sie ihre Öffnungszeiten reduzieren mussten und oft mittwochs und manchmal auch am Wochenende geschlossen sind. Deshalb sollte man sich einige Tage vor einer geplanten Wanderung auf der Homepage der Hütte erkundigen, ob diese tatsächlich geöffnet hat. Telefonisch sind die Hütten meist nur erreichbar, wenn sie geöffnet haben.

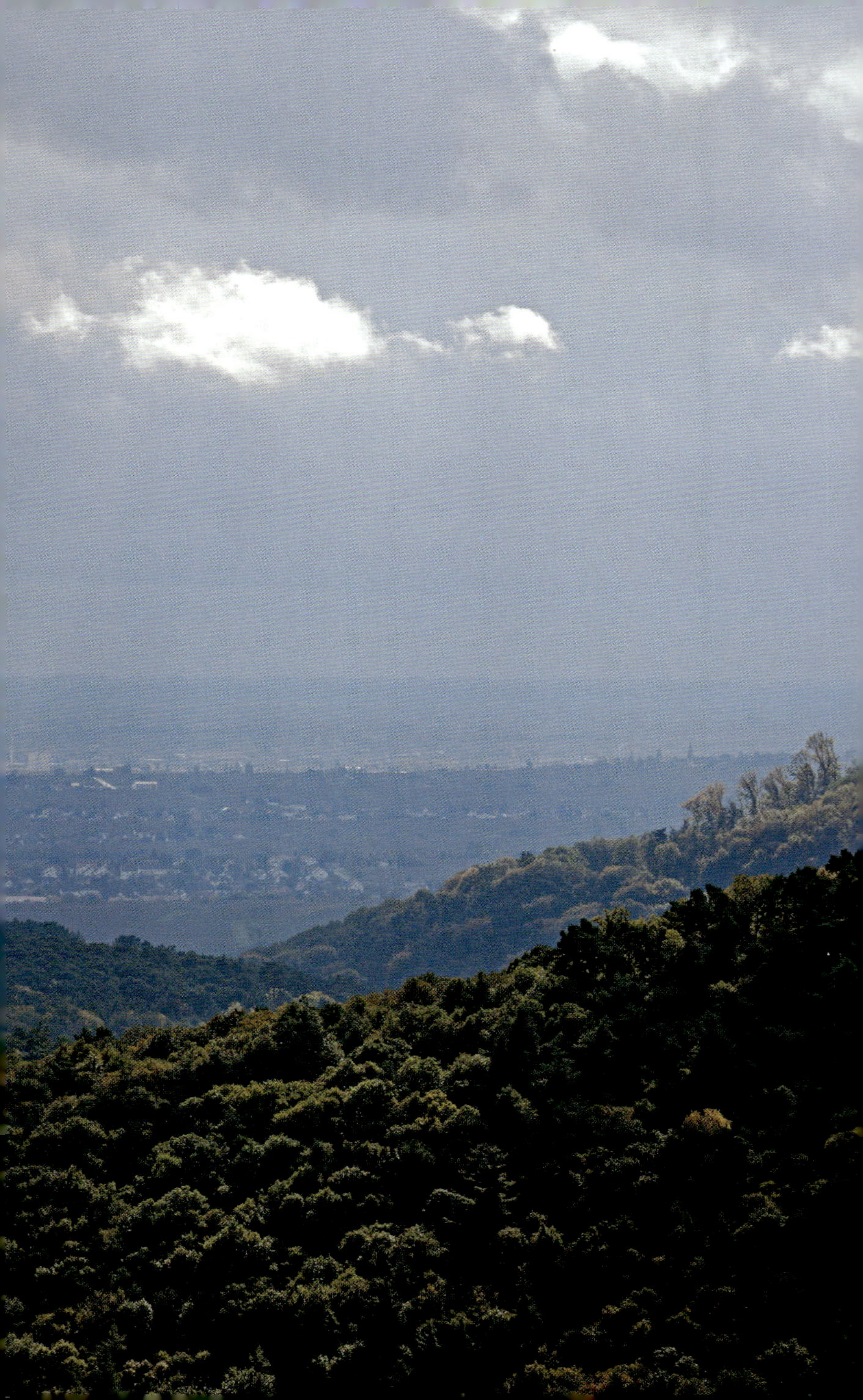

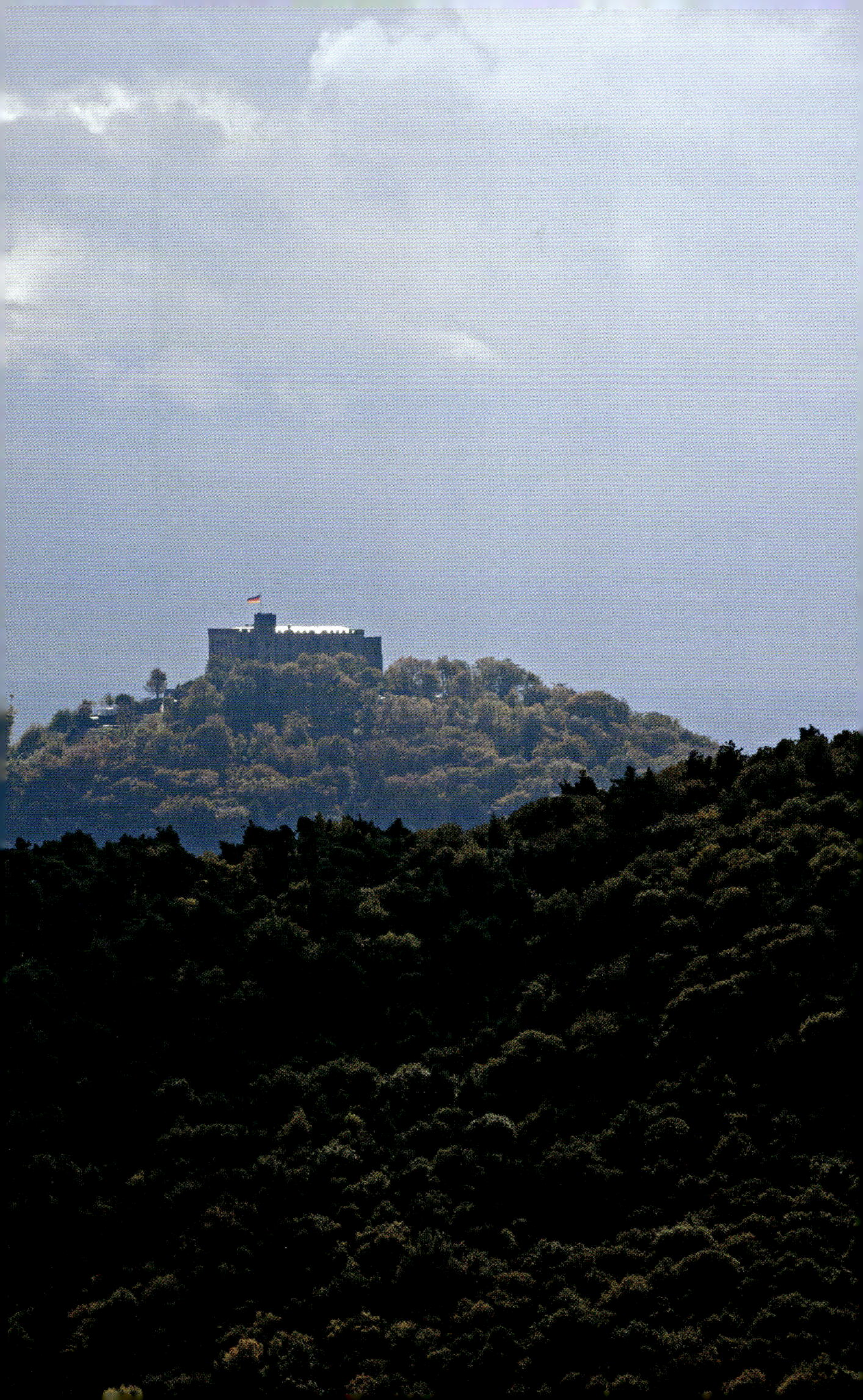

1 Vom Eiswoog zum Stumpfwaldgericht
Eine Tour für Eisenbahnfreunde und Gourmets

3.00 Std. | 11,1 km | ↗ 140 m | ↘ 140 m

Ein Freizeitsee im Stumpfwald

Der 6 ha große Eiswoog wurde im 15. Jahrhundert als Fischzuchtteich des ehemaligen Klosters Ramsen angelegt. Im 17. und 18. Jahrhundert diente er als Wasserspeicher für das Eisenwerk der Familie von Gienanth. Heute ist der idyllisch im Wald gelegene Stausee ein viel besuchtes Naherholungsgebiet mit Badestrand und Ruderbootverleih. Ein barrierefreier Naturerlebnispfad am Seeufer mit Aussichtsplattformen macht den See auch zu einem beliebten Ziel für Menschen mit eingeschränkter Mobilität. Am Seeausgang überspannt das 36 m hohe und 271 m lange Eistalviadukt als längste Eisenbahnbrücke der Pfalz das Eisbachtal. Täler mit steilen Waldhängen, die man nur »stampfenden Schrittes« begehen kann, sind namensgebend für den Stumpfwald, wie dieser nördliche Abschnitt des Pfälzerwalds hier genannt wird.

Ausgangspunkt: Eiswoog südwestlich von Ramsen. Parkplatz an der Straße L 395 und Haltepunkt »Eiswoog« der Eistalbahn, Bushaltestelle.
Anforderungen: Gering. Meist sandige und geschotterte Waldwege mit leichten Steigungen.
Kinder: Der Eiswoog mit seinen Ruderbooten, der Kneipp-Anlage und den Bade- und Spielmöglichkeiten ist eine Attraktion für Familien mit Kindern. Von einer Überwasser-Plattform können Kinder Fische beobachten.
Information: An Sonn- und Feiertagen fährt die Eistalbahn im Stundentakt von Frankenthal über Freinsheim, Grünstadt und Ramsen bis zum Haltepunkt »Eiswoog« vor dem Eistalviadukt. Unterhalb davon verkehrt die Stumpfwaldbahn zwischen dem Bahnhof »Eiswoog« und dem 3,5 km entfernten Ramsen. Die Museumsfeldbahn mit 600 mm Spurweite wird vom Verein Stumpfwaldbahn Ramsen e. V. unterhalten. Sie ist vom 1. Mai bis 3. Oktober an Sonn- und Feiertagen in Betrieb, außer an Christi Himmelfahrt (www.stumpfwaldbahn.de). Die Fischzucht Hahn (Fischverkauf) am Eiswoog ist Fr., Sa. und So. geöffnet.

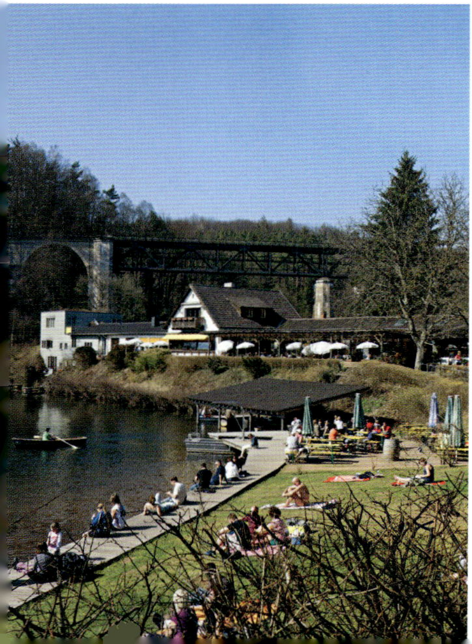

Vom Parkplatz neben der Straße L 395 bzw. vom Haltepunkt »Eiswoog« der **Eistalbahn ❶** gehen wir auf der Zufahrtsstraße zum nahe gelegenen Eiswoog. Im Restaurant »Seehaus Forelle« sind Wanderer

Ein Frühlingstag am Eiswoog bei Ramsen.

und Feinschmecker gleichermaßen herzlich willkommen. Wir wandern am Seeufer entlang, an dem Kinder zahlreiche Möglichkeiten zum Spielen und Erkunden der Natur finden. Nachdem sich der Stausee fingerförmig geteilt hat, überqueren wir rechts den Seezufluss in Richtung Alsenborn und orientieren uns am *Rundwanderweg 14* und dem *Barbarossa-Radweg*. Auf der anderen Seite des Sees gehen wir geradeaus zur Forststraße und auf dieser rechts bis zur Schutzhütte am Waldweiher im **Hollerbach-Tal ❷**. Vor dem Weiher wandern wir rechts auf der sandigen Forststraße durch das Große Langental. Am Ende des Tals macht der Weg eine Haarnadelkurve, danach führt er links am Waldhang bergauf zu einer Schotterstraße. Auf ihr gehen wir links und danach geradeaus, bis der Radweg nach 1,2 km an einer Wegkreuzung auf das *weiße Kreuz* trifft. 150 m vorher zweigt der *Rundwan-*

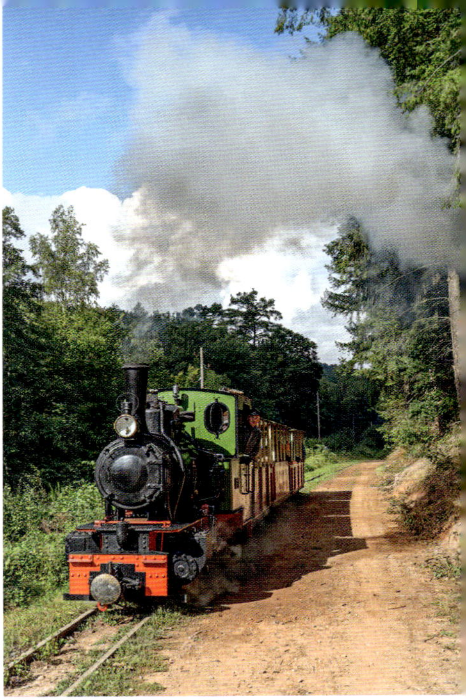

Die Stumpfwaldbahn pendelt zwischen dem Eiswoog und Ramsen.

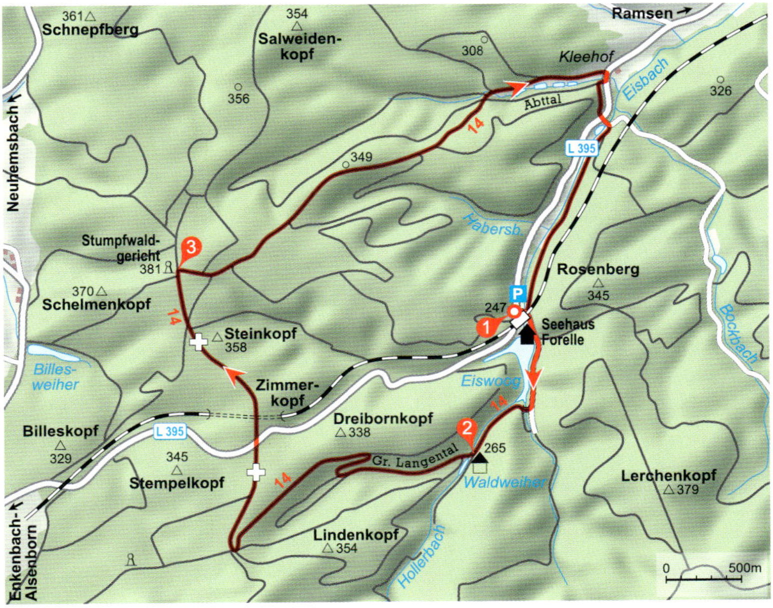

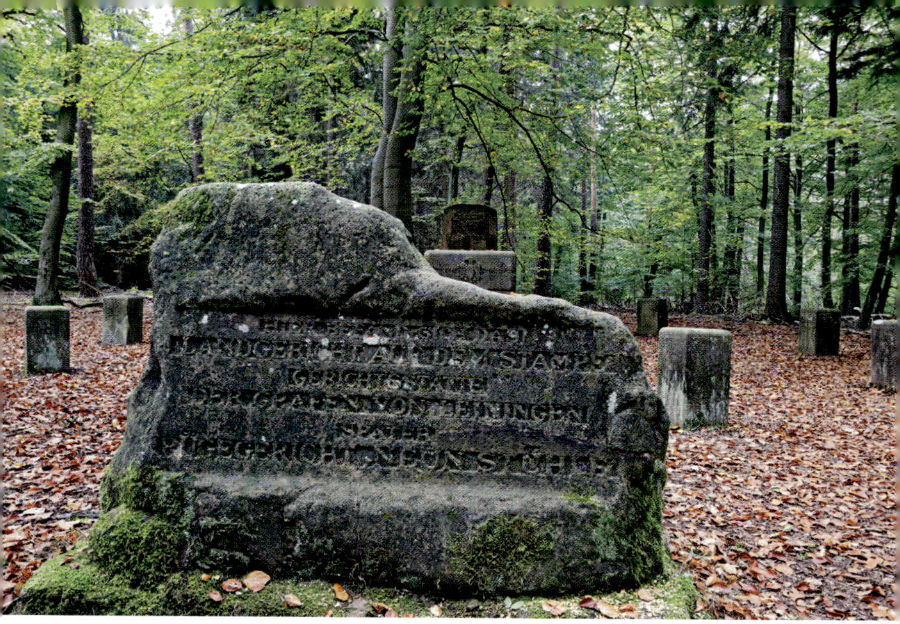

Stumpfwaldgericht im Stumpfwald bei Ramsen.

derweg 14 nach rechts ab. Wir folgen rechts dem *weißen Kreuz* durch den Stumpfwald. Am Weg stehen alte Grenzsteine von 1764. Am Zimmerkopf überqueren wir die Landstraße *L 395* und treffen hier wieder auf den *Rundwanderweg 14*. Dieser Markierung und dem *weißen Kreuz* folgen wir weiter über den Steinkopf bis zum **Stumpfwaldgericht ❸**. Die ehemalige Gerichtsstätte der Leininger Grafen, die nach den beteiligten neun Waldgemeinden auch »Gericht der Neun Stühle« genannt wird, ist ein ringförmiges Denkmal aus neun Steinquadern mit dem Großen Stuhl im Zentrum. Neben einer doppelstämmigen Buche liegt hier ein Rastplatz. Beim Rettungspunkt 6413-204 wandern wir auf der 14 rechts in Richtung des ausgeschilderten Parkplatzes am Kleehof durch den Wald. Unterwegs halten wir uns an der Wegkreuzung (Rettungspunkt 6413-189) links und folgen der Forststraße, bis diese an einer Gabelung in einem scharfen Rechtsbogen ins Tal führt. Hier gehen wir auf der nach links abzweigenden Forststraße weiter über die bewaldete Hochebene. Am Ende der Hochebene führt die geschotterte Forststraße dann rechts durch Abttal (*Markierung 14*). Wir kommen an Fischteichen vorbei und erreichen am Ende des Tals beim Kleehof die Landstraße *L 395*. Die Landstraße überqueren wir hier noch nicht, sondern halten uns rechts und gehen

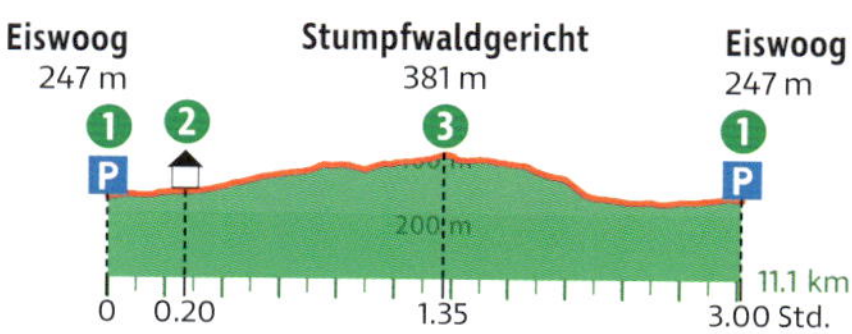

Seehaus Forelle

Restaurant »Seehaus Forelle« mit Hotel Haeckenhaus, Eiswoog 1 bei Ramsen, Tel. +49 6356 60880.

Jörg Maier und seine »Forellchen«, wie er seine Mitarbeiter liebevoll nennt, betreiben Restaurant und Hotel. Das Restaurant bietet eine ausgezeichnete Küche, in der frische Zutaten aus der Region wie beispielsweise die Forellen der Fischzucht Hahn verwendet werden. Als Partnerbetrieb des Naturparks Pfälzerwald-Nordvogesen bietet das Restaurant einen Biosphären-Teller mit Wild aus dem Stumpfwald an. Neben dem großen Jagdsaal mit historischem Puppenhaus und dem gemütlichen Kaminzimmer bietet das Restaurant auch eine aussichtsreiche Seeterrasse. In einem kleinen Laden werden schöne Dinge zum Wohnen und Verschenken angeboten. Das Restaurant mit seiner überdachten Terrasse und dem Biergarten ist täglich außer Do. von 12 bis 20 Uhr geöffnet (Küche bis 18 Uhr).

Das Hotel Haeckenhaus wurde wegen seiner sachlichen Eleganz schon mit mehreren Architekturpreisen ausgezeichnet. Unweit davon wurden im ehemaligen Forsthaus an der Landstraße L 395 ebenfalls Hotelzimmer eingerichtet. Weitere Informationen unter www.seehaus-forelle.de.

Weitere Einkehrmöglichkeit

Kiosk an der Liegewiese am Eiswoog. Im Sommer geöffnet, Getränke und kleine Gerichte, Kuchen.

nach 50 m rechts auf dem Waldweg weiter, der oberhalb der Landstraße verläuft. Nach 300 m überqueren wir diese dann links und wandern kurz darauf rechts entlang der Gleise der Stumpfwaldbahn zurück zum **Eiswoog ❶**. Etwas vom Wald verdeckt liegt links vom Weg das 28,5 m hohe und 170 m lange Bockbachtal-Viadukt der Eistalbahn.

Herbsttag am Eiswoog.

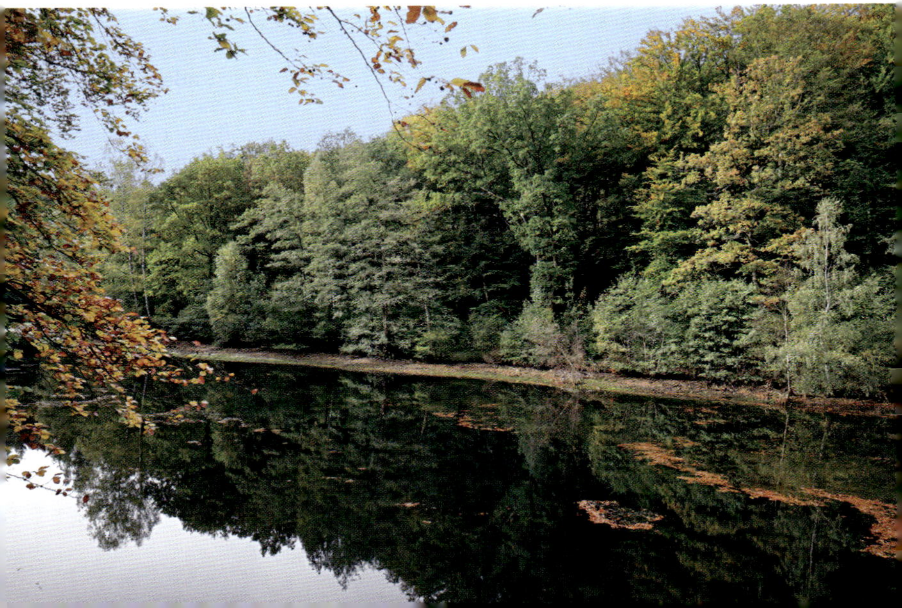

2 Von Eisenberg nach Neuleiningen

Aussichtsreiche Tour auf dem Leininger Panoramaweg

4.45 Std. | 17,8 km | ↗300 m | ↘300 m

Feuchtbiotope in der Erdekaut und eine kluge Gräfin

Die Erdekaut ist ein ehemaliges Tongrubengebiet, in dem die Natur jahrzehntelang sich selbst überlassen war, sodass artenreiche Feuchtbiotope entstanden, in denen viele seltene Tier- und Pflanzenarten wie Vögel, Fledermäuse, Libellen, Amphibien und Orchideen vorkommen. »Kaut« bedeutet »Grube«, und der Name erinnert an den einst blühenden Tongrubenbergbau. Das Gebiet mit seinen Angelweihern und Tümpeln wurde zu einer Erlebnislandschaft mit befestigten Wegen, Spiel- und Rastplätzen umgestaltet. Von der Erdekaut wandern wir auf dem Leininger Panoramaweg entlang des Seltenbachs auf den Grünstadter Berg. Vom malerischen Burgdorf Neuleiningen geht es dann auf dem Leininger Burgenweg hoch über dem Eckbachtal weiter, und über den Weiler Nackterhof kehren wir zurück.

Zwischen 1212 und 1214 starb mit Graf Friedrich I. von Leiningen die männliche Linie der Leininger Grafen aus. Kurz vor seinem Tod hatte dieser seinen Neffen, Graf Friedrich von Saarbrücken, zum Erben bestimmt, der den Namen Leiningen und das Wappen der Leininger Grafen annahm. Er nannte sich danach Friedrich II. von Leiningen und gilt als Begründer der jüngeren Linie der Leininger Grafen. Als er 1237 starb, hinterließ er neun Kinder. Es kam zu einer Erbteilung, sein Sohn Friedrich III. war Haupterbe. Dieser ließ in den Jahren 1238–1250 wenige Kilometer von der Burg Altleiningen entfernt auf dem Südsporn des Grünstadter Bergs die Burg Neuleiningen errichten. Um die Burg herum entstand das Burgdorf Neuleiningen mit seinen engen Gassen, steilen Sandsteintreppen und Fachwerkhäuschen. Die kluge Gräfin Eva von Leiningen verhinderte 1525, dass die Burg im Bauernkrieg zerstört wurde. Sie ließ die Stadttore öffnen und bewirtete die anstürmenden Bauern. Nach einem ausgiebigen Zechgelage zogen die Bauern wieder friedlich ab.

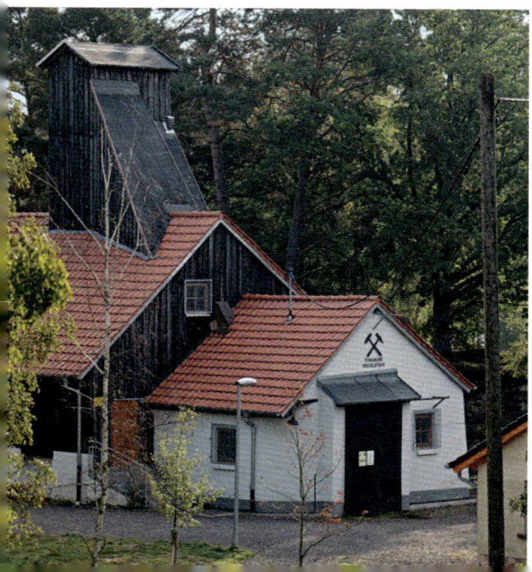

Ausgangspunkt: Eisenberg, Parkplatz Erdekaut beim Friedhof neben der B 47 am südlichen Ortsrand. Bushaltestelle in Eisenberg.

Anforderungen: Mittel. Lange Wanderung auf Wald- und Feldwegen. Bei Nässe wasserdichte Wanderschuhe wegen vieler Graswege.

Kinder: Kinder mögen zwar die vielfältigen Spiel- und Erlebnismöglichkeiten in der »Erlebnislandschaft Erdekaut«, für weniger wanderfreudige Kinder ist diese Wanderung aber zu lang.

Förderturm der ehemaligen Tongrube Riegelstein.

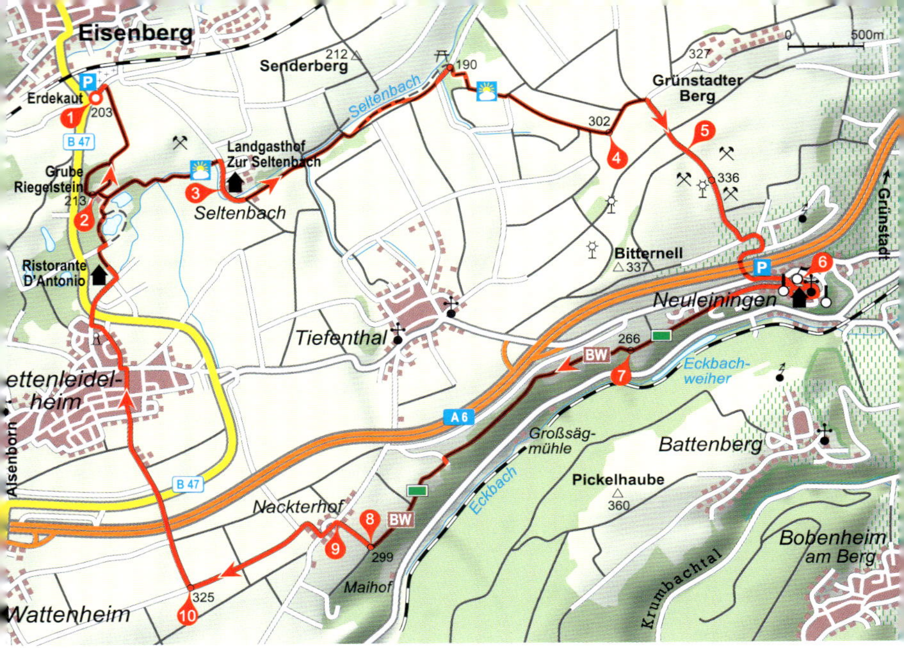

Information:. Durch Verwitterung des Buntsandsteins zu Tonmineralien und Quarzsand entstanden Klebsande und der blaue und grüne Ton, die sich im Eisenberger Becken in Schichten von bis zu 100 bzw. 15 m Dicke ablagerten. Schon die Römer bauten daraus Rennfeueröfen zur Gewinnung von Eisen. Im Mittelalter wurde in Töpfereien vor allem Gebrauchsgeschirr hergestellt. Seit dem 18. Jh. werden Dachziegel und Feuerfestmaterialien produziert. Zur Blütezeit des Tongrubenbergbaus in den 1950er-Jahren arbeiteten rund 800 Bergleute in den 30 Gruben der Erdekaut. Heute werden die Rohstoffe für die keramische Industrie am Rand der Erdekaut im Tagebau gewonnen, wobei der begehrte grüne Ton in der Grube Abendtal, der einzigen noch rentablen Tongrube in Rheinland-Pfalz, immer noch von Hand in 60 m Tiefe abgebaut wird. Die im Zentrum der Erdekaut gelegene Grube Riegelstein mit ihrem markanten Förderturm war 1920–1996 in Betrieb. Heute befinden sich in diesem Industriedenkmal ein kleines Bergbaumuseum und das Informationszentrum für die »Erlebnislandschaft Erdekaut«.

Tipps: Römerpark Vicus Eisenberg, frei zugängliche Ausgrabungsstätte 350 m östlich vom Friedhof. In Eisenberg stand vermutlich vom 1.–5. Jh. n. Chr. ein römischer Burgus, eine etwa 50 m lange und breite Festungsanlage, welche die Grenze des Römischen Reichs sicherte. Drumherum entwickelte sich eine kleine Siedlung, in der Eisen verarbeitet wurde. Reste des Burgus wurden 2015 freigelegt. In Neuleiningen dokumentieren die beiden zusammengehörenden Leiningerland-Museen die Geschichte der Leininger Grafen und des Orts. Das Museum an der Münze (Kirchengasse 6, jeden 1. und 3. So. im Monat geöffnet) thematisiert die Lebensverhältnisse der Bewohner und beschreibt die Geologie der Region, zeigt Werke des Neuleininger Malers Simon Conradi und eine Sammlung der ehemaligen Steingutfabrik Jakobi, Adler & Co. Das Museum im Burgturm (jeden 2. und 4. So. im Monat geöffnet) zeigt die Geschichte der Burg und des Orts vom Mittelalter bis zur frühen Neuzeit.

Vom Parkplatz Erdekaut beim Friedhof von **Eisenberg ❶** gehen wir links neben der B 47 am Friedhof vorbei, überqueren diese nach 100 m und gelangen rechts auf einem Feldweg in die Erdekaut. An der ersten Abzweigung bei den Bäumen vor dem Tagebaugebiet umgehen wir rechts einen Acker und folgen nach 200 m rechts dem Fußweg, der oberhalb des Weihers in die »Erlebnislandschaft« führt. An einem Aussichtspunkt (Rastplatz) haben wir einen guten Blick über das Tongrubengebiet. Danach steigen wir auf einer Treppe (Kinder können die Rutsche benutzen) hinunter zur ehemaligen **Grube Riegelstein ❷**. Hier können wir sehen, wie eine kleine Herde von Walachenschafen die Landschaft von Bewuchs freihält. Am Grubengebäude gehen wir links vorbei und geradeaus auf dem Holzbohlenweg weiter. An seinem Ende biegen wir nach rechts ab, kommen gleich darauf an einem kleinen Tümpel vorbei und halten uns danach links. An der nächsten Abzweigung treffen wir auf die Markierung des *Leininger Panoramawegs*, eine strahlende Sonne über einer weißen Wolke. Diese Markierung leitet uns links durch das Wäldchen. An der nächsten Abzweigung halten wir uns rechts und gelangen auf dem grasbewachsenen Feldweg zum Seltenbach. Unsere Wanderung folgt nun dem kleinen Bachlauf. Wo der Weg den Bach überquert, liegt ein Rastplatz. An der nächsten Brücke überqueren wir den Bach erneut und erreichen kurz darauf rechts auf dem Sträßchen den **Landgasthof Zur Seltenbach ❸**. Wir wandern am Gasthof vorbei und folgen danach links weiter dem *Leininger Panoramaweg* durch das Seltenbachtal.

Weiher in der Erlebnislandschaft Erdekaut.

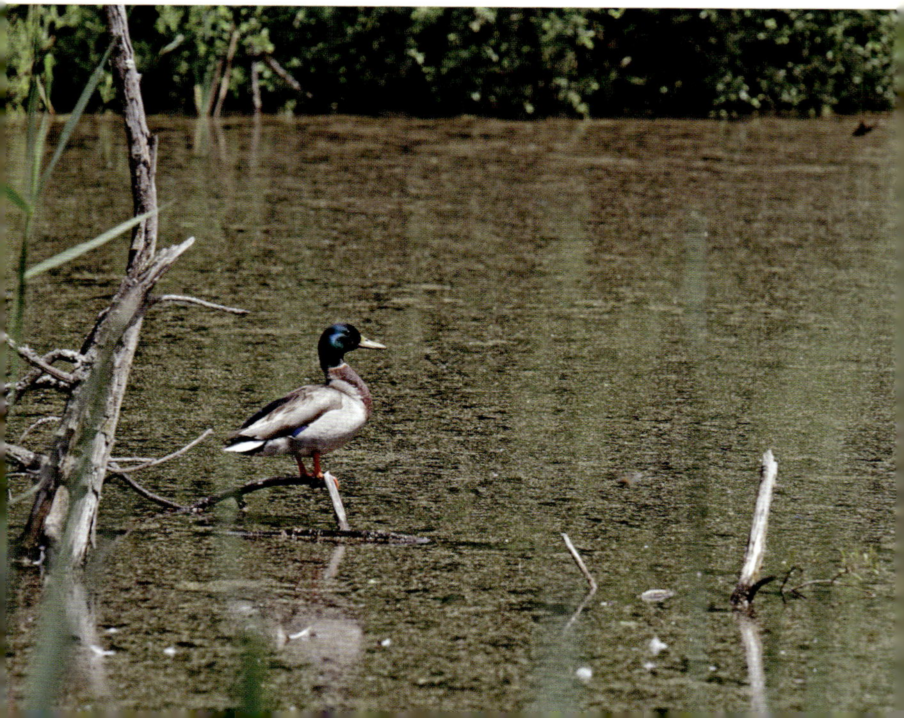

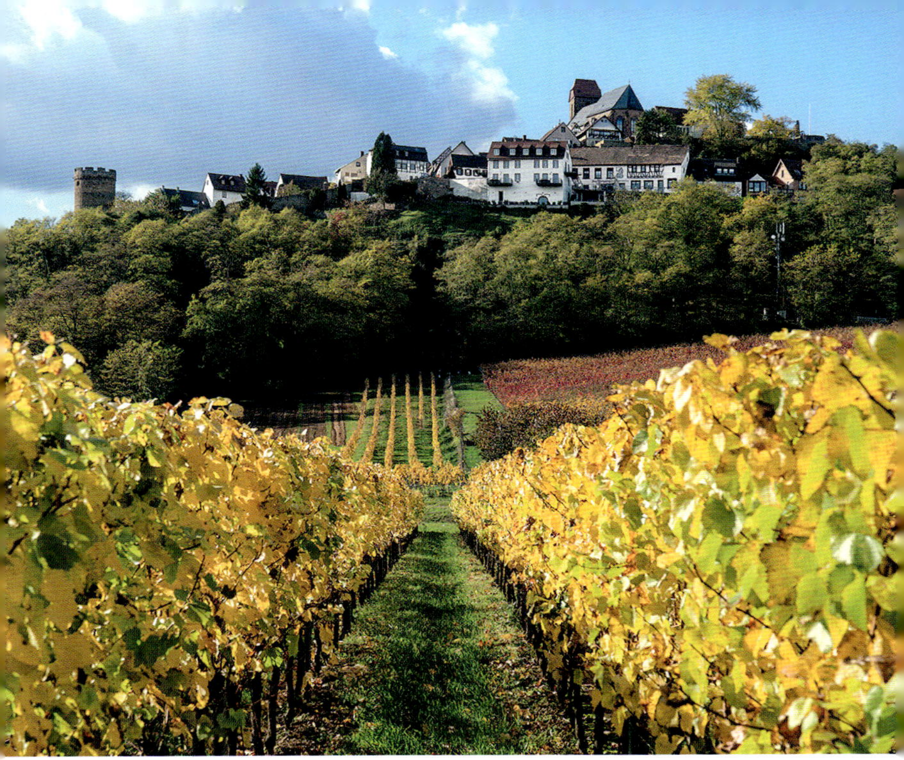

Das Burgdorf Neuleiningen im Herbst.

Nach 1,8 km führt der Weg in den Wald. 100 m weiter verlassen wir an einer Abzweigung das Tal und folgen dem *Leininger Panoramaweg* nach rechts. Jetzt wandern wir durch eine weite, offene Landschaft aus Feldern und Wiesen auf den **Grünstadter Berg ❹**. Schauen wir uns um, sehen wir über Eisenberg mit seinem markanten Sandsteinbruch zum 687 m hohen Donnersberg, dem höchsten Berg der Pfalz. Dass diese Gegend hier windreich ist, verdeutlichen auch die großen Windräder, die sich rauschend im Wind drehen. Wir wandern an der Abzweigung, an der eine Bank steht, links über eine karge Wiese, auf der im Frühjahr viele Küchenschellen blühen. Am Ende des steinigen Feldwegs gehen wir auf der für den öffentlichen Verkehr gesperrten Zufahrtsstraße zum Modellfluggelände rechts. An der Abzweigung vor dem **Steinbruch ❺** verlassen wir den *Leininger Panoramaweg* und wandern geradeaus auf dem Sträßchen am Steinbruchgelände vorbei hinunter nach **Neuleiningen**. Vor uns sehen wir auf der anderen Seite der Autobahn die große Burg Neuleiningen. Nachdem wir die Autobahn unterquert haben, gelangen wir links entlang der *Tiefenthaler Straße* und beim Weingut Nippgen rechts durch die *Mittelgasse* in das pittoreske Burgdorf, das wir auf einem Rundgang erkunden.

Durch das Obere Stadttor leitet uns die *Kirchengasse* geradeaus in das Dorf. Dort, wo im 16. und 17. Jahrhundert die Münzprägestätte der Bischöfe von Mainz war, befindet sich

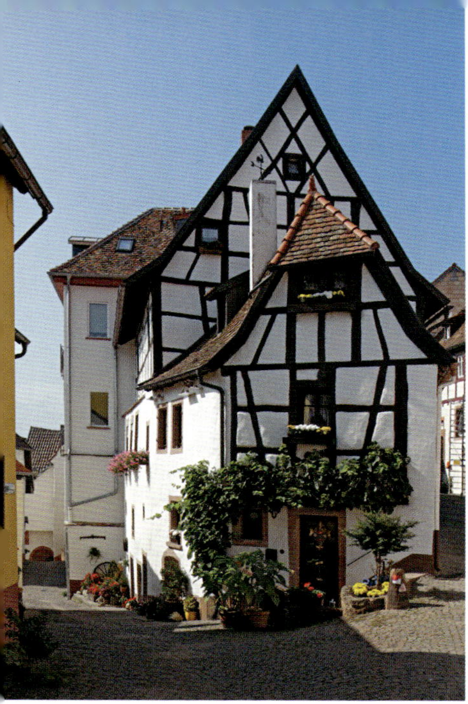

Fachwerkhaus in Neuleiningen.

heute das Leiningerland-Museum an der Münze. Nach dem Landgasthaus Zum Engel erreichen wir schließlich die mächtige **Burgruine** 6 mit ihrem Burgturm, von dem wir einen herrlichen 360°-Panoramablick haben. Nach der Burgbesichtigung folgen wir vor der Pfarrkirche St. Nikolaus links der *Kirchengasse*, steigen am Ende hinter der Kirche rechts die Treppe hinunter zur *Obergasse*, gehen das kurze Stück geradeaus zur *Mittelgasse* und auf dieser links bis zur Abzweigung der *Untergasse*. Hier steht ein kleines, spitzwinkliges Fachwerkhaus, eine malerische Stelle im Ort. Die *Untergasse* führt uns rechts zum historischen Spülbrunnen. Danach folgen wir der schmalen *Mittelgasse* bergauf, wo wir am historischen Restaurant Zum Gäsbock (Rathaus des Dorfes im Mittelalter), am heutigen Rathaus und der benachbarten, schlichten evangelischen Kirche vorbeikommen. Nach einem kurzen Anstieg auf dem Kopfsteinpflaster-Sträßchen erreichen wir wieder das Obere Stadttor.

Wir verlassen jetzt links den Ort und biegen beim Weingut Nippgen links in die *Friedrich-Ebert-Straße* ab, wobei wir uns an der Markierung des *Leininger Burgenwegs* (*BW*) und am *grünen Strich* orientieren. An der nächsten Abzweigung gehen wir auf der *Konrad-Adenauer-Straße* rechts und auf dem *Altleininger Weg* links durch das Wohngebiet. Danach wandern wir auf einem ebenen Fußweg weiter, der hoch über dem vom Eckbach durchflossenen Leininger Tal verläuft. An einer **Weggabelung** 7 gehen wir rechts am Feldrand weiter. Blicken wir zurück, haben wir eine besonders schöne Aussicht auf das Bergdorf. An der nächsten Abzweigung halten wir uns geradeaus. Nach dem **»Drahtzug-Blick«** 8 verlassen wir an der Abzweigung des asphaltierten Feldwegs den *Leininger Burgenweg* und gelangen rechts auf dem *grünen Strich* nach **Nackterhof** 9. In dem kleinen Ort halten wir uns links und verlassen nach dem Spielplatz rechts wieder den Ort. Ein windiger, aussichtsreicher, asphaltierter Wirtschaftsweg

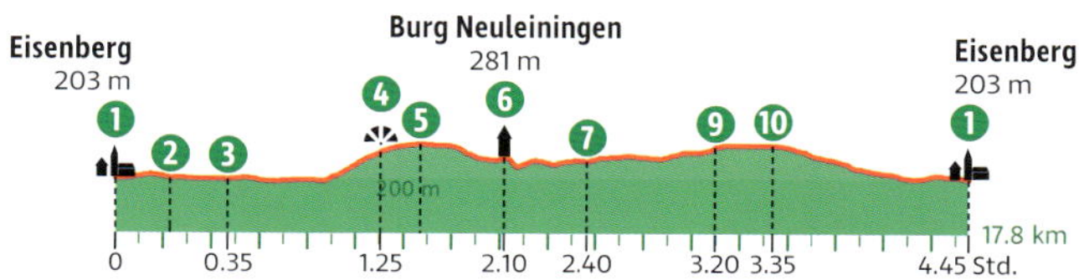

(*grüner Strich*) führt uns am Ende des Dorfs links über die Felder. An der **Abzweigung ⑩** des Asphaltwegs verlassen wir den *grünen Strich* und gehen rechts über die Autobahnbrücke und die Brücke der Umgehungsstraße. Geradeaus erreichen wir danach Hettenleidelheim. Auf der *Altleininger Straße* durchwandern wir geradeaus das Wohngebiet und gehen am Ende der Straße auf der *Tiefenthalerstraße* 50 m links und dann auf der *Poststraße* rechts. Vor der Umgehungsstraße halten wir uns links und gehen nach 150 m rechts durch die Unterführung. Danach folgen wir der *Gaswerkstraße* geradeaus zum Sportplatz. Dort ist das Ristorante D'Antonio im VfR-Sportheim die letzte Möglichkeit für eine Einkehr, bevor wir wieder unseren Ausgangspunkt erreichen.

Am Ende des Sportplatzes gelangen wir links auf dem Fußweg an den Tennisplätzen vorbei wieder in die **Erdekaut**. Dort treffen wir auf den *Leininger Panoramaweg*, auf dem wir 80 m rechts gehen, dann links abbiegen und am Weiher vorbei bis zum nächsten Weiher gehen. Vor diesem gehen wir rechts am Ufer entlang und biegen am Ende des Weihers nach links auf den Hinweg ab. An der nächsten Abzweigung beim Tümpel gehen wir rechts und danach auf dem Holzbohlenweg geradeaus die Treppe hinauf zum Feldrand. Wir gehen links daran entlang und wandern am Ende der Baumreihe vor dem Tagebaugebiet links zurück zum **Parkplatz ①** am Eisenberger Friedhof.

Landgasthof Zur Seltenbach
In der 1895 erbauten ehemaligen Kantine der Steinbrucharbeiter werden die Gäste mit Wildschweinbraten, Lamm und Fisch verwöhnt. Unter der Woche gibt es wechselnde Tagesgerichte, und ein schattiger Biergarten lädt zum Verweilen ein. Geöffnet Di.–So. 11.30–21 Uhr, Seltenbach 1, Eisenberg, Tel. +49 6351 6162.

Landgasthaus Zum Engel
Mittelalterliches Ambiente in der rustikal-romantischen Gaststube und die kleine Terrasse im historischen Ortskern ziehen viele Gäste an. Im großen Gewölbekeller können Gruppen nach Voranmeldung bei einem Rittermahl feiern. Bettina und Paul Debus haben ihr Restaurant Di. und Mi. ab 17.30 Uhr und Do. bis So. ab 11.30 Uhr geöffnet; Mo. ist Ruhetag. Wer möchte, kann in einem der drei Doppelzimmer übernachten. www.

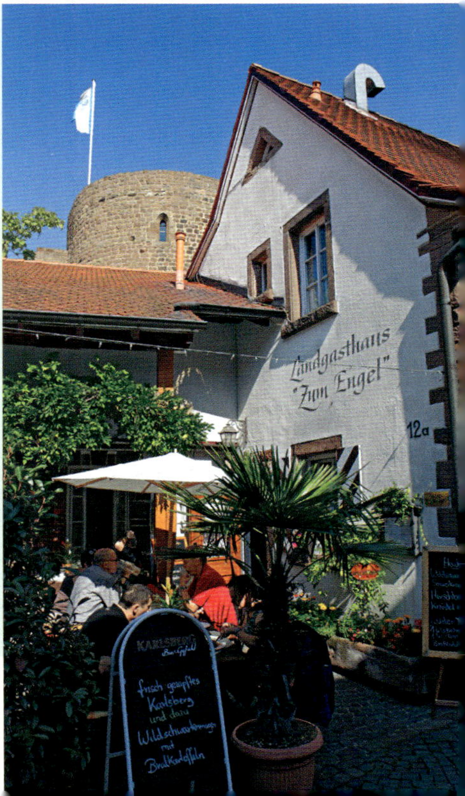

Das Landgasthaus »Zum Engel«.

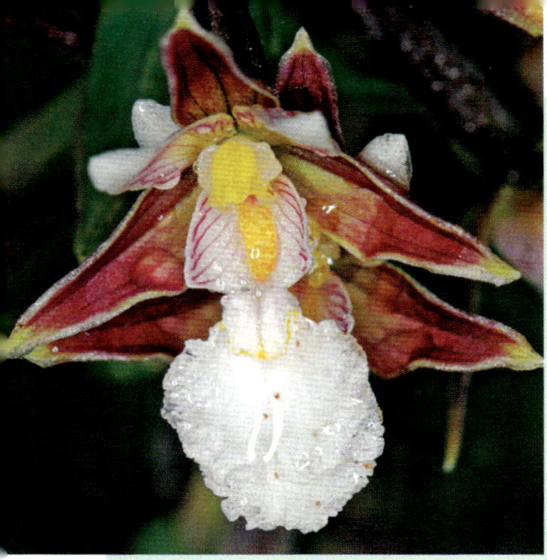

Sumpfstendelwurz.

landgasthaus-zum-engel.de, Kirchengasse 10, Tel. +49 6359 209359.

Hotel-Restaurant Zum Burggraf
Familie Hahn bietet in ihrer historischen Zunftherberge eine gute deutsche Küche. Von der Sonnenterrasse auf dem »Balkon des Leiningerlands« blickt man auf Grünstadt und die Rheinebene. Geöffnet Fr.–Di. ab 17 Uhr, Mittelgasse 1, Neuleiningen, www.zumburggraf.de, Tel. +49 6359 2826.

Zum Gäsbock
Das denkmalgeschützte, über 500 Jahre alte Fachwerkhaus mit seinem Renaissance-Portal war im Mittelalter das Rathaus des Dorfs. Sein Eingang, der mit einer alten, dunklen Kirchentür verschlossen ist, liegt etwas versteckt in der engen Gasse. Doch jeder Gast findet ihn, denn ein großes Holzschild mit der Aufschrift »do geht's noi« weist den Weg. In der Küche werden mit neuen Geschmacksideen Speisen außerhalb des Mainstreams kreiert. Als Vorspeise steht ein Carpaccio vom Pfälzer Rinderfilet mit Haselnüssen auf der Speisekarte, als Hauptspeise gibt es ein Lamm-Carré an Rosmarin-Jus oder ein Charolais-Rinderfilet an einer Café-de-Paris-Soße. Geöffnet Do.–Mo. ab 17 Uhr, So. und Mo. auch 12–14 Uhr. Mittelgasse 32, Neuleiningen, https://zum-gaesbock.de, Tel. +49 6359 9458102.

Restaurant H'manns
Schon der Name H'manns, eine Wortschöpfung aus Hegmann & Hoffmann deutet auf etwas Besonderes hin. Das gelb getünchte Landhaus aus den 1920er-Jahren mit seiner Terrasse strahlt schon von außen einen ganz besonderen Charme aus. Wer eine frische Küche, die durchaus Sterneniveau hat, ein lockeres, familiäres Ambiente und gute Weine schätzt, sollte bei H'manns einkehren. Während sich Chris Brigitte Hegmann (geb. Hoffmann) um die Küche kümmert, empfiehlt ihr Mann Andreas seinen Gästen außergewöhnliche Pfälzer Weine, die perfekt zum jeweiligen Menü passen. Geöffnet Do.–Sa. ab 18 Uhr, So. ab 16 Uhr, Am Goldberg 2, Neuleiningen, www.hmanns.de, Tel. +49 6359 5341.

VfR-Sportheim Ristorante D'Antonio
Die italienische Gaststätte im VfR-Sportheim bietet neben Pizza und mehr vor allem auch große Schnitzel. Geöffnet Di.–Fr. ab 17 Uhr, Mi. auch 12–14 Uhr, Sa. ab 16 Uhr, So. ab 12 Uhr, Gaswerkstraße 13, Hettenleidelheim, Tel. +49 6351 5106.

TSG Jahnstube
Wer Hunger hat, geht in Eisenberg in die TSG-Jahnstube, denn dort sind die Portionen groß und es schmeckt. Bei Dario Decic stehen die kroatischen Gerichte seiner Heimat neben deutschen auf der Speisekarte. Geöffnet Mo. 11–14.30 Uhr, Di.–Fr. und So. 11–14.30 Uhr und ab 17.30 Uhr, Sa. ab 17.30 Uhr. Friedrich-Ebert-Straße 11, Eisenberg, Tel +49 6351 8571.

Von Hertlingshausen zum Isenach-Weiher

Waldlandschaften und Bachtäler

3

3.45 Std. | 12,6 km | ↗ 350 m | ↘ 350 m

Ältester Stausee Deutschlands und das »Eingeschärrte«

Westlich von Bad Dürkheim wurde 1736/37 der heute 17.850 m² große und bis zu 8 m tiefe Isenach-Weiher angelegt, der älteste Stausee Deutschlands. Sein Wasser trieb bis 1850 im Bad Dürkheimer Gradierwerk, einer Anlage zur Salzgewinnung, die Pumpen an. In Hertlingshausen, einem Ortsteil von Carlsberg, lebten die Bewohner früher hauptsächlich vom Wald. Sie waren Holzfäller und Heidelbeer (»Hellbeer«)-Sammler. Zur Mittagszeit brachten die Frauen ihren Männern das Essen im Henkelmann in den Wald, wo diese es in der heißen Asche eines Holzfeuers aufwärmten. Daran erinnert heute alljährlich Mitte März das »Eingeschärrte«, ein beliebtes Waldfest. Die Festbesucher bringen dazu Würste, Fleischstücke, Fisch, Kartoffeln, Gemüse und anderes mit, das sie, dick in Zeitungspapier oder Alu-Folie eingepackt und an einem langen Draht befestigt, in der heißen Asche garen. Beim »Hellbeer-Fest« im Sommer wird Heidelbeerkuchen in vielfältigsten Variationen angeboten.

Ausgangspunkt: Naturfreundehaus Rahnenhof in Hertlingshausen (Bushaltestelle).
Anforderungen: Mittel, überwiegend Waldwege mit gelegentlichen Auf- und Abstiegen.

Kinder: Die Wanderung durch Wälder und Bachtäler ist für Kinder, die gut zu Fuß sind, geeignet. Am Rahnenhof und am Isenach-Weiher gibt es Spielplätze, und auf dem Stausee kann man Ruderboot fahren.

Vor dem **Naturfreundehaus Rahnenhof ❶** in Hertlingshausen wandern wir der Markierung des *Leininger Klosterwegs* (schwarzer Torbogen auf gelbem Grund) folgend den Waldhang hinauf und queren danach das Frauenthal. An einer **Abzweigung ❷** auf der Hochfläche des Mühlbergs mündet von links der *blau-rote Strich* in unseren Wanderweg ein. Wir verlassen hier den *Leininger Klosterweg* und folgen dem *blau-roten Strich* rechts durch den Wald bis zum Isenach-Weiher. Zunächst geht es dabei über das »Hochland«, einen lang gezogenen Bergrücken westlich des 385 m hohen Ringelsteins. An einer **Wegkreuzung ❸** liegt ein Rastplatz. Danach führt unsere Wanderung ins Isenachtal, wo wir links dem Bachlauf tal-

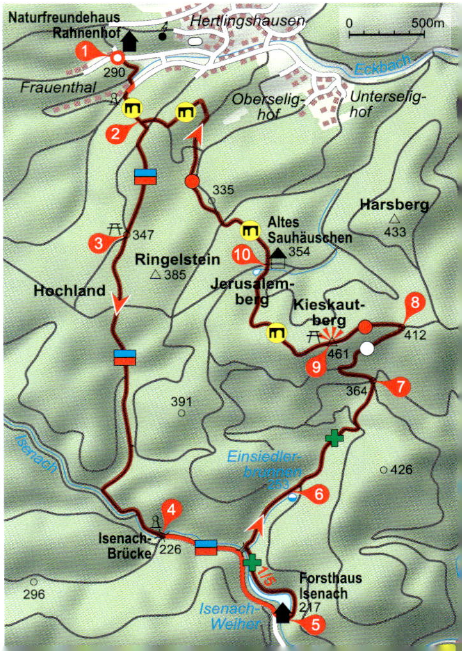

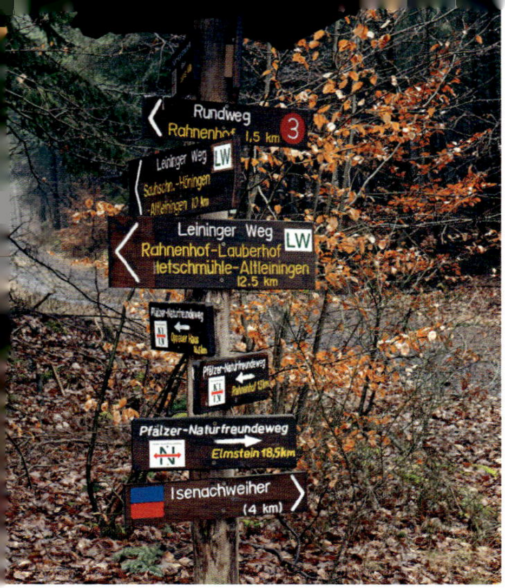

Wanderwegmarkierungen zwischen dem Naturfreundehaus Rahnenhof und dem Isenach-Weiher.

wärts folgen. An der **Brücke ❹**, auf der wir die Isenach überqueren, stand einmal das Forsthaus Mittlere Isenach, das auch »Mattersnhütte« genannt wurde. Auf der Waldwiese rechts befindet sich ein Rastplatz mit kleinem Pavillon. Wir wandern weiter durch das Tal, dann auf dem Uferweg rechts am Isenach-Weiher entlang. Die angenagten Bäume am Weg zeigen uns, dass hier ein Biber am Werk ist. Am Ende des ältesten Stausees Deutschlands können wir im **Forsthaus zur Isenach ❺** mit seinem großen bayerischen Biergarten einkehren.

Wir wandern am Biergarten vorbei über den Staudamm und links auf dem Uferweg am Isenach-Weiher entlang zurück (*Rundwanderwege 1* und *5*). Am Ende des Wegs treffen

Naturfreundehaus Rahnenhof

Als Partnerbetrieb des Biosphärenreservats Pfälzerwald-Nordvogesen verwendet die Küche nur frische Bio-Produkte, weshalb das Angebot an Speisen saisonabhängig ist. Neben Pfälzer Küche werden auch Wildgerichte zu erschwinglichen Preisen angeboten. Stephan Schenk und seine Mitarbeiter führen das Haus mit hohem persönlichem Engagement, sodass sich die Gäste hier besonders wohl fühlen. Warme Gerichte gibt es täglich 12–18 Uhr. www.naturfreundehaus-rahnenhof.de, Hintergasse 13, Hertlingshausen, Tel. +49 6356 962500.

Forsthaus zur Isenach

Im ehemaligen Wärterhaus des Stausees, einem alpenländisch anmutenden Blockhaus, wird eine Erlebnisgastronomie mit bayerisch-pfälzischer Küche angeboten, inklusive fangfrischer Forellen, Schnitzel, Schweinshaxe, Rumpsteak, Wild und Flammkuchen. Auf dem Staudamm lädt der bayerische Biergarten mit seinem original Paulaner-Springbrunnen zum Verweilen ein. Das Forsthaus wirbt damit, eines der schönsten und originellsten Ausflugsziele im Pfälzerwald zu sein. Wer Zünftiges und Deftiges mag, fühlt sich hier auf jeden Fall wohl. Für Kinder gibt es einen Abenteuerspielplatz, und auf dem Weiher kann man Ruderboot fahren. So weit, so gut. Leider hat auch hier die COVID-19-Pandemie zu einem Personalmangel geführt, sodass der Inhaber Jürgen Wessa, dem auch die Gaststätte Am Dom in Speyer gehört, abwägen muss, wo er seine Mitarbeiter einsetzt. Deshalb kann es vorkommen, dass die Speisekarte kleiner ausfällt und das Forsthaus nicht immer wie angegeben Mi.–So. von 12 bis 18 Uhr geöffnet ist (Mi.–Fr. Selbstbedienung, Bewirtung nur am Wochenende). www.forsthaus-isenach.de, Am Isenach-Weiher, 67098 Bad-Dürkheim, Tel. +49 6329 8147.

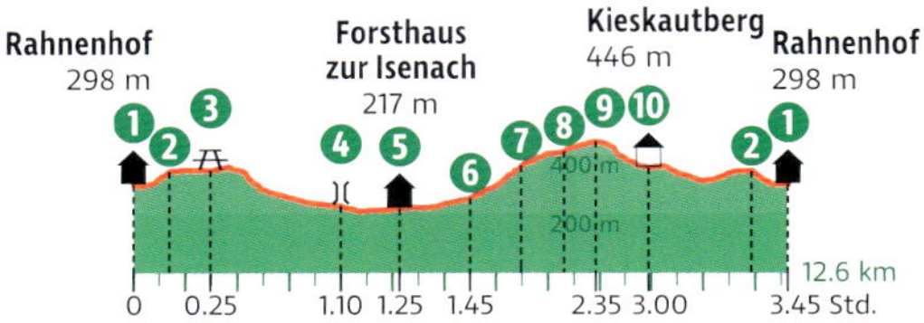

wir bei der alten Steinbrücke auf das *grüne Kreuz*. Dieser Markierung folgen wir rechts auf der Forststraße durch das tief eingeschnittene Tal. An der Abzweigung in der Haarnadelkurve liegt links unterhalb des Wegs der **Einsiedlerbrunnen 6**, der jedoch fast vollständig von Pflanzen überwuchert ist. Wir gehen hier links auf *grünem Kreuz* weiter talaufwärts. Nach knapp 100 m zweigt ein schmaler Pfad nach rechts ab, auf dem wir am Waldhang weiterwandern. An der **Wegspinne 7** folgen wir dann links dem *weißen Punkt* auf der ansteigenden Forststraße in Richtung Eckbachtal. An der **Wegkreuzung 8** auf der Anhöhe östlich des 461 m hohen Kieskautbergs treffen wir wieder auf das Logo des *Leininger Klosterwegs*. Ihm folgen wir jetzt links zurück zum Rahnenhof. Der Weg führt uns dabei über den Kamm des **Kieskautbergs 9** zum **Alten Sauhäuschen 10**, einer kleinen Waldarbeiter- und Schutzhütte. Über dem Eingang ist die verblasste Jahreszahl 1860 zu erkennen. Unterhalb der Hütte liegt eine kleine Quelle. Die folgenden 2 km wandern wir dann durch eine einsame, aber abwechslungsreiche Waldlandschaft zum Mühlberg, wo wir westlich davon wieder an der **Abzweigung 2** vorbeikommen, an der uns der *Leininger Klosterweg* rechts hinunter ins Frauenthal und zurück zum **Naturfreundehaus Rahnenhof 1** leitet.

Forsthaus zur Isenach.

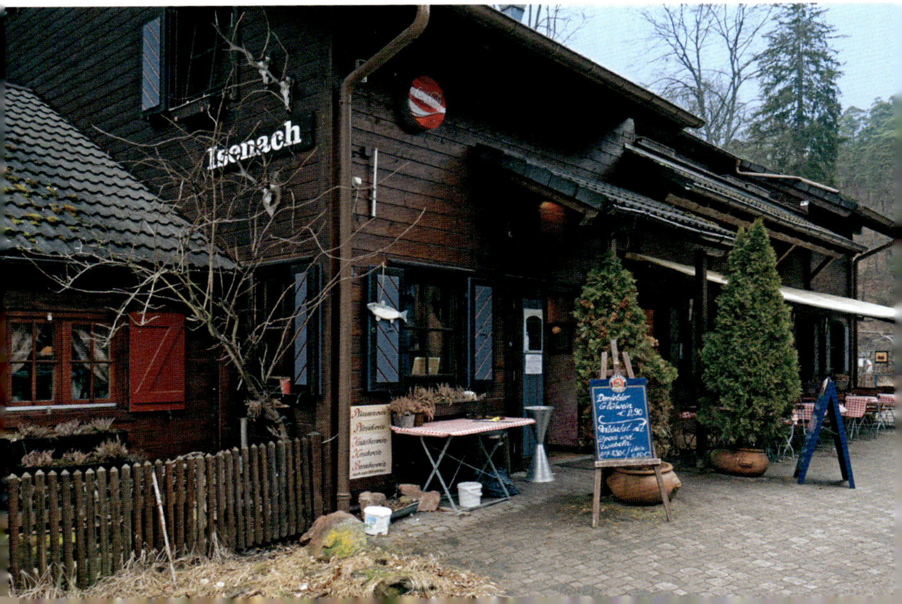

4 Burg Altleiningen und Kupferbergfels

Durchs Leiningerland zum Felsen in Kamelgestalt

3.15 Std. | 10,3 km | ↗ 320 m | ↘ 320 m

Ein Freibad in der Burg und das Klosterdorf Höningen

Die Leininger Grafen waren ein mächtiges und weit verzweigtes Adelsgeschlecht. Sie regierten das Leiningerland und vermehrten durch reiche Heiraten und geschicktes politisches Taktieren ihren Besitz immer weiter. Graf Emich I. und sein Sohn Emich II. von Leiningen erbauten Burg Leiningen (heute Altleiningen) zwischen 1100 und 1110 auf einem dreieckigen Bergsporn zwischen dem Rothbach- und dem Eckbachtal. Die Burg wurde ihr Stammsitz. Sie wurde 1525 im Bauernkrieg zerstört, danach im Renaissancestil wiederaufgebaut und soll einmal so viele Fenster wie das Jahr Tage gehabt haben, doch einen Beleg dafür gibt es nicht. 1690 wurde die Burg im Pfälzischen Erbfolgekrieg (1688–1697) von den französischen Truppen Ludwigs XIV. endgültig zerstört und diente danach wie so viele Ruinen in der Pfalz als Steinbruch. Mitte des 19. Jahrhunderts untersagte das Königreich Bayern den weiteren Abtrag der Ruinen. 1962 wurde das Wohngebäude wiederaufgebaut. Darin befindet sich heute eine Jugendherberge. In der überdachten Ehrenhalle finden die Altleininger Burgspiele statt, und im ehemaligen Burggraben lädt das beheizte Freibad zum erfrischenden Bad ein.

Das Kloster der Augustiner-Chorherren in Höningen wurde während der Regierungszeit von Papst Calixt II. (1119–1124) vermutlich 1120 von Graf Emich II. von Leiningen und seiner Gemahlin gegründet. Es wurde direkt dem Papst unterstellt und gehörte damit mit all seinem Grundbesitz der Kirche. Ursprünglich gehörten diese Ländereien zum Lehen Heinrichs IV. Als dieser 1125 starb, nutzte Graf Emich II. die Streitigkeiten um dessen Erbe aus und unterstellte eigenmächtig fremdes Lehen der Kirche. Dafür erhielt Emich II. von der Kirche wichtige und wertvolle Rechte und machte das Kloster zum kulturellen Zentrum der Leininger Grafen. Zur Zeit der Reformation wurde das Kloster aufgegeben und gelangte in den Besitz des Grafen Philipp I. von Leiningen. Zwei Monate nachdem Philipp den ersten lutherischen Pfarrer eingesetzt hatte, brannte es 1569 bis auf die Grundmauern nieder. Graf Philipp ließ es wiederaufbauen und richtete darin eine Lateinschule ein, die bis zum Dreißigjährigen Krieg bestand.

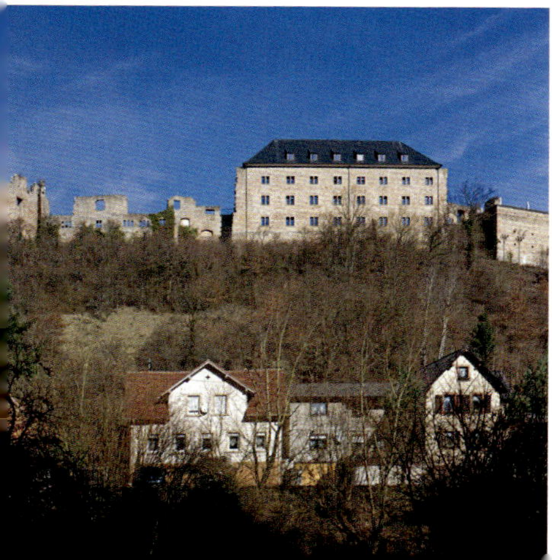

Ausgangspunkt: Burg Altleiningen. Bushaltestelle in der Ortsmitte.
Anforderungen: Gering, überwiegend Waldwege.
Kinder: Für Kinder gut geeignet.

Burg Altleiningen.

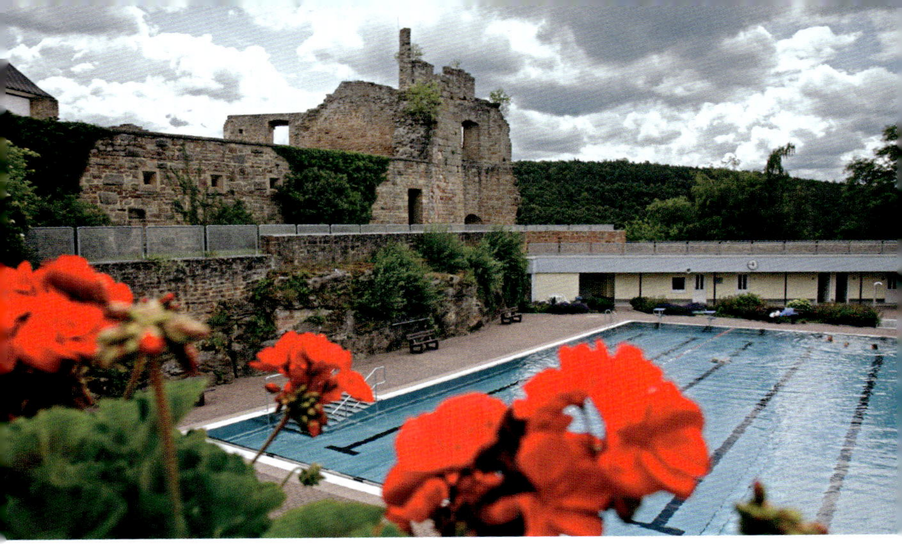

Burgbad Altleiningen.

Von der **Burg Altleiningen** ❶ gehen wir auf der *Burgstraße* und dem *Leininger Wanderweg (LW)* bzw. dem *Leininger Burgenweg* (schwarze Burg auf gelbem Grund) kurz links und steigen dann links auf dem schmalen Fußweg hinunter ins Dorf. Dort gehen wir auf der Hauptstraße rechts. Unterhalb des Ehrenmals sprudelt das Wasser der stärksten Spaltenquelle der Pfalz aus dem Zwanzigröhrenbrunnen. Daneben befindet sich ein Rastplatz. *LW* und der *Leininger Burgenweg* führen uns dann links auf der kurzen Schulstraße über den Eckbach. Hier stand einmal die Untere Papiermühle. Die Gemeinde ließ hier einen kleinen Naherholungspark mit Spazierwegen und Rastplätzen anlegen, der sich entlang des renaturierten Eckbachs erstreckt. Oberhalb vom Tal gehen wir auf der Zimmerbergstraße kurz links und lassen uns von den beiden Markierungen im Wald um das Dorf leiten. An einer **Abzweigung** ❷ trennen sich dann die beiden Wanderwege. Wir folgen jetzt nur noch dem *Leininger Burgenweg*, gehen links weiter durch den Wald, halten uns am Waldrand erneut links und erreichen nach dem Überqueren der Straße *K 31* den **Wanderparkplatz Langental** ❸. Hinter dem Parkplatz stand an der Wegkreuzung am Waldrand einmal das Dorf Zwingweiler. Es gehörte einst den Leininger Grafen. Nach 1480 gelangte das Dorf in den Besitz des Klosters Höningen. Weil einige Bewohnerinnen ein lasterhaftes Leben geführt haben sollen, untersagte das Kloster den Bau neuer

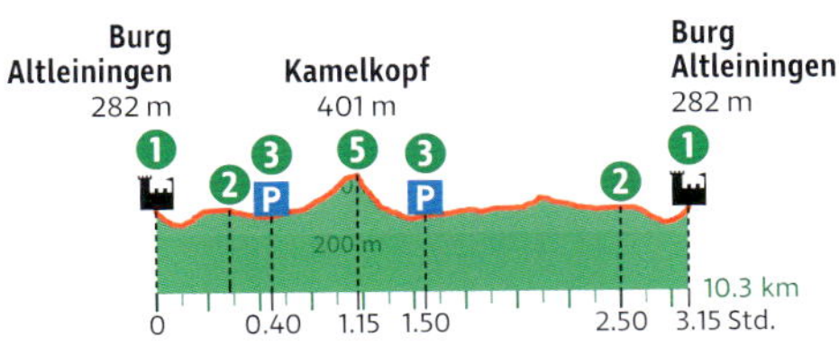

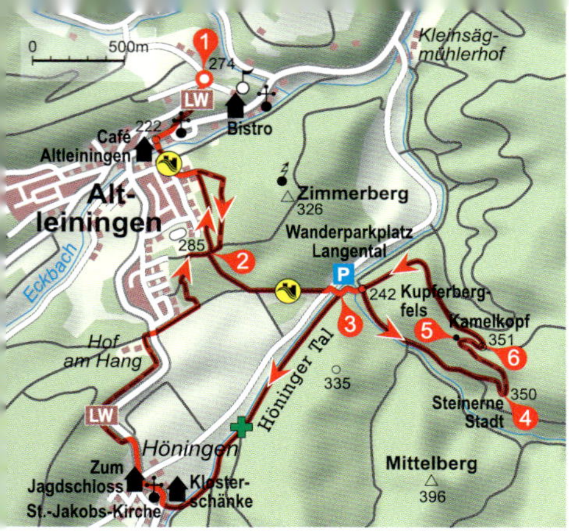

Häuser und verhinderte, dass sich neue Bewohner ansiedelten. So verfiel das Dorf mit der Zeit vollständig und übrig geblieben ist nur der Ritterstein. Es wird berichtet, dass sich reiche Bürger, die nicht in Höningen wohnten, nach einer großzügigen Spende an das Kloster auf dessen Friedhof bestatten lassen konnten. Die Geistlichen begleiteten dann den Trauerzug von Zwingweiler auf dem »Totenweg« nach Höningen. Während sie auf die Trauergesellschaft warteten, vergnügten sie sich mit den Frauen aus dem Dorf.

Vom Wanderparkplatz machen wir einen Abstecher zum Kamelkopf auf dem Kupferbergfels. Der *Leininger Burgenweg* führt uns an der Wegkreuzung beim Ritterstein Zwingweiler rechts durch das Langental dorthin. Wir gehen knapp 500 m in das Tal hinein und steigen dann links hinauf zur **Steinernen Stadt 4**. Hier haben Wanderer auf einer Felsplatte zahlreiche Steinmännchen aufgestellt, die von der Seite betrachtet aussehen wie eine mittelalterliche Stadt mit ihrer Stadtmauer und Türmen. Danach wandern wir an einem Aussichtspunkt vorbei zum **Kamelkopf 5**, einem 6 m hohen Sandsteinfelsen. An den Sandsteinfelsen auf dem Kupferberg kann man schön die Kieselsteine sehen, Sedimente urzeitlicher Flüsse. Wir gehen rechts an dem markanten Felsen vorbei und folgen dahinter rechts dem *Leininger Burgenweg* bergab. Nach etwa 130 m verlassen wir an einer **Abzweigung 6** den *Burgenweg* und wandern links auf dem Waldweg zu einer Forststraße, auf der wir links bergab um den Kupferberg zurück zum **Wanderparkplatz Langental 3** gelangen.

Nach dem Abstecher wandern wir links auf dem *grünen Kreuz* am Höninger Bach entlang durch das Höninger Tal bis nach Höningen. Das kleine Dorf mit seinem Kloster, der berühmten Lateinschule und der St.-Jakobs-Kirche war einmal das »kulturelle Herz« von Altleiningen. Heute erinnern nur noch der Westgiebel der einstigen Abteikirche, der zweibogige Torbogen und ein paar Mauerreste an das Kloster. Die evangelische St.-Jakobs-Kirche innerhalb des Friedhofs ist noch etwas älter als das Kloster und gilt als eines der ältesten romanischen Bauwerke der Pfalz. Im Lauf der Zeit wurde sie mehrfach umgebaut und im 17. Jahrhundert eine herrschaftliche Balustrade aus Holz eingebaut, die um 1720 mit dem Wappen von Graf Georg II. bemalt wurde. Im 19. Jahrhundert erhielt die Kirche ihren heutigen Glockenturm. Besonders sehenswert sind die mittelalterlichen Fresken im Altarraum aus der Zeit um 1320 und im Kirchenschiff aus dem 15. Jahrhundert sowie die Predella des Altars, die im Ikonenstil mit den Bildnissen Christi und der zwölf Apostel bemalt ist. Die Kirche kann nach Voranmeldung beim protestantischen Pfarramt Carlsberg-Hertlingshausen besichtigt werden (Tel. +49 6356 201).

Auf der Hauptstraße gehen wir rechts durch den historischen Ort, in dem zwei empfehlenswerte Gaststätten zu einer Einkehr einladen: die Klosterschänke und das Jagdschloss. An beiden kommen wir vorbei. Durch den Torbogen verlassen wir Höningen und wandern rechts auf der *Altleininger Straße* leicht bergauf. In der Linkskurve verlassen wir die Straße und folgen 40 m dem links abzweigenden Waldweg. An der nächsten Abzweigung führt uns der *Leininger Wanderweg (LW)* rechts oberhalb der *Altleininger Straße* zurück nach Altleiningen. Dort wandern wir vor den ersten Häusern rechts auf dem Feldweg weiter, halten uns an der Abzweigung am Waldrand links und erreichen etwas weiter wieder die **Abzweigung ❷**. Hier halten wir uns kurz rechts, verlassen den *Leininger Wanderweg* und folgen gleich darauf links dem Waldweg, auf dem wir geradeaus um das Dorf wandern, bis wir nach knapp 500 m wieder auf den *Leininger Wanderweg* und den *Leininger Burgenweg* treffen. Beide führen uns auf derselben Strecke wie beim Hinweg hinunter ins Dorf und auf der Hauptstraße am Zwanzigröhrenbrunnen vorbei zurück zur **Burg Altleiningen ❶**.

Bistro in der Burg Altleiningen
Im öffentlichen Bistro der Jugendherberge gibt es Pizza, Flammkuchen, Würstchen und Cocktails, bei denen man von der großen Burgterrasse die herrliche Aussicht über das Drei-Täler-Dorf genießen kann. Geöffnet täglich ab 10 Uhr. Burgstraße 1, Altleiningen, Tel. +49 6356 1580.

Café Altleiningen
In der Ortsmitte beim ehemaligen Bahnhof gelegen, wurde das neue Dorfcafé schnell zu einem beliebten Treffpunkt für Einheimische und Wanderer. Die Speisekarte ist zwar klein, die reichhaltig belegte italienische Pinsa mit ihrem Teig aus Weizen-, Reis- und Sojamehl, die Salatteller, die wechselnden Tagesgerichte und der Kuchen schmecken aber sehr lecker. Geöffnet Mi–So 9–18 Uhr. Bahnhofstraße 6, Altleiningen, https://cafe-altleiningen.de, Tel. +49 6356 9613013.

Klosterschänke
Sandra Rothaug führt diesen als »gastliches Haus« ausgezeichneten Landgasthof und verwöhnt ihre Gäste in historischem Ambiente mit Pfälzer Küche, Wildgerichten, wechselnden Tagesessen und selbstgebackenem Kuchen. Mittwoch ist Dampfnudeltag und samstags gibt es Flammkuchen. Im kleinen, mediterran anmutenden Biergarten vor dem Giebel der ehemaligen Abteikirche kann man die Seele baumeln lassen, und müde Wanderer können in einem der drei Doppelzimmer übernachten. Geöffnet Di., Mi., Fr. 11.30–14.30 Uhr und 17–21 Uhr, Sa., So., 11.30–21 Uhr. Höninger Hauptstraße 27, Altleiningen-Höningen, www.klosterschaenke-hoeningen.de, Tel. +49 6356 98 99 38.

Zum Jagdschloss
Seit 1837 befindet sich dieses gutbürgerliche Restaurant im Besitz der Familie Herbel. Für die Höninger und Altleininger Bürger ist der »Herbel« eine Institution, wo man sich in der gemütlichen Gaststube gerne zum Essen, Trinken und Plaudern trifft. Mittagsmenüs unter der Woche, typische Pfälzer Küche, Wild von den Jägern der Region, freitags frische Dampfnudeln und jeden Tag selbst gebackener Kuchen lohnen eine Einkehr. Die Gaststätte ist Mi.–Mo. 11–21 Uhr geöffnet. Höninger Hauptstraße 20, Altleiningen-Höningen, Tel. +49 6356 251.

5 Von der Lindemannsruhe zum Ungeheuersee

Auf dem Ganerbenweg zur Weisenheimer Hütte

3.00 Std. | 9,9 km | ↗ 320 m | ↘ 320 m

Ein Waldsee, der manchmal verschwindet

Der Name »Ungeheuersee« leitet sich vermutlich von einem »Unger«, wie im Mittelalter eine Waldweide genannt wurde, und einem »Heyer«, was ein Gehege bezeichnet, ab. Der heute 150 m lange und 50 m breite Waldsee war früher eine Viehtränke. Sein Wasserspiegel schwankt stark, in manchen Jahren trocknet der See des einzigen Hochmoors im nördlichen Pfälzerwald sogar fast vollständig aus. Auf den kleinen Inseln wächst der Sonnentau, eine fleischfressende Pflanze, und in der Sumpfzone kommen Molche und Ringelnattern vor. Am See ist die Weisenheimer Hütte des Pfälzerwaldvereins ein viel besuchtes Ziel von Wanderern.

Ausgangspunkt: Lindemannsruhe nordwestlich von Bad Dürkheim. Bus Linie 488 vom Bahnhof Bad Dürkheim.

Anforderungen: Gering, bequeme Waldwege mit leichten Steigungen.
Kinder: Für Kinder geeignet.

An der **Lindemannsruhe ①** nordwestlich von Bad Dürkheim wandern wir bis zum Ende des Waldparkplatzes und links vom Rastplatz auf dem Waldweg, der gleich am Anfang der Forststraße nach links abzweigt und mit der *rot-weißen Welle* des *Pfälzer Weinsteigs* beschildert ist, in nordwestlicher Richtung durch den Pfälzerwald. Nach knapp 100 m treffen wir an einer Wegkreuzung auf das Logo des *Ganerbenwegs*, einer schwarzen Axt auf gelbem Grund. Diesem und dem *Weinsteig* folgen

Schillerruhe nahe der Lindemannsruhe.

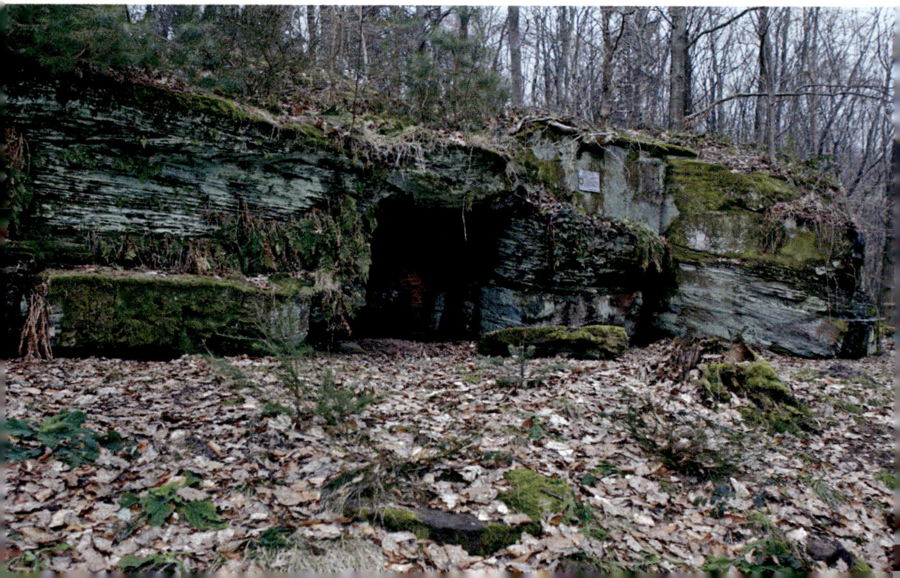

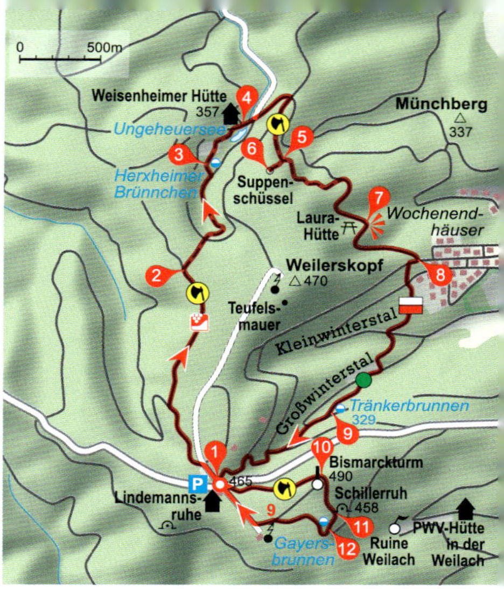

wir jetzt nach rechts. Nach 1,4 km verlassen wir an einer **Abzweigung ❷** den *Weinsteig* und gelangen rechts auf dem *Ganerbenweg* zum **Herxheimer Brünnchen ❸**, das am Rand des feuchten Bachtals liegt, in dem der Krumbach entspringt. Bis zum **Ungeheuersee ❹** ist es von dort nicht mehr weit. Dort laden an der Weisenheimer Hütte Holzbänke und Tische zu einer Rast ein. Am Ende des Ungeheuersees überqueren wir den Seeabfluss und wandern rechts auf dem Wurzelweg (*weiß-roter Strich* und *Ganerbenweg*) den Waldhang hinauf zum **Krumholzer Stuhl ❺**. Der Felsen diente den Römern vor mehr als 1800 Jahren als Steinbruch und den Ganerben als Grenzmarke. Hier verlassen wir den *Ganerbenweg* und wandern links auf dem historischen Rundwanderweg Leistadt weiter, der als *»Sieben Waldwunder«* beschildert ist. Zuvor machen wir aber auf dem *Ganerbenweg* einen kurzen Abstecher zur 100 m entfernten **Suppenschüssel ❻**. Der Stein mit seiner rechteckigen Vertiefung und den eingemeißelten Zeichen ist ein mittelalterliches Grenz- und Rechtsdenkmal. Hier hielten vom 12.–18. Jahrhundert die Ganerben und andere Waldbesitzer die Abschlussbesprechungen ihrer Grenzbegehungen ab. Da es dabei auch immer etwas zu essen und trinken gab, nimmt man an, dass die Vertiefung dazu gedient haben

Weisenheimer Hütte am Ungeheuersee

Die Pfälzerwaldvereinshütte in idyllischer Lage ist von Mitte März bis Ende November So. und an Feiertagen 10–18 Uhr (im November bis 17 Uhr) und von Ende Mai bis Mitte Oktober auch Mi. 12–17 Uhr bewirtschaftet.

Forsthaus Lindemannsruhe

Im 1927 erbauten, ehemaligen Freinsheimer Forsthaus bietet die 465 m hoch gelegene Waldgaststätte in der rustikalen Gaststube und dem Biergarten Pfälzer Gerichte, Wild von heimischen Jägern und hausgebackenen Kuchen an. Auch Vegetarier kommen hier nicht zu kurz. Für Kinder wurde ein Zwergziegengehege angelegt. Die Gaststätte ist Mi.–So. 11–7.30 Uhr geöffnet. www.lindemannsruhe.de, Tel. +49 6322 6208292.

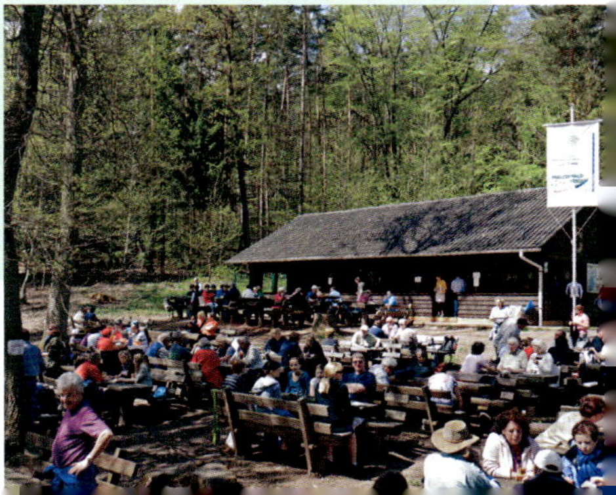

Einkehr in der Weisenheimer Hütte am Ungeheuersee.

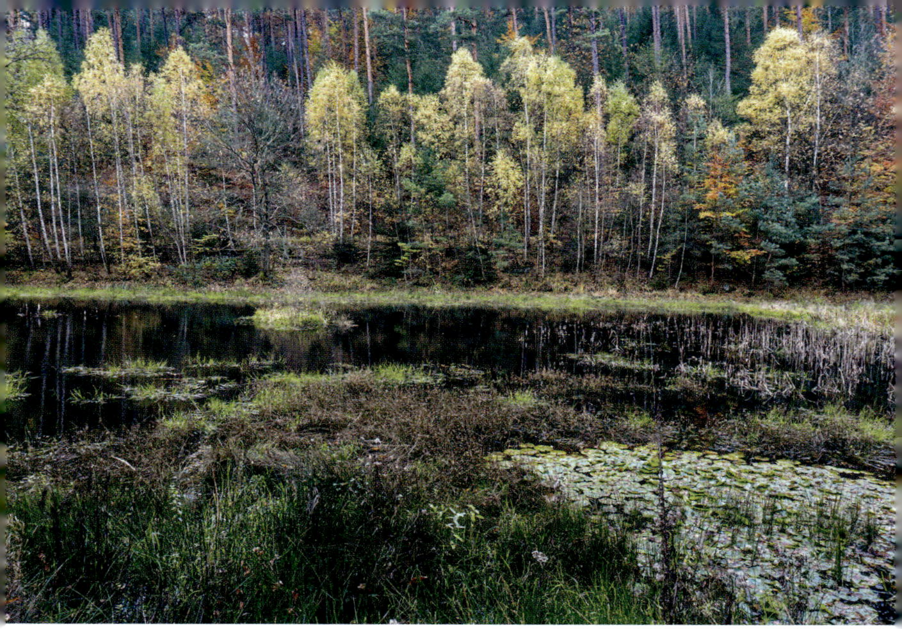

Herbst am Ungeheuersee im Pfälzerwald bei Bad Dürkheim.

könnte, einen Topf auf dem brusthohen Stein sicher abzustellen. Die *»Sieben Waldwunder«* leiten uns danach zur **Laura-Hütte 7**. Sie war ursprünglich eine Jagdhütte, die der Freinsheimer Bezirksrichter Wilhelm Retzer 1845 erbauen ließ und nach seiner Frau benannte. Am Hang unterhalb der Hütte steht die »Liebesbank«, so genannt, weil man ein Paar, das auf der Bank des behauenen Felsens sitzt, von der Hütte aus nicht sehen kann.

An der Laura-Hütte verlassen wir die *»Sieben Waldwunder«* und gehen hinter der Hütte rechts auf dem *rot-weißen Strich* weiter. Vor dem Leistadter Wochenendhaus-Gebiet **Rothsteige 8** biegen wir scharf rechts ab und halten uns nach 50 m links. Danach treffen wir wieder auf eine Forststraße. Hier gehen wir kurz rechts, dann links und folgen weiter dem *weiß-roten Strich* zur ausgeschilderten Lindemannsruhe. Wir wandern nun durch einen reinen Kiefernwald, der typisch für den Pfälzerwald ist. Niedrige Erikasträucher säumen unseren Wanderweg. Im Kleinwinterstal macht der Wanderweg eine Spitzkehre und führt leicht bergauf ins Großwinterstal. An der Fichtenschonung im Tal gehen wir auf der Forststraße rechts und nach 150 m auf dem schmalen Waldweg links bergauf. Nach der Linkskurve des Wegs verlassen wir mitten im dichten Kiefernwald den *weiß-roten Strich* und wandern rechts auf *grünem Punkt* weiter durch den Wald. Am Weg liegt der **Tränkerbrunnen 9**. Dahinter steht die 1870 gepflanzte Sophie-Krämer-Fichte. Am Engelsbrunnen (Rastplatz) im Talschluss queren wir eine Forststraße und halten uns dabei rechts. An der Forststraße oberhalb des Tals gehen wir kurz links und folgen in der Haarnadelkurve weiter dem *grünen Punkt* auf dem schmalen, bergauf verlaufenden Weg. Am Ende des Anstiegs erreichen wir dann an der

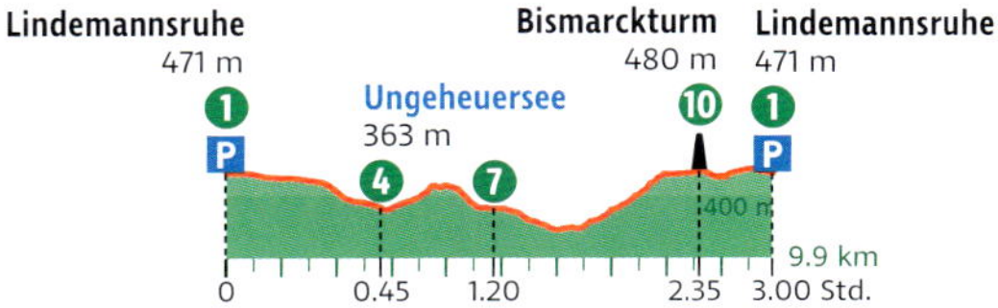

Wanderweg-Tafel wieder den Parkplatz Lindemannsruhe.
Zum Abschluss unserer Wanderung drehen wir noch eine kleine Runde und wandern zum nahen **Bismarckturm ⑩**, einem 1902 im neoromanischen Burgenstil erbauten Aussichtsturm. Dazu überqueren wir die Straße und gelangen links vom Forsthaus Lindemannsruhe auf dem *Ganerbenweg* dorthin. Beim Turm ist von Mai bis Oktober Mi., Sa., So. 10–18 Uhr und von November bis April 10–16 Uhr ein Ausschank geöffnet. 158 Stufen führen auf die Aussichtsterrasse in 36 m Höhe, von der wir eine großartige Rundumsicht über den nördlichen Pfälzerwald und die Rheinebene mit den Städten Ludwigshafen und Mannheim haben. Hinter dem Turm leitet uns der *Ganerbenweg* weiter zur **Schillerruh ⑪**, die auch Schiller-Fels genannt wird. Am Fuß des Buntsandsteinfelsens, der anlässlich des 100. Geburtstags von Friedrich Schiller (1759–1805) nach dem Dichter benannt wurde, ist eine Sitzbank in den Fels gehauen, und in einem runden Steintisch ist die Jahreszahl 1860 eingemeißelt. Kurz danach kommen wir zum **Gayersbrunnen ⑫**. Dieser erinnert an Karl Gayer (1822–1907), der von 1851 bis 1855 das hiesige Forstrevier leitete und später an der Universität München Professor für Forstwirtschaft wurde. In dieser Funktion schrieb er Fachbücher über Forstnutzung und Waldbau und erarbeitete die Grundsätze für eine ökologisch orientierte Forstwirtschaft, die heute noch Anwendung finden. Am Brunnen verlassen wir den *Ganerbenweg* und gelangen oberhalb davon auf dem nicht markierten Waldweg nach 30 m zu einer Forststraße, auf der uns der *Rundwanderweg 9* rechts und danach immer geradeaus zum rot-weiß angestrichenen Sendeturm führt. Dort verlassen wir die Markierungen und wandern rechts auf dem asphaltierten Zufahrtsweg zurück zum Waldparkplatz an der **Lindemannsruhe ❶**.

Wer waren die Ganerben?
»Gan« bedeutet »gemeinsam«. Nach mittelalterlichem Erbrecht konnte ein Familienbesitz, wie eine Burg (Ganerbenburg) oder ein Wald (Ganerbenwald), als Ganerbschaft vererbt werden. Dadurch blieb das Erbe als Ganzes erhalten und wurde nicht unter mehreren Erben aufgeteilt. Der Nachlass gehörte dann den Ganerben, einer Erbengemeinschaft von mehreren Personen, gemeinsam. Diese verwalteten ihr Erbe wie bei einer heutigen Genossenschaft auch gemeinsam. Um Streitigkeiten unter den Ganerben zu vermeiden, wurden deren Pflichten und Rechte in einer Art Burgfriedensvertrag umfassend vertraglich geregelt und niedergeschrieben. Dies sicherte die friedliche Koexistenz der Ganerben und führte oft auch dazu, dass diese einen gemeinsamen Namen und ein gemeinsames Wappen annahmen.

6 Von Leistadt nach Freinsheim

Weinbergwanderung über den Oschelskopf

2.45 Std. | 11,1 km | ↗140 m | ↘140 m

Das Naturschutzgebiet Felsenberg-Berntal

Das 1,2 km lange Berntal (»Bärental«) bei Leistadt wird auf seiner Nordwestseite von einer mehrere Meter hohen Wand aus hellem Kalkstein begrenzt, dem Felsenberg. Versickerndes Regenwasser hat in dem Gestein Hohlräume ausgewaschen, in denen vor 4000 Jahren Bären und andere Tiere hausten. Die 5 Millionen Jahre alte und 60 m³ große Herxheimer Karsthöhle ist geschützt und nicht zugänglich. Archäologische Funde wie Ringe und Schnallen aus Metall sowie römische Münzen belegen, dass darin früher auch Menschen wohnten. Ein in Deutschland nur sehr selten vorkommender kleiner Höhlenkrebs – die Weiße Höhlenassel (Trichonisus helveticus) – wurde hier entdeckt. Das Tal gehört zum Naturschutzgebiet Felsenberg-Berntal, das sich durch Kalksteinterrassen mit Trockenrasen und alte, wegen Unwirtschaftlichkeit aufgegebene Weinberge auszeichnet.

Ausgangspunkt: Parkplatz Felsenberg-Berntal an der Straße L 517 nördlich von Leistadt (hier gibt es auch eine Bushaltestelle).

Anforderungen: Gering, Weinberg- und Wirtschaftswege.

Kinder: Für Kinder geeignet, Spielplatz bei Freinsheim.

Wir gehen vom Parkplatz **Felsenberg-Berntal** ❶ an der Straße L 517 nördlich von Leistadt rechts am ehemaligen Restaurant Weidenhof vorbei und wandern auf einem sandigen Weg durch das von alten Rebterrassen und Weinbergen gesäumte Berntal. Dabei orientieren

Wanderweg im Berntal bei Leistadt.

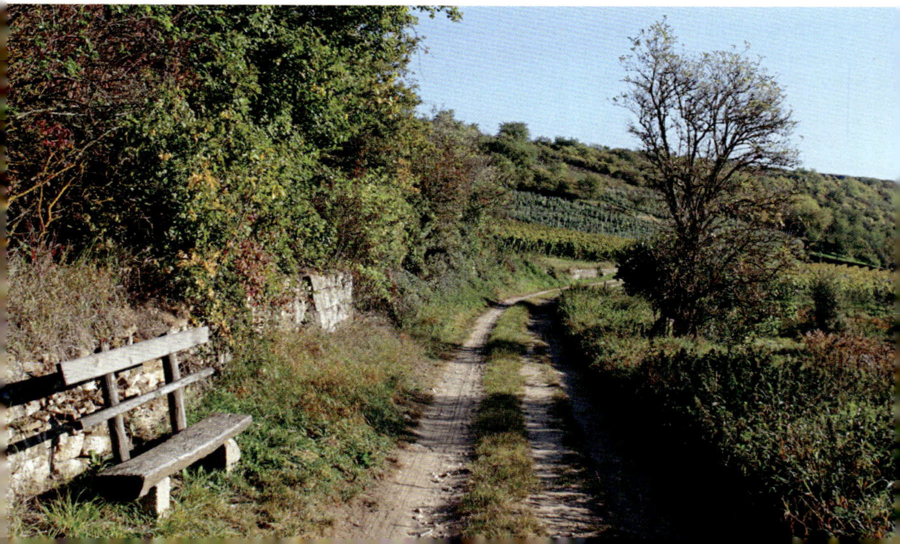

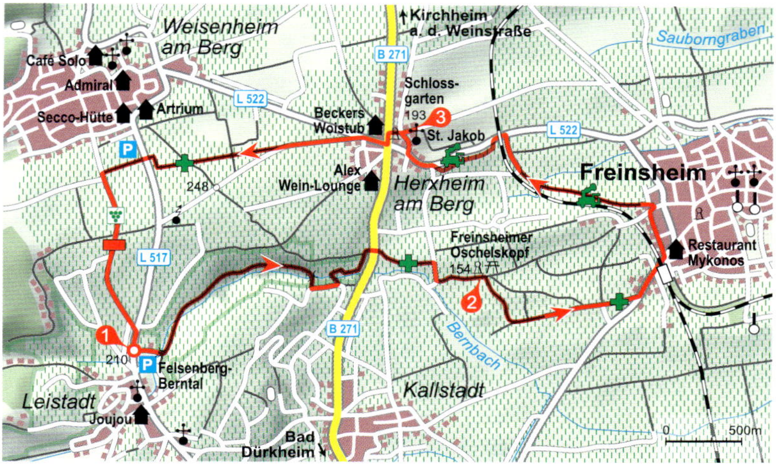

wir uns bis zum Ende des Tals am Logo des *Rundwanderwegs Berntal*. Nach der Brücke über den Bernbach biegen wir nach links ab. Nach knapp einem Kilometer führt ein schmaler Steg über den Schlittgraben; dahinter steigen wir rechts hinauf in die Weinberge, wo wir eine schöne Aussicht in die Rheinebene haben. Hier verlassen wir den *Rundwanderweg Berntal* und folgen links dem asphaltierten Weinbergweg, der mit dem gelben Weinglas-Logo des *Rieslingwegs* beschildert ist. Nach 200 m verlassen wir vor der Rechtskurve den asphaltierten Weg und gehen links auf dem nicht markierten Weinbergweg hinunter ins Berntal, wo wir geradeaus erneut den Schlittgraben überqueren und dahinter geradeaus auf dem grasbewachsenen Pfad den Hang hinaufsteigen. Nach 40 m biegen wir rechts ab und gehen rechts haltend um den Weinberg zur Bundesstraße *B 271*, der Deutschen Weinstraße. Das *grüne Kreuz* leitet uns nun durch die Weinberge nach Freinsheim. 50 m hinter der Straße gehen wir an der Gabelung links, an der nächsten Asphaltstraße rechts ins Tal und dort links. Nach einem leichten Anstieg stehen wir an der nächsten Wegkreuzung plötzlich vor dem **Freinsheimer Oschelskopf 2**, einer Skulptur des Bildhauers Kurt

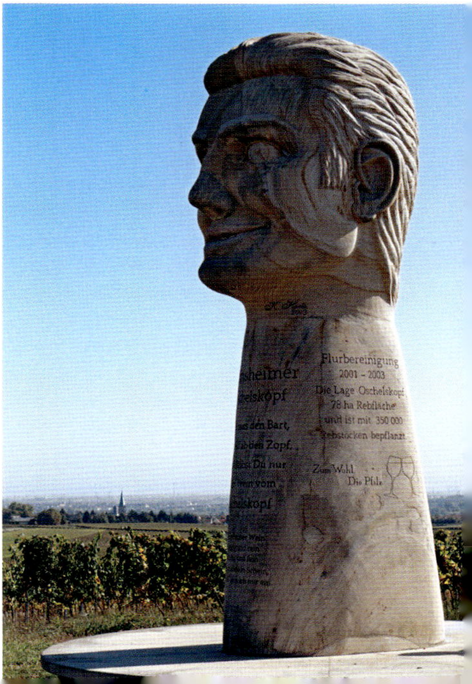

Freinsheimer Oschelskopf.

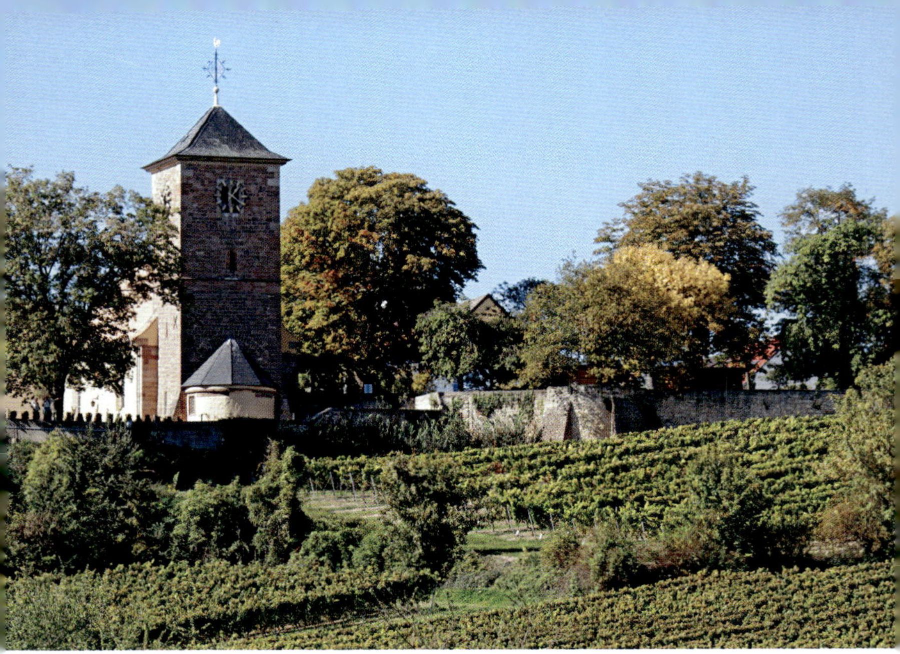

St.-Jakob-Kirche in Herxheim.

Hertz. Auf dem gleichnamigen, 157 m hohen Hügel im Weinberg wurde auch ein aussichtsreicher Rastplatz angelegt.
Auf dem *grünen Kreuz* wandern wir rechts am Oschelskopf vorbei. Am Rand eines Hains mit vielen alten Esskastanienbäumen (Naturdenkmal) liegt ein weiterer Rastplatz. Danach erreichen wir Freinsheim. Hier gehen wir geradeaus auf dem *Hahnenweg* ein kurzes Stück auf dem *grünen Kreuz* in den Ort. Die *Bahnhofstraße* führt uns dann links unter der Bahnlinie hindurch zum Restaurant Mykonos. Wer möchte, kann der *Bahnhofstraße* weiter folgen und einen Abstecher in den historischen Ortskern machen (ausgeschilderter Stadtmauerrundgang, mehrere Einkehrmöglichkeiten).
Wir verlassen hinter der Bahnunterführung vor dem »Mykonos« das *grüne Kreuz* und wandern links durch die *Südliche Winzerstraße*, wobei wir uns an der *»Lokomotive«* des Bahnwanderwegs orientieren. Am Ende der Straße gehen wir auf dem Holzweg kurz rechts und hinter dem Spielplatz nach links auf der Herxheimer Hohl aus dem Ort. Wir wandern jetzt oberhalb der Bahnlinie durch die Weinberge nach **Herxheim am Berg**. Am Bahnhof haben wir einen guten Blick über Freinsheim ins Rheintal mit den Großstädten Ludwigsha-

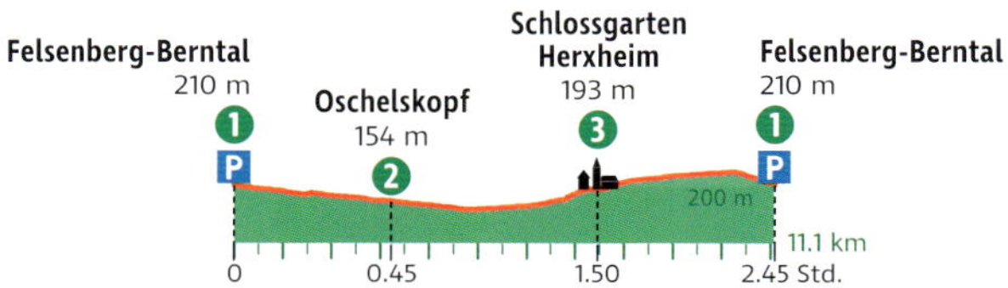

fen und Mannheim. Beim Bahnhof überqueren wir links die Bahnlinie und gehen entlang der Hauptstraße (*L 522*) auf dem links neben der Straße verlaufenden Weinbergweg geradeaus in den Ort. Vorbei am Dorfgemeinschaftshaus mit der Tourist-Info gelangen wir dann in der Linkskurve der Straße geradeaus auf der Straße *Pfaffenhof* zum ausgeschilderten Schlossgarten. Rechts steht die 1000 Jahre alte Kirche St. Jakob. Nach dem Marienbrunnen kommen wir durch den historischen *Pfaffenhof* mit dem Pfaffentor, dem mittelalterlichen Eingangstor und heutigen Wahrzeichen des Orts, der heute noch mit Teilen der ehemaligen Befestigungsmauer umschlossen wird. Hinter dem Pfaffentor gehen wir rechts auf der Friedhofstraße zum ehemaligen **Schlossgarten ❸**, der wegen seiner herrlichen Aussicht übers Rheintal bis zum Odenwald und Nordschwarzwald auch der »Balkon der Pfalz« genannt wird. Unter alten, schattigen Bäumen stehen hier mehrere Rastbänke.

Auf gleichem Weg (*Friedhofstraße*) wandern wir wieder zurück, gehen am Pfaffenhof geradeaus und treffen danach auf die *Weinstraße (L 271)*. Hier können wir in der Gutsschänke »Beckers Woistub« einkehren. Wir gehen auf der *Weinstraße* 100 m links bis zur Ampel. Dort überqueren wir die *Weinstraße* und wandern auf der *Weisenheimer Straße* rechts aus dem Ort. Am Ortsende folgen wir links dem asphaltierten *Weinbergweg* (Radweg) 1,4 km geradeaus durch die Weinberge bis zur Straße *L 517* südlich von Weisenheim am Berg, wobei wir unterwegs auf das *grüne Kreuz* stoßen, dem wir dann folgen. Wir überqueren die Straße vor dem kleinen Parkplatz und gehen auf dem asphaltierten Weinbergweg geradeaus, bis dieser nach 300 m auf den Wanderweg Deutsche Weinstraße *(Weintraube)* und den *roten Strich* trifft. Diese Markierungen leiten uns jetzt links auf einem aussichtsreichen Panoramaweg durch die Weinberge zurück zum Parkplatz **Felsenberg-Berntal ❶** vor Leistadt.

Pfaffenhof in Herxheim am Berg.

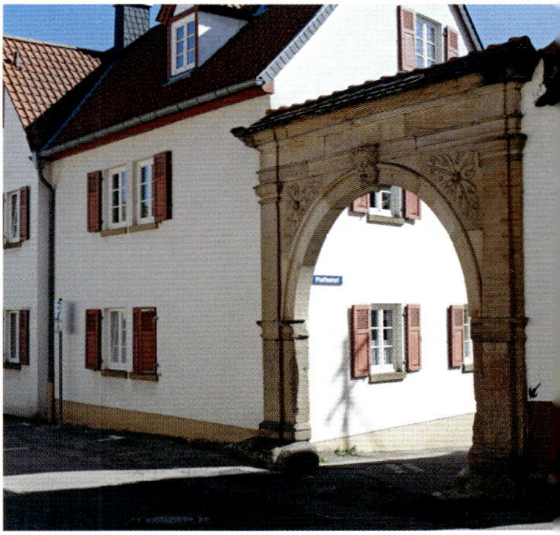

Mykonos
Griechische Küche, kleiner Biergarten, geöffnet Mi.–So. ab 17 Uhr, So. auch 11.30–14.30 Uhr. Freinsheim, Bahnhofstraße 53, Tel. +49 6353 7661.

Gutsschänke »Beckers Woistub«
Das rustikale Winzerlokal mit der überdachten Terrasse bietet eine deftige Pfälzer Küche und auch das beliebte Becker'sche Rumpsteak mit Zwiebeln oder Knoblauch. Geöffnet Do. ab 17 Uhr, Fr.–So. ab 11.30 Uhr, Weinstraße 27, Herxheim am Berg, www.beckers-woistub.de, Tel. +49 6353 8521.

Alex Wein-Lounge
Die modern gestaltete Wein-Lounge mit ihrer Aussichtsterrasse liegt bei der Winzergenossenschaft Herxheim

am südlichen Ortsrand. Ausgeschenkt werden die Weine der Winzergenossenschaft, und dazu gibt es leckere mediterrane Tapas zum Essen. Geöffnet Mi.–Fr. ab 15 Uhr, Sa., So. ab 11 Uhr, Weinstraße 1, Herxheim, www.alexweinlounge.de, Tel. +49 6353 9325630.

Restaurant Admiral

Martina Kraemer-Stehr und Küchenchef Holger Stehr empfangen ihre Gäste in einem gediegenen, herrschaftlichen Winzerhaus. Zu diesem gehobenen Ambiente passen Menüs mit bretonischem Hummer als Vorspeise und Rehrücken mit Pistazien als Hauptgang. Die ehemalige Poststation des Dorfes, ein kleiner Pavillon aus Sandstein, bietet als »kleinstes Hotel der Pfalz« eine schicke Übernachtungsmöglichkeit für zwei Personen. Geöffnet Mi.–So. ab 18 Uhr, So. auch 12–15 Uhr, Leistadter Straße 6, Weisenheim am Berg, www.admiral-weisenheim.de, Tel. +49 6353 4175.

Restaurant Holz-Weisbrodt mit Secco-Hütte

Das Restaurant Holz-Weisbrodt im Stammhaus des Weinguts und die benachbarte Secco-Hütte sind weit über die Pfalz hinaus bekannt und werden häufig von Reisegruppen besucht. Das große Restaurant mit seiner rustikalen Gartenterrasse bietet deutsche und Pfälzer Küche. Restaurant geöffnet Mi.–So. ab 11.30 Uhr, Secco-Hütte Fr.–Di. ab 11.30 Uhr. Auf der anderen Straßenseite richtet sich die im toskanischen Landhausstil erbaute Vinothek mit ihrer Sonnenterrasse an Gäste, die gehobenen Lifestyle, guten Wein, Prosecco und kleine erlesene Häppchen in einer stilvollen Umgebung genießen möchten. Geöffnet Mi.–Sa. ab 14 Uhr, So. ab 11 Uhr. Leistadter Str. 25, Weisenheim am Berg, www.holz-weisbrodt.de, Tel. +49 6353 93610.

Café Solo

Kaffee und Kuchen, mediterrane Tapas und Flammkuchen und von Oktober bis Februar freitags Dampfnudeln stehen auf der Karte des kleinen Dorfcafés, in dem es oft ein wenig beengt zugeht. Geöffnet Di.–So. 10–18.30 Uhr, Hauptstraße 49, Weisenheim am Berg, www.cafésolo.de, Tel. +49 6353 959349.

Bistro Joujou

Schwarz-grün im Art-Deco-Stil der 1920er Jahre gestaltet und ein wenig verspielt, denn Joujou bedeutet »Spielzeug«, so empfängt das kleine Bistro mit eigener Backstube seine Gäste. Die kreative Küche von Max Lebershausen und der Französin Julie Nébois orientiert sich an Nachhaltigkeit und Achtsamkeit. Auf der Speisekarte stehen vegane Dips mit frischgebackenen Brotvariationen, Gnocchi mit Salbei, aber auch »Der wilde Pfälzer« mit Wildbratwurst, Wildsaumagen und Wildleberknödel oder eine »verspielte Löffelei« aus Wildragout mit Semmelschnitten und Moosbeeren. Die Speisen sind auch ein Schmaus fürs Auge, denn sie sind liebevoll auf dem Teller arrangiert. Geöffnet Mo., Fr., Sa. ab 17 Uhr, So. ab 12 Uhr, Hauptstraße 34, Leistadt, www.joujou-pfalz.de, Tel. +49 6322 7906693.

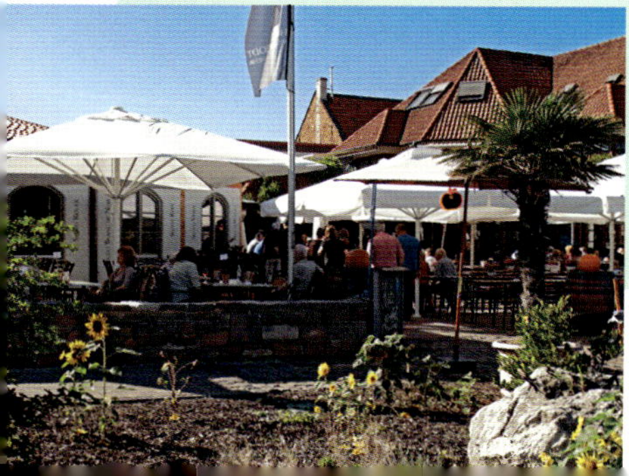

Weingenuss in der Secco-Hütte.

Von Bad Dürkheim auf die Hardenburg

Aussichtsreiche Weinbergwege mit Wald

5.00 Std. | 15,9 km | ↗ 480 m | ↘ 480 m

Panoramablick vom Kaffeemühlchen und Rast auf der Schneckennudel

In den Weinbergen südwestlich von Bad Dürkheim steht auf einem 224 m hohen Hügel ein zweistöckiges, achteckiges Türmchen, das »Flaggenturm« heißt. Im Volksmund wird es wegen seiner Form »Kaffeemühlchen« genannt. Eine außen liegende Sandsteintreppe führt auf den 1854 erbauten Aussichtsturm, von dem wir einen herrlichen 360°-Rundblick genießen können: im Osten ins Rheintal, im Westen zum Pfälzerwald mit der Klosterruine Limburg und im Norden und Süden über die Weinberge der Haardt. Als Graf Ferdinand von Zeppelin am 4. August 1908 mit seinem Luftschiff über die Pfalz schwebte, eilten viele Bad Dürkheimer auf den 342 m hohen Ebersberg, auf dem damals schon ein Aussichtsturm gestanden hat, um das Ereignis mitzuerleben. Seit dieser Zeit heißt der Aussichtsturm, der 1971 nach einem Waldbrand neu aufgebaut wurde, »Zeppelinturm«. Zur Aussichtsplattform (sonniger Rastplatz) führen jedoch keine Treppenstufen, sondern ein schmaler Weg, der sich spiralförmig den Turm hinaufschlängelt. Daher wird dieser auch »Schneckennudel« genannt.

Ausgangspunkt: Bad Dürkheim, Parkplatz am Riesenfass. Zum Bahnhof Bad Dürkheim fährt die Rhein-Haardt-Bahn aus Mannheim und Ludwigshafen.
Anforderungen: Mittel, lange Wanderung.
Kinder: Wegen der Länge ist die Tour nur für größere Kinder geeignet.
Tipps: Der Bad Dürkheimer Wurstmarkt ist das größte Weinfest der Welt und über 500 Jahre alt (2. und 3. Wochenende im September).
Jedes Jahr zwischen Juni und August findet in der Klosterruine Limburg das Open-Air-Festival »Limburg Sommer« mit Schauspielen, Opern und Konzerten statt.
Information: Die Hardenburg, 1214 von Graf Friedrich II. von Saarbrücken-Leiningen erbaut, war die größte Burganlage der Pfalz und bis 1725 der Stammsitz der Grafen von Leiningen-Hardenburg. Im 15. und 16. Jahrhundert wurde die 180 m lange und 90 m breite Burg zu einer mächtigen Festung mit bis zu 7 m dicken Mauern und Kanonentürmen umgebaut. 1692 wurde die Hardenburg teilweise zerstört

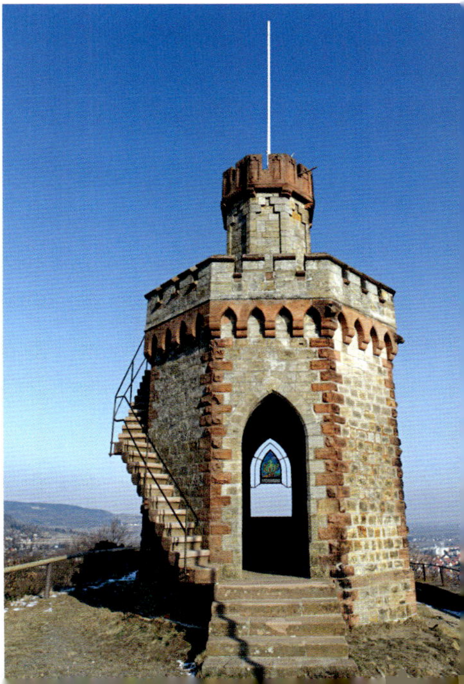

Der Flaggenturm, im Volksmund »Kaffeemühlchen« genannt.

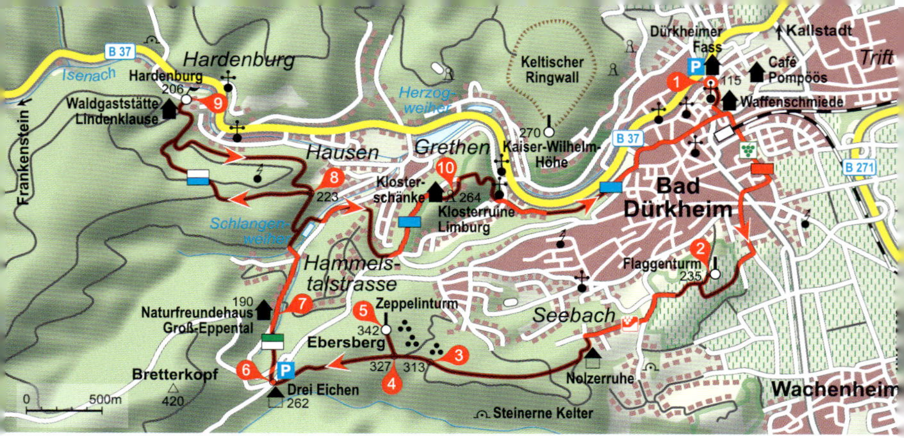

und 1794 von französischen Truppen endgültig geschleift. Von der »Kanonenburg« sind die drei großen runden Geschütztürme und das Westbollwerk erhalten geblieben. Die Besichtigung ist eintrittspflichtig, geöffnet Februar bis 14. März und November Sa., So., Feiertage 10–17 Uhr, 15. März bis Oktober Di.–So. und Feiertage 10–18 Uhr. Klosterruine Limburg: Kaiser Konrad II. soll am 12. Juli 1030 um 7 Uhr morgens den Grundstein für das Kloster und um 13 Uhr mittags in Speyer den Grundstein für den Dom gelegt haben. Geschichtlich dürfte diese Erzählung aber nicht haltbar sein, denn der Kaiser führte zu dieser Zeit gerade Krieg gegen Ungarn und war außer Landes. Eher richtig ist, dass eine vorhandene Burg ab 1024 zu einer Benediktinerabtei umgebaut wurde, die 1035 in Anwesenheit von Kaiser Konrad II. geweiht wurde. Die 81,4 m lange und 46,5 m breite Klosterkirche zählt zu den bedeutendsten Relikten der frühsalischen Baugeschichte. Das Kloster wurde Anfang des 16. Jahrhunderts zerstört. 1869 schuf hier Eduard Jost das Pfälzerlied »Oh Pfälzerwald, wie schön bist du«.

In **Bad Dürkheim ❶** an der Deutschen Weinstraße beginnen wir unsere Wanderung am »Dürkheimer Riesenfass«. Mit 1,7 Millionen Liter Inhalt war das größte Weinfass der Welt nie mit Wein gefüllt. Es wurde 1934 von dem Winzer und Küfermeister Fritz Keller als Denkmal für den deutschen Wein aus Schwarzwälder Tannen gebaut und beherbergt in seinem Innern ein viel besuchtes Restaurant. Links vom Riesenfass gehen wir durch die schmale Gasse in Richtung Kurhaus, wobei wir uns an der *Weintraube* des *Wanderwegs Deutsche Weinstraße* orientieren. Am Ende der Gasse biegen wir nach rechts ab, kommen am Restaurant Waffenschmiede vorbei und gehen danach links durch den Kurpark zur St.-Ludwig-Kirche. Dort wandern wir links auf der *Kurgartenstraße* in Richtung Bahnhof bis zur Post (*Weintraube* und *roter Strich*),

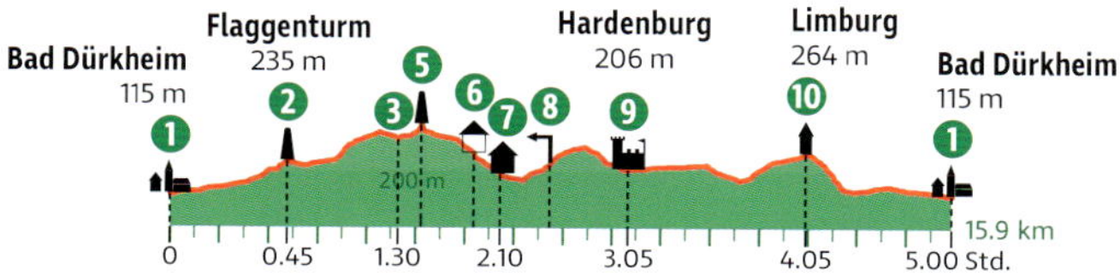

wo wir die *Mannheimer Straße* überqueren und kurz links gehen. Auf der Straße *Wasserhohl* kommen wir dann rechts unter der Bahnlinie hindurch und gehen geradeaus bis zur *Dr.-Hugo-Bischoff-Straße*. Auf dieser gelangen wir rechts zur *Weinstraße Süd*, die wir überqueren, um am Ende des Amtsplatzes links auf der *Seebacher Straße* bis zur Abzweigung der *Schenkenböhlstraße* zu gehen. Dieser folgen wir geradeaus zum ausgeschilderten Flaggenturm. Im Weinberg am Ortsrand verlassen wir die *Weintraube* und den *roten Strich* und wandern rechts auf der *rot-weißen Welle* des *Pfälzer Weinsteigs* weiter. In der Linkskurve des Weinbergwegs steigen wir geradeaus die Treppenstufen an der Mauer hinauf und folgen dem schmalen, aussichtsreichen Panoramaweg entlang der Trockenmauern durch die Weinlage »Fuchsmantel«, eine in der Pfalz einzigartige Terrassenlandschaft.

Oberhalb der Weinterrassen erreichen wir den **Flaggenturm ❷**, der auch »Kaffeemühlchen« genannt wird.

Nachdem wir die Aussicht vom Turm genossen haben, gehen wir 100 m zurück und folgen wieder dem *Pfälzer Weinsteig* auf dem Höhenweg in Richtung Limburg. An der Wegkreuzung am *Dammweg* und kurz darauf am Wendeplatz kommen wir links zur ausgeschilderten Nolzerruhe (Schutzhütte), die nach dem Bad Dürkheimer Kaufmann Karl Nolze (1870–1917) benannt ist. Leider wird die Aussicht hier von hohen Bäumen versperrt. 50 m hinter der Hütte verlassen wir bei der Rastbank den *Weinsteig* und folgen rechts dem schmalen Pfad etwa 50 m durch den Wald. Dann gehen wir auf der nicht markierten Forststraße ebenfalls 50 m nach links und folgen rechts dem bergauf führenden schmalen Waldweg, der mit einem *roten Hund* markiert ist. Die nächsten 1,2 km wandern wir immer geradeaus bis zu einer **Wegspinne ❸**, an der wir dem ersten Weg von rechts weiter folgen. An diesem Weg stehen alte

Der Zeppelinturm auf dem Ebersberg wird auch »Schneckennudel« genannt.

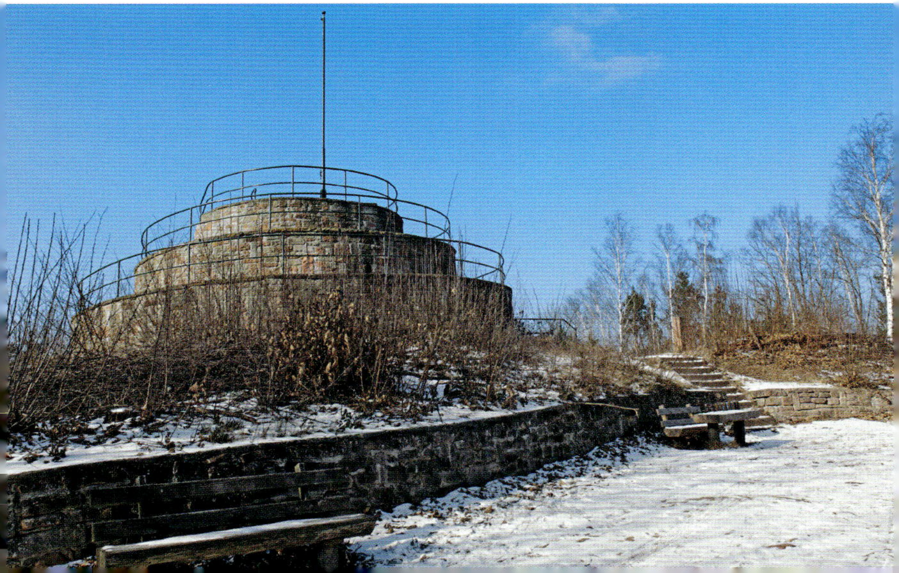

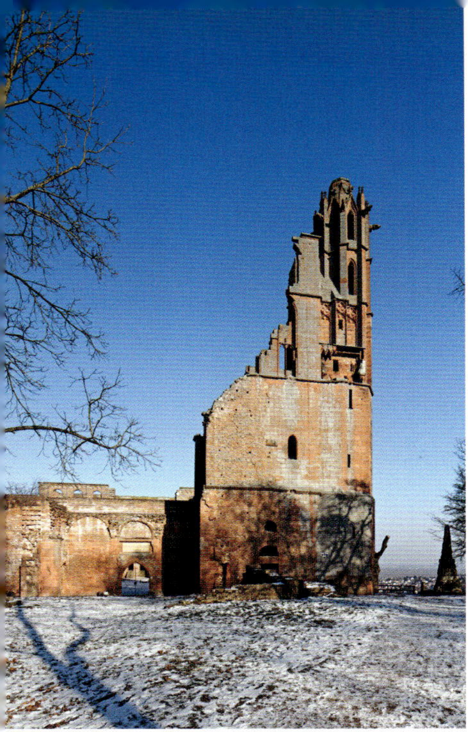

Klosterruine Limburg.

Grenzsteine. Etwa 400 m weiter machen wir an einer **Abzweigung ❹** rechts einen Abstecher zum **Zeppelinturm ❺** auf dem Ebersberg. Nachdem wir die Aussicht von der »Schneckennudel« genossen haben, gehen wir wieder zurück zur **Abzweigung ❹** und an dieser rechts auf dem *Rundwanderweg 5* zu den **»Drei Eichen« ❻**, einem Waldparkplatz, an dem auch eine Schutzhütte steht (Rastplatz). Von hier folgen wir dem ausgeschilderten Naturfreundeweg (auch *grün-weißer Strich*) zum **Naturfreundehaus Groß-Eppental ❼**, wo wir einkehren können. Auf dem *grün-weißen Strich* wandern wir weiter zum Schlangenweiher, einem Feuchtbiotop. Vor dem Weiher halten wir uns an der Pferdekoppel links und gehen nach 50 m am Ende des Weihers rechts auf dem schmalen Pfad am Waldhang entlang. 150 m weiter halten wir uns 40 m links und wandern rechts 300 m geradeaus. Danach verlassen wir nach der Linkskurve des Wegs an einer **Abzweigung ❽** die Markierung und wandern links auf dem nicht markierten, schmalen Hohlweg immer geradeaus den Waldhang hinauf. Unterhalb eines Rastplatzes am Rettungspunkt 6514-661 trifft der Pfad auf eine Forststraße, auf der wir rechts dem *weiß-blauen Strich* folgend zur **Hardenburg ❾** gelangen. In der Waldgaststätte Lindenklause besteht eine Einkehrmöglichkeit.

Nach der Burgbesichtigung gehen wir auf dem *blauen Strich* an der »Lindenklause« vorbei ein Stück des Wegs zurück und folgen dann der Markierung weiter zur **Klosterruine Limburg ❿**. Wir gehen rechts an der Ruine vorbei und am Parkplatz durch den Skulpturengarten. An dessen Ende führt uns der *blaue Strich* zurück nach Bad Dürkheim. Zunächst wandern wir auf dem »Schöpfungsweg« in Serpentinen und Treppen steil bergab zur protestantischen Kirche im Ortsteil Grethen. Von dort gehen wir rechts durch die *Kastaniengasse* und der sich anschließenden Straße *In der Fürth* zum Friedhof von Bad Dürkheim. Dort halten wir uns am Ende der Straße links und folgen der *Friedhofstraße* rechts zur *Kaiserslauterer Straße*. Auf ihr gehen wir rechts und auf der *Römerstraße* geradeaus weiter. Wir überqueren anschließend den *Stadtplatz* und den *Römerplatz* und gehen an dessen Ende auf der *Mannheimer Straße* zwischen dem Eiscafé Cortina und Brillen Bott bis zur Post. Von dort gelangen wir links auf der *Kurgartenstraße* und durch den Kurpark zurück zum **Bad Dürkheimer Riesenfass ❶**.

In der Kurstadt Bad Dürkheim liegen zwischen dem Kurpark mit der Saline und der Innenstadt etliche Gaststätten, Cafés und Weinstuben, die hier nicht alle aufgeführt werden können.

Dürkheimer Fass
Holzvertäfelungen, mit Weinmotiven verzierte Eichenholz-Fassböden an den Wänden und die begehbare Empore schaffen in dem Riesenfass eine urig-rustikale Atmosphäre. Die umfangreiche Speisekarte bietet Pfälzer Gerichte, Schnitzel, Rumpsteaks, Fisch und mehr. Das berühmte Riesenfass mit seinem großen Winzergarten ist ein viel besuchtes Ziel von Pfalz-Touristen und Reisegruppen, was aber die Qualität nicht schmälert. Täglich geöffnet ab 11.30 Uhr. www.duerkheimer-fass.de, St. Michael Allee 1, Bad Dürkheim, Tel. +49 6322 2143.

Waffenschmiede
Gutbürgerliche deutsche Küche; geöffnet Mi.–Fr. ab 17 Uhr, Sa. 11.30–14 Uhr und ab 17 Uhr, So. ab 11.30 Uhr. Kurbrunnenstraße 6, Bad Dürkheim, Tel. +49 6322 8510.

Café Pompöös
Das Lifestyle-Café am Rand des Kurparks ist einen Besuch wert, weil es von dem in Kirchheim an der Weinstraße ansässigen Künstler Harald Glööckler in dessen extravagantem, neo-barockem Stil gestaltet wurde. Die Auswahl an Kuchen ist groß, der Kaffee der Marke Pompöös stark, und es gibt auch Salate, Burger, Pizza, Flammkuchen und Tapas. Täglich von 9–20 Uhr geöffnet, Salinenstraße 7, Bad Dürkheim, www.cafepompoeoes.com, Tel. +49 6322 9873003.

Pizza bei Carlo
In der Kurgartenstraße 1 im Herzen von Bad Dürkheim liegt die älteste Pizzeria der Stadt. Bei dem beliebten Italiener mit seinen rustikalen Holztischen bekommt der Gast nicht nur Pizza und Pasta, sondern auch Rumpsteaks und vielerlei Schnitzel, wie Schnitzel al Vino Bianco (mit Weißweinsoße) oder al Limone (mit Zitronensoße). Geöffnet Fr.–Mi. 11.30–14 Uhr und ab 17.30 Uhr, Do. Ruhetag, https://pizza-bei-carlo.de, Tel. +49 6322 4501.

Naturfreundehaus Groß-Eppental
Der Spruch über dem Eingang »Wer hier nicht verkehrt, verkehrt verkehrt« empfängt den hungrigen und durstigen Wanderer, der im Naturfreundehaus günstig essen und trinken kann. Geöffnet Mi.–So. 11–18 Uhr, www.naturfreunde.de, Großes Eppental 212, Bad Dürkheim-Grethen, Tel. +49 6322 2380.

Waldgaststätte Lindenklause
Am alten Turnierplatz an der Hardenburg gelegen, ganzjährig außer an Heiligabend, Silvester und Neujahr Mi.–So. 10–17 Uhr geöffnet, www.lindenklause.de, Eichenplatz 4a, Bad Dürkheim, Tel. +49 6322 67777.

Klosterschänke KONRAD 2
Die Klosterschänke mit dem Klostergarten in der Ruine Limburg wurde nach Kaiser Konrad II. benannt. Wer hier einkehrt, kann aus einer überaus langen Getränkekarte wählen, die von Weinen und Craft-Bieren über Brombeer-Apfel-Limonade aus der Pfalz, Rhabarber-Limonade aus Berlin, Cocktails und Longdrinks bis zum Ouzo als letztem Eintrag in der Karte reicht. Als Vorspeise kann man Konrads Schafkäse-Dip probieren und als Hauptspeise Konrads Pfälzer Teller. Dieser wird mit einem Apfel-Mango-Chutney und Klosterbrot serviert. Außerdem gibt es Kloster-Schnitzel und vieles mehr. Ab 17 Uhr bietet die »Genusswerkstatt« auch internationale Gerichte. Geöffnet Mi.–So. 12–22 Uhr, Luitpoldweg 1, Bad Dürkheim, www.klosterruine.de, Tel. +496322 6001191.

8 Vom Saupferch zum Lambertskreuz

Waldwege mit Aussichtsfelsen

3.30 Std. | 10,6 km | ↗ 360 m | ↘ 360 m

Am Drachenfels könnte Siegfried den Drachen besiegt haben

Der 570 m hoch gelegene Drachenfels westlich von Bad Dürkheim ist ein 13 Hektar großes, bewaldetes Gipfelplateau aus Buntsandstein, das unter Naturschutz steht. Von seinem Westfels bietet sich bei gutem Wetter eine weite Aussicht nach Norden zum Donnersberg, nach Nordwesten zum Hunsrück und im Westen zur Stadt Kaiserslautern. Auf der Südwestseite des Plateaus stand einmal eine römische Befestigungsanlage, die von einem Ringwall umgeben war, doch der Wald hat diese fast vollständig überwuchert. Am Weg zum Südfelsen liegt die Drachenhöhle und unterhalb des Felsens die »Durchblickkammer«. Hier könnte Siegfried den Drachen besiegt haben, wie uns die Nibelungensage berichtet. Die einsame, bei trübem Wetter düster wirkende Landschaft passt dazu. Doch in ganz Deutschland gibt es etliche »Drachenfelsen«, die werbewirksam mit der Nibelungensage in Verbindung gebracht werden.

Ausgangspunkt: Waldparkplatz am »Saupferch« westlich von Bad Dürkheim. Bushaltestelle an der B 37.
Anforderungen: Mittelschwere Wanderung, am Anfang steiler Anstieg, teilweise schmale und bei Nässe aufgeweichte Waldwege.
Kinder: Wo Drachen in Höhlen hausten und es unterwegs einen Abenteuerspielplatz gibt, gehen auch Kinder gerne hin.

Die Drachenhöhle im Drachenfels.

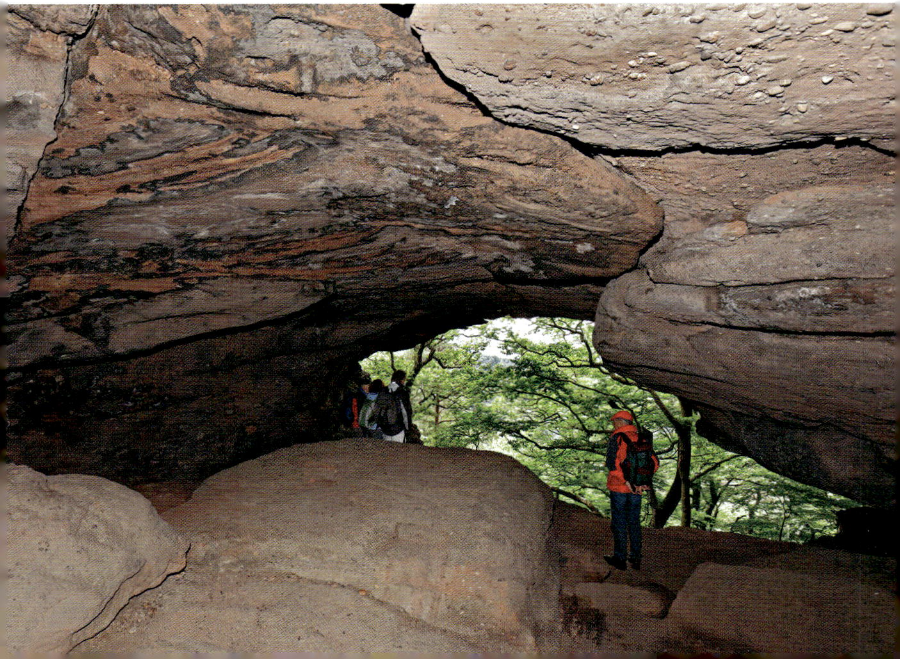

Einige Kilometer westlich von Bad Dürkheim zweigt eine 2 km lange, schmale Waldstraße von der Bundesstraße *B 37* nach Süden ab, die am **Waldparkplatz Saupferch ❶** endet. Hier beginnen wir unsere Wanderung. Auf dem *blauen Strich* gehen wir oberhalb der ehemaligen Waldgaststätte vorbei und steigen dann den steilen Waldhang hinauf. Nach einem ersten Anstieg steht oberhalb des Wegs die kleine, windschiefe Westfels-Schutzhütte. Eine Tafel erklärt uns, dass in diesem Naturschutzgebiet umgestürzte Bäume liegen bleiben und das vermodernde Holz den Lebensraum für zahlreiche Pflanzen, Pilze und Tiere bildet. Der Wanderweg führt weiter bergauf zum Drachenfels, bis wir auf der Kanzel des 551 m hohen **Westfels ❷** stehen. Eine einsame, windgebeugte Kiefer wächst auf diesem Aussichtsfelsen. Wir steigen die Stufen vom Felsen hinunter und wandern auf dem blauen Strich über das Felsplateau. Wo die Markierung links ins Tal abbiegt ❸, verlassen wir diese und machen geradeaus einen Abstecher in die **Drachenhöhle ❹** und zum **Südfels ❺**. Die Höhle liegt links vom Weg, zum Südfels geht's geradeaus. Schmale Stellen auf dem kurzen Felsenweg zur Höhle sind mit einem Geländer gesichert und Treppen vereinfachen den Zugang in die Drachenhöhle – ein großes, überhängendes Felsdach. Vom Südfelsen haben wir eine schöne Aussicht über den Pfälzerwald und sehen in südöstlicher Richtung die großen Kühltürme des Kernkraftwerks Philippsburg am Horizont. Unterhalb des Felsens befindet sich die »Drachenkammer«, die auch »Durchblickkammer« genannt wird. Die Überreste der römischen Befestigungsanlage liegen im Wald

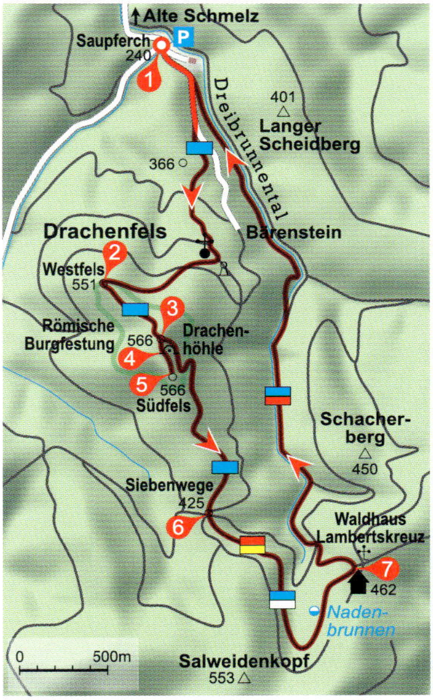

westlich des Felsens. Nach dem Abstecher gehen wir zurück zu der **Abzweigung ❸** und folgen weiter dem *blauen Strich* ins Tal. Der Weg verläuft unterhalb der Drachenhöhle an der lang gezogenen Felswand und dem Südfelsen entlang immer weiter bergab zur Wegspinne **»Siebenwege« ❻**. Von dem Rastplatz folgen wir links der Forststraße, die mit einem *rot-gelben* und *blau-weißen Strich* markiert ist. Nach einem Kilometer macht die Straße einen Linksbogen um ein Tal; danach kommen wir am Nadenbrunnen vorbei und erreichen kurz darauf das **Wald-**

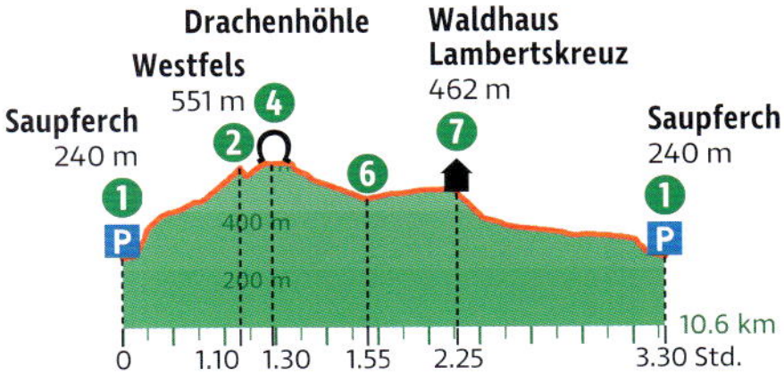

haus Lambertskreuz 7, die älteste bewirtschaftete Hütte des Pfälzerwaldvereins. Der große Biergarten ist ein beliebter Rastplatz und auch das Ziel von Reitern, Mountainbikern und Nordic Walkern. Für Kinder gibt es hier einen Abenteuerspielplatz mit einer Kletterburg und einer Rutschbahn. Auf dem Platz vor der Hütte steht das aus Stein gehauene »Lambertskreuz«, das älteste Wegkreuz der Pfalz. Es soll aus dem 8. bis 9. Jahrhundert stammen, wird aber erst 1280 erstmals urkundlich erwähnt. Das schon stark verwitterte, alte römische Wegkreuz, das dem heiligen Lambertus geweiht ist, wurde 1905 beim Bau der Hütte entdeckt. Vom Lambertskreuz wandern wir vor der Hütte links auf dem *blau-roten Strich* durch das Dreibrunnental zurück zum Saupferch. Der ausgeschilderte Weg führt zunächst im Wald bergab; ein kleines gelbes Schild an einem Baum weist darauf hin, dass dies der »1 € Jobbler Weg« ist. Unterwegs queren wir eine Forststraße und gehen geradeaus auf dem jetzt *Herbert-Weg* genannten, schmalen Pfad weiter talwärts. Am Ende des Abstiegs folgen wir dem kleinen Bach durch das Tal. Nach dem Treppenabstieg in der Saupferchdell gehen wir kurz links und gleich wieder rechts auf der Forststraße weiter am Bach entlang. An einer Wegkreuzung (Rettungspunkt 6514-686) beginnt das Dreibrunnental. Wir überqueren hier den Bach und wandern oberhalb davon auf dem Waldweg zurück zum Ausgangspunkt am **Waldparkplatz Saupferch 1**.

Waldhaus Lambertskreuz

Die älteste Hütte des Pfälzerwaldvereins liegt mitten im Wald nördlich von Neidenfels. 1907 erbaut, wurde das bei Wanderern und Westernreitern beliebte »Waldhaus« in den letzten Jahren aufwändig modernisiert. Auf der Speisekarte stehen die Pfälzer Klassiker, belegte Brote und Salate. Donnerstag ist Schnitzeltag, Freitag Fisch- und Dampfnudeltag, und von Oktober bis März ist mittwochs Schlachtfest; da gibt es Schlachtplatte und Wellfleisch mit Kraut und Brot. Das Waldhaus ist ganzjährig Mi.–So. 10–18 Uhr geöffnet (im Winter bis 17 Uhr). www.lambertskreuz.eu, Tel. +49 6321 188847.

Alte Schmelz

Aus der ehemaligen Eisenschmelze an der Isenach wurde eine Waldgaststätte. Die wegen ihrer guten Küche bekannte und mehrfach ausgezeichnete Gaststätte der Familie Brand liegt abseits unserer Wanderroute in Richtung Bad Dürkheim an der Straße B 37. Hier werden die Pfälzer Leberknödel nach Opa Fritz' Hausrezept zubereitet, und auch das Cordon bleu mit Bratkartoffeln aus ungeschälten Drillingen (kleine Kartoffeln) schmeckt gefüllt mit Schwarzwälder Schinken und Emmentaler Käse würziger als woanders. Küchenchef Thorsten Brand hat im Hotel Zur Traube in Tonbach gelernt, dessen Restaurant mit drei Michelin-Sternen ausgezeichnet wurde. In seinem eigenen Restaurant bietet er gutes Essen zu bodenständigen Preisen, das bei den Gästen ankommt. Da die Alte Schmelz umfangreich modernisiert wird, sollte man die angegebenen Öffnungszeiten Mi., Do. 11.30–16 Uhr, Fr., Sa. 11.30–21 Uhr, So., Mo., Di. geschlossen, vor einer Einkehr überprüfen. Alte Schmelz 1, Bad Dürkheim, www.die-alte-schmelz.de, Tel. +49 6322 8583.

Von Wachenheim zum Pechsteinkopf

Durch sonnige Weinberge und schattige Wälder

9

2.15 Std. | 7,4 km | ↗ 220 m | ↘ 220 m

Sektprobe im Schloss und Einkehr in der Wachtenburg

1341 errichteten die Ritter von Steinhausser in Wachenheim an der Deutschen Weinstraße ihren Adelssitz, der 1689 im Pfälzischen Erbfolgekrieg zerstört wurde. 1725 erwarb Freiherr Johann Georg von Sussmann die Ländereien und ließ auf den Resten des Adelssitzes ein Schloss im ländlichen Barockstil erbauen. Seit 1888 wird darin der bekannteste Sekt der Pfalz hergestellt.

Auf einem Sporn des Schlossbergs thront die Wachtenburg, das Wahrzeichen des Orts. Erbaut im 12. Jahrhundert, wurde auch sie nach einer wechselvollen Geschichte mit vielen Besitzern 1689 zerstört. Wegen ihrer exponierten Lage über den Weinbergen der Haardt wird sie auch »Balkon der Pfalz« genannt. Eine 8 m hohe und 400 m lange Ringmauer umschließt die große Burganlage mit ihrem 30 m hohen Bergfried, auf dessen Aussichtsplattform eine außen angebrachte Stahltreppe führt. In der Burgschänke mit ihrer Sonnenterrasse lohnt sich eine Einkehr!

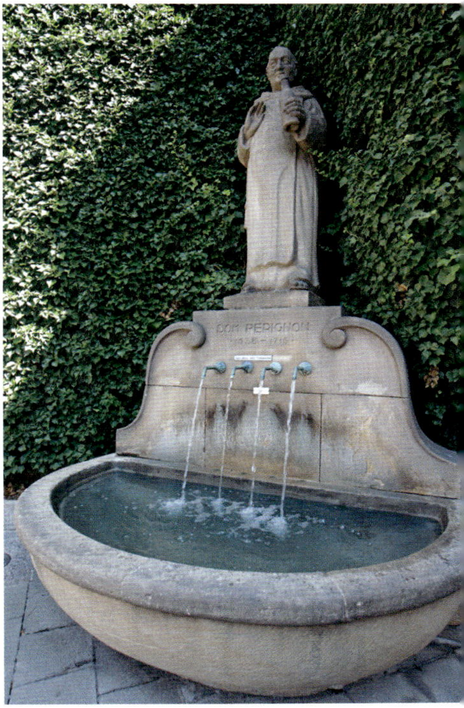

Im Hof der Sektkellerei Schloss Wachenheim steht der Brunnen Dom Perignon.

Ausgangspunkt: Parkplatz beim Freibad in Wachenheim an der Friedelsheimer Straße, der L 525. Bushaltestelle.
Anforderungen: Mittel, gute Wege mit Auf- und Abstiegen.
Kinder: Die Tour ist auch mit Kindern gut zu gehen. Burg, Höhle und Freibad sind verlockende Attraktionen.
Tipp: Besichtigung der Sektkellerei Schloss Wachenheim, Führungen von 1,5 Std. Dauer mit Sektprobe. Termine und Anmeldung unter www.schloss-wachenheim-pfalz.de. Burg- und Weinfest im Juni.

Vom Parkplatz beim **Freibad ❶** in **Wachenheim an der Deutschen Weinstraße** gehen wir auf der *Friedelsheimer Straße* kurz in Richtung Ortsausgang, vor der katholischen Edith-Stein-Kirche auf dem Fußweg rechts und gleich darauf an der Gabelung erneut rechts durch den klei-

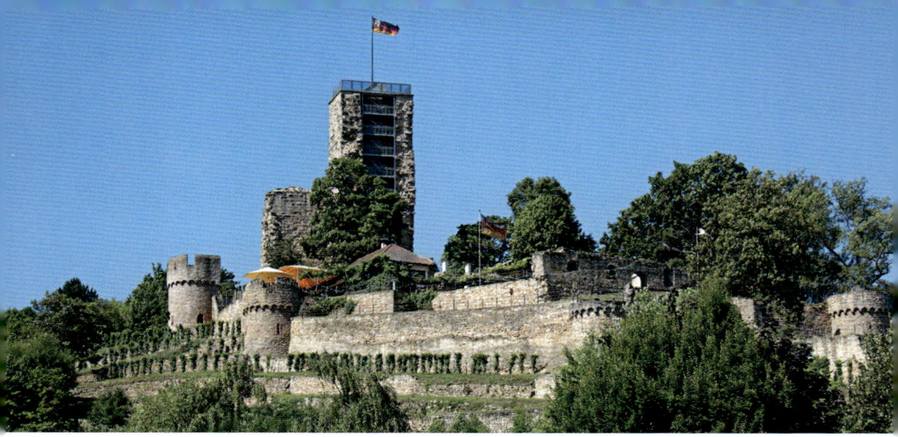

Die im 12. Jahrhundert erbaute Wachtenburg.

nen Park am Freibad vorbei. Vor der Stadtmauer (Stadtmauerrundweg) gelangen wir links auf dem Sträßchen *Hinterm Graben* zur Grabenstraße und geradeaus zur »Alt' Eich«, der ehemaligen, 1896 erbauten Eichstätte. Am Ende der Straße vor der Stadthalle mit dem Restaurant El Greco gehen wir bei der »Ohrschnecke«, einer Skulptur des Bildhauers Gernot Rumpf, rechts auf der *Bahnhofstraße* an Hambels Restaurant vorbei zur Simultankirche St. Georg. Davor gehen wir an der *Weinstraße* kurz rechts – links davon liegt die Sektkellerei Schloss Wachenheim –, überqueren diese und gehen nach der Kirche links auf der *Burgstraße*

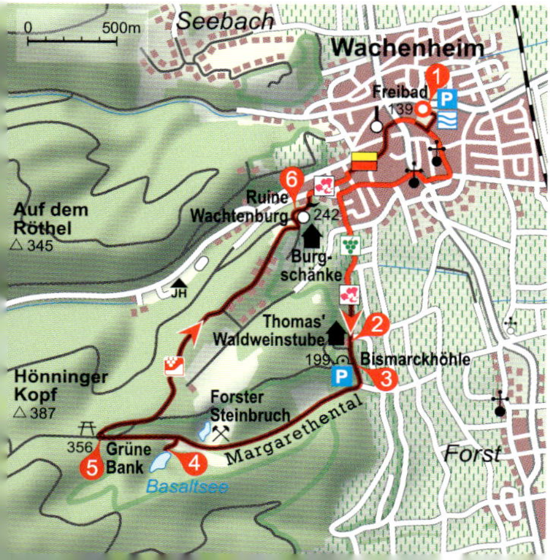

weiter. Vor uns sehen wir die Wachtenburg liegen. An der Straße *Am Hauenstein* wandern wir dann links auf dem *Wanderweg Deutsche Weinstraße (Weintraube)* und dem *Pfälzer Mandelpfad (Mandelblüte)* aus dem Ort und durch die Weinberge unterhalb der Wachtenburg. Hinter **Thomas' Waldweinstube ❷** folgen wir rechts dem schmalen Pfad, der oberhalb des markierten Wanderwegs verläuft, zur **Bismarckhöhle ❸**, einem Rastplatz in einer kleinen Felsnische. Nach der Höhle trifft der Pfad wieder auf den Wanderweg. Am Wanderparkplatz verlassen wir den markierten Weg und folgen der Zufahrtsstraße rechts zum ehemaligen Forster Steinbruch am Pechsteinkopf, der heute unter Naturschutz steht. Der Steinbruch und die gleichnamige Forster Spitzenweinlage wurden nach dem Pechstein benannt, einem schwarzen, glasartigen Vulkangestein. Das Sträßchen ist zwar mit einem Tor verschlossen, aber für Wanderer gibt es eine Umgehung. Durch das Margarethental gelangen wir zu zwei kleinen »Bergseen«. Vor rund 30 Millionen Jahren entstanden hier durch vulkanische Wasserdampf-Explosionen zwei trichterförmige Krater, als flüssiges Mag-

Burgschänke Wachtenburg

Nachdem die Familie Schattner 35 Jahre lang die Schänke auf der Wachtenburg bewirtschaftet hatte, übergab sie Anfang 2022 die Bewirtung an ihre Enkelin Daniela Walber. Zusammen mit Ehemann Markus und dessen Zwillingsbruder Michael kümmert sie sich jetzt um das Wohl ihrer Gäste, die nicht nur die leckeren Pfälzer Gerichte und Weine, sondern von der Aussichtsterrasse auch den großartigen Blick über die Weinberge in die Rheinebene genießen können. Geöffnet Mai–Oktober Mi., Do., Fr., So. 12–20 Uhr, Sa. 12–21 Uhr; Januar–April So. 11–19 Uhr, Mi. 12–18 Uhr, Fr., Sa. 12–20 Uhr. Tel. +49 6322 64656.

Luginsland

Das große, familienfreundliche Gasthaus in der Weinstraße 2 in Wachenheim wurde 2017 von Stefanie Metzler übernommen. Es befindet sich im 1900 erbauten Haus der Winzergenossenschaft der Wachtenburg Winzer. Die rustikale Gaststube ist im altdeutschen Stil um einen dunkelgrünen Kachelofen eingerichtet. Hier werden bodenständige Pfälzer und deutsche Gerichte wie Semmelknödel in Pilzrahmsoße, eine knusprige halbe Ente mit Kastanienrotkraut, Wild- und Fischgerichte serviert. Mittags gibt es ein preisgünstiges Menü. Geöffnet Mo. 11.30–14.30 Uhr, Mi.–Sa. 11.30–21.20 Uhr, So. 11.30–20 Uhr, Di. Ruhetag, www.restaurant-luginsland.de, Tel. +49 6322 8635.

Hambels Restaurant

An der Abzweigung der Hintergasse von der Bahnhofstraße hat die Metzgerfamilie Hambel in einem 400 Jahre alten Fachwerkhaus ein kleines Restaurant eingerichtet. Die Metzgerei Hambel wurde vor allem durch ihren vielfach prämierten Saumagen bekannt. Außer den bekannten Pfälzer Spezialitäten gibt es auch ein »Pfälzer Schnitzel« aus panierter Dosenbratwurst mit Spiegelei. Unter dem Motto »Schwaben trifft Pfalz« kreiert der schwäbische Küchenchef Thomas Siegle Delikates aus den beiden Regionen. Geöffnet Di.–Mi. 11.30–14.30 Uhr, Do.–Sa. 11.30–14.30 und 17.30–23 Uhr, So., Mo. Ruhetag, https://metzgerei-hambel.de/restaurant.html, Bahnhofstraße 17, Wachenheim, Tel. +49 6322 9563340.

El Greco, der Grieche

Wer landestypische Spezialitäten und gute Weine aus Griechenland mag, ist hier richtig. Geöffnet Di.–Fr. und So. 11–14 Uhr und ab 17 Uhr (Winterzeit) bzw. 17.30 Uhr (Sommerzeit), Sa ab 17 Uhr. Bahnhofstraße 20, Wachenheim, Tel. +49 6322 950361.

Café Schellack

Wohnzimmer-Gemütlichkeit bei einem guten Glas Wein in der Weinstraße 21 in Wachenheim. Christine Schnorr bietet in ihrem kleinen Café hausgebackenen Kuchen und kleine Köstlichkeiten wie einen Tapasteller, Flammkuchen oder mit Schafskäse überbackenen Pfälzer Saumagen, geöffnet Mo., Di. ab 18 Uhr, Do–So ab 17 Uhr, Tel. +49 6322 9884066.

Thomas' Waldweinstube

Südlich von Wachenheim liegt Thomas' Waldweinstube direkt am Wanderweg. Von außen sieht die Waldhütte mit ihrem großen Biergarten wie eine typische Pfälzer Wanderhütte aus. Die Küche bietet allerdings Pfälzer Gerichte auf hohem Niveau, und auch die Weine aus Forst und Bad Dürkheim sind wohl ausgesucht. Die Waldweinstube ist zu Fuß oder mit dem Fahrrad erreichbar; 250 m südlich liegt ein Wanderparkplatz am Waldrand, der von Forst angefahren werden kann. Geöffnet Mi., Sa., So. 10–18 Uhr.

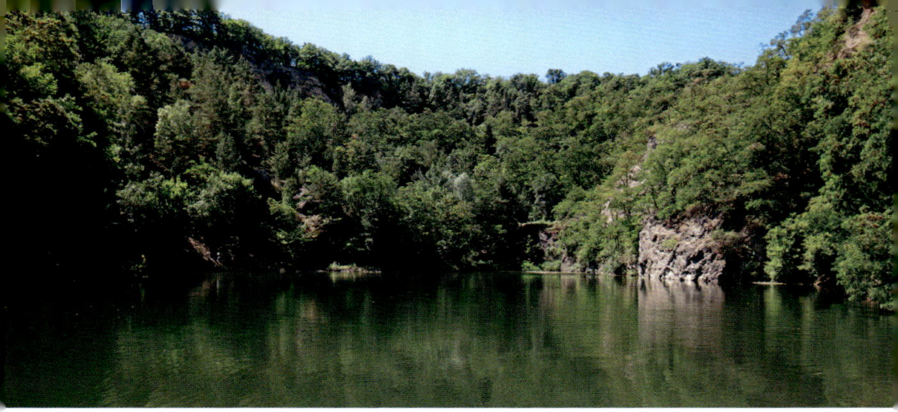

Der Bergsee im Forster Steinbruch am Pechsteinkopf.

ma auf kaltes Oberflächenwasser traf. Als das Magma in den Kratern langsam abkühlte und zu Lava erstarrte, kristallisierte diese in langen Basaltsäulen, die heute noch in der Steilwand des rechten Steinbruchs zu sehen sind. Das Basaltgestein wurde bis Mitte der 1980er-Jahre abgebaut und als Schotter zum Bau von Straßen verwendet. Der erste Steinbruch auf der rechten Seite ist eingezäunt und darf nicht betreten werden, da an seinen bis zu 100 m hohen, senkrechten Wänden Absturz- und Steinschlaggefahr besteht. Der zweite, 100 m links oberhalb des Wegs gelegene **Basaltsee** ❹, ist frei zugänglich und gleicht einem idyllischen, von Wald umrahmten Bergsee mit smaragdgrünem Wasser. Baden ist in dem See aber verboten.

Nachdem wir die schöne Landschaft am See genossen haben, gehen wir weiter das Margarethental aufwärts bis zum Rastplatz **»Grüne Bank«** ❺. Eine in Sandstein gemeißelte Wachtenburg weist uns dort die Richtung; auf der *rot-weißen Welle* des *Pfälzer Weinsteigs* gelangen wir rechts zur Burg. Nachdem wir den Wald verlassen haben, wandern wir an alten, aufgelassenen Weinbergterrassen und Trockenmauern vorbei. In der **Wachtenburg** ❻ lohnt es sich einzukehren und die herrliche Aussicht zu genießen. Hinter dem Eingang zur Burg steigen wir danach links auf dem *Pfälzer Mandelpfad (Mandelblüte)* die Treppe hinunter nach **Wachenheim**. Am Ende der Treppe halten wir uns links und gelangen durch die *Brunnengasse* in den historischen Weinort, der heute noch von den Resten der 1341 erbauten Stadtmauer umgeben ist, die 1260 m lang und 9 m hoch war. Geradeaus gehen wir auf der *Sudetenstraße* weiter und an deren Ende 20 m links, dann rechts beim Haus Nr. 14 auf dem Fußweg durch die Gartenanlage. Vor der Stadtmauer, wo wir auf den *gelb-roten Strich* treffen, folgen wir dieser Markierung 100 m nach links, verlassen sie dann und gehen geradeaus weiter an der Stadtmauer entlang. Am Ende der Mauer überqueren wir die *Weinstraße* und wandern geradeaus auf dem Fußweg *(Stadtmauerrundweg)* zurück zum **Freibad** ❶.

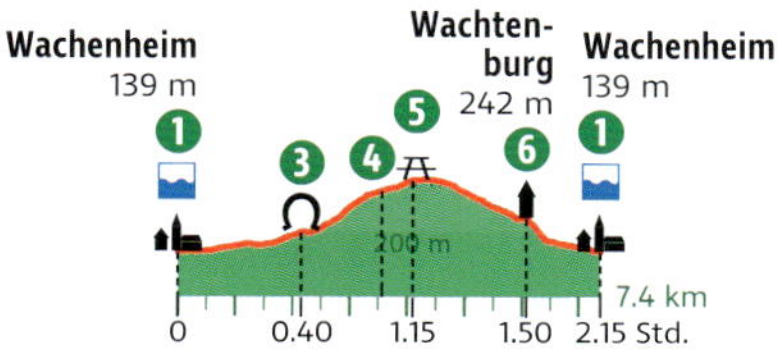

Vom Forsthaus Silbertal auf den Eckkopf

Auf dem Geißbockweg zum Aussichtsturm

2.30 Std. | 8,3 km | ↗ 250 m | ↘ 250 m

Die historische Deidesheimer Geißbockversteigerung

Im Jahr 1404 erhielt das 12 km von Deidesheim entfernte Lambrecht die Berechtigung, im Deidesheimer Wald Rinder weiden zu lassen. Dafür musste die Gemeinde jedes Jahr am Dienstag nach Pfingsten zum Sonnenaufgang einen »gut gehörnten und wohl gebeutelten« Geißbock zur Abgeltung der Weiderechte an Deidesheim liefern. Über die »Qualität« des Geißbocks gab es oft Streit, der dann von Gerichten entschieden werden musste. Seit 1934 wird der Tributbock vom jüngsten Lambrechter Brautpaar in Begleitung einer Abordnung der Stadt auf dem historischen Geißbockweg nach Deidesheim geführt, wo er dann zugunsten der Stadtkasse versteigert wird. Daraus entstand ein Historienspiel, das jedes Jahr am Dienstag nach Pfingsten vor dem Deidesheimer Rathaus aufgeführt wird.

Ausgangspunkt: Forsthaus Silbertal an der Kreisstraße K 16 von Wachenheim nach Lambrecht.
Anforderungen: Mittelschwer, stellenweise schmale Wege mit Auf- und Abstiegen.
Kinder: Für Kinder geeignet, der Kurpfalzpark ist die größte Attraktion.
Tipp: Der Kurpfalzpark in Wachenheim zählt mit einer Fläche von 700.000 m^2 zu den größten Hochwildparks in Deutschland. In naturnaher Umgebung können wir hier Wölfe, Wildschweine, Rothirsche, Mufflons, Greifvögel und Luchse beobachten. Spaß für die ganze Familie bieten Wutzels Piratenflug (Kettenkarussell), die Schwanen-Tretboote, die Sommerrodelbahn und der große Abenteuerspielplatz. Der Familienpark ist von Anfang April bis Anfang November täglich ab 9 Uhr geöffnet. www.kurpfalz-park.de.

Blick vom Aussichtsturm auf dem Eckkopf über den Pfälzerwald zum Donnersberg.

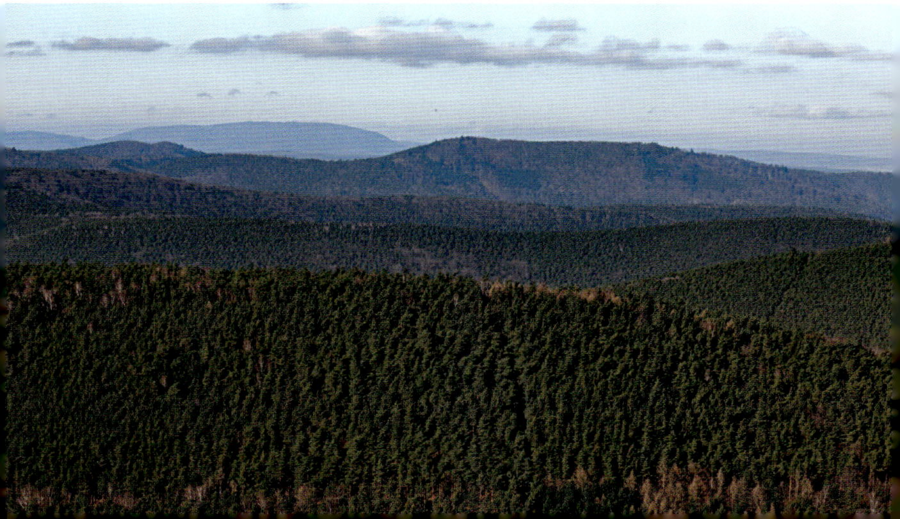

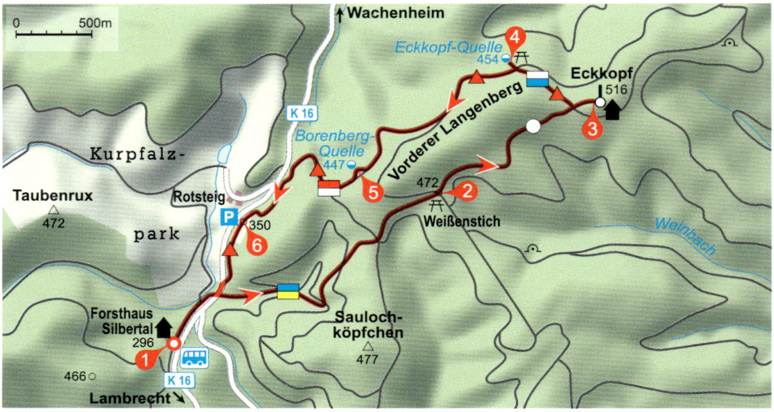

Unsere Wanderung beginnt am **Forsthaus Silbertal ❶**. Auf dem *blau-gelben Strich* und dem historischen *Geißbockweg* wandern wir anfangs parallel zur Kreisstraße *K 16* in Richtung Wachenheim und Kurpfalzpark. Nachdem wir die *K 16* überquert haben, gelangen wir der Markierung folgend durch die Finsterkammer, ein enges, schattiges Waldtal. Oberhalb davon queren wir den Bogen einer Forststraße und wandern weiter zum ausgeschilderten **Weißenstich ❷**, einem Rastplatz mit Schutzhütte. Wir verlassen hier den *Geißbockweg* und folgen links dem *weißen Punkt* hinauf zum 516 m hohen **Eckkopf ❸**. 107 Stufen führen auf den 25 m hohen Aussichtsturm, der 1975 aus Stahl neu errichtet wurde. An Wochenenden und Feiertagen wird der Ausschank am Turm von Deidesheimer Vereinen bewirtschaftet. Von der Aussichtsplattform in luftiger Höhe haben wir einen tollen 360°-Panoramablick über den Pfälzerwald mit der Kalmit und dem Hambacher Schloss bis zum Donnersberg. Die Felsblöcke unterhalb vom Gipfel sind ein beliebter Klettergarten für Kinder.

Vom Eckkopf gehen wir auf dem *weiß-blauen Strich* und dem *roten Dreieck* 100 m des Wegs zurück und biegen dann nach rechts zur ausgeschilderten Eckkopf-Quelle ab *(blau-weißer Strich)*. Für den kurzen Abstecher halten wir uns an der ersten Forststraße geradeaus und gehen 100 m bergab zu der gefassten **Quelle ❹**, an der es einen Rastplatz gibt. Von der Quelle steigen wir dann wieder den Waldhang hinauf bis zu der Forststraße, auf der wir nun rechts auf dem *roten Dreieck* in Richtung Rotsteig wandern. Der Wanderweg verlässt später die Forststraße und führt rechts als schmaler Pfad den Waldhang hinunter. Am Ende des Pfads gehen wir auf der Forst-

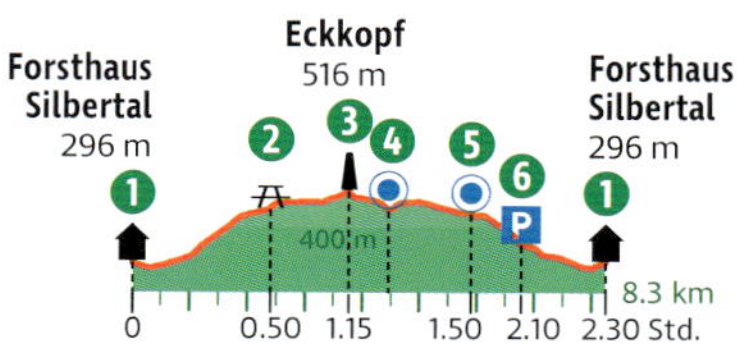

Forsthaus Silbertal
Die bei Wanderern und Ausflüglern beliebte Waldgaststätte wird von Familie Dangol bewirtschaftet. Auf der Speisekarte stehen deftige Pfälzer Hausmannskost, Schnitzel, Rumpsteaks, Wildgerichte, und auch Wurst aus eigener Herstellung wird verkauft. Jeden Mi. und Sa. ist Schnitzeltag, bei dem es Schnitzel in vielen Variationen gibt. Geöffnet Di.–Do., Sa.–Mo. 11–18 Uhr, https://forsthaus-silbertal.de, Tel. +49 6325 8492.

Naturfreundehaus Oppauer Haus
Etwas abseits unserer Wanderroute vor Wachenheim neben der Straße K 16 gelegen, kann man hier übernachten und gut und preiswert essen: Pfälzer Gerichte, Schnitzel, Rumpsteak, Salate, Flammkuchen und mehr. Freitags gibt es Fisch und samstags Dampfnudeln. Ganzjährig außer Do. täglich 11–18 Uhr (im Winter bis 17 Uhr) geöffnet, Im Pferchtal, Wattenheim, www.oppauerhaus.de, +49 6322 1288.

straße links weiter, bis rechts ein schmaler Pfad abzweigt, der uns zur **Borenberg-Quelle 5** bringt. Diese liegt 50 m unterhalb der Forststraße. Die Umgebung der Quelle kann etwas matschig sein; wir gehen an der Quelle vorbei und geradeaus auf dem schmalen Waldpfad weiter, der unterhalb der Forststraße verläuft. Nach 200 m trifft dieser wieder auf den markierten Wanderweg *(rotes Dreieck)*. Diese Markierung und der *rot-weiße Strich* leiten uns nun bergab zum **Waldparkplatz Rotsteig 6** an der Straße *K 16*; auf der anderen Straßenseite ist der Eingang des Kurpfalzparks. Vom Waldparkplatz führt uns das *rote Dreieck* anfangs links von der Straße *K 16* im Wald zurück zum **Forsthaus Silbertal 1**.

Eckkopf-Quelle.

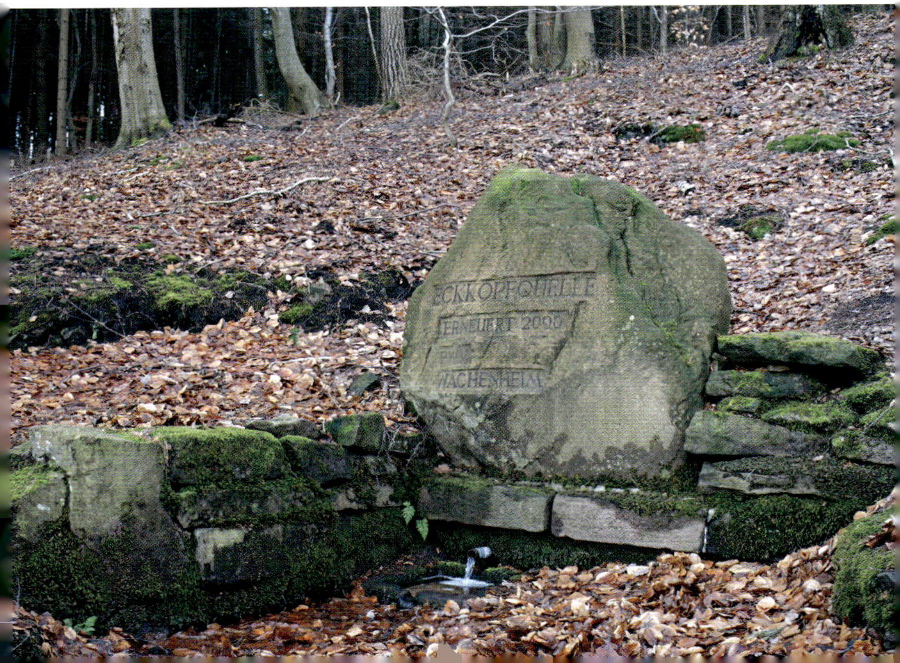

11 Von Gimmeldingen aufs Weinbiet

Schattiger Wanderweg zum Aussichtsturm

3.00 Std. | 9,3 km | ↗ 400 m | ↘ 400 m

Die »Eselsmühlen« im Benjental

Zu Beginn des 18. Jahrhunderts trieb das Wasser des Mußbachs im Benjental westlich von Gimmeldingen die Deidesheimer Getreidemühlen an, die damals zum Fürstbistum Speyer gehörten. Mit Pferde- und Ochsenkarren konnten die Deidesheimer ihre Mühlen aber nur auf der Straße durch das Gimmeldinger Tal erreichen, das Hoheitsgebiet der Wittelsbacher Kurfürsten war. Die Grenze verlief bei der heutigen Looganlage. Nachdem 1715 in Gimmeldingen eine kurpfälzische Zollschranke errichtet wurde, war dieser Weg versperrt. Um die Zölle zu umgehen, wurde das Getreide und Mehl auf dem Rücken von Eseln auf schmalen Waldpfaden über das 450 m hohe Knoppenweth transportiert, da der Wald zu Deidesheim gehörte. Erst als die Zollschranke 1794 fiel, war der Weg durch das Gimmeldinger Tal wieder frei. Seit dieser Zeit werden die Mühlen im Benjental »Eselsmühlen« genannt, und Wanderer können heute dem historischen »Eselsweg« folgen und im Alten Jagdhaus Looganlage einkehren.

Ausgangspunkt: Parkplatz am Sportplatz im Gimmeldinger Tal westlich von Gimmeldingen (Bushaltestelle in Gimmeldingen).
Anforderungen: Mittel, Waldwege mit Auf- und Abstiegen.
Kinder: Für Kinder geeignet, großer Abenteuerspielplatz mit Ritterburg auf dem Weinbiet.

Tipp: Jedes Frühjahr, wenn die Mandelbäume entlang der Deutschen Weinstraße zu blühen beginnen, wird das Gimmeldinger Mandelblütenfest gefeiert und eine Mandelblütenkönigin gewählt. Da das Fest von der Mandelblüte abhängt, wird der genaue Termin jedes Jahr neu festgelegt (meistens Mitte/Ende März).

Vom Parkplatz am Sportplatz im **Gimmeldinger Tal ❶** folgen wir dem *grünen Punkt* und dem *weiß-roten Strich* auf der Forststraße den Waldhang hinauf in Richtung Heidenburg/Weinbiet. Oberhalb des Sportplatzes kommen wir an einem alten Steinbruch vorbei, wo wir vom Waldrand einen schönen Blick über die Weinberge der Haardt und auf Gimmeldingen haben. Im Steinbruch können Mutige in einem Klettergarten zeigen, ob sie schwindelfrei sind. Der Weg verläuft dann in Spitzkehren durch den Kiefernwald, wobei wir unterwegs den *weiß-roten Strich* verlassen und uns nur noch am *grünen Punkt* orientieren. An einer Abzweigung machen wir dann rechts einen kurzen Abstecher zur **Heidenburg ❷**. Im 9. bis 10. Jh. befand sich auf dem Bergrücken eine keltische Fliehburg, die von einem Ringwall umgeben war.
Wieder zurück an der Abzweigung, kommen wir geradeaus auf dem *grünen Punkt* durch einen lichten

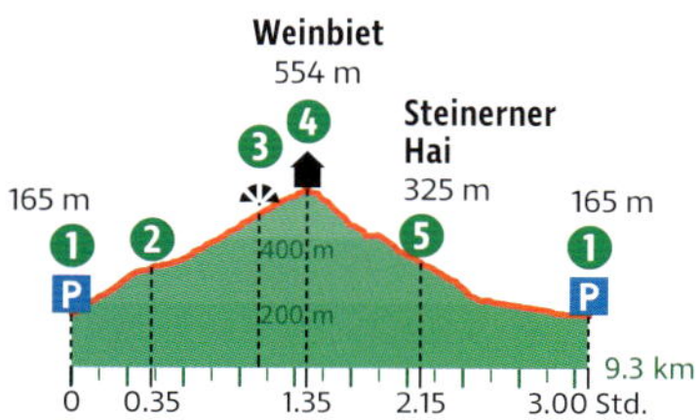

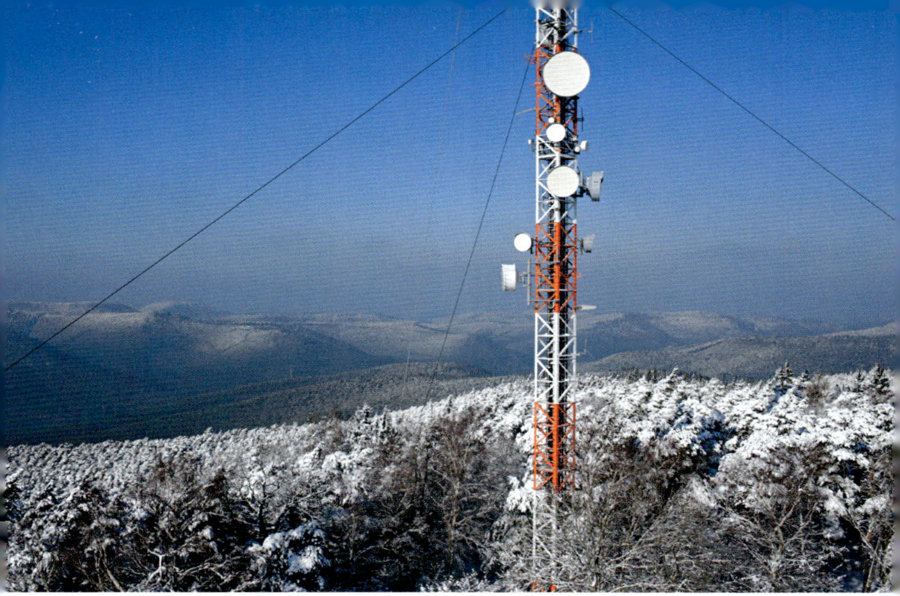

Aussicht über den Pfälzerwald vom Weinbiet.

Kiefernwald, der charakteristisch für den Pfälzerwald ist. Wir erreichen bald eine Forststraße, auf der wir 50 m links, dann rechts auf dem schmalen Wurzelweg zum **Wolfgang-Eichmann-Blick ③** gelangen. Von dem Aussichtspunkt (Rastbank) haben wir eine schöne Sicht auf Neustadt an der Weinstraße. Danach halten wir uns an der nächsten Forststraße links und treffen auf der Höhe nördlich vom Weinbiet auf die *rot-weiße Welle* des *Pfälzer Weinsteigs*. Die Markierungen leiten uns links zum 554 m hoch gelegenen **Weinbiet ④**, auf dem eine Wetterwarte und ein *rot-weiß* angestrichener Sendemast stehen. Im Weinbiet-Haus können wir einkehren und vom benachbarten Aussichtsturm einen herrlichen Rundumblick über den endlos scheinenden Pfälzerwald genießen. Kinder können auf dem großen Abenteuerspielplatz mit seiner Ritterburg herumtollen.

Vom Weinbiet wandern wir auf dem *Weinsteig* 250 m auf dem Weg, auf dem wir gekommen sind, zurück bis zu einer Abzweigung und folgen dort geradeaus dem *roten Punkt* hinunter ins Benjental. Am Loosenbrunnen liegt ein Rastplatz. Nach 350 m biegt der *rote Punkt* scharf links ab und verläuft als ebener Weg am Waldhang entlang durch einen Kiefern-Heidelbeer-Wald. Wir kreuzen eine Forststraße und wan-

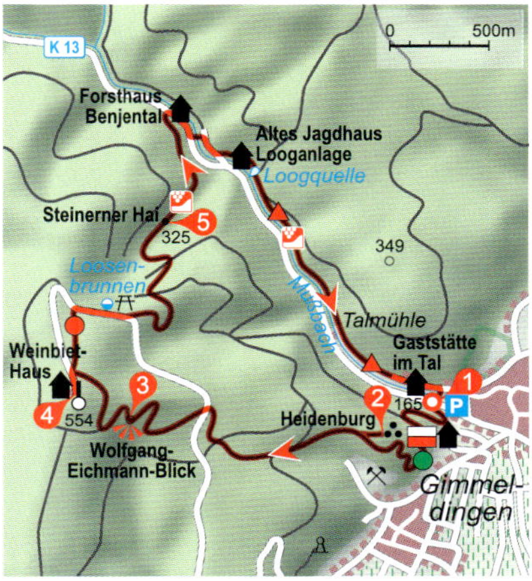

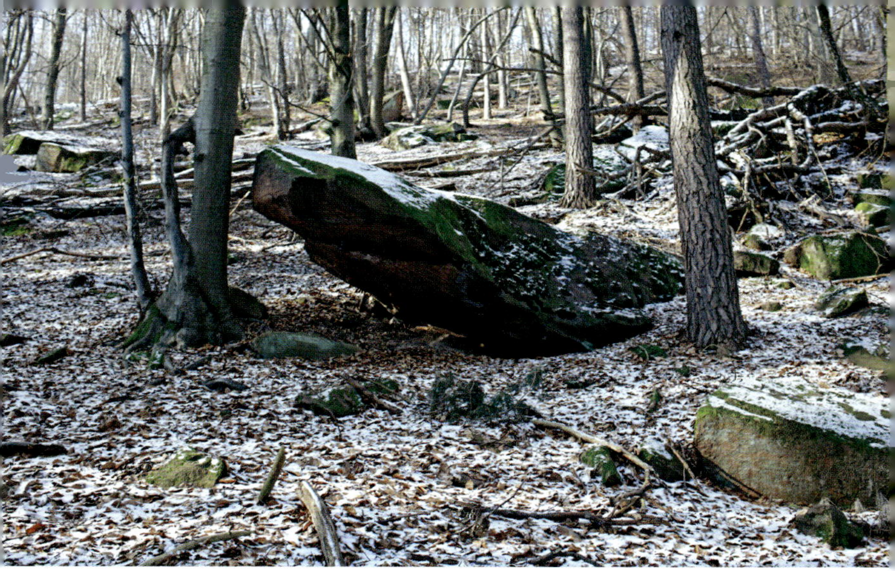

Beim Steinernen Hai im Benjental.

dern weiter bergab. Links vom Weg können wir den **Steinernen Hai ❺** entdecken, einen Sandsteinblock, der von der Seite betrachtet wie der Kopf eines Hais aussieht. Im Tal gehen wir auf der Forststraße 50 m rechts, dann links auf dem schmalen Weg bergab zum Forsthaus Benjental, das am historischen Eselsweg und an der Kreisstraße *K 13* liegt. Hier können wir einkehren. Auf dem *Pfälzer Weinsteig* und dem *roten Dreieck* wandern wir nun am Mußbach entlang flussabwärts zur Looganlage. Das althochdeutsche Wort »Loog« bedeutet »Grenze«, denn hier verlief früher die Grenze zwischen der Kurpfalz und dem Fürstbistum Speyer. Alte Grenzsteine tragen deshalb auf der einen Seite das kurfürstliche Rautenwappen und auf der anderen das fürstbischöfliche Kreuz. Rechts im Wald oberhalb des Bachs schießt eine Fontäne aus dem kleinen See an der Loogquelle (Rastplatz) und auf der linken Bachseite steht das Alte Jagdhaus Looganlage, in dem sich eine Einkehr lohnt.

Wir gehen an dem Jagdhaus vorbei und dahinter auf dem schmalen Weg (*Pfälzer Weinsteig* und *rotes Dreieck*) am Mußbach entlang durch das Gimmeldinger Tal. Beim Gästehaus zur alten Talmühle verlassen wir den *Weinsteig* und wandern geradeaus *(rotes Dreieck)* durch das Tal zurück zum **Parkplatz am Sportplatz ❶**.

Gaststätte im Tal

Aufgewachsen in Lateinamerika, bieten Txepi Ruiz Ajaca und Kurt Wille etwas, das man in der Pfalz eher nicht findet: lateinamerikanische Küche, bunte, geschmackvoll arrangierte Vorspeisen wie venezolanische Käseröllchen und als Hauptgericht Lomo Montado (uruguayisches Rindfleisch mit frittiertem Maniok) oder Anticucho Camba (Rinderhüfte in Erdnusssoße). Es gibt aber auch vegetarische Gerichte, und es stehen Pfälzer Klassiker, Pizza und Flamm-

kuchen auf der Speisekarte. Darüber hinaus gibt es Tagesgerichte. Geöffnet Di.–Sa. ab 16.30 Uhr, Mi.–Sa. auch 12–15 Uhr, So. 12–19 Uhr. Im Tal 7 (beim Sportplatz), Neustadt-Gimmeldingen, www.txepi.restaurant, Tel. +49 6321 68921.

Weinbiet-Haus

Die beliebte Höhengaststätte des Pfälzerwaldvereins Gimmeldingen wurde 1926 bis 1928 auf dem Gipfelplateau des Weinbiets erbaut. Das Haus ist nur zu Fuß erreichbar. Neben Pfälzer Gerichten gibt es wechselnde Tagesessen und Flammkuchen. Am ersten Sonntag im September findet hier das Weinbiet-Fest statt. Geöffnet Mo.–Mi., Sa., So. 11–18 Uhr (Mo. bis 16 Uhr), Do., Fr. geschlossen, https://pwv-gimmeldingen.de/weinbiethaus, Tel. +49 6321 32596.

Altes Jagdhaus Looganlage

In der rustikalen, familiären Umgebung des über 100 Jahre alten Jagdhauses und auf der schattigen Gartenterrasse unter alten Laubbäumen fühlt man sich wohl. Es gibt Pfälzer Gerichte, Schnitzel, Rumpsteak und Rothaus-Bier aus dem Schwarzwald. Geöffnet Mi.–Sa. 10–17 Uhr. Im Tal 50, Neustadt-Gimmeldingen, www.looganlage.de, Tel. +49 6321 66047.

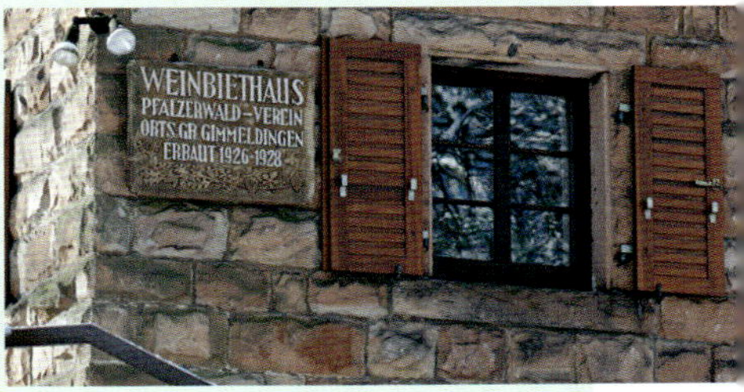

Weinbiet-Haus.

Forsthaus Benjental

Familie Riesenberger verwöhnt ihre Gäste in dem 1874 erbauten Gasthaus am historischen Eselsweg mit Pfälzer Hausmannskost, Schnitzel, Rumpsteak und leckerem Kuchen. Mittwoch ist Dampfnudeltag, und es gibt auch Tagesgerichte. Geöffnet Sa.–Mi. 11–17 Uhr, www.forsthaus-benjental.de, Tel. +49 6321 66033.

Das Alte Jagdhaus Looganlage.

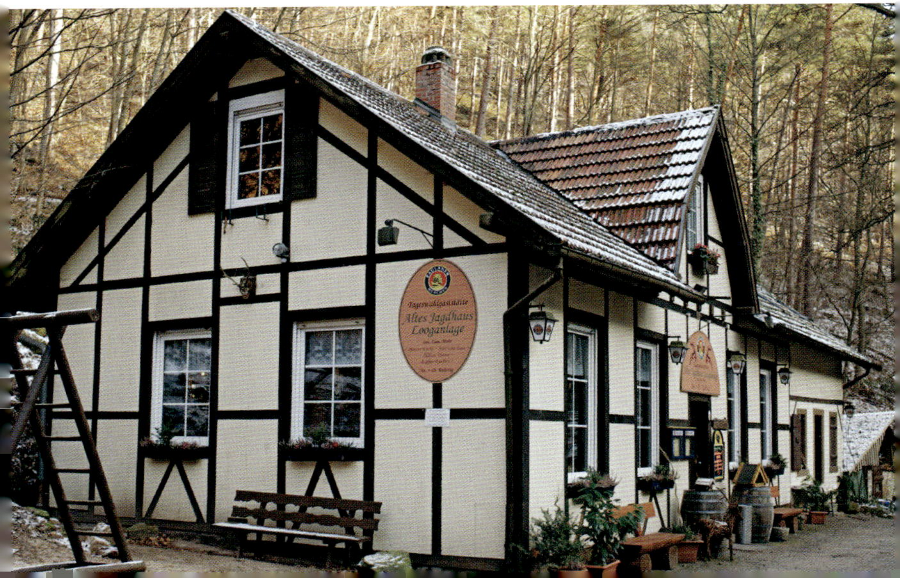

12 Von Neustadt zur Wolfsburg

Abwechslungsreiche Waldwanderung mit viel Aussicht

2.45 Std. | 8,8 km | ↗300 m | ↘300 m

Burg am Pfälzer Weinsteig

Auf einem Felsvorsprung des Wolfsbergs, 130 m hoch über dem Tal des Speyerbachs, ließ Pfalzgraf Ludwig der Kelheimer Anfang des 13. Jahrhunderts die Wolfsburg errichten. 1633 wurde sie im Dreißigjährigen Krieg zerstört. Die 140 m lange und 30 m breite Burganlage fällt auf drei Seiten steil ab, sodass nur die schmale nordöstliche Bergseite mit einem Graben und einer Schildmauer geschützt werden musste. Die Burg ist ein beliebtes Ausflugsziel, das viele Wanderer anlockt, zumal sie auch am beliebten Pfälzer Weinsteig liegt.

Ausgangspunkt: Neustadt-Haardt, Parkplatz an der Abzweigung der Eckstraße vom Mandelring. Bushaltestelle in der Nähe.

Anforderungen: Mittel, überwiegend Waldwege mit Auf- und Abstiegen.
Kinder: Für Kinder geeignet, viele interessante Etappenziele.

Unsere Wanderung beginnt in **Neustadt-Haardt ①** am Parkplatz, wo die *Eckstraße* vom *Mandelring* abzweigt. Wir gehen am westlichen Ende des Parkplatzes auf der *Eckstraße* kurz links, dann rechts durch das Wohngebiet, bis diese auf die Straße *Im Meisental* trifft. Dort halten wir uns links und gelangen auf der Straße *Im Meisental* zum Wanderparkplatz Meisental. Davor biegen wir links ab, und am Ende der ansteigenden Straße geht es beim Sportplatz links zur ausgeschilder-

Die Wolfsburg bei Neustadt an der Weinstraße.

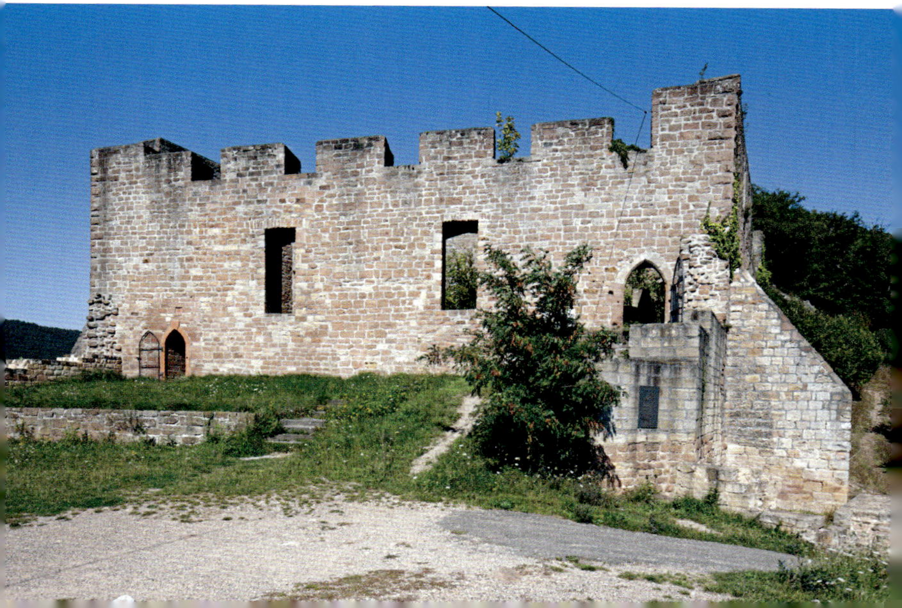

ten Waldschänke Ludwigsbrunnen; auf der rechten Seite liegt ein Rastplatz, an dem ein Gedenkstein an die pfälzische Mundart-Dichterin Lina Sommer (1862–1932) erinnert. An der Wanderwegtafel oberhalb der Waldschänke gehen wir rechts auf dem schmalen, nicht markierten Pfad den Waldhang hinauf. Nach dem Anstieg halten wir uns an der ersten Abzweigung links und knapp 100 m weiter rechts. An der nächsten Wegkreuzung treffen wir auf den *weiß-blauen Strich*; 20 m geradeaus steht der Bismarckstein mit einem Reliefbild von J. W. Steger aus dem Jahr 1900. Aus Verehrung für den Reichsgründer und »Eisernen Kanzler« entstanden nach dessen Entlassung durch Kaiser Wilhelm II. im Jahr 1890 überall in Deutschland solche Bismarck-Denkmäler und Aussichtstürme.

Von der Wegkreuzung wandern wir rechts auf die Anhöhe (*weiß-blauer Strich*), verlassen dort nach 900 m an der Wegkreuzung die Markierung und folgen der Forststraße nach links. Im Spätsommer säumt blühendes Heidekraut diesen sandigen Waldweg. An der nächsten Abzweigung gehen wir geradeaus leicht bergauf und gelangen dann vor der Rechtskurve der Forststraße links auf dem *roten Punkt* und der *rot-weißen Welle* des *Pfälzer Weinsteigs* zum **Steinernen Hirsch ❷**. Dieses Hochrelief eines liegenden Hirsches fertigte Philipp Steger im Jahr 1866 an, als der angeblich letzte Rothirsch dieser Gegend erlegt wurde.

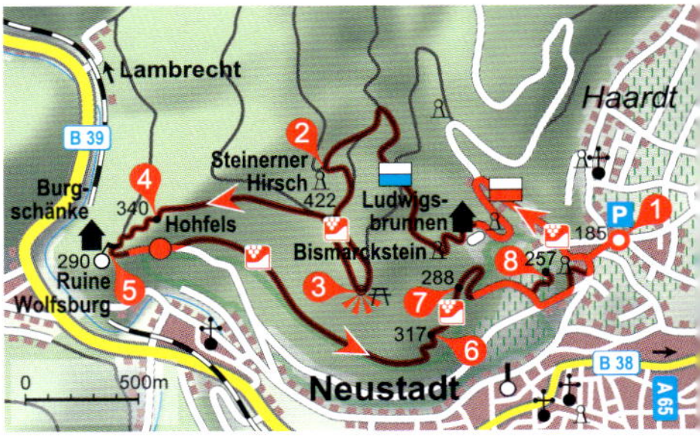

Die beiden Markierungen leiten uns nun zum **Bergstein ❸**, einer 408 m hoch gelegenen Felskanzel (Rastplatz), von der wir eine schöne Aussicht ins Rheintal, zum Hambacher Schloss, ins Speyerbachtal mit der Wolfsburg und auf Neustadt an der Weinstraße haben. Auf dem Plateau sind in einige Felsplatten Inschriften und Bilder eingeritzt.

Wir gehen auf der *rot-weißen Welle* rechts über den Grat des Bergsteins und können am Wolfsberg von der Aussichtskanzel des **Hohfels ❹** noch einmal einen Blick über die Pfälzer Landschaft werfen. Dann steigen wir auf dem Felsenweg und über Treppen hinunter zur **Wolfsburg ❺**, wo wir in der Burgschänke eine Rast einlegen können. Die äußere Burganlage ist das ganze Jahr über zugänglich, doch der verwilderte Innenhof ist während der Brutzeit der Vögel vom 1. März bis zum 30. Juni geschlossen.

Vorbei an der Burg und dem Wolfsbrunnen, wandern wir auf dem *Pfälzer Weinsteig* und dem *roten Punkt* oberhalb des Speyerbachtals zurück

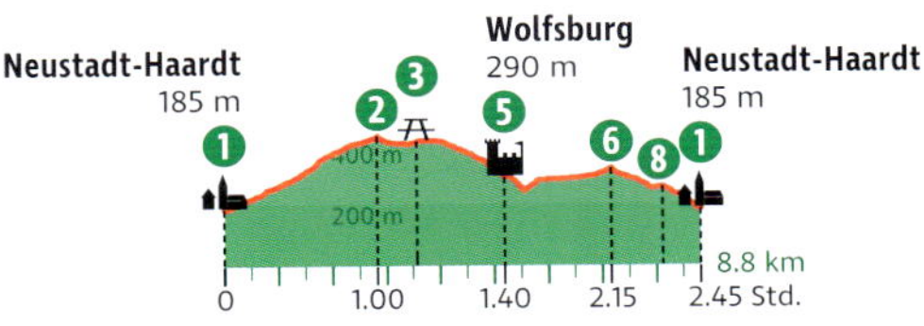

Restaurant Quetsche-Kuche-Stubb
In dem historischen Fachwerkhaus aus dem 15. Jh. mit seiner auffallend orangen Fassade eröffnete Restaurantfachmann Meinolf Sachse nach etlichen Wanderjahren in Häusern der gehobenen Gastronomie seine eigene Weinstube mit Restaurant. Selbst Weinkenner und Riesling-Fan, stehen auf der langen Weinkarte große Gewächse und viele erlesene Weine aus der Pfalz und anderen Anbaugebieten. Die Speisekarte ist anders, als man es von Pfälzer Gaststätten gewohnt ist. Hier sind die Pfälzer Gerichte kulinarisch verfeinert und weniger deftig: Als Vorspeise gibt es in Olivenöl eingelegte Quetschen (Pflaumen) oder ein Carpaccio vom Saumagen mit Quetschen. Die Bratwürste stammen von Hirsch und Wildschwein und werden mit Gemüse serviert. Geöffnet Mo., Mi.–Sa. ab 16 Uhr, Mandelring 163, Neustadt-Haardt, https://quetsche-kuche-stubb.de, Tel. +49 6321 9595490. In dem Fachwerkhaus werden auch vier Ferienwohnungen vermietet (Reservierung unter Tel. +49 172 7030228).

Waldschenke Ludwigsbrunnen
Pfälzer Gerichte, Rumpsteaks, Schnitzel, Flammkuchen und hausgebackenen Kuchen bieten Ute Sell und Frank Kowalewski in ihrer Waldschenke an, die auch einen großen Biergarten hat. In der gemütlichen Gaststube können die Gäste an einem 100 Jahre alten Ulmentisch Platz nehmen. Montag und Dienstag sind Ruhetage, geöffnet Mi.–So. und Feiertage ab 11 Uhr. www.ludwigs-brunnen.de, Im Meisental 81, Neustadt-Haardt, Tel. +49 6321 35752.

Burgschänke Wolfsburg
Die vom Wolfsburgverein Neustadt e.V. bewirtschaftete Burgschänke bietet neben Getränken, Eis, Kaffee und Kuchen kleine Gerichte wie Würstchen, Flammkuchen und belegte Brote an. Geöffnet von April bis Oktober Sa., So. und Feiertag 11–18 Uhr (bei gehisster Flagge), www.wolfsburg-neustadt.de/schaenke.

Scheffelwarte.

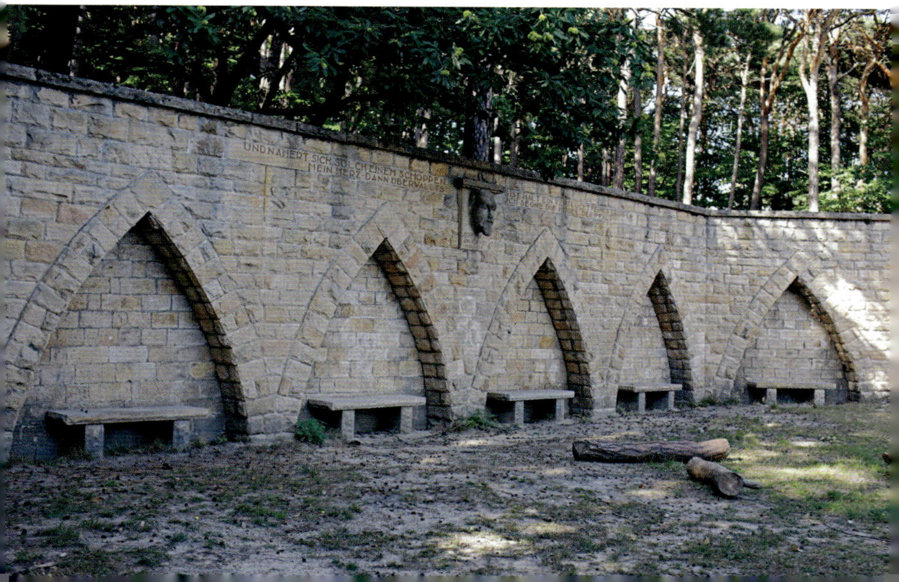

nach Neustadt-Haardt. Müde Wanderer können sich dabei unterwegs auf Sitzbänken ausruhen, die aus Felsblöcken herausgemeißelt wurden. An einer Weggabelung verlassen wir den *roten Punkt* und erreichen links auf dem *Pfälzer Weinsteig* und später auch auf dem *blau-weißen Strich* die Ruine der **Josephskapelle ❻**. 1733 stiftete Peter Joseph Scherer von Hohencreuzberg diesen barocken Saalbau, der um 1800 zerstört wurde. Übrig geblieben sind ein paar Mauerreste. Wir gehen an der Ruine vorbei und treffen nach einem kurzen Abstieg wieder auf den *blauweißen Strich*. Die beiden Markierungen leiten uns zur nahe gelegenen **Scheffelwarte ❼**, einer 1928 erbauten, langen Mauer aus Sandsteinquadern, die mit Porträtreliefs und einer Inschrift verziert ist. Sitzbänke in der Mauer laden zu einer Rast ein. Das Denkmal erinnert an Joseph Viktor von Scheffel (1826–1886), der mit seinem »Trompeter von Säckingen« und dem historischen Roman »Ekkehard«, der die Liebesgeschichte des St. Gallener Mönchs mit der Herzogin von Schwaben im 10. Jahrhundert beschreibt, einer der bekanntesten deutschen Schriftsteller seiner Zeit war.

Der *Pfälzer Weinsteig* führt uns nun durch die Weinberge. Von dem aussichtsreichen Weg sehen wir auf Neustadt mit seinem Wahrzeichen, der Stiftskirche, deren zwei ungleiche Sandsteintürme seit 500 Jahren das Stadtbild prägen. Im höheren Nordturm hängt die Kaiserglocke, die größte Gussstahlglocke der Welt. 200 m links oberhalb des Wegs steht der **Deidesheimer Tempel ❽**, ein kleiner Säulen-Pavillon, der 1953/54 von Friedrich Deidesheimer erbaut wurde. Wir machen einen Abstecher dorthin und genießen die Aussicht auf die Stadt und das Haardter Schloss. Wo früher einmal die im 10./11. Jahrhundert erbaute Burg Winzingen stand, ließ August Ritter von Clemm, einer der Mitbegründer der BASF, 1876 das Haardter Schloss als herrschaftlichen Wohnsitz erbauen. Heute befindet sich darin ein Wellnesshotel. Auf gleichem Weg zurück kommen wir auf dem *Pfälzer Weinsteig* zur Dr.-Welsch-Terrasse, einem Park mit Goldfischteich, Palmen, Kakteen, Rastplätzen und ausgiebigen Spielmöglichkeiten für Kinder. An der Hauptterrasse unterhalb des Ehrenmals verlassen wir auf der Treppe den Park und gelangen nach dem Tor links auf dem *Haardter Treppenweg* wieder zurück zum **Parkplatz ❶**.

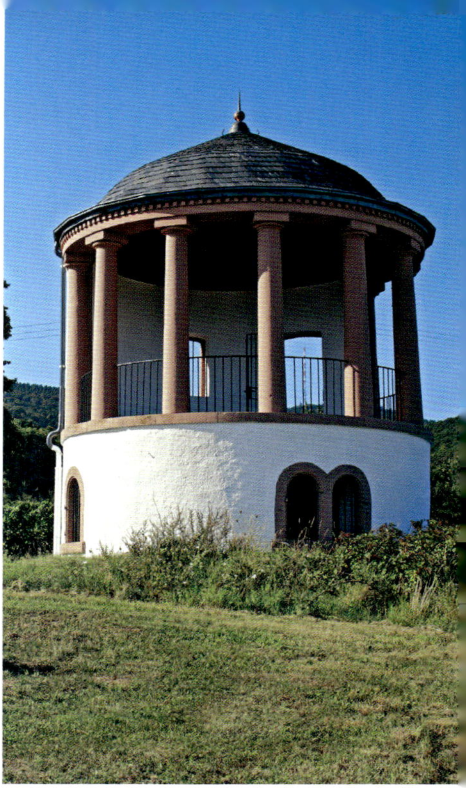

Deidesheimer Tempel.

13 Zum Naturfreundehaus Heidenbrunnental

Im Wald des »Krummen Dallacker«

3.30 Std. | 10,5 km | ↗ 420 m | ↘ 420 m

Der Königsberg

Auf dem Ostgipfel des 422 m hohen Königsbergs bei Neustadt an der Weinstraße befand sich in der frühen Hallstadtzeit (ca. 700 bis 430 v. Chr.) eine keltische Höhenbefestigung. Diese »Heidenmauer« umschloss ein Oval von 400 m Länge und 130 m Breite. Man nimmt an, dass dies ein Verwaltungszentrum der Siedlungen in der Rheinebene oder der Sitz einer keltischen Führungsschicht war, der gut vor feindlichen Angriffen geschützt war. In der Mitte des 1. Jahrhunderts v. Chr. wurde diese Siedlung aufgegeben und im frühen Mittelalter (9./10. Jahrhundert) mit dem Bau eines Vorwalls und einer Toranlage reaktiviert. Die Bevölkerung suchte in der Befestigung wahrscheinlich Schutz vor den Einfällen der Normannen und Ungarn. Bis zum Dreißigjährigen Krieg diente die Befestigung in Kriegszeiten auch der Neustadter Bevölkerung als Rückzugsort. Auf dem Westgipfel liegen auf beiden Seiten des heutigen Wanderwegs die Reste von etwa 20 Hügelgräbern, erkennbar an den bis zu 1 m hohen Grabhügeln aus Sandsteinquadern und -platten. In dieser Nekropole wurden vermutlich die keltischen Stammesführer feuerbestattet. Der Königsberg ist stark zerklüftet und von Höhlungen und Spalten durchzogen. Sein Südosthang besteht aus mächtigen Sandstein-Blockhalden mit überhängenden Felsdächern. Als im späten 19. Jahrhundert ein solches Felsdach einstürzte, entdeckte man eine 19 m lange und 5 m breite Trümmerhöhle, die »Bruderhäuschen« oder Eremitage genannt wird. Vermutlich hat darin im 16. Jahrhundert ein Einsiedler gehaust, worauf die Reste einer Abschlussmauer, eine in den Fels gehauene Ablaufrinne für Regenwasser und zwei Zisternen hinweisen. In der Nähe befinden sich zwei weitere Höhlen: Das 42 m lange Heidenloch ist die älteste bekannte Höhle im Pfälzerwald. Um die Fledermäuse in der Klufthöhle nicht zu stören, ist der Zugang abgesperrt. Oberhalb davon liegt das Dampfloch, eine weitere, nicht öffentlich zugängliche Klufthöhle. Bedingt durch die Zirkulation trockener kalter Außen- und feuchter warmer Höhlenluft kann sich im Winter bei starkem Frost eine bis zu 8 m hohe Dampfsäule über der Höhle bilden, wenn die leichtere feuchte Luft nach oben steigt und draußen kondensiert.

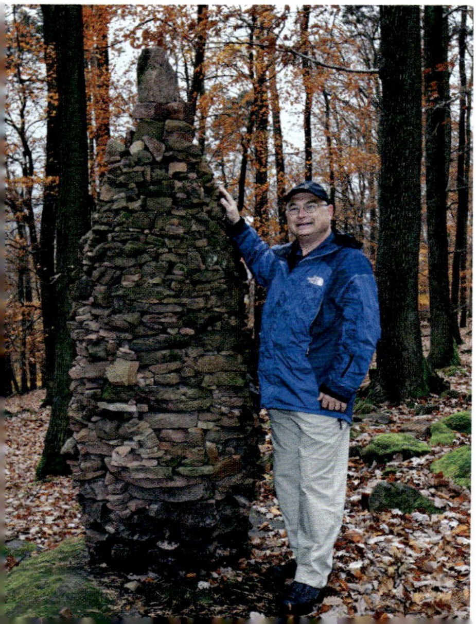

Steinpyramide auf dem Königsberg.

Ausgangspunkt: Waldparkplatz an der Kaltenbrunner Hütte. Am westl. Ortsende von Neustadt an der Weinstraße zweigt vor der Wolfsburg die mit »Kaltenbrunner Tal« ausgeschilderte Zufahrtsstraße K 3 von der Bundesstraße 39 ab.
Anforderungen: Mittel, stellenweise schmale und steile Waldwege.
Kinder: Die Tour ist mit Kindern gut zu gehen.

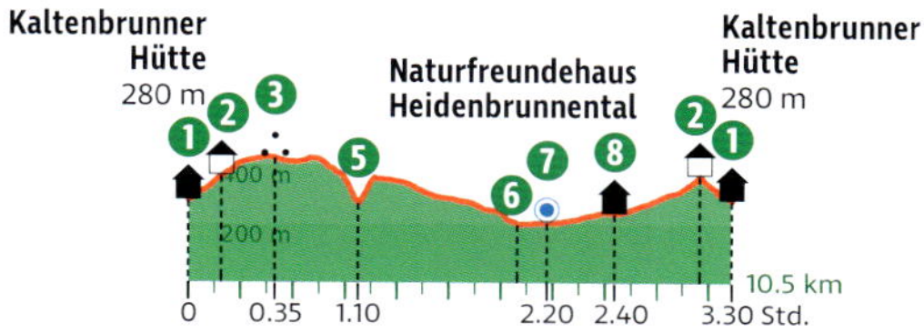

Die Sage vom Krummen Dallacker
Einst stand auf dem Königsberg das Schloss des »Krummen Dallacker«, von dem ein unterirdischer Gang unter dem Speyerbachtal hindurch zur Wolfsburg führte. Während Musikanten in einem Neustadter Wirtshaus spielten, trat ein gut gekleideter fremder Herr durch die Tür und lud die Musikanten ein, bei einem Fest in seinem Schloss auf dem Königsberg zu spielen. Er belohnte sie fürstlich, doch als die Musikanten wieder zurück nach Neustadt kamen, hatte sich dort alles verändert und niemand kannte sie mehr. Nur ein 100-jähriger Greis erinnerte sich noch an die Musikanten, die in einem Wirtshaus spielten, als sie von einem Fremden abgeholt wurden und nicht mehr zurückkamen. »Euch hat der Krumme Dallacker geholt«, rief der Greis, worauf die Musikanten zu Asche und Staub verfielen.
Der Krumme Dallacker soll in der Umgebung Neustadts auch als Raubritter sein Unwesen getrieben haben, und sein prächtiges Schloss soll im Heidenloch versunken sein.

Vom Waldparkplatz an der **Kaltenbrunner Hütte ❶** gehen wir auf der Zufahrtsstraße zunächst 100 m zurück und steigen links auf dem schmalen Pfad den Waldhang hinauf (*weißer Punkt* und *3*) zur **Schutzhütte ❷** auf der Kleinen Ebene. An der Wegkreuzung rechts von der Hütte folgen wir dem schmalen Waldweg (*gelber Punkt*) auf den Königsberg und wandern dort geradeaus auf dem ebenen Weg über den lang gezogenen Bergrücken.
Im Wald rechts vom Weg stehen **Steinpyramiden ❸**, deren größte etwa 2,5 m hoch ist. Ein Ritterstein informiert kurz darauf den Wanderer, dass auf dem Berg ein keltisches Gräberfeld liegt und die Kelten hier eine Bergfestung errichtet hatten, die von einem Ringwall umgeben war. Reste der Hügelgräber und Steinwälle sind auf den nächsten 350 m links und rechts vom Wanderweg zu entdecken. Am Ende des Bergrückens erreichen wir eine Waldlichtung, die mit Ginster bewachsen ist. Wir überqueren geradeaus die Lichtung und steigen auf dem schmalen Weg in Serpentinen die steile, bewaldete Sandstein-Blockhalde hinunter. Einige Felsen tragen Inschriften, Jahreszahlen und Zeichnungen, die teilweise über 100 Jahre alt sind. Nach 450 m erreichen wir eine **Abzweigung ❹**. Wer gut zu

Waldgaststätte Kaltenbrunner Hütte
Pfälzer Gerichte und sonntags Rollbraten mit Kartoffelsalat nach altem Hausrezept bietet die Speisekarte. Die Gaststätte hat einen rustikalen Gastraum und eine große Terrasse. Geöffnet Sa.–Mi. 11–17 Uhr. Gästezimmer. www.kaltenbrunnertal.de, Kaltenbrunner Tal, Tel. +49 6321 84071.

Naturfreundehaus Heidenbrunnental
Die Ortsgruppe Neustadt der Naturfreunde bewirtschaftet das Haus, das außer an den Ruhetagen Mo. und Di. ganzjährig ab 10 Uhr geöffnet ist. Es gibt Pfälzer Gerichte, Schnitzel und selbstgebackenen Kuchen. Wer möchte, kann hier auch übernachten. www.naturfreundehaus-neustadt.de, Siedlerstraße 100, Tel. +49 6321 88169.

Fuß ist, kann hier auf nicht markiertem und bei Nässe rutschigem Pfad einen Abstecher zum Dampfloch, zum Heidenloch und zur Eremitage machen. Dazu verlassen wir an der Abzweigung den *gelben Punkt* und gehen 100 m geradeaus, bis ein Pfad nach links abzweigt. Dieser führt uns in Serpentinen den steilen Waldhang hinunter. Nach 150 m gehen wir an der nächsten Abzweigung geradeaus. Kurz darauf liegt rechts oberhalb des Wegs das unscheinbare Dampfloch. Danach können wir rechts vom Weg das Heidenloch entdecken. Der Pfad trifft danach auf einen Forstweg, dem wir noch 30 m nach links bis zur **Eremitage ❺** folgen. Diese liegt etwas oberhalb vom Weg. Für den weiteren Weg haben wir jetzt zwei Möglichkeiten: Man kann auf dem Waldweg weiter 300 m geradeaus gehen, bis dieser wieder auf den *gelben Punkt* trifft. Dies erspart etwa 3 km Wanderweg. Oder wir steigen auf dem Pfad, auf

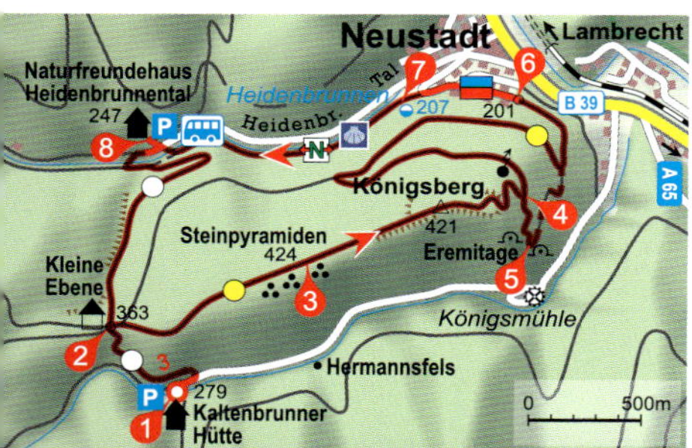

dem wir gekommen sind, wieder den Waldhang hinauf und folgen an der **Abzweigung ❹** rechts haltend weiter dem *gelben Punkt*. Dieser führt uns nun in einem großen Bogen durch den Wald am Nordhang des Königsbergs. Nach 2,7 km verlassen wir dann im **Tal ❻** die Markierung und folgen geradeaus der *Königsbergstraße* durch das Neustadter Wohngebiet. Jetzt orientieren wir uns am *blau-roten Strich* (auch *Jakobsmuschel* und *Naturfreundeweg*). Nach rechts haben wir einen schönen Blick übers Speyerbachtal zur Wolfsburg. Danach wandern wir geradeaus durch das Heidenbrunner Tal zum Rastplatz am **Heidenbrunnen ❼**, der von einer Sturzquelle gespeist wird. Später kommen wir an einem weiteren Rastplatz und einer kleinen Felsenquelle vorbei, gehen vor dem Weiher rechts zum Parkplatz und erreichen danach das **Naturfreundehaus Heidenbrunnental ❽**. Nach einer Einkehr gehen wir vor dem Weiher rechts, überqueren den Heidenbrunnertalbach und folgen danach links dem *weißen Punkt* zur **Schutzhütte ❷** auf der Kleinen Ebene. Hier kamen wir bereits auf dem Hinweg vorbei; von hier führt uns der *weiße Punkt* bergab und geradeaus auf bekanntem Weg zurück zur **Kaltenbrunner Hütte ❶**.

Vom Hambacher Schloss zur Hohen Loog

Auf dem Pfälzer Weinsteig zu Aussichtspunkten

14

4.00 Std. | 13,0 km | ↗380 m | ↘380 m

TOP

Der Ruf der Freiheit

»Auf, ihr deutschen Männer und Jünglinge jeden Standes, welche der heilige Funke des Vaterlandes und der Freiheit die Brust durchglüht, strömt herbei!« und »Deutsche Frauen und Jungfrauen, deren politische Mißachtung in der europäischen Ordnung ein Fehler und ein Flecken ist, schmücket und belebet die Versammlung durch eure Gegenwart!« Diesen Aufrufen von August Wirth und Jakob Siebenpfeiffer, den Mitbegründern des Deutschen Preß- und Vaterlandsvereins und Hauptrednern auf dem »Hambacher Fest«, folgten am 27. Mai 1832 30.000 freiheitlich gesinnte Männer und Frauen hinauf zum Hambacher Schloss, um an der ersten politischen Volksversammlung in Deutschland teilzunehmen. Bei diesem »Hambacher Fest« wurde auch zum ersten Mal die schwarz-rot-goldene deutsche Fahne gehisst. Das Hambacher Schloss, das auch Kästeburg (Kastanienburg) und Maxburg genannt wird, wurde im 11. Jahrhundert errichtet und im 13./14. Jahrhundert zu einem Schloss umgebaut. Im 19. Jahrhundert wurden die Mauern erhöht und mit Zinnen und Spitzbogenfenstern versehen. Die Ausstellung »Hinauf, hinauf zum Schloss!« zeigt anschaulich, warum das Hambacher Schloss als Wiege der deutschen Demokratie gilt. Sie ist von November bis März täglich 11–17 Uhr und von April bis Oktober täglich 10–18 Uhr geöffnet.

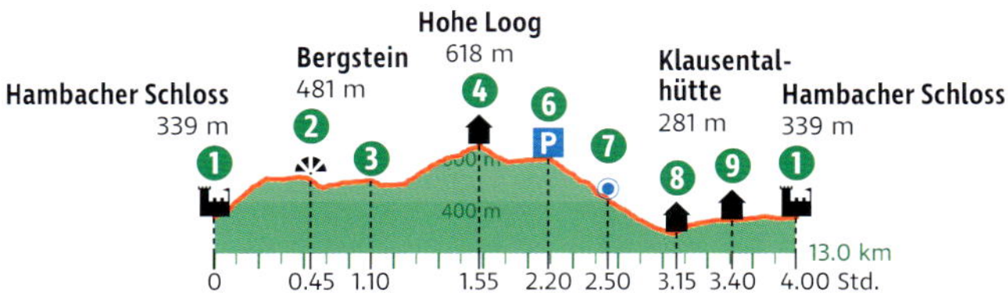

Ausgangspunkt: Hambacher Schloss, unterer Schlossberg. Bus Linie 502 vom Hauptbahnhof Neustadt zum Hambacher Schloss. Parken entlang der Schlossstraße (Auffahrt) und Freiheitsstraße (Abfahrt).

Anforderungen: Mittel, überwiegend Waldwege mit Auf- und Abstiegen.
Kinder: Die Wanderung ist für Kinder geeignet.
Tipp: Andergassenfest in Neustadt-Hambach Anfang Mai.

Vom Parkplatz **Hambacher Schloss 1** am unteren Schlossberg sind es nur fünf Minuten zu Fuß hinauf zum Schloss, in dem die deutsche Demokratie begann. Wer möchte, kann die Wanderung mit einem Abstecher dorthin beginnen und dem Freiheitsweg folgen. Wir wandern vom unteren Schlossberg auf dem *Pfälzer Weinsteig (rot-weiße Welle)* an der Burgschänke Rittersberg vorbei in den Wald. Über einer grün bemoosten Felshalde erhebt sich das hölzerne Sühnekreuz, zu

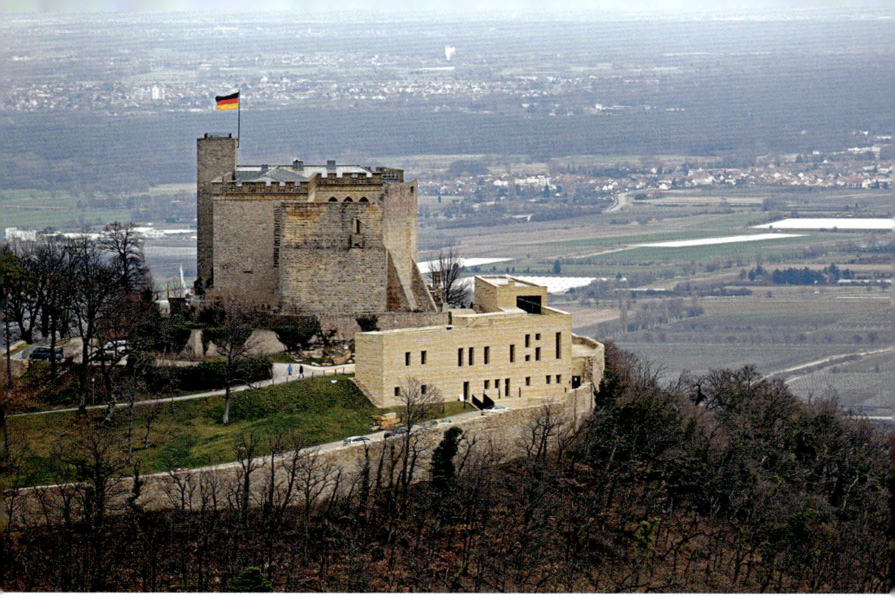

Das Hambacher Schloss mit dem Restaurant-Anbau.

dem wir einen kurzen Abstecher machen. Von dem Felsen bietet sich uns ein schöner Blick über die Weinstraße zur Rheinebene. Auf dem ebenen, schmalen Pfad am Waldhang erreichen wir den **Bergstein ❷**. Steigen wir die Treppe hinauf zur Aussichtskanzel, sehen wir Neustadt und das Hambacher Schloss vor uns liegen. In Felsen sind Inschriften aus dem Jahr 1933 eingeritzt. Von der Kanzel gehen wir links auf dem Weinsteig leicht bergab zur Speierheldhütte, einem Rastplatz und Aussichtspunkt auf Neustadt-Hambach. Geradeaus an der Hütte vorbei, führt uns ein schmaler Weg *(Weinsteig)* auf dem Bergrücken an Felsplatten entlang durch einen Kiefern-Birkenwald zum ausgeschilderten **Nollenkopf ❸**. Dorthin machen wir einen Abstecher. Der Weg wird auch »Kanonenweg« genannt, denn auf dem 490 m hohen Berg ließ der französische Oberst Marquis von Marillac im Jahr 1696 im Pfälzischen Erbfolgekrieg Befestigungsanlagen errichten. Heute können wir hier neben geschwungenen Steinbögen, die aus Sandsteinen aufgeschichtet wurden, rasten und die Aussicht auf Neustadt genießen. Auch buddhistische Gebetsfahnen könnten hier oben im Wind wehen. Auf dem gleichen Weg gehen wir wieder zurück zur Speierheldhütte und verlassen dort den *Weinsteig*. Nun folgen wir geradeaus dem *roten Punkt* auf dem felsigen Waldweg zur ausgeschilderten **Hohen Loog ❹**, wobei wir am Ende des Anstiegs auch wieder auf den *Weinsteig* treffen. Von dem 618 m hoch gelegenen Hohe-Loog-Haus (Einkehrmöglichkeit) mit seiner Aussichtsterrasse haben wir den besten Blick auf die Kalmit, die mit 672 m Höhe nach dem Donnersberg die zweithöchste Erhebung der Pfalz ist.

Auf dem *roten Punkt* und der *rotweißen Welle* des *Pfälzer Weinsteigs* wandern wir weiter zum Bildbaum (Rastplatz). Dort verlassen wir die Markierungen und gehen an der Wegkreuzung 30 m geradeaus, dann

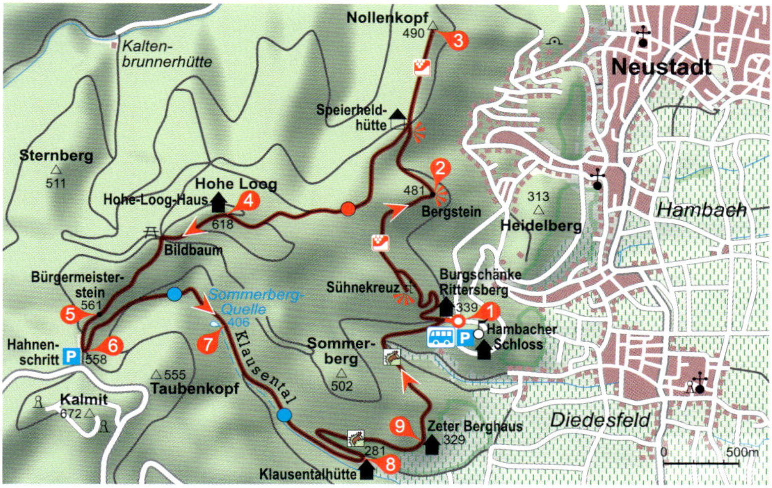

scharf links auf dem schmalen *Wanderweg 2* in Richtung der ausgeschilderten Klausentalhütte bergab. Auf der nächsten Forststraße gehen wir rechts weiter, kommen an einem Aussichtspunkt vorbei und an Felsen, die Inschriften tragen. Am **Bürgermeisterstein 5**, einer kleinen Felsnische, können wir spätmittelalterliche Hausmarken entdecken, die im Fels eingeritzt sind. Wir treffen danach wieder auf die Markierungen und erreichen den Wanderparkplatz **Hahnenschritt 6**, wo wir links daran vorbei in Richtung Straße gehen und am Ende des Parkplatzes links auf dem bergab führenden Forstweg *(blauer Punkt)* durch das Klausental zur ausgeschilderten Klausentalhütte gelangen. Am Weg liegt die **Sommerberg-Quelle 7**. Danach halten wir uns an der nächsten Forststraße, an der eine Rastbank steht, geradeaus und wandern nach 50 m rechts auf dem »Brückenpfad« *(blauer Punkt)* weiter am Bach entlang. An dessen Ende gelangen wir links hinauf zur Straße und zur bewirtschafteten **Klausentalhütte 8**. Von dort gehen wir auf der Straße

Spätmittelalterliche Hausmarken auf dem Bürgermeisterstein.

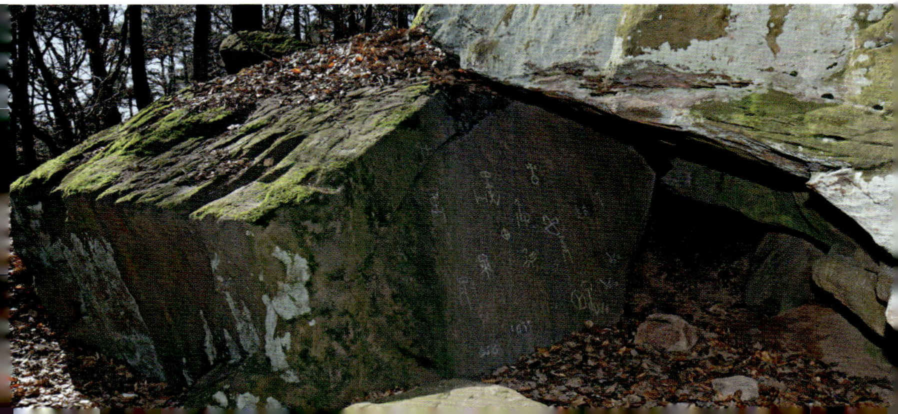

500 m zurück in Richtung Hahnenschritt (*blauer Punkt* und *Pfälzer Keschdeweg*) und biegen dann der Markierung des *Pfälzer Keschdewegs* folgend nach rechts zum ebenfalls bewirtschafteten **Zeter Berghaus ⑨** ab. Der *Keschdeweg* bringt uns von dort wieder zurück zum unteren Schlossberg beim **Hambacher Schloss ①**.

Restaurant 1832 im Hambacher Schloss
Als Vorspeise ein Carpaccio vom Pfälzer Saumagen und als Hauptgericht ein Rindersteak bzw. Fisch? Oder doch lieber der Pfälzer Klassiker mit Saumagen, Leberknödel, Bratwurst und Rieslingkraut und zum Nachtisch den berühmten Eisbecher »Schwarz-Rot-Gold«? Die Pfälzer Küche dominiert die nicht allzu große Speisekarte. Sonntags gibt es 12–15 Uhr ein Schlossbuffet. Täglich außer Do. 11–18 Uhr geöffnet. Vom unteren Schlossberg sind es 5 Minuten zu Fuß bis zum Restaurant auf dem oberen Schlossberg. Für Menschen mit Behinderung können dort zwei Parkplätze reserviert werden, www.hambacherschloss.eu, Tel. +49 6321 9597880. Das Restaurant befindet sich in einem modernen Anbau, der von dem Architekten Max Dudler geschickt in die Ringmauer integriert wurde.

Burgschänke Rittersberg mit Weinausschank
Der königliche Schlosshüter Sebastian Kuhn eröffnete 1907 unterhalb vom Hambacher Schloss einen Ausschank, aus dem ein Hotel-Restaurant wurde. Heute bieten Jürgen und Karin Rusche ihren Gästen im familiären Wintergarten-Restaurant und der netten Gartenterrasse außer Pfälzer Gerichten je nach Jahreszeit Fisch, Wild und Lamm. Geöffnet Mo., Di., Fr. 12–14.30 Uhr und 17.30–20 Uhr, Mi. 12–19.30 Uhr, Sa., So. 12–20 Uhr, https://sites.google.com/view/hausrittersberg, Tel. +49 6321 86250.

Hohe-Loog-Haus
Das Haus des Pfälzerwaldvereins Ortsgruppe Hambach ist Mi., Sa., So. 10.30–18 Uhr (April–Oktober) bzw. 17 Uhr (November–März) geöffnet. In den Sommer- und Herbstferien von Rheinland-Pfalz täglich geöffnet 10.30–18 Uhr, www.pwv-hambach.de/hohe-loog-haus, Tel. +49 6321 480092.

Klausentalhütte (Diedesfelder Hütte)
Typische Pfälzer Gerichte, Wurstsalat und Vegetarisches stehen auf der Speisekarte, und für Kinder gibt es einen großen Spielplatz. Geöffnet ab 10.30 Uhr Di.–Do., Sa., So. (April–August), Di.–So. (September–Oktober), Mi., Sa., So. (November–März), https://klausental.de, Tel. +49 6321 30177.

Zeter Berghaus
Pfälzer Küche, Rumpsteak, Flammkuchen und wechselnde Tagesgerichte bietet diese über den Weinbergen gelegene Ausflugsgaststätte. Für Kinder gibt es eine Riesenrutsche. April bis Oktober Mi.–So. und Feiertage 11–19 Uhr, November bis März Mi., Sa., So. und Feiertage 11–18 Uhr geöffnet. www.zeter-berghaus.de, Tel. +49 6321 88438.

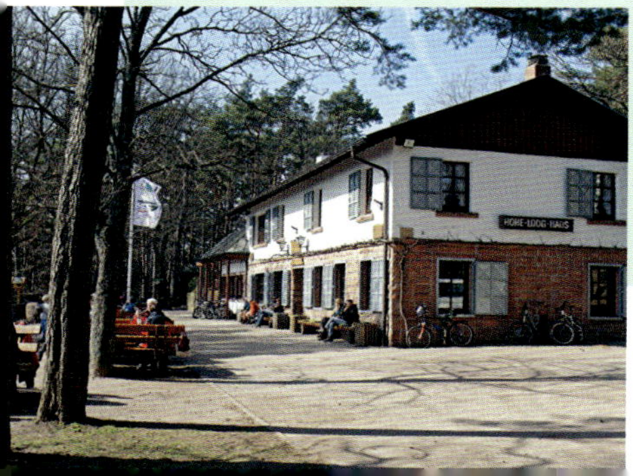

Hohe-Loog-Haus.

Von St. Martin auf die Kalmit

Pfälzer Weinsteig mit viel Aussicht

15

5.00 Std. | 14,9 km | ↗ 620 m | ↘ 620 m

TOP

Pittoreskes Fachwerk, der Dichterhain und die Kropsburg

Seit dem Jahr 1205 trägt das schmucke Weindorf St. Martin den Namen des Schutzpatrons. Am Martinstag, dem 11. November, wird eine Statue des Heiligen in einer feierlichen Prozession durch die Gassen getragen. Diese säumen reich mit Erkern und Skulpturen verzierte Fachwerkhäuser aus dem 16. bis 18. Jahrhundert. Der »Briefmarkenerker« in der Mühlstraße ist auf einer 20-Pfennig-Briefmarke aus dem Jahr 1948 abgebildet. Das Grabmal von Hans von Dalberg und Katharina von Kronberg mit seinen lebensgroßen Figuren in zeitgenössischer Tracht gilt als schönstes Renaissance-Grab der Pfalz. Es befindet sich in der Kirche St. Martin in der Nordwand des Langhauses. Über dem Ort erhebt sich die Kropsburg. Als Lehensburg der Speyrer Bischöfe im 13. Jahrhundert erbaut, gehörte sie vom 15. bis zum 19. Jahrhundert den Herren von Dalberg. 1689 wurde sie zerstört und die Vorburg wieder aufgebaut. Auch Teile der Ringmauer, der Torbogen, ein quadratischer Eckturm mit Freitreppe und ein achteckiger Treppenturm sind erhalten geblieben. Die Burg, die sich in Privatbesitz befindet, kann nur von außen besichtigt werden. An der Forststraße oberhalb vom Frauenbrunnen wurden 1929 die Köpfe von drei pfälzischen Mundartdichtern in den Sandstein gemeißelt, die sich um St. Martin verdient gemacht hatten. Dargestellt sind von links nach rechts August Heinrich (1881–1965), Fritz Claus (1853–1923) und Lina Sommer (1862–1932). Dieser »Dichterhain« ist ein schöner Rastplatz.

Oberhalb von St. Martin an der Deutschen Weinstraße liegt die Kropsburg.

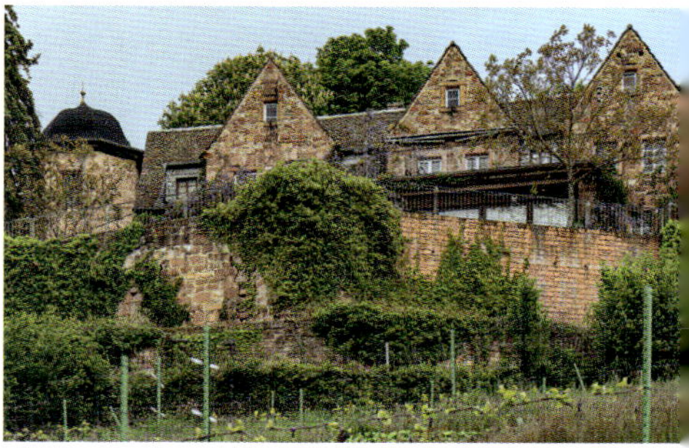

Ausgangspunkt: Gebührenpflichtiger Parkplatz am südöstlichen Ortsrand von St. Martin in der Edenkobener Straße. Bushaltestelle im Ort.
Anforderungen: Mittel, überwiegend Waldwege mit steileren Auf- und Abstiegen. Bei Nässe stellenweise rutschig.
Kinder: Für größere Kinder, die gut zu Fuß sind, geeignet.

Vom Parkplatz in **St. Martin ❶** gehen wir entlang der *Edenkobener Straße* in das schmucke Weindorf, dessen Ortsbild von der katholischen Kirche St. Martin geprägt wird. Ihr Ursprung reicht bis in das Jahr 1200 zurück. 1488 wurde der Turm und 1492 der Chor angebaut. 1774 wurde die Kirche umgestaltet und der Saalbau errichtet. An der Abzweigung der Straße *Hornbrücke* biegen wir nach rechts ab, gehen auf der *Maikammerer Straße* kurz links und auf der *Friedhofstraße* rechts. Vor dem

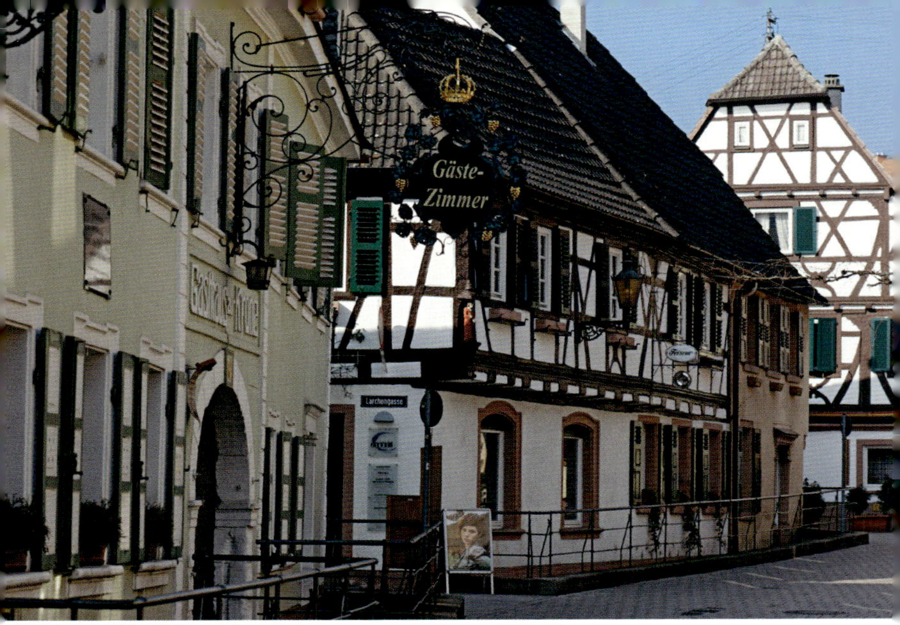

Fachwerkhäuser in der Tanzstraße in St. Martin.

Parkplatz am Pfarrgarten gehen wir geradeaus auf der *Finsterlandstraße* bis zur *Totenkopfstraße*, auf dieser kurz links, dann verlassen wir rechts auf der *Jahnstraße* den Ort. Ab hier können wir uns an der Markierung des *Wanderwegs Deutsche Weinstraße (grüne Weintraube)* orientieren. Von dem asphaltierten Weinbergweg haben wir einen schönen Blick auf das Hambacher Schloss. An der Abzweigung beim Rastplatz folgen wir links dem *Weinbergweg (Weintraube)* ins Tal. Vor uns liegt die 672 m hohe Kalmit, unser Ziel. Im Tal überqueren wir beim **Alster Brunnen ②** den kleinen Alsterweiler Bach und wandern gleich danach links auf dem schmalen Pfad weiter. Dieser Weg ist mit einem *weiß-grünen Strich* und der *rot-weißen Welle* des Zuwegs zum *Pfälzer Weinsteig* gekennzeichnet. Diesen Markierungen folgen wir hinauf zur Kalmit. Wir kommen an einem Angelweiher vorbei und wandern das enge Bachtal aufwärts durch einen ausgedehnten Wald aus Esskastanien. Am Weg steht ein altes Wasserwerk mit Zinnenturm. Durch ein Viadukt unterqueren wir dann die Landstraße L 515 *(Kalmitstraße)*, gehen dahinter 50 m links an der Straße entlang und folgen weiter den Markierungen durch den Wald. Wo der Wanderweg wieder auf die Straße trifft, machen wir rechts einen Abstecher zum Hohe-Loog-Blick auf den 604 m hohen **Taubenkopf ③**. Auf dem Aussichtsfelsen steht eine Rastbank zwischen mächtigen Sandsteinblöcken. Auf gleichem Weg gehen wir die gut 150 m zurück zur Straße, überqueren diese und wandern auf dem schmalen Weg durch den dunklen Nadelwald. Unterwegs kreuzen wir die *Kalmitstraße* und kommen unterhalb des Gipfels an einem Ehrenmal vorbei. Das letzte Stück steigen wir auf Treppen hinauf zum bewirtschafteten Kalmit-Haus, das auch Ludwigshafener Hütte genannt wird. Mit

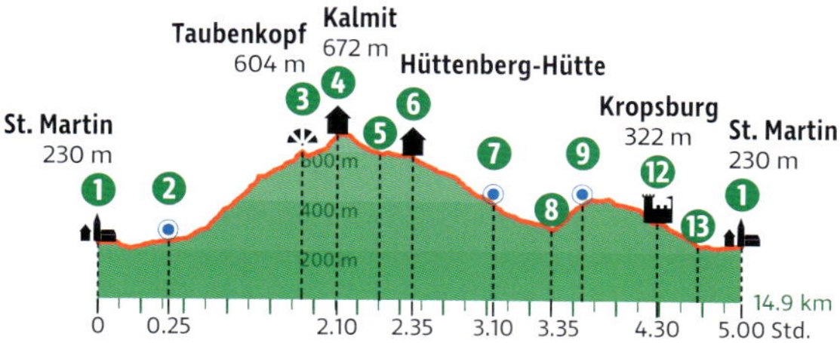

In St. Martin gibt es etliche Gaststätten und auch Weingüter, die bewirten, sodass hier nur eine kleine Auswahl aufgeführt ist.

Hotel-Restaurant Winzerhof

Ein altes Weingut wurde liebevoll zu einem Hotel-Restaurant umgebaut, das zum Weingut Becker gehört. Die Küche wird auch gehobenen Ansprüchen gerecht und bietet neben Pfälzer Spezialitäten auch Fischgerichte. Im Sommer werden die Gäste im rebenumrankten Innenhof bedient. Geöffnet Mo., Di., Fr., Sa. 12–22 Uhr, So. 12–15 Uhr, www.wein-und-sekt-becker.de, Maikammerer Straße 22, St. Martin, Tel. +49 6323 944410.

St. Martiner Weinhäusel

Das »Weinhäusel« bietet Pfälzer Gerichte, Flammkuchen und exotische Spezialitäten aus Indonesien wie Satay-Spieße oder ein Linsen-Curry. Di. und Mi. ist Ruhetag, sonst geöffnet ab 17.30 Uhr, Sa. und So. auch 11.30–14 Uhr, https://weinhaeusel.com, Hornbrücke 2, St. Martin, Tel. +49 6323 981387.

Kalmit-Haus (Ludwigshafener Hütte)

1907 hat die Ortsgruppe Ludwigshafen-Mannheim des Pfälzerwaldvereins auf dem Kalmitgipfel die Ludwigshafener Hütte eingeweiht. 1957 wurde nach Um- und Neubauten das Kalmit-Haus eröffnet. Die Hütte bietet eine lange Speisekarte mit deftigen Pfälzer Gerichten wie dem »Schiefen Sack« (ein Leberknödel mit Bratwurst), Schnitzel und Flammkuchen. Geöffnet ist von März bis Oktober Mi.–So. 11–17 Uhr, im Januar und Februar Mi., Sa., So. 11–17 Uhr. www.kalmithaus.de, Tel. +49 6321 5424.

Wirtshaus im Wolsel

Das etwas andere Restaurant und Gästehaus! Es hat nur Fr. und Sa. ab 18.30 Uhr geöffnet, wenn die Küchenchefin Dorothea Büttner für ihre Gäste leckere, individuelle Menüs zubereitet, die sie aus Pfälzer, italienischer, französischer und thailändischer Küche kombiniert. Das Haus bietet rustikale, aber stilvoll eingerichtete Zimmer und auch Betten in einem alten Zirkuswagen. www.wolsel.de, Reservierung unter Tel. +49 6323 5545.

Wappenschmiede im Wolseltal

Das genaue Baujahr der Schmiede ist nicht bekannt, doch sie wurde schon 1622 erwähnt. Damals wurden hier die Wappen der Ritter von Dalberg geschmiedet und später die Ackergeräte der Winzer. Im Zweiten Weltkrieg

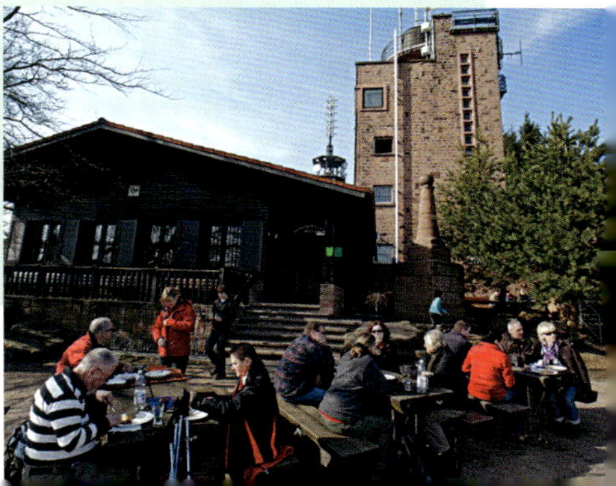

Einkehr im Kalmit-Haus.

wurde die alte Schmiede zerbombt und danach wiederaufgebaut. Ihr Wein- und Biergarten zählt zu den schönsten an der Weinstraße. Das Ausflugslokal liegt am Pfälzer Weinsteig und ist für seine Burger mit sechs verschiedenen Fleischsorten und seine Rindersteaks bekannt. Geöffnet Mo., Di., Fr. ab 17 Uhr, Sa., So. ab 14 Uhr, Talstraße 59, St. Martin. www.wappenschmiede.net, Tel. +49 6323 8037061.

Burgschänke an der Kropsburg

Die heutige Gaststätte mit ihrer schönen Gartenterrasse wurde 1995 in der Vorburg der im 13. Jh. erbauten Kropsburg errichtet. Sandra und Ertan Hocanin verwöhnen ihre Gäste mit Pfälzer Spezialitäten, Schnitzel, Steaks und Wildgerichten. Von Oktober bis März gibt es jeden Mi. 11–15 Uhr ein Schlachtbuffet. Geöffnet Mi.–Mo. 11–18 Uhr, Di. Ruhetag, Tel. +49 6323 5924.

672 m ist die **Kalmit** ❹ der zweithöchste Berg der Pfalz und höchster Berg des Pfälzerwalds, von dem wir eine gute Aussicht ins Rheintal haben. Bänke und Tische laden hier zu einer Rast ein.

Wir gehen rechts am Turm vorbei, vor dem Sendemast links bergab, und lassen uns vom *Pfälzer Weinsteig* und dem *weiß-grünen Strich* zum Felsenmeer leiten. Unterhalb des Kalmit-Gipfels queren wir den Parkplatz und wandern links davon auf dem sonnigen Weg am Waldhang weiter. Am Anfang des **Felsenmeers** ❺ verlassen wir den *Pfälzer Weinsteig* und orientieren uns nur noch am *weiß-grünen Strich*, auf dem wir geradeaus über den Felsgrat und zwischen den großen, mit Moos bewachsenen Sandsteinblöcken hindurch wandern. An der 587 m hoch gelegenen **Hüttenberg-Hütte** ❻ endet das Felsenmeer; wir haben hier eine schöne Aussicht auf St. Martin und Maikammer und treffen hier auch wieder auf die Markierung des *Pfälzer Weinsteigs*. Jetzt verlassen wir den *weiß-grünen Strich* und wandern auf dem *Pfälzer Weinsteig* und dem *weißen Punkt* links an der Schutzhütte vorbei.

Der Hohe-Loog-Blick auf dem Taubenkopf.

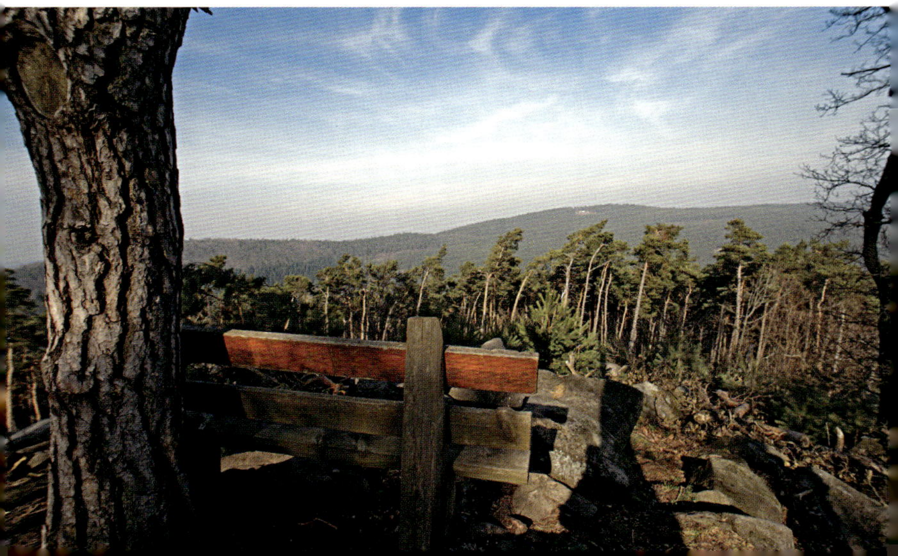

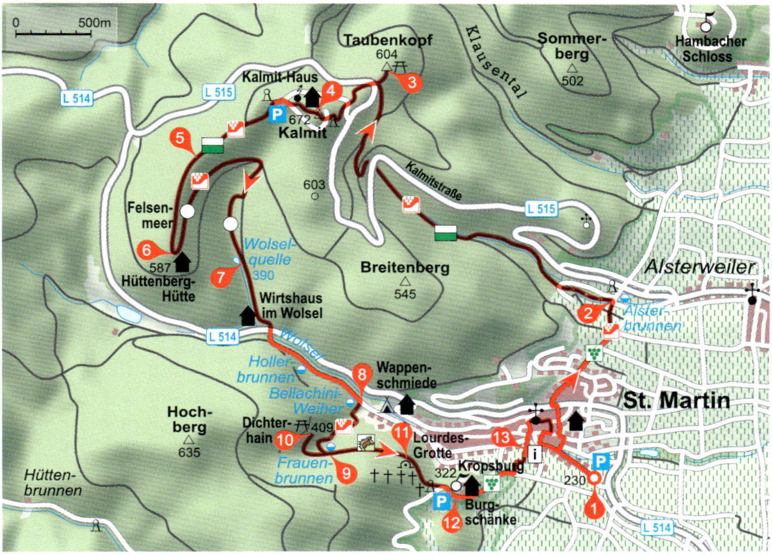

Nach 100 m halten wir uns an der Weggabelung geradeaus und folgen dem leicht bergab verlaufenden, schmalen Hangweg. Wo dieser beim Rettungspunkt 6614-972 auf eine breite Forststraße trifft, verlassen wir den *Pfälzer Weinsteig* und gehen auf der Forststraße rechts *(weißer Punkt)* zur ausgeschilderten Wolselquelle. Nach 100 m biegen wir dabei auf den schmalen Wanderweg ab, der links neben der Forststraße verläuft. Der Weg kreuzt dann die Forststraße und führt links ins Tal. An der **Wolselquelle 7** können wir rasten. Nun wandern wir durch das vom Pfälzerwald umrahmte Wolseltal flussabwärts. Der *weiße Punkt* leitet uns dazu links am Bach entlang, den wir mehrmals auf Holzstegen überqueren. Dieser »Brückenpfad« ist bei Nässe morastig und etwas rutschig, da aus dem Waldhang kleine Quellen sprudeln; wer nicht gut zu Fuß ist, kann oberhalb davon auf der parallel verlaufenden Forststraße wandern. Nach dem letzten Steg gelangen wir geradeaus zum Wirtshaus im Wolsel, einem besonderen Gästehaus und Restaurant, das nur freitags und samstags ab 18.30 Uhr geöffnet hat, sodass Wanderer hier tagsüber nicht einkehren können. Danach überqueren wir beim Parkplatz die Straße L 514, die *Totenkopfstraße*, und treffen danach auf das Logo des *Hochberg-Rundwegs*. Auf diesem wandern wir links zurück nach St. Martin. Der Weg führt geradeaus am Kropsbach entlang zum **Bellachini-Weiher 8** mit seiner Wasserfontäne. Davor biegen wir nach rechts ab und folgen dem *Hochberg-Rundweg* und dem *Pfälzer Weinsteig* hinauf zum **Frauenbrunnen 9**, der die Wasserfontäne speist. An der Abzweigung hinter dem Brunnen machen wir rechts auf der Forststraße einen Abstecher zum **Dichterhain 10**. Wir gehen danach auf demselben Weg zurück und wandern geradeaus auf dem *Hochberg-*

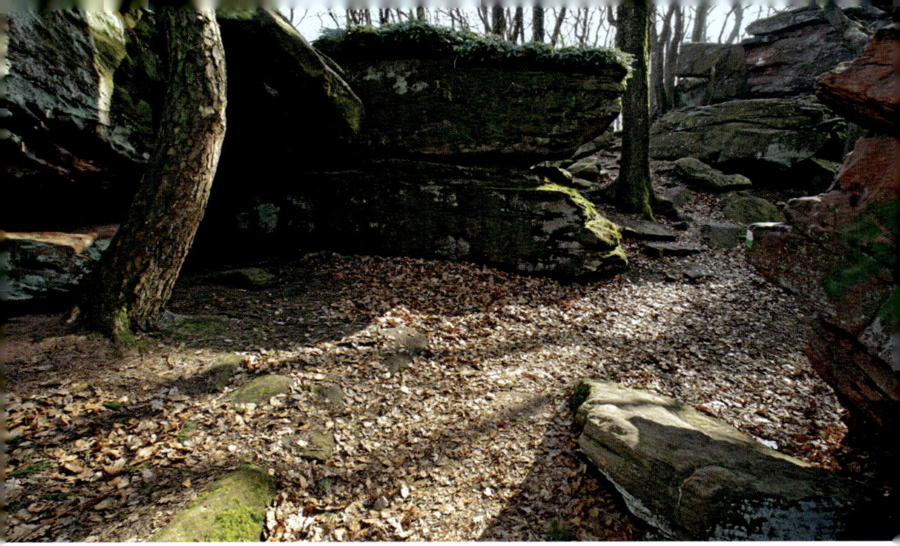

Das Felsenmeer auf der Kalmit.

Rundweg (auch *Martinusweg* und *Pfälzer Keschdeweg*) zur **Lourdes-Grotte ⑪**. Sie wurde 1912 nach dem Vorbild der weltbekannten Lourdes-Grotte in den Pyrenäen gestaltet und gilt als schönste Lourdes-Grotte Deutschlands. Danach erreichen wir am Waldrand das Ehrenmal, das an die im Krieg gefallenen Mitglieder des Pfälzerwaldvereins und den St. Martiner Maler Richard Platz erinnert. Wir gehen hier links am 1862 erbauten König-Ludwig-Brunnen vorbei zur **Kropsburg ⑫**, wo wir in der Burgschänke einkehren können.

Danach wandern wir vom König-Ludwig-Brunnen auf dem *Hochberg-Rundweg* und dem *Wanderweg Deutsche Weinstraße* durch die Weinberge hinunter nach St. Martin. Am Ortsanfang sind im Garten der Bildhauerei KloppTokk Sandsteinskulpturen aufgestellt, die das Bildhauer-Duo Daniela und Elton Eerkens »Die Badegäste« nennt. Die *Kellereistraße* führt uns weiter zur **Tourist-Info ⑬** in der ehemaligen Dalberg'schen Kellerei. Daneben liegt ein Barockgarten, in dem alte Grenzsteine, Rastbänke und die Dalberg'sche Madonna von 1716 aufgestellt sind. Auf der *Tanzstraße* und dann links auf der *Kirchstraße* gelangen wir weiter zur Kirche St. Martin, deren Besichtigung sich lohnt. Wir gehen rechts um die große Kirche und am Bibelgarten vorbei. Ihn legte der Winzer und Botaniker Peter Straub 1999 an und pflanzte Gewächse, die in der Bibel erwähnt werden, als Wildpflanzen im Heiligen Land gedeihen oder eine christliche Symbolik haben, wie Granatapfel, Ölbaum, Johannisbrotbaum oder Mariendistel. Danach überqueren wir den Parkplatz am Pfarrgarten und gehen auf dem Fußweg geradeaus zur *Maikammerer Straße* und auf dieser rechts. Hier stehen die prachtvollsten Herren- und Winzerhäuser wie der Hundt von Saulheimsche Herrenhof aus dem Jahr 1587. Dieser wird auch Altes Schlösschen genannt. Nach dem prachtvollen Haus führt uns die *Tanzstraße* links zur *Edenkobener Straße*, auf der wir links zurück zum **Parkplatz ①** gelangen.

Von Elmstein in den Museumswald

Waldwege zu alten Bäumen

3.20 Std. | 11,3 km | ↗260 m | ↘260 m

Das Kuckucksbähnel im Speyerbachtal

Im Jahr 1909 wurde die knapp 13 km lange Bahnlinie von Lambrecht nach Elmstein eröffnet. Damals brauchte der Zug für diese Strecke eine gute Dreiviertelstunde. 1960 wurde der Personenverkehr und 1977 der Güterverkehr eingestellt. Seit 1984 fährt ein Museumszug, das »Kuckucksbähnel« auf dieser Strecke, das aus den Fahrzeugen des Eisenbahnmuseums der Deutschen Gesellschaft für Eisenbahngeschichte e.V. in Neustadt zusammengestellt wird. Die Fahrt beginnt am Bahnhof in Neustadt an der Weinstraße auf Gleis 5, ganz in der Nähe des Eisenbahnmuseums, das im alten Lokschuppen der Pfälzischen Ludwigsbahn eingerichtet wurde. Bis Lambrecht fährt das Kuckucksbähnel auf den Gleisen der Eisenbahnlinie nach Kaiserslautern. Hinter Lambrecht beginnt die Museumsstrecke. Vorbei an den Burgen Erfenstein und Spangenberg dampft der Zug am Speyerbach entlang und muss an der Steigungsstrecke (1:69) bei Helmbach tüchtig schnauben. In Appenthal fährt der Zug am gotischen, dreigeschossigen Turm der 1488 erbauten Wallfahrtskirche »Unserer Lieben Frau« vorbei und endet kurz darauf im Kopfbahnhof Elmstein. Das Kuckucksbähnel ist von Mai bis Oktober in Betrieb, und im Dezember finden die beliebten Nikolausfahrten statt. Der aktuelle Fahrplan ist auf der In-

Das Kuckucksbähnel im Elmsteiner Tal.

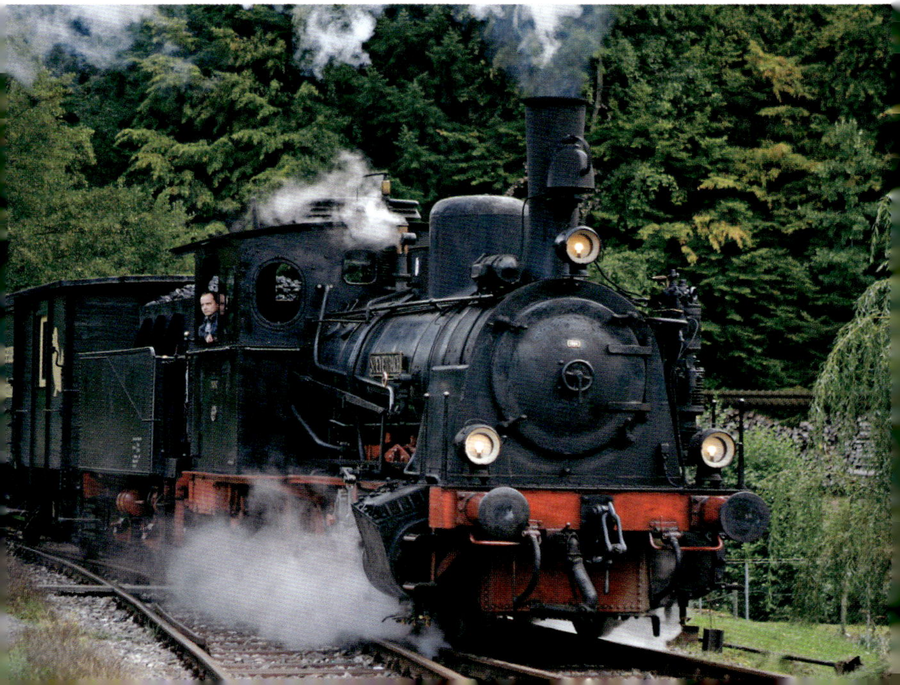

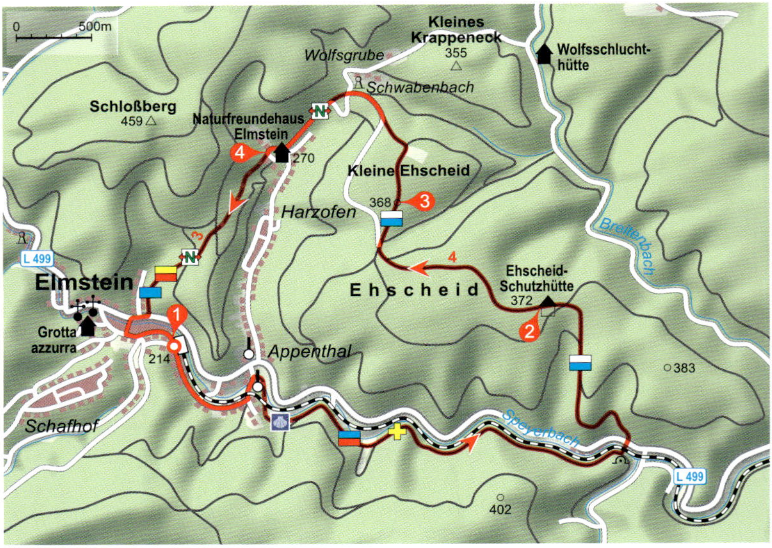

ternetseite www.eisenbahnmuseum-neustadt.de abrufbar. Fahrkarten bekommt man ab einer Stunde vor Abfahrt am Verkaufsstand im Bahnhof Neustadt am Gleis 5 bzw. im Zug, wenn man an einem anderen Bahnhof zusteigt. Diese Wanderung für Eisenbahnfreunde verläuft im Speyerbachtal in Sichtweite der Bahnlinie, sodass wir das Kuckucksbähnel vielleicht sogar unter Volldampf erleben können.

Ausgangspunkt: Elmstein, Bahnhof des Kuckucksbähnels in der Bahnhofstraße 60. Bushaltestelle im Ort.

Anforderungen: Gering, überwiegend Waldwege. Bei Nässe wasserdichte Wanderschuhe wegen einiger Graswege.

Kinder: Für Kinder geeignet, besonders wenn sie Eisenbahnen mögen.

Tipp: Alte Samenklenge – Haus der Forst- und Waldgeschichte, Hauptstraße 52 in Elmstein, geöffnet Mitte April bis Mitte Oktober an den Fahrtagen des Kuckucksbähnels, https://samenklenge.de, Tel. +49 6328 902919. Das Museum zeigt, wie aufwendig es ist, die Samen von Bäumen zu gewinnen. Es dokumentiert auch die Geschichte der Waldarbeiter und deren Werkzeuge, vom 5000 Jahre alten Feuersteinbeil über mittelalterliche Klingen und Fällwerkzeuge bis zur modernen Motorsäge. Unterhalb des Burgfelsens befindet sich die historische Wappenschmiede. Sie ist die drittletzte noch mit Wasserkraft betriebene Schmiede in Rheinland-Pfalz. Seit Mitte des 18. Jahrhunderts wurden hier die Werkzeuge der Waldarbeiter geschmiedet.

Museumswald: Auf der Kleinen Ehscheid wachsen auf ca. 5 ha Waldfläche besonders viele uralte Kiefern, Eichen und Buchen. Vor allem die Kiefern machen diesen Wald interessant und schützenswert, denn sie sind älter als 280 Jahre und bis zu 25 m hoch. Für Kiefern ist das ein respektables Methusalemalter. Damit ist dieser alte Kiefernbestand einmalig in Deutschland. Als die Pfalz nach dem Zweiten Weltkrieg eine französische Besatzungszone war, mussten alle erntereifen Kiefern gemeldet werden, und viele wurden gefällt. Der damalige Förster vergaß die Meldung seiner alten Bäume, wodurch diese erhalten blieben.

In **Elmstein** ❶ fängt unsere Wanderung am Bahnhof des Kuckucksbähnels an. Hier können wir uns auch über die historische Flößerei und Trift auf dem Speyerbach und dem westlich gelegenen Legelbach informieren, auf denen früher Brennholz getriftet wurde. Mit der Holztrift ist auch die wahre Geschichte vom Felsenkönig verbunden, die auf dem Felsenkönigweg lebendig gehalten wird. Wir wollen auf unserer Wanderung aber in den Museumswald. Die Strecke führt entlang der Bahnhofstraße in Richtung Ortsausgang und verläuft bis Helmbach am Speyerbach und an der Bahnstrecke des Kuckucksbähnels entlang durch das Elmsteiner Tal. Anfangs wandern wir ein Stück auf dem *Pfälzer Jakobsweg (Jakobsmuschel)*; vor dem Bahnübergang gehen wir rechts auf der *Konrad-Haag-Straße* weiter (*gelbes Kreuz, blau-roter Strich* und *Jakobsmuschel*). In Appenthal überqueren wir links auf der *Mühlstraße* die Bahnlinie (Brücke); links am Brunnen liegt ein Rastplatz. Rechts steht etwas oberhalb ein kleiner Glockenturm. Wir gehen hinter dem Haus Nr. 14 rechts durch die enge Gasse, kommen am Sägewerk vorbei und überqueren danach den Speyerbach auf dem Steg aus Beton. Auf einem schmalen Grasweg wandern wir zum Sportplatz, wo wir die Bahngleise erneut überqueren und rechts auf dem Pfad am Sportplatz vorbei gehen. Hier kann ein 30 m langes Wegstück mit Brennnesseln zugewuchert sein, danach folgen wir der Mountainbike-Strecke zum Wald. Am Waldrand haben wir dann einen schönen Blick auf Appenthal mit dem Turm der Wallfahrtskirche, der das Ortsbild prägt. Wir gehen hier an der Weggabelung links auf dem schmalen Waldweg weiter durch das

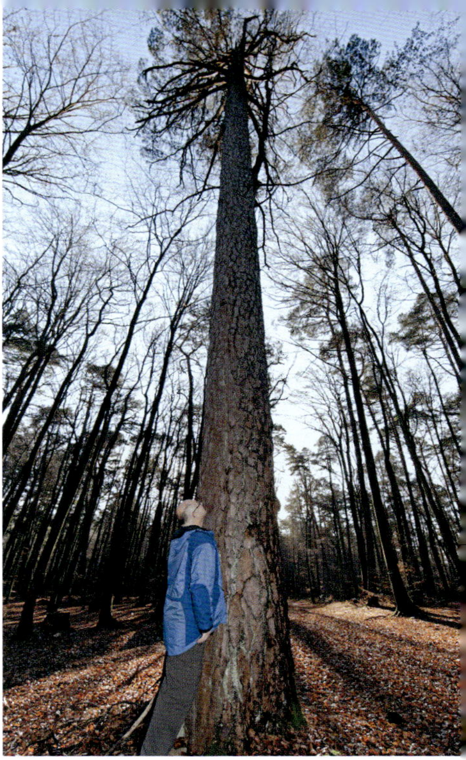

Im Museumswald.

Elmsteiner Tal. Am Bahnübergang an der Heckerbrücke gelangen wir rechts auf dem asphaltierten Sträßchen an der Kläranlage vorbei und passieren später das Schützenhaus. Auf der Höhe von Helmbach folgen wir dann links dem schmalen Waldweg ins Tal und biegen im Rechtsbogen des Wegs links ab. Auf einem geschlängelten Weg und über Steintreppen erreichen wir den Speyerbach, wo wir auf einem Holzsteg den Bach über- und die Bahnlinie unterqueren. Danach überqueren wir

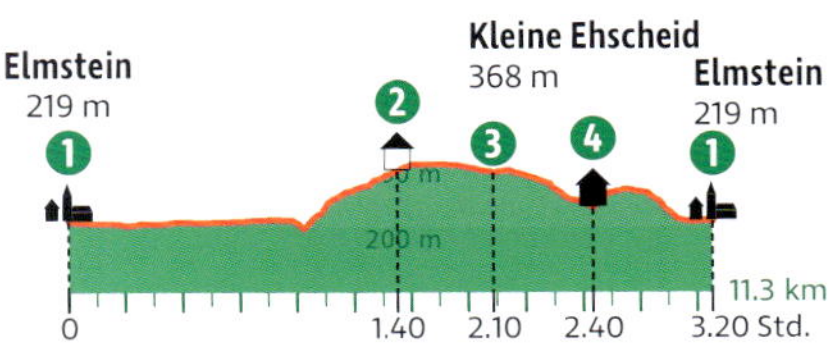

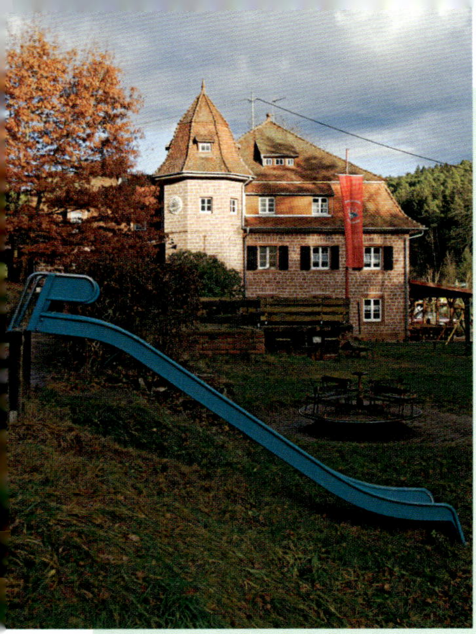

Naturfreundehaus Elmstein
Das Haupthaus wurde 1921 als Deutschlands größtes Naturfreundehaus eingeweiht. Für die vielen Gäste (100 Betten) wurden danach noch weitere Gebäude errichtet. Neben einer großen Gartenterrasse gibt es hier für Kinder einen Spielplatz (siehe Foto). Die Küche bietet Pfälzer Gerichte, Schnitzel und ein vegetarisches Essen. Geöffnet Mi.–So. 9–16 Uhr, Essen 12–16 Uhr, Esthaler Straße 65, www.naturfreundehaus-elmstein.de, Tel. +49 6328 229.

Eiscafé und Pizzeria Grotta azzurra
Pizza aus dem holzbefeuerten Steinofen, Nudelgerichte, Flammkuchen, Eis und Crêpes gibt es hier. Sonntags, wenn das Kuckucksbähnel kommt, ist die Speisekarte wegen der vielen Gäste kleiner. Geöffnet Mo., Mi., Fr. 11–20 Uhr, Sa., 12–19 Uhr, So. 12–20 Uhr, Di. 15–20 Uhr, Alte Forststraße 1, Elmstein, https://grotta-azzurra-elmstein.de, Tel. +49 6328 989367.

auch die Landstraße *L 499*. Auf der anderen Straßenseite wandern wir dem *weiß-blauen Strich* folgend auf einem schmalen, aussichtsreichen Weg oberhalb der Häuser am Waldhang entlang. Auf der nächsten breiten Forststraße gehen wir 50 m links, dann rechts weiter den Waldhang hinauf zum Hochplateau. Dort gelangen wir links auf der Forststraße zu einer großen Wegkreuzung, an der die **Ehscheid-Schutzhütte ❷** steht. Rustikale Holzbänke und ein Fußboden aus Holzscheiben laden hier zu einer Rast ein. Wir gehen rechts an der Schutzhütte vorbei und geradeaus auf dem *Rundwanderweg 4* und dem *weiß-blauen Strich* in den Museumswald auf der **Kleinen Ehscheid ❸**. Auf dem *weiß-blauen Strich* wandern wir geradeaus durch den Museumswald und gehen nach 450 m links auf der Forststraße weiter. An der nächsten asphaltierten Straße kommen wir am Rastplatz an der Wolfsgrube vorbei; wer möchte, kann von hier einen Abstecher nach rechts zur 2 km entfernten, bewirtschafteten Wolfsschluchthütte im Breitenbachtal machen (Mi., Sa. ab 11 Uhr, So. und Feiertage ab 10 Uhr geöffnet). Wir überqueren die Straße und gehen gleich links bergab zum ausgeschilderten **Naturfreundehaus Elmstein ❹**. Hier lohnt sich eine Einkehr. Auf dem Naturfreundeweg wandern wir danach zurück nach Elmstein. Unterwegs treffen wir nach 700 m auf den *gelb-roten* und den *blauen Strich*. Am Friedhof erreichen wir wieder Elmstein. Auf der Hauptstraße gehen wir 100 m rechts, dann links auf der *Neuen Forststraße* über den Bach. Danach gelangen wir links auf der Bahnhofstraße zurück zum **Kuckucksbähnel-Bahnhof ❶**.

Von Erfenstein auf den Totenkopf

Schattige Waldwege und bewirtschaftete Hütten

17

3.30 Std. | 11,5 km | ↗380 m | ↘380 m

Die Sage von der ledernen Brücke

Auf beiden Seiten des engen Speyerbachtals stehen zwei Burgen, Spangenberg und Erfenstein. Die Burgherren sollen sich einst so gut verstanden haben, dass sie eine lederne Brücke zwischen den Burgen spannten, um sich bei ihren täglichen Besuchen den langen Weg durchs Tal zu ersparen. Mit der Zeit trübte sich aber ihre Freundschaft und sie gerieten in einen heftigen Streit. Als der Erfensteiner über die Brücke zurück auf seine Burg eilte, kappte der Spangenberger die Seile und sein »Freund« stürzte zu Tode. Die Sage hat vermutlich einen wahren Hintergrund, gehörten die beiden Burgen doch zwei ganz verschiedenen Herren: Erfenstein wurde um 1250 von den Leininger Grafen erbaut, während Spangenberg eine Lehensburg der Speyrer Fürstbischöfe war. Erstmals erwähnt wurde die Burg 1317. Die Burgherren standen wohl in Fehde zueinander, denn sie zerstörten 1470 gegenseitig ihre Burgen. Im Gewölbekeller der Oberburg Spangenberg ist auf einem bleiverglasten Fenster die Sage von der ledernen Brücke dargestellt.

Ausgangspunkt: Erfenstein, Parkplatz Spangenberg hinter der Bahnlinie. Bushaltestelle in Erfenstein.
Anforderungen: Mittel, Waldwege mit längerem Auf- und Abstieg.
Kinder: Für Kinder, die gut zu Fuß sind. Großer Kinderspielplatz vor der Hellerhütte.
Hinweis: Die Unterburg der Burg Spangenberg ist während der Öffnungszeiten der Burgschänke frei zugänglich. Die Mittel- und Oberburg sind verschlossen. Sie können nach Anmeldung in der Burgschänke in Begleitung eines Mitglieds des Vereins Burg Spangenberg e. V. besucht werden. Wenn die Fahne auf der Burg weht, ist die Burgschänke geöffnet.

Burg Spangenberg bei Erfenstein.

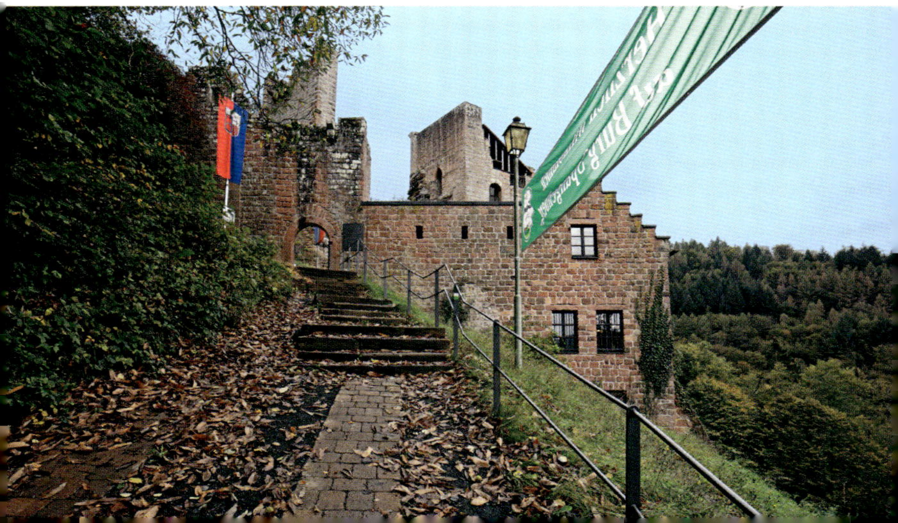

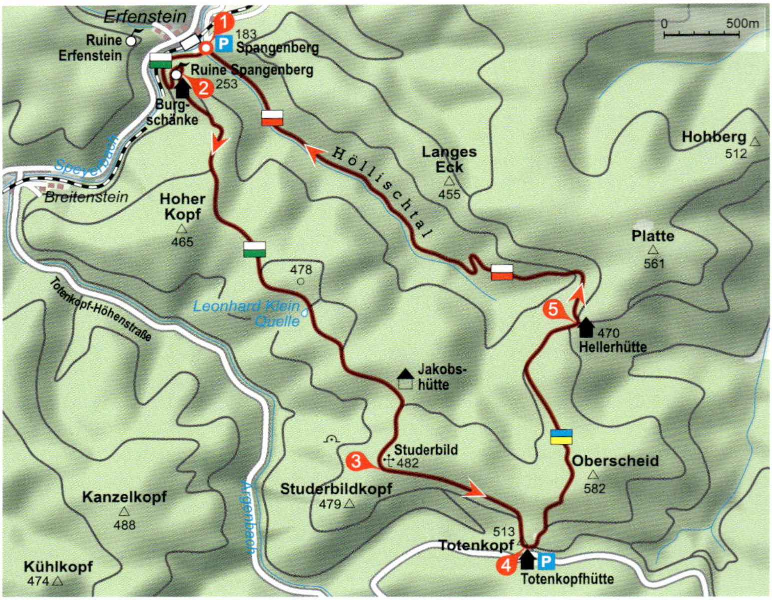

In **Erfenstein ❶** wandern wir vom Parkplatz Spangenberg rechts auf dem *weiß-grünen Strich* über die Burg Spangenberg bis zur Totenkopfhütte. Zunächst gehen wir auf dem Talweg am Speyerbach entlang, verlassen in der Linkskurve kurz die Markierung und folgen links dem ausgeschilderten alten Burgweg hinauf zur **Burg Spangenberg ❷**, wo wir am Wochenende in der Burgschänke einkehren können, wenn eine Fahne auf der Burg weht. Am Fuß der Burg liegt unter einem mächtigen, überhängenden Felsen ein Rastplatz und vom Weg haben wir einen schönen Blick über Erfenstein zur gleichnamigen Burg auf der anderen Seite des Tals. Oberhalb der Burg folgen wir weiter dem *weiß-grünen Strich* über den lang gezogenen Kropfsberg und gelangen auf dem alten Weinweg zum **Studerbild ❸**. Unterwegs kommen wir an einem Rastplatz und an der Wegkreuzung beim Rettungspunkt 6614-960 an einer Schutzhütte vorbei. Auf dem 513 m hohen Totenkopf können wir am Wochenende in der **Totenkopfhütte ❹** einkehren und uns von dem langen Anstieg erholen. Von der Hütte gehen wir dann links am Park-

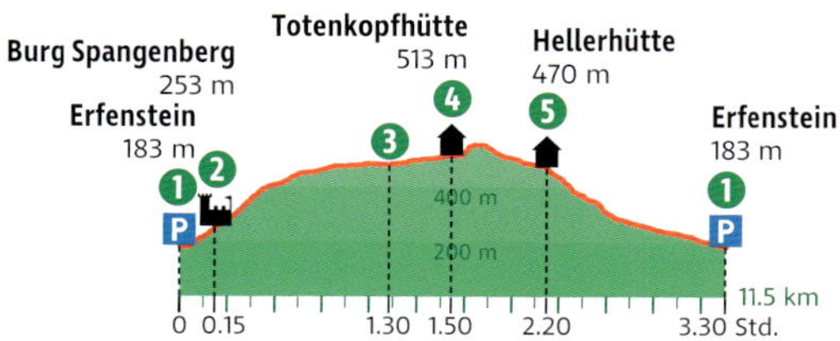

platz vorbei, halten uns nach 100 m an der ersten Abzweigung links und folgen dem *blau-gelben Strich* zur **Hellerhütte ⑤**. Kurz davor kommen wir an einem Aussichtspunkt vorbei, hinter dem wir nach 50 m rechts zu der 1910 erbauten Hütte gelangen. In der Silvesternacht 1960/61 geschah hier ein Mord, bei dem der Hüttenwart Karl Wertz von einem Mitglied der berüchtigten Kimmel-Bande erschossen wurde. Bernhard Kimmel, der »Al Capone von der Pfalz« genannt wurde, war der Kopf der Kimmel-Bande, die von 1957 bis 1961 zwischen Lambrecht und der Totenkopfstraße Banken überfiel und andere Straftaten beging. Diese wilden Zeiten sind glücklicherweise vorbei, sodass Wanderer heute in Ruhe hier einkehren können. Vor der Hütte liegt ein großer Kinderspielplatz.

Links unterhalb der Hütte wandern wir auf der bergab verlaufenden Forststraße und dem *weiß-roten Strich* durch das Höllischtal zurück nach **Erfenstein ①**. In der scharfen Linkskurve der Straße gehen wir dabei geradeaus auf dem Weg am Hang entlang.

Burgschänke Spangenberg
Die Burgschänke wird von ehrenamtlichen Mitgliedern des Vereins Burg Spangenberg e. V. bewirtschaftet. Geöffnet Mitte März bis November Sa., So., Feiertage 10–18 Uhr. Nach Voranmeldung können Gruppen im Gewölbekeller des Burgturms bewirtet werden. www.burg-spangenberg.de.

Totenkopfhütte
Die Hütte des Pfälzerwaldvereins Ortsgruppe Maikammer-Alsterweiler bietet kleine Gerichte wie Leberknödel, Wurstsalat, Flammkuchen, Kaffee und Kuchen. Geöffnet Sa., So., Feiertage 11–18 Uhr, Mitte November bis Februar 11–17 Uhr, von Mitte Dezember bis Mitte Januar geschlossen. In den Sommer- und Herbstferien von Rheinland-Pfalz ist die Hütte auch Di.–Do. 11–18 Uhr geöffnet. www.pwv-maikammer.de, Tel. +49 6323 2764.

Hellerhütte (Neustadter Hütte)
Die Pfälzerwaldvereinshütte der Ortsgruppe Neustadt bietet die typischen Pfälzer Gerichte mit Bratwurst, Leberknödel und Saumagen und wechselnde Tagesgerichte. Draußen gibt es für Kinder einen großen Spielplatz. Geöffnet Mi.–So. bis 17 Uhr und an allen Feiertagen. www.hellerhuette.de, Tel. +49 6321 14818.

Hellerhütte, auch Neustadter Hütte genannt.

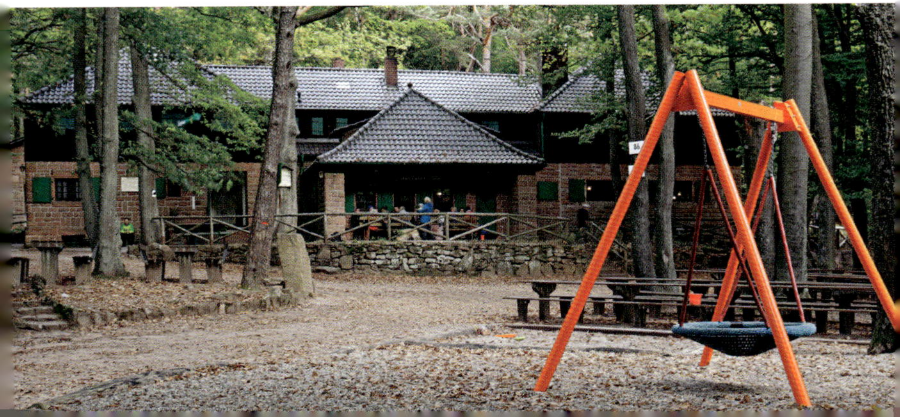

18 Von Weyher nach Burrweiler

Wanderung durch Weinberge und Wälder

3.30 Std. | 10,6 km | ↗ 380 m | ↘ 380 m

Skulpturenweg am Pussierpäddel und ein Brunnen für die Kattelbas

Wo der Orkan Xynthia am 28. Februar 2010 an einem Waldhang bei Weyher fast den gesamten Baumbestand entwurzelte, schnitzte Hubert Seiler aus den Baumstümpfen Skulpturen von Tieren und Zwergen, die heute nicht nur Wanderer, sondern vor allem auch Kinder erfreuen. Der Skulpturenweg am »Pussierpäddel« liegt direkt am Pfälzer Weinsteig. In Weyher erinnert ein Brunnen an die »Kattelbas«, wie Katharina Lutz (1878–1931) von den Dorfbewohnern genannt wurde, half sie doch als Hebamme mehr als 1000 Kindern auf die Welt. Und auch Burrweiler hat einen berühmten Bürger: Johann Andreas von Tretter gelang am 17. Oktober 1784 nur ein Jahr nach den Brüdern Montgolfier der erste Ballonflug in der Pfalz.

Ausgangspunkt: Weyher, Parkplatz in der Ortsmitte an der Abzweigung der Borngasse von der Josef-Mayer-Straße (am alten Rathaus). Bushaltestelle.

Anforderungen: Mittel, Wald- und Weinbergwege mit Auf- und Abstiegen.
Kinder: Für Kinder gut geeignet.

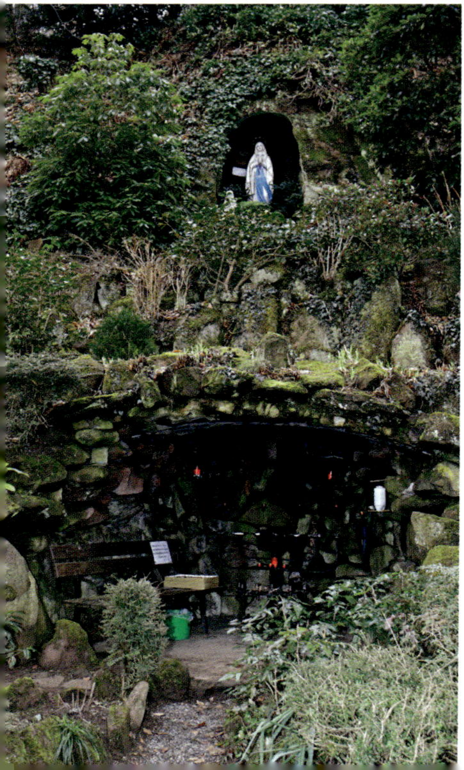

In **Weyher ❶** beginnt unsere Wanderung am alten Rathaus. Vom Parkplatz im ehemaligen Schulhof wandern wir auf der *Josef-Mayer-Straße* und dem *Wanderweg Deutsche Weinstraße (Weintraube)* 30 m links und biegen dann schwach links auf die Straße *Oberdorf* ab. Bergauf verlassen wir das Weindorf und nach dem Anstieg an der Abzweigung der Straße *Spring* auch die *Weintraube* und gehen auf dem *Pfälzer Mandelpfad* geradeaus. Am Waldrand gelangen wir geradeaus auf der Forststraße zur ausgeschilderten Rietaniahütte. Vor der Hütte gehen wir in der Kurve der Forststraße auf dem *Pfälzer Weinsteig (rot-weiße Welle)* links in Richtung des ausgeschilderten Schweizer Hauses. In einer Rechtskurve verlassen wir die Forststraße und wandern links auf dem Skulpturenweg am Pussier-

Mariengrotte bei Weyher.

päddel entlang *(Weinsteig)*. Der Wald, der durch den Orkan Xynthia schwer geschädigt wurde, ist durch die bunt bemalten Skulpturen zu einem besonderen Ausflugsziel für Familien mit Kindern geworden. Vom Waldrand haben wir auch eine schöne Aussicht auf Weyher. Am Ende des Skulpturenwegs verlassen wir an der Abzweigung den *Weinsteig* und folgen der Forststraße rechts bergauf in Richtung Schweizer Haus. Gleich nach der scharfen Rechtskurve verlassen wir die Forststraße und gehen links auf dem schmalen, nicht markierten Waldpfad den Hang hinauf. Unterwegs treffen wir an einer Wegkreuzung auf den *roten Strich*. Dieser Markierung folgen wir geradeaus weiter bergauf und machen einen Abstecher zum nahe gelegenen **Schweizer Haus ❷**. Nach dem Abstecher gehen wir zurück zu der Wegkreuzung und folgen dem *roten Strich* nach rechts, der uns im Zickzack ins Tal führt. Dort treffen wir auch wieder auf den *Pfälzer Weinsteig* und folgen der *rot-weißen Welle* und dem *roten Strich* auf dem schmalen Pfad nach rechts. Wer möchte, kann von hier einen Abstecher zur ausgeschilderten Mariengrotte (100 m) machen. Im Modenbachtal kreuzen wir die Landstraße *L 506* und erreichen danach die Buschmühle.

Von der Buschmühle wandern wir links auf dem *Pfälzer Weinsteig* und dem *roten Strich* weiter. Am Ende des Parkplatzes gehen wir rechts auf dem schmalen Pfad parallel zur eingezäunten Baumschule zur Straße *K 58* und links 100 m an dieser entlang. Wir überqueren dann die Straße und folgen den Markierungen zur sonntags bewirtschafteten **St.-Anna-Hütte ❸**. Auf einem aussichtsreichen Felsen ganz in der

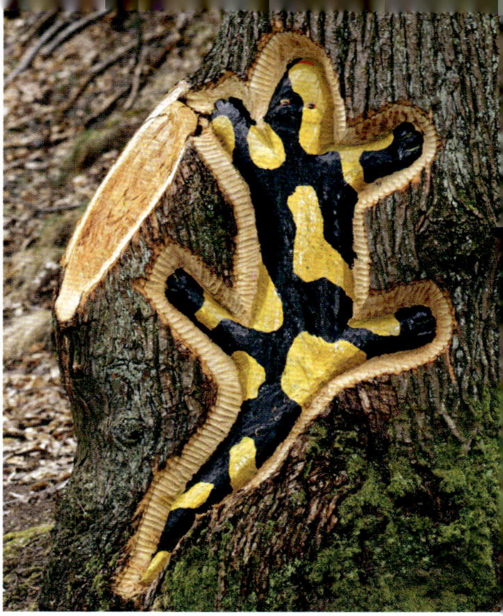

Feuersalamander am Skulpturenwanderweg.

Nähe steht die St.-Anna-Kapelle. Von der Kapelle wandern wir auf dem *blauen Strich* weiter (Schild Gleisweiler). Unterwegs treffen wir beim Weingut St. Annaberg auf die *Weintraube* des *Wanderwegs Deutsche Weinstraße*. Seinem Logo folgen wir nach Burrweiler und durch den Ort. Am nördlichen Ortsende leitet uns die *Weintraube* links durch die son-

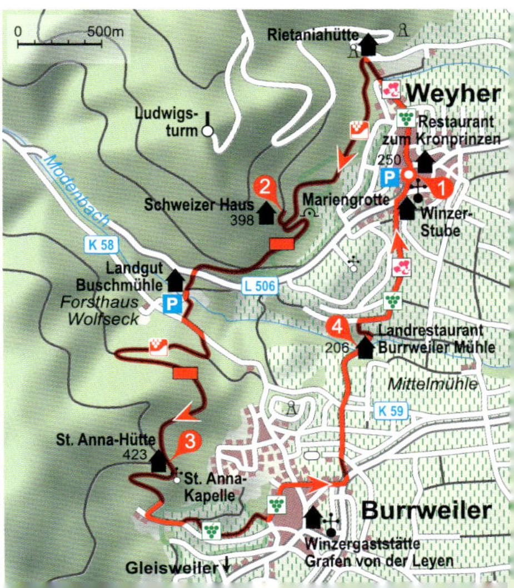

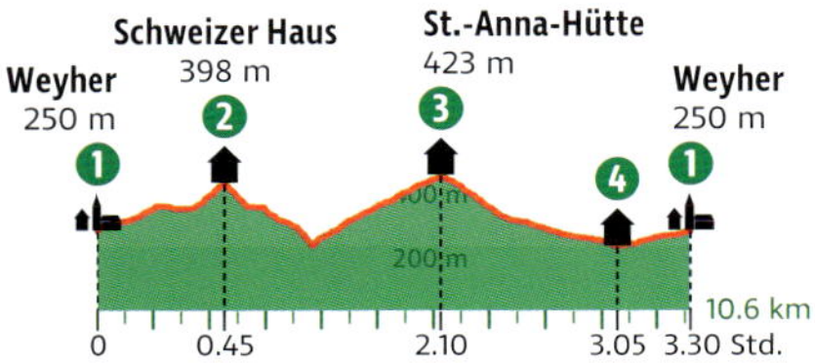

nigen Weinberge zurück nach Weyher. Unterwegs queren wir die Straße *K 59* und erreichen im Modenbachtal das **Landrestaurant Burrweiler Mühle ❹**, in dem es sich lohnt einzukehren. Nach der Mühle überqueren wir den Modenbach und wandern links und gleich darauf rechts auf der *Weintraube* weiter. Oberhalb des Modenbachtals sind wir auch wieder auf dem *Pfälzer Mandelpfad* unterwegs. Am Ortsanfang von Weyher gelangen wir rechts auf der *Josef-Meyer-Straße* zum Rathaus und zurück zum **Parkplatz ❶**. Auf der Rückseite des Rathauses erinnert der Kattelbas-Brunnen an die Hebamme Katharina Lutz.

Hotel-Restaurant Zum Kronprinzen
Die leckere Küche von Franz und Rita Seiler bietet verfeinerte Pfälzer Gerichte wie selbstgemachte Wildschweinbratwurst, Rinderzunge mit Sherryrahm, Rehmaultaschen und wechselnde kulinarische Menüs, zum Beispiel mit gefülltem Hauskaninchen mit Bärlauchspätzle als Hauptgang. Geöffnet Fr.–So. ab 17.30 Uhr, Josef-Meyer-Straße 11, Weyher, https://kronprinz-weyher.de, Tel. +49 6323 7063.

Waldgaststätte Rietaniahütte
Die Hütte des Musik- und Wanderclubs Rietania Rhodt ist ein beliebtes Ziel für Ausflügler und Wanderer. Auf der Speisekarte stehen typische Pfälzer Gerichte wie Saumagen, Bratwurst und Leberknödel, aber auch Flammkuchen und wechselnde Tagesessen. Geöffnet Mi. bis So. 11–17 Uhr, www.rietania-rhodt.de, Tel. +49 6323 6852.

Schweizer Haus
Das um 1880 im Stil eines Schweizer Chalets mit umlaufendem Balkon und Fachwerk erbaute, rustikale Haus wurde 1933 vom Pfälzerwaldverein Weyher übernommen und vor dem Verfall gerettet. Es wurde 2022 an das Weingut Graf von Weyher verpachtet und bietet traditionelle Hüttengerichte. Geöffnet Sa. und So. 11–18 Uhr und Mi. 11–16 Uhr, www.pwv-weyher.de/schweizer-haus.

Sankt-Anna-Hütte
Der Pfälzerwaldverein Burrweiler bewirtet in seiner rustikalen Waldhütte sonntags die Wanderer mit kleinen Pfälzer Gerichten, Linsensuppe und Kuchen. Geöffnet So. 11–18 Uhr, St.-Anna-Straße, Burrweiler, www.pwv-burrweiler.de, Tel. +49 6345 942401.

Landgut Buschmühle
Erlesene mehrgängige Menüs im stilvollen Ambiente eines 1838 erbauten Herrenhauses zu günstigen Preisen genießen, das findet man in anderen Top-Restaurants eher nicht. Deshalb ist die Buschmühle der Familie Hünerfauth-Kern eine Empfehlung zum Einkehren. Sie ist nicht nur ein vorzügliches Restaurant, sondern auch ein Aus- und Weiterbildungszentrum, in dem Köche ihr Handwerk lernen und die Auszubildenden, wie man die Tische deckt, die Gäste bedient und eine stilvolle Dinner-Atmosphäre schafft. Lassen Sie sich verwöhnen und fühlen Sie sich wie in einem Sterne-Restaurant! Am Wochenende gibt es ein kulinarisches Menü (Tisch reservieren!) mit vielen Wahlmöglichkeiten beim Hauptgang von Fisch über Ente, Black-Angus-

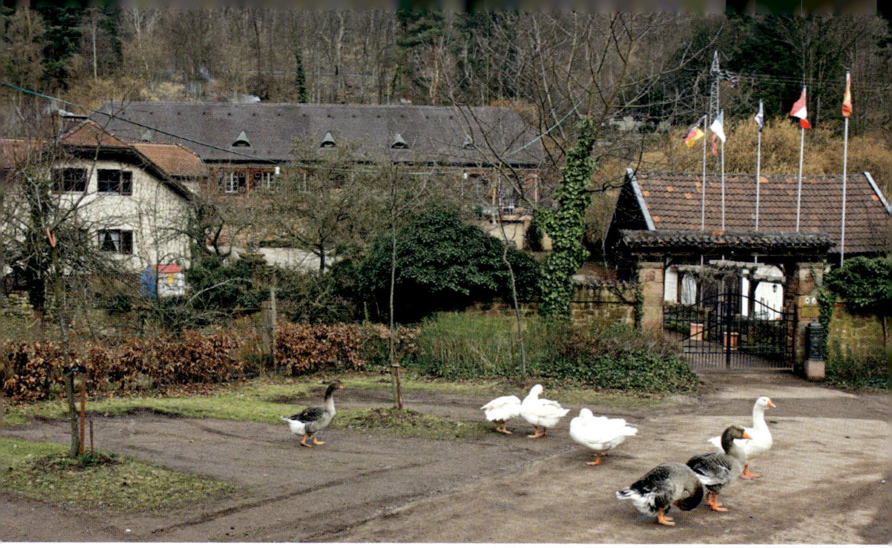

Landgut Buschmühle.

Rind und Wildschweinrücken bis zur Haxe vom Milchlamm. Geöffnet Do.–Sa. ab 18 Uhr, So. 11.30–15 Uhr, www.buschmuehle.de, Tel. +49 6323 4598.

Landrestaurant Burrweiler Mühle

Die 1686 erbaute Mühle wurde 1699 von Johannes Wiss erworben und befindet sich seither im Besitz der Familie. Heute kümmern sich Christian und Michaela Wiss um das Wohl ihrer Gäste. Im Kaminzimmer, der Scheune, dem Heuspeicher oder bei gutem Wetter im idyllischen Mühlengarten lässt man sich gerne mit einem Toscana-Hähnchen oder einer Dornfelder Lammhaxe verwöhnen. Die Speisekarte bietet aber auch Wildgerichte, Fisch und Pfälzer Leibspeisen. Donnerstags gibt es Cordon bleu. Geöffnet Mi.–Sa. ab 15 Uhr, So. ab 12 Uhr, Burrweiler Mühle 202, Burrweiler, www.burrweilermuehle.de, Tel. +49 6323 980751.

Winzergaststätte Grafen von der Leyen

Michael Schomburg und sein Team verwöhnen ihre Gäste mit Eußerthaler Forelle, Pfälzer Rumpsteak mit Bratkartoffeln, sauren Nierchen, Rindertafelspitz und natürlich Pfälzer Leberknödel und Saumagen. Auf der feinen Speisekarte der historischen Winzergaststätte im Schloss der Grafen von der Leyen, die man durch einen reich verzierten Torbogen betritt, stehen aber auch leckere Desserts und gute Pfälzer Weine. Geöffnet Mo. ab 17 Uhr, Di., Mi., Sa. 11–15 Uhr und ab 17 Uhr, So. 11–16 Uhr, Weinstraße 18, Burrweiler, https://winzergaststaette-burrweiler.de, Tel. +49 6345 3620.

Winzerstube

Volker Krug bietet freitags ein Fischmenü, und wer sich nicht entscheiden kann, wählt das Überraschungsmenü mit einem Hauptgang aus Fisch oder Fleisch (Mo., Do.). Geöffnet Mo., Do., Fr. ab 17.30 Uhr, bis auf Weiteres sind Sa. und So. für geschlossene Gesellschaften und kulinarische Veranstaltungen (frühzeitige Anmeldung, siehe Homepage) wie den Sonntagsbrunch oder im Winter das Adventskulinarium reserviert. Kirchgasse 19, Weyher. www.volkerkrug.de, Tel. +49 6323 987818.

19 Von den Drei Buchen auf den Orensfelsen

Unterwegs auf dem Pfälzer Weinsteig

3.10 Std. | 11,2 km | ↗240 m | ↘240 m

Die Ruine Neuscharfeneck und die Sage vom Ritter Einaug

Die 150 m lange und 60 m breite Burg Neuscharfeneck ist die viertgrößte Burg der Pfalz. Erbaut wurde sie in der ersten Hälfte des 13. Jahrhunderts durch die Ritter von Scharfeneck-Metz. 1363 wurde die Burg ein Lehensbesitz der Kurpfalz. 1469 wurde sie unter Pfalzgraf Friedrich I. dem Siegreichen mit einer mächtigen Schildmauer, einem Wohnbau und einer Vorburg auf der Westseite erweitert und dadurch zu einer der am stärksten befestigten Burgen der Pfalz. Die Schildmauer war 58 m lang, 20 m hoch und 12 m dick; in ihrem Inneren gelangte man über Gänge zu den einzelnen Geschützstellungen. Im Dreißigjährigen Krieg wurde die mächtige Burg von den Schweden gesprengt und danach als Steinbruch genutzt. Teile der Burganlage sind erhalten geblieben, wie der Torturm mit seiner Treppenanlage, der Palas und Reste der äußeren und inneren Schildmauer mit den Fischbecken. Unterhalb der Burg liegt die Landauer Hütte.

Einer Sage nach soll der Geist des ermordeten Ritters Einaug von Scharfeneck in den alten Gemäuern und dem umliegenden Wald sein Unwesen treiben. Der böse Schlossherr zwang einst die Bauern des Dernbachtals zum Frondienst und als Raubritter überfiel er vorbeiziehende Kaufleute und Geistliche. Auch manch eine frisch vermählte Frau soll er in seinen Mauern entehrt haben, indem er junge Brautpaare dazu einlud, ihre Hochzeitsnacht in getrennten Räumen in der Burg zu verbringen. Eines Tages aber zog er mit seinem stärksten Knecht zur Ramburg, um dort einen Schatz zu rauben. Der Herr der Ramburg empfing seine Gäste freundlich und bewirtete sie, bis man zu später Stunde zu Bett ging. Der Ramberger konnte in dieser Nacht jedoch nicht schlafen und ging in die Burgkapelle, um zu beten. Währenddessen schlich der Knecht in das Schlafgemach des Rambergers, fand es aber leer vor. Er dachte, er hätte sich im Zimmer geirrt und ging ins nächste, in dem sein eigener Herr schlief. In der Dunkelheit erkannte er diesen nicht, hielt ihn für den Ramberger und erstach ihn mit seinem Schwert.

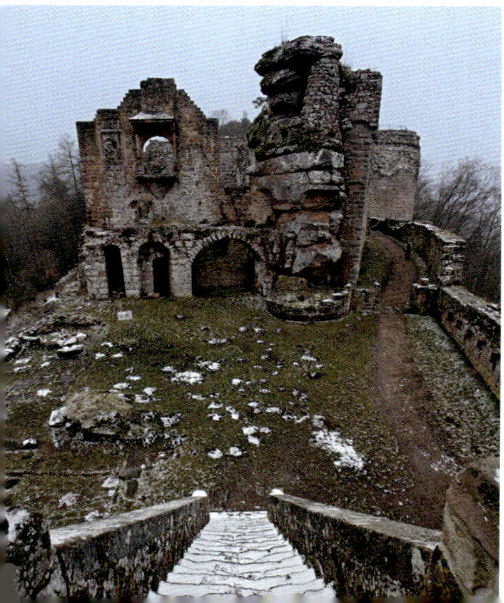

Ausgangspunkt: Waldparkplatz Drei Buchen an der Landstraße L 506 von Weyher nach Ramberg.
Anforderungen: Mittel, Waldwege mit Auf- und Abstiegen.
Kinder: Die Tour ist mit Kindern gut zu gehen.

Ruine Neuscharfeneck.

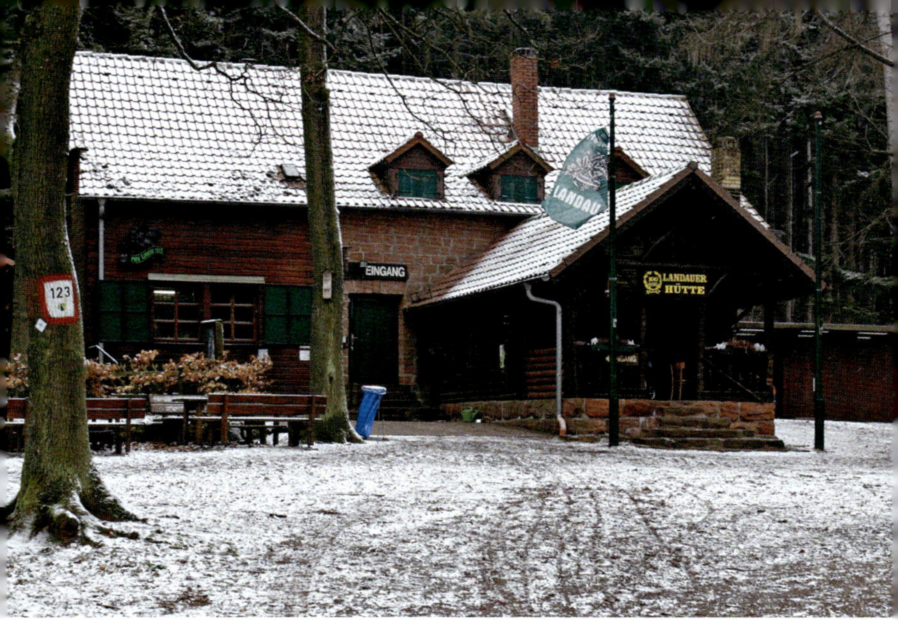

Landauer Hütte im Winter.

Vom **Waldparkplatz Drei Buchen ❶** gehen wir der Markierung des *Pfälzer Weinsteigs (rot-weiße Welle)* folgend auf der Forststraße zum nahe gelegenen Ramberger Waldhaus Drei Buchen. Dort wandern wir links auf dem *Weinsteig* am Spielplatz vorbei bis zur nächsten Forststraße, auf der wir rechts zur **Burg Neuscharfeneck ❷** gelangen (*Weinsteig* und *schwarzer Punkt auf weißem Strich*). Unterwegs haben wir in einer Linkskurve des Wegs einen schönen Blick auf die mächtige Ruine und das Dernbachtal. Bevor die Forststraße ins Tal führt, verlassen wir diese und wandern links auf dem Fußweg am Waldhang entlang zur Burg. Vor der Ruine halten wir uns links und gehen um die Burgmauer zum Eingang. Im Burgfelsen erinnert ein in Stein gehauenes Edelweiß an die Gefallenen des Ersten Weltkriegs.

Von der Burg wandern wir auf der Forststraße (*Weinsteig* und *schwarzer Punkt auf weißem Strich*) hinunter zur **Landauer Hütte ❸**. Unterhalb der Hütte überqueren wir den Zimmerplatz und orientieren uns zwischen dem Brunnen und dem Ehrenmal an der *rot-weißen Welle*. Nach 30 m gabelt sich der Weg; hier gehen wir rechts auf der *Welle* und dem *schwarzen Punkt auf weißem*

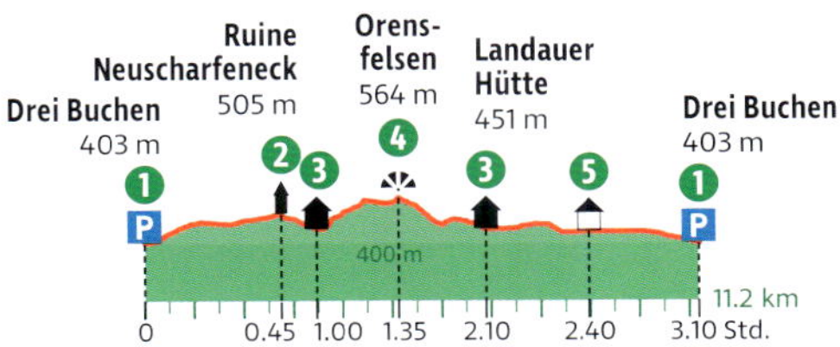

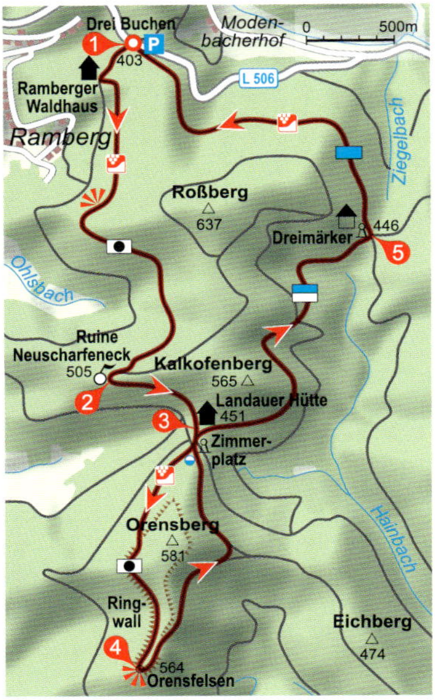

Strich zum Orensfelsen. Es folgt ein längerer Anstieg, der am Westhang des Orensbergs entlang zum Fluggelände der Südpfälzer Gleitschirmflieger führt, von dem wir eine schöne Aussicht über die bewaldeten Hügel der Südpfalz haben. Danach erreichen wir die Aussichtskanzel auf dem 564 m hohen **Orensfelsen ❹**, die uns einen herrlichen Blick übers Queichtal auf die Burgen Münz, Anebos und Trifels gewährt. Archäologische Funde belegen, dass der 581 m hohe Orensberg, der sich nördlich über dem Eingang des Queichtals erhebt, seit der Jungsteinzeit, etwa 4400 bis 3500 v. Chr., besiedelt war. Im 8. Jahrhundert n. Chr. wurde der Berg mit einer 2,5 km langen Ringmauer aus Trockensteinen umgeben, die mit Holzpfosten und einem Graben verstärkt war. Wie die Ruine Neuscharfeneck wurde auch die Ringmauer im späten Mittelalter als Steinbruch genutzt und weitgehend abgetragen.

Vom Orensfelsen gehen wir links über den Grat und lassen uns weiter von den beiden Markierungen leiten. Entlang der Ostseite des Orensbergs wandern wir nun wieder hinunter zum Zimmerplatz. Nach knapp einem Kilometer verlassen wir an einer Wegkreuzung den *schwarzen Punkt* und folgen links der Welle und dem *blau-weißen Strich* auf dem schmalen Weg. Am Zimmerplatz gehen wir rechts auf der Forststraße an der **Landauer Hütte ❸** vorbei und gelangen auf dem *blau-weißen Strich* zum **Dreimärker ❺**, wo eine Schutzhütte steht. In den großen Grenzstein sind drei Gesichter eingemeißelt. *Blauer Strich* und *rot-weiße Welle* führen uns schließlich links an der Schutzhütte vorbei zurück zum **Waldparkplatz Drei Buchen ❶**.

Ramberger Waldhaus »Drei Buchen«

Die urige Hütte mit großem Biergarten bietet Pfälzer Gastlichkeit und als Spezialität österreichische Käseknödel. Wechselnde Tagesgerichte und hausgemachte Kuchen. Geöffnet Mi.–So. und Feiertage 11–17 Uhr. www.dreibuchen-ramberg.de, Tel. +49 6345 93282.

Landauer Hütte

Großer Biergarten mit 400 Plätzen und eine gemütliche, im Winter warme Gaststube. Es gibt die typischen Pfälzer Hüttengerichte, Wurstsalat und Flammkuchen. Geöffnet Sa., So. und Feiertage 11–17 Uhr, Mai–Oktober auch Mi. 11–17 Uhr, in den Oster-, Sommer- und Herbstferien von Rheinland-Pfalz täglich außer Fr. geöffnet, 24./25. Dezember geschlossen. www.pwv-landau.de/landauerhuette, Tel. +49 6345 3797.

Von Eußerthal zur Siebeldinger Hütte

Wasgaublick vom Almersberg

20

5.15 Std. | 17,5 km | ↗ 540 m | ↘ 540 m

Waldeinsamkeit

Wanderer kommen auf dieser Tour, die abseits der viel begangenen Wanderrouten des Pfälzerwalds verläuft, in den Genuss einsamer Waldgebiete. Werktags trifft man unterwegs nur selten auf andere Wanderer. Obwohl die Wege gut markiert sind, beschreibe ich den Tourverlauf genauer, damit sich niemand in dieser abgelegenen Gegend verläuft. Vor allem im Winter und Frühjahr kann es vorkommen, dass Forststraßen und markierte Wanderwege stellenweise wegen Holzeinschlags gesperrt sind, denn der Pfälzerwald ist ein Wirtschaftswald. Diese Abschnitte müssen dann umgangen werden. Auch deshalb empfiehlt es sich, auf dieser Tour eine Wanderkarte dabeizuhaben.

Ausgangspunkt: Eußerthal, Parkplatz in der Ortsmitte in der Hauptstraße beim Dorfgemeinschaftshaus. Bushaltestelle.

Anforderungen: Mittel, lange Wanderung auf Waldwegen und Forststraßen.
Kinder: Für größere Kinder, die gut zu Fuß sind, geeignet.

In **Eußerthal** ❶ gehen wir vom Parkplatz beim Dorfgemeinschaftshaus auf der Hauptstraße rechts und verlassen den Ort kurz darauf rechts auf der *Breitbachstraße*. Ab jetzt orientieren wir uns am *gelben* und *rot-weißen Strich* und wandern am Waldrand um das Dorf zum Wanderparkplatz an der Straße *L 505*. Hier gehen wir links am Parkplatz vorbei ins Tal des Dürrentalbachs. Bei der Fischzuchtanlage halten wir uns rechts und überqueren 400 m weiter rechts den Bach. Der *Dürrentalweg*

Felsblöcke auf dem Almersberg.

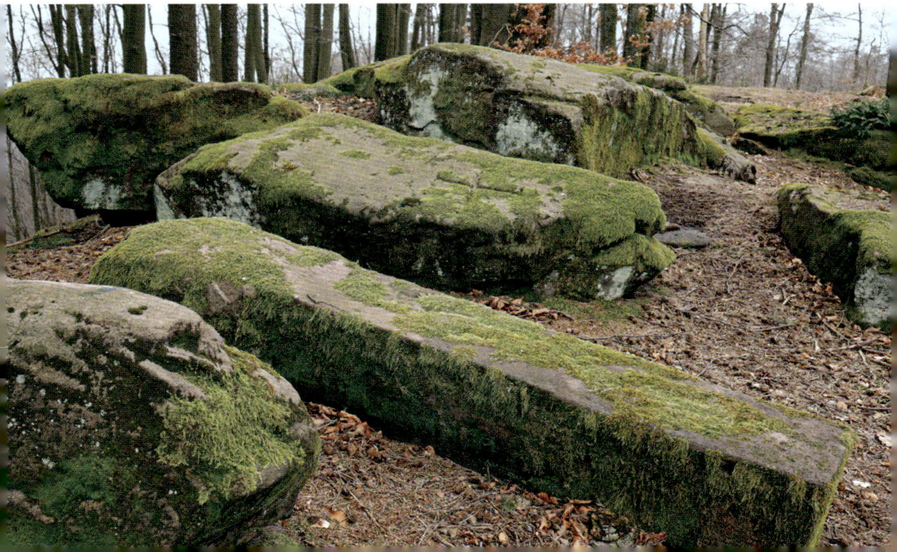

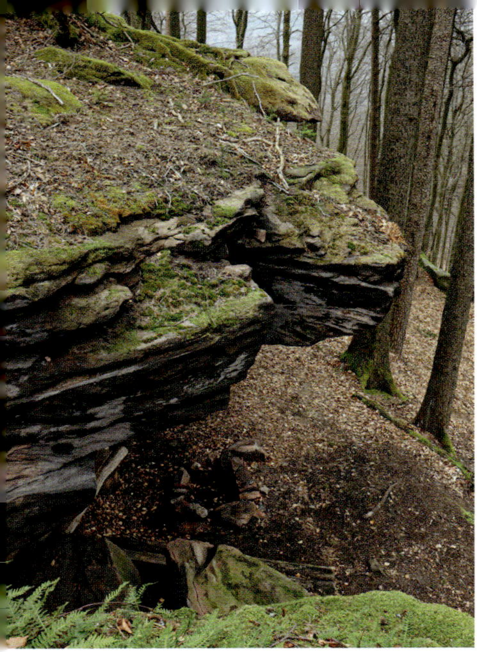

Grillstelle unter einem Felsdach auf dem Almersberg.

führt uns dann 900 m geradeaus zu einer Weggabelung (Rettungspunkt 6713-220) vor der **Dürrental-Schutzhütte ❷**. Hier zweigt der *rot-weiße Strich* ab, und wir folgen nur noch dem *gelben Strich* geradeaus. Nach 200 m halten wir uns an der nächsten Abzweigung rechts und wandern auf der rechten Seite des Bachs *(gelber Strich)* zur **Siebeldinger Hütte ❸**. Hier können wir sonntags einkehren. Da die Hütte an der Geldmünzquelle liegt, wird sie auch Geldmünzhütte genannt. Wir folgen weiterhin dem *gelben Strich*, gehen an der Hütte geradeaus und steigen kurz darauf links auf den Serpentinen den Waldhang hinauf. Auf der nächsten Forststraße gehen wir links in einem Bogen um den Bergrücken des nördlich gelegenen, 545 m hohen Armbrunnenkopfes. Nach dem Bogen halten wir uns an der Abzweigung rechts und gelangen geradeaus zur Straße L *505*. Auf dieser gehen wir kurz links, verlassen den *gelben Strich*, und wandern links auf der Forststraße (*Hirschpfad*) weiter. Sie hat keine Wanderwegmarkierung. Nachdem wir 650 m geradeaus gegangen sind, halten wir uns an der Abzweigung links, nach weiteren 170 m rechts und nach 370 m an der Wegkreuzung beim **Rettungspunkt 6713-172 ❹** links. Ab hier leitet uns der *blaue Strich* die nächsten 1,5 km geradeaus zu einer Wegspinne unterhalb des **Almersbergs ❺**, an der wir auf den *roten Punkt* treffen.

Wir machen einen Abstecher auf den 564 m hohen Almersberg. Dazu folgen wir leicht rechts dem *roten Punkt*. Kurz darauf passieren wir am Fuß des Bergs ein Wildschutzgatter und wandern hinter dem Zaun weiter. Bald trifft der Weg auf eine Forststraße, auf der wir bergauf gehen und den Almersberg im Gegenuhrzeigersinn umrunden. Unterwegs zweigt ein schmaler Weg nach rechts ab, der mit dem *roten Punkt* markiert ist. Wir bleiben jedoch auf der Forststraße und wandern auf dieser geradeaus über die mit gro-

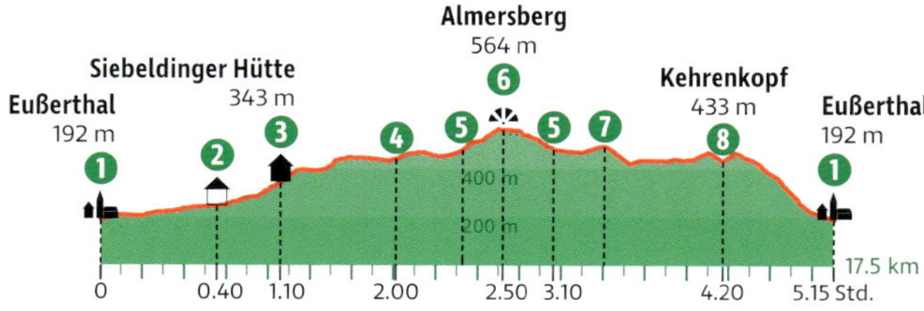

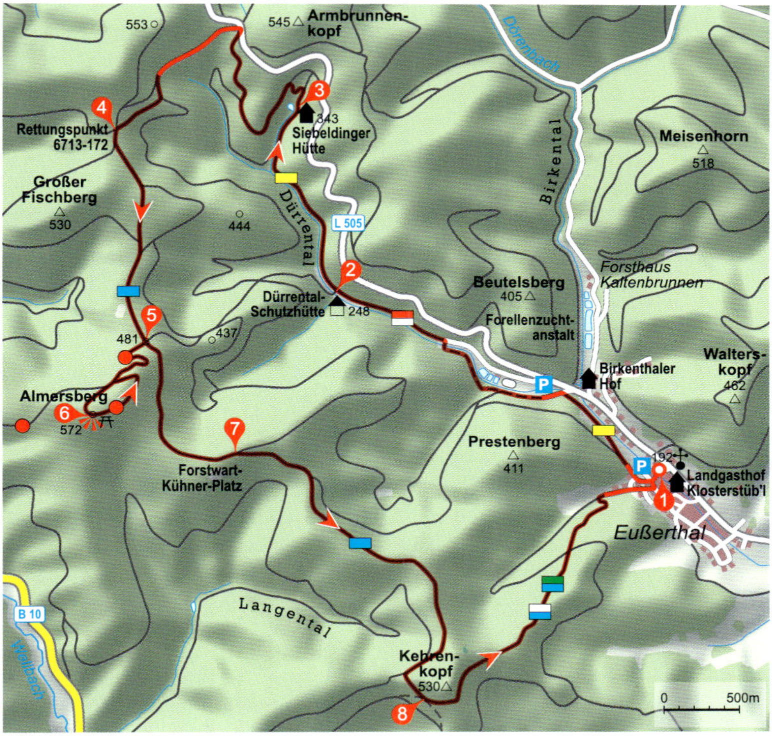

ßen Farnen bewachsene Hochebene des Almersbergs. Am Weg liegt ein **Aussichtspunkt ❻**, von dem wir eine herrliche Sicht über die bewaldeten Berge des Wasgaus, wie der südliche Pfälzerwald genannt wird, haben. Danach endet die Hochebene an moosbewachsenen Felsblöcken. In einen ist ein Kreuz gemeißelt, und unter einem überhängenden Felsdach liegt ein Rastplatz. Der Wanderweg *(roter Punkt)* führt links von den Felsen weiter. Unterhalb der Felsen treffen wir wieder auf die Forststraße vom Hinweg, auf der wir rechts zurück zu der **Wegspinne ❺** gelangen. Dort halten wir uns rechts und lassen uns die nächsten 4 km vom *blauen Strich* zum **Forstwart-Kühner-Platz ❼** und weiter zum 530 m hohen **Kehrenkopf ❽** leiten. An dessen Südhang verlassen wir den *blauen Strich* und folgen links und dann immer geradeaus dem *weiß-blauen* und dem *grün-blauen Strich* zurück nach Eußerthal. Dort führt uns die Endelstraße rechts zur Hauptstraße, auf der wir links zum **Parkplatz ❶** gelangen.

Landgasthof Klosterstüb'l
Der Gasthof war 2019 Publikumssieger im Wettbewerb »So schmeckt die Pfalz«. Er hat einen schönen Biergarten und bietet seinen Gästen regionale Pfälzer Spezialitäten, aber auch Kotelett vom schwäbisch-hällischen Landschwein oder ein Cordon bleu,

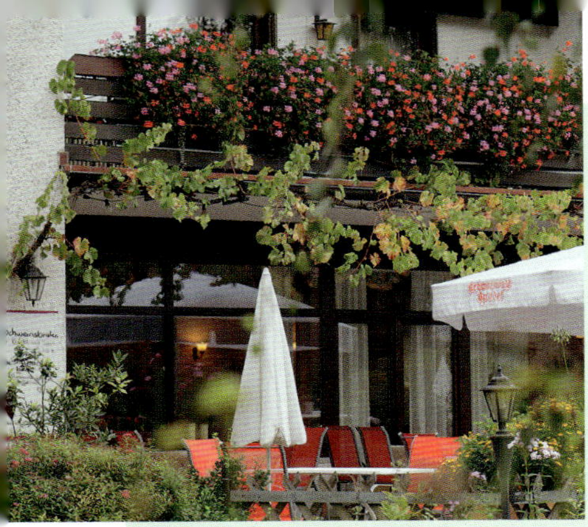

Geranien schmücken den Balkon beim Gasthaus Birkenthalerhof.

das mit Bergkäse und Erdbeeren gefüllt ist. Dazu gibt es Augustiner Bier vom Fass. Geöffnet Fr., Sa. ab 18 Uhr, So. ab 12 Uhr, www.eusserthaler-klosterstuebl.de, Haingeraidestraße 45, Eußerthal, Tel. +49 6345 93072.

Gasthaus Birkenthaler Hof

Wer möchte nicht einmal im kleinsten Hotel in der Südpfalz übernachten? Nur ein Zimmer mit einem Bett für zwei Personen hat das romantische Sandsteintürmchen, und im Schlummerfass geht es noch etwas enger zu. Familie Sanda bietet ihren Gästen neben den üblichen Gerichten Eußerthaler Forellen aus eigener Zucht und Wild von heimischen Jägern. Im Sommer kann man im blumengeschmückten Biergarten sitzen. Geöffnet Fr.–So. ab 11 Uhr, www.birkenthalerhof.de, Taubensuhlstraße 2, Eußerthal, Tel. +49 6345 1441.

Siebeldinger Hütte (Geldmünzhütte)

Die Pfälzerwaldvereinshütte der Ortsgruppe Siebeldingen-Birkweiler ist schlicht und gemütlich. Bei der Hütte gibt es einen Kinderspielplatz. Angeboten werden kleine Gerichte und selbstgebackener Kuchen. Geöffnet So. und Feiertage 10–17 Uhr, April bis Oktober bis 18 Uhr. An Weihnachten, Neujahr und am Ostersonntag ist sie geschlossen, http://ottgoeppel-gbr.online.de/Geldmuenzhuette, Tel. +49 6345 7826 (nur erreichbar, wenn die Hütte geöffnet ist).

Die Siebeldinger Hütte wird auch »Geldmünzhütte« genannt.

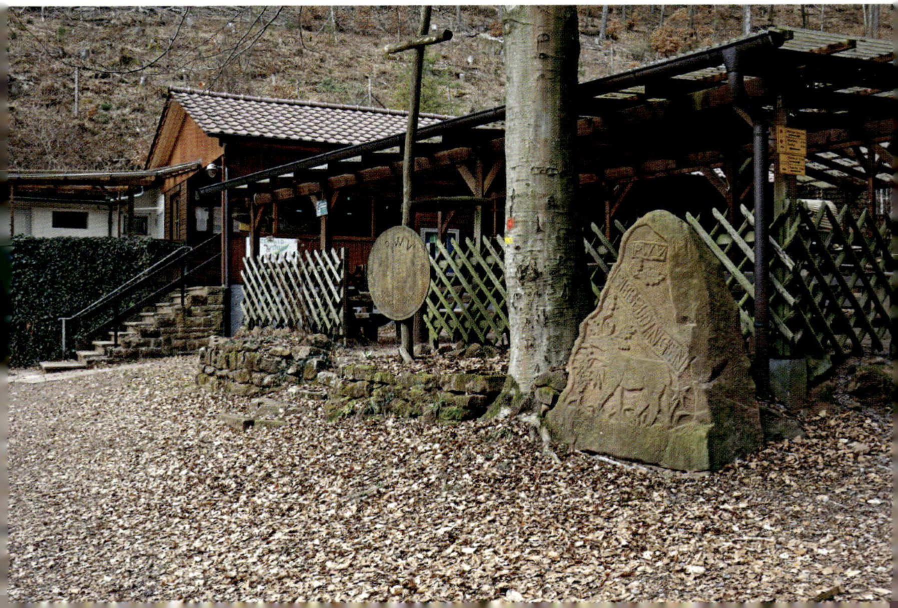

Von Lolosruhe zur Edenkobener Hütte

Auf Waldwegen auf und ab

3.45 Std. | 10,9 km | ↗ 410 m | ↘ 410 m

Aussicht vom Schänzelturm und die »Gletschermühlen« auf dem Kesselberg

In den Koalitionskriegen (Napoleonische Kriege) errichteten preußische Soldaten 1794 am Steigerkopf mehrere Schanzen, um die an den Rhein vorrückenden französischen Truppen aufzuhalten. Die Preußen wurden besiegt, und ihr General von Pfau fiel. Nach dem Sieg der Deutschen über die Franzosen im Deutsch-Französischen Krieg von 1870/71 erinnerte man sich der preußischen Helden und errichtete ihnen zu Ehren auf dem »Schänzel« Denkmäler und auf dem 614 m hohen Steigerkopf einen Aussichtsturm, den Schänzelturm. Auf dem 662 m hohen Kesselberg, dem dritthöchsten Berg der Pfalz, befinden sich in den Buntsandsteinfelsen kugelförmige Vertiefungen, die man als Gletschermühlen, Auswaschungen eiszeitlicher Gletscher, deutete. Nach neueren Erkenntnissen entstanden diese jedoch durch natürliche Verwitterungsprozesse des Gesteins. Vielleicht sind dies aber auch Elfenheime, wie in einen Stein gemeißelt ist, oder ein Badeplatz der Elwetritschen …

Lolosruhe bei den »Fünf Steinen«.

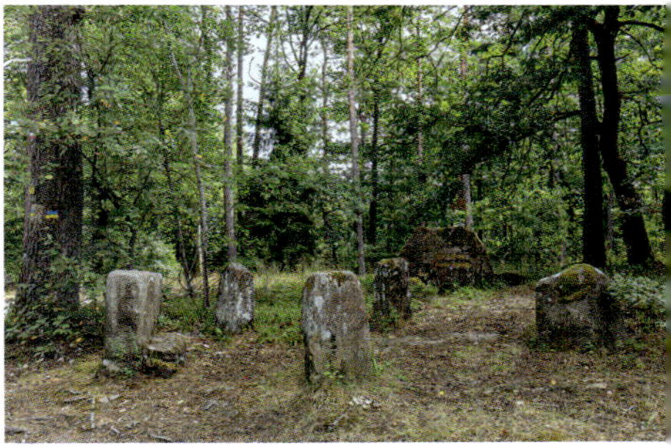

Ausgangspunkt: Wanderparkplatz Lolosruhe an der Straße K 6 westlich von Edenkoben. Bushaltestelle.
Anforderungen: Mittel, längere Auf- und Abstiege.
Kinder: Für Kinder, die gut zu Fuß sind, geeignet.

Unsere Wanderung beginnt auf der 574 m hoch gelegenen Passhöhe der *Schänzelstraße (K 6)* am **Wanderparkplatz Lolosruhe ❶** bei den »Fünf Steinen«. Der Name könnte sich auf Lola Montez beziehen, die Geliebte des Bayernkönigs Ludwig I., der oberhalb von Edenkoben die Villa Ludwigshöhe als Sommerresidenz erbauen ließ. Wir überqueren vor dem Parkplatz die Straße und wandern geradeaus auf dem *roten Kreuz* zum **Schänzelturm ❷**. Der achteckige, 13 m hohe Turm steht auf dem 613 m hohen Steigerkopf und ist der höchstgelegene Aussichtsturm der Pfalz. Eine Außentreppe führt auf eine Plattform in 5 m Höhe, von der wir auf einer innen liegenden Wendeltreppe weiter auf die Aussichtsplattform gelangen. Am Fuß des Turms liegt ein Rastplatz. Wir machen jetzt einen 500 m langen Abstecher zum **Schänzel ❸** und folgen dazu weiter dem *roten Kreuz* in Richtung Forsthaus Heldenstein. Wer auf diesen Ab- und Anstieg verzichten möchte, kann direkt weiterwandern. Wieder zurück von dem Abstecher gehen wir rechts am Turm vorbei und lassen uns von dem *blau-gelben Strich* bergab zum Bender-

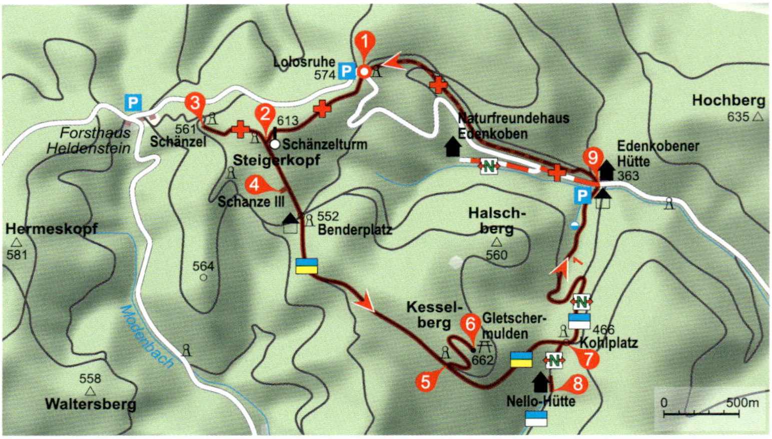

platz führen. Unterwegs verlassen wir kurz die Markierung und machen rechts einen kleinen Abstecher zur ausgeschilderten **Schanze III ❹**, die an einer strategisch günstig gelegenen Aussicht am steilen Waldhang errichtet wurde. Heute ist davon aber nicht mehr viel zu erkennen. Der Benderplatz, ein Rastplatz mit Schutzhütte, wurde nach Friedrich Bender (1869–1932) benannt, dem Gründer des Pfälzerwaldvereins Edenkoben. Auf dem *blau-gelben Strich* wandern wir von dort auf der Forststraße rechts in Richtung der ausgeschilderten Nello-Hütte am lang gezogenen Kesselberg entlang. Am Weg liegen zwei Aussichtspunkte mit Rastbänken. Kurz vor dem zweiten Aussichtspunkt machen wir links auf dem **Dr. Friedrich Spater-Pfad ❺** einen Abstecher zu den **Gletschermühlen** auf dem 662 m hohen **Kesselberg ❻**. Nachdem wir uns das Naturdenkmal angesehen haben, gehen wir auf dem Pfad zurück zur Forststraße und auf dieser links bergab zum **Kohlplatz ❼**. Wie der Name besagt, stand hier früher einmal ein Kohlemeiler. Wer sonntags unterwegs ist, kann rechts auf dem *Naturfreundeweg* und dem *blau-weißen Strich* einen Abstecher zur dann bewirtschafteten **Nello-Hütte ❽** machen (400 m). Wir gehen an der Wegspinne links auf der Forststraße weiter ins Tal (*blau-weißer Strich* und *Naturfreundeweg*). Nach 600 m verlassen wir vor der ersten blauen Tafel die Forststraße und die Markierungen und wan-

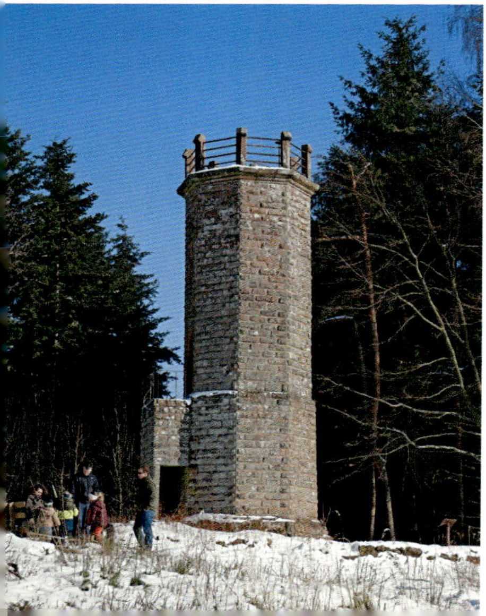

Schänzelturm.

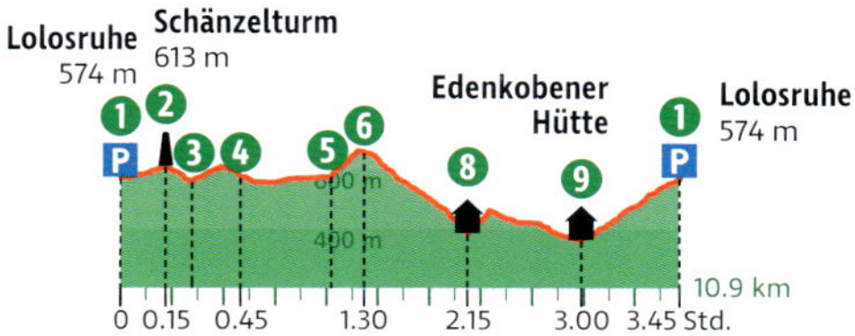

dern links auf dem *Waldlehrpfad*, der auch mit *1* bzw. *4* markiert ist, um das kleine Tal und folgen den blauen Rastbänken und den Erklärungstafeln. Talabwärts ergießen sich zwei Hangquellen in das Tal, an dessen Ende wir den Waldparkplatz am Hüttenbrunnen (Rastplatz mit Schutzhütte) erreichen. Hier beginnt und endet auch der Waldlehrpfad. Wir überqueren den Parkplatz und können uns im Pfälzerwaldvereinshaus in der **Edenkobener Hütte 9** für den langen Anstieg auf der jetzt folgenden »Himmelsleiter« stärken. Wer möchte, kann vom Hüttenbrunnen auf dem Naturfreundeweg einen Abstecher zum nahen Naturfreundehaus Edenkoben machen (900 m). Wir wandern vor der Edenkobener Hütte ein kurzes Stück auf der Forststraße bergauf *(rotes Kreuz)* und biegen dann nach links auf den »Himmelsleiter« oder »Engelsleiter« genannten, schmalen Pfad ab. Dieser steigt auf den nächsten 2,5 km stetig um 200 Höhenmeter an und endet an der **Lolosruhe 1**.

Nello-Hütte
Die Vereinshütte des Wanderclubs Nello e. V. ist sonn- und feiertags 10–17 Uhr geöffnet. Am Pfingstmontag findet das traditionelle Waldfest statt. www.nello-huette.de, Tel. +49 6323 5957.

Edenkobener Hütte am Hüttenbrunnen
Das Haus wurde 1878 als Unterkunft für Waldarbeiter erbaut und gelangte 1929 in den Besitz des Pfälzerwaldvereins. Empfehlenswerte Pfälzer Gerichte, Schnitzel, Wurstsalat, Flammkuchen und leckerer Kuchen. Geöffnet Mi.–So. 11–18 Uhr, Schänzelstraße 2, www.huettenbrunnen.net, Tel. +49 6323 2827.

Naturfreundehaus Edenkoben am Steigerkopf
Im Sauermilchtälchen unterhalb der Schänzelstraße liegt das Haus der Edenkobener Naturfreunde. Hungrige Wanderer bekommen hier die typischen Pfälzer Gerichte mit Bratwurst, Leberknödel und Saumagen sowie Wurstsalat und Suppe. Geöffnet Mitte März bis Mitte November Mi., Fr., Sa., So. 10–18 Uhr, Mitte November bis Mitte März Mi., Fr., Sa., So. 11–17 Uhr, www.naturfreunde-edenkoben.de, Schänzelstraße 4, Tel. +49 6323 1851.

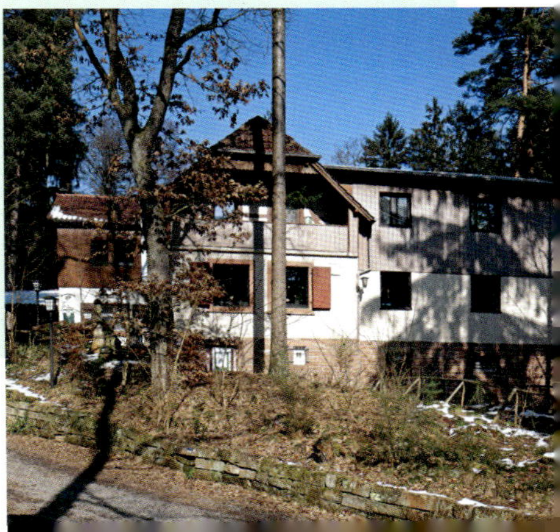

Edenkobener Hütte.

22 Von Eußerthal auf die Ramburg

Zu einer historischen Waldarbeiter-Hütte

5.15 Std. | 17,9 km | ↗ 520 m | ↘ 520 m

Die Ramberger Bürstenbinder

Fein gekleidet im schwarzen Anzug, mit Hut und weißem Hemd zogen die Ramberger Bürstenhändler von etwa 1800 bis 1970 das ganze Jahr über durch die Lande, um ihre Bürsten und Besen zu verkaufen. Zur Ramberger Bürstenbinder-Kerwe kehrten sie aber alle wieder in ihr Heimatdorf zurück. Bis Mitte des 19. Jahrhunderts wurden die Bürsten in Heimarbeit, danach in Fabriken hergestellt. 1907 streikten die Arbeiter wegen ihrer Ausnutzung durch die Fabrikanten und zu geringer Entlohnung. Zuvor war schon 1897 ein Arbeiterverein gegründet worden, der die zunehmenden sozialen Missstände im Ort anprangerte. Daraufhin wurde eine genossenschaftliche Fabrik gegründet, an der die Arbeiter beteiligt waren. Die Ramberger Bürsten sind wegen ihrer Qualität sehr begehrt und werden auch heute noch hergestellt. Die Geschichte der Ramberger Bürstenbinder und der Arbeiterbewegung wird im Heimat- und Bürstenbindermuseum bewahrt.

Ausgangspunkt: Eußerthal, Parkplatz in der Ortsmitte in der Hauptstraße beim Dorfgemeinschaftshaus. Bushaltestelle.
Anforderungen: Mittel, lange Wanderung auf Waldwegen mit Auf- und Abstiegen.
Kinder: Für größere Kinder geeignet.

Tipp: Heimat- und Bürstenbindermuseum, Hauptstraße 20 in Ramberg, wegen der Corona-Pandemie derzeit nur auf Anfrage und für Gruppen ab 10 Personen zu besichtigen, www.ramberg.de/burstenbindermuseum. Bürstenbinderkerwe am 2. Wochenende im Juli.

In **Eußerthal** ❶ beginnen wir unsere Wanderung in der Ortsmitte am Parkplatz beim Dorfgemeinschaftshaus. Wir gehen von hier auf der Hauptstraße links zur *Haingeraidestraße* und auf dieser ebenfalls links durch den Ort. Die *rot-weiße Welle* des *Pfälzer Weinsteigs* und der *grün-blaue Strich* leiten uns. Nach 150 m folgen wir rechts dem Betonweg bergauf und halten uns im Wald erneut rechts. Nördlich vom Kleinen Eischkopf zweigt nach 1 km der *grün-blaue Strich* an einer Wegkreuzung nach links ab; wir verlassen hier diese Markierung und folgen geradeaus auf der ebenen Forststraße weiter dem Weinsteig. Von einer Waldlichtung haben wir einen guten Blick auf die Fachklinik Eußerthal, an der wir später vorbeikommen. Dort gehen wir an der Wegkreuzung beim

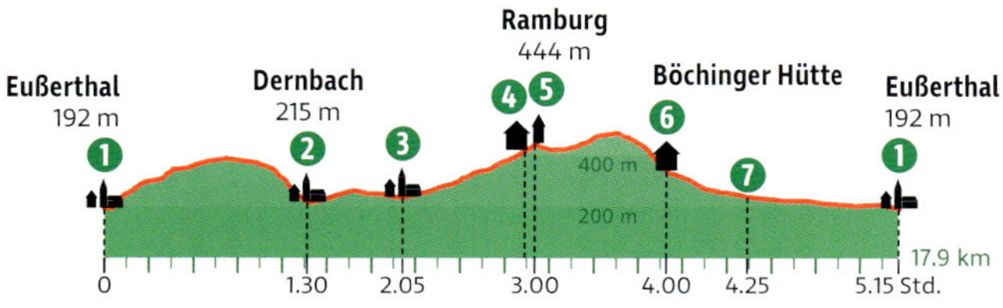

Rastplatz links auf der Forststraße bergab nach Dernbach *(Weinsteig)*. Vom Waldrand am Galgenberg sehen wir, wie idyllisch Ramberg in dem bewaldeten Dernbachtal liegt. Am Ortsanfang von **Dernbach ❷** können wir uns am Rastplatz kurz ausruhen. Hier verlassen wir den *Pfälzer Weinsteig* und lassen uns scharf links vom *blauen Logo* des *Bürstenbinderwegs* um das Hermersbachtal nach Ramberg leiten. Vor der Freiwilligen Feuerwehr machen wir rechts einen Abstecher (60 m) zum **Bürstenbindermuseum ❸**. Unterhalb davon wurde ein kleiner Park angelegt, und vor dem Museum steht ein in Bronze gegossener Ramberger Bürstenhändler. Nach dem Abstecher gehen wir zurück zur Feuerwehr und auf der Kreuzwoogstraße rechts. Wir folgen weiterhin dem *Bürstenbinderweg* durch den Ort und verlassen diesen dann links auf der *Schlossbergstraße*. Hier treffen wir auch auf den *roten Punkt*, an dem wir uns orientieren können. Am Ende der *Schlossbergstraße* gehen wir geradeaus im Tal des Dorfwiesenbächels weiter, biegen nach 500 m nach rechts ab und verlassen den *Bürstenbinderweg* 250 m weiter. Jetzt orientieren wir uns nur noch am *roten Punkt*, der uns in einem Bogen um den bewaldeten Schlossberg führt.

Am Ende des langen Waldwegs taucht plötzlich die **Ramburg-Schenke ❹** mit ihrem Spielplatz und der schattigen Terrasse unter den Bäumen vor uns auf.

Hier machen wir einen Abstecher hinauf zur **Ramburg ❺** und gehen dazu vor der Hütte links. Die Burg wurde im 12. Jahrhundert zum Schutz der Burg Trifels auf dem 444 m hohen Schlossberg erbaut. Sie war bis 1638 bewohnt, verfiel da-

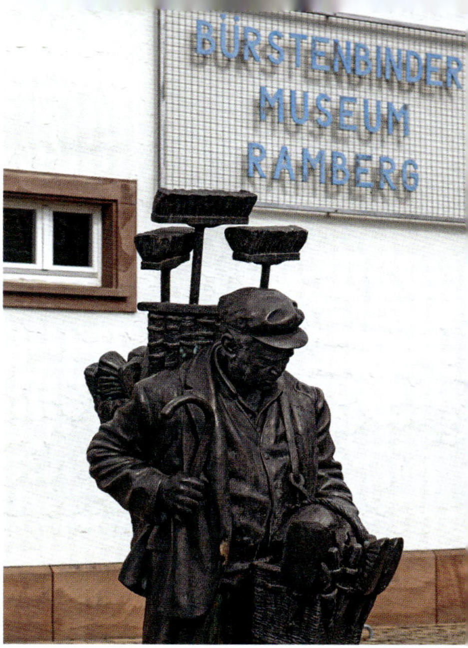

Ein Bürstenbinder aus Bronze steht vor dem Bürstenbinder-Museum in Ramberg.

Ein Krokodil am Waldfühlpfad bei der Böchinger Hütte.

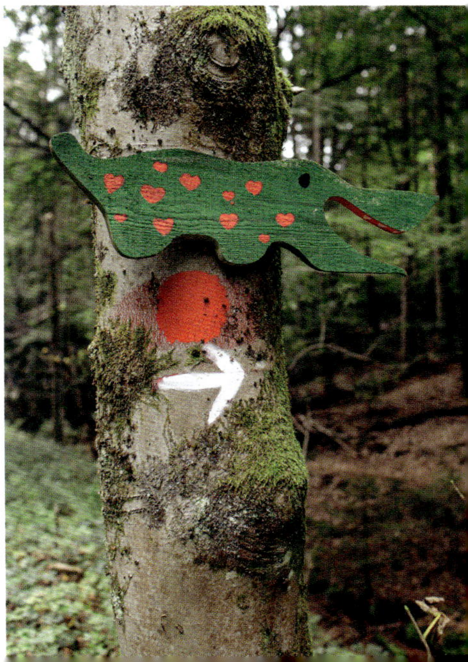

nach und wurde Anfang des 18. Jahrhunderts als Steinbruch genutzt. Erhalten geblieben sind Reste der stattlichen Schildmauer und des Palas sowie der Felsenkeller. Nach der Erkundung der Burg gehen wir zurück zur **Ramburg-Schenke ❹** und geradeaus auf dem *roten Punkt* zur Böchinger Hütte. Auf einem breiten, ebenen Weg wandern wir durch einen Wald aus Kiefern und Eichen. An der Wegkreuzung bei der Barebäm-Schutzhütte gehen wir geradeaus und an der Wegspinne beim Rettungspunkt 6713-190 scharf links auf dem *roten Punkt* leicht bergab. Vor der Linkskurve der Forststraße gelangen wir scharf rechts hinunter zur **Böchinger Hütte ❻**, die auch Pottaschtalhütte genannt wird. Sie ist ein hölzernes Kulturdenkmal, das an die Pottasche-Sieder erinnert, die hier früher das für die Glasherstellung notwendige Salz gewonnen haben. Hinter der Hütte gehen wir rechts an dieser vorbei und danach links auf dem *roten Punkt* durch das abgelegene Pottaschtal. Hier können wir – und vor allem unsere Kinder – den Wald erfühlen. Auf Schautafeln des Projekts »Waldfühlungen« wird gezeigt, wie einfach es ist, aus Stöcken, Steinen und Zapfen einen »Waldmenschen« zu bauen. Hier muss man aber mit offenen Augen durch den Wald gehen und sich auf dem schmalen Pfad, der sich an dem kleinen Bach entlangschlängelt, öfters umsehen. Dann kann man am Fuß eines Baums eine graue Maus entdecken, eine rote Schlange, ein grünes Krokodil oder eine andere aus Holz geschnitzte Figur. Beim »Krokodil« überqueren wir auf einer alten Steinbrücke den Bach und gehen danach links auf der asphaltierten Forststraße durch das Katzenbachtal. An der Wegspinne am Ende des Tals halten wir uns auf der Forststraße im **Birkental ❼** 50 m rechts, überque-

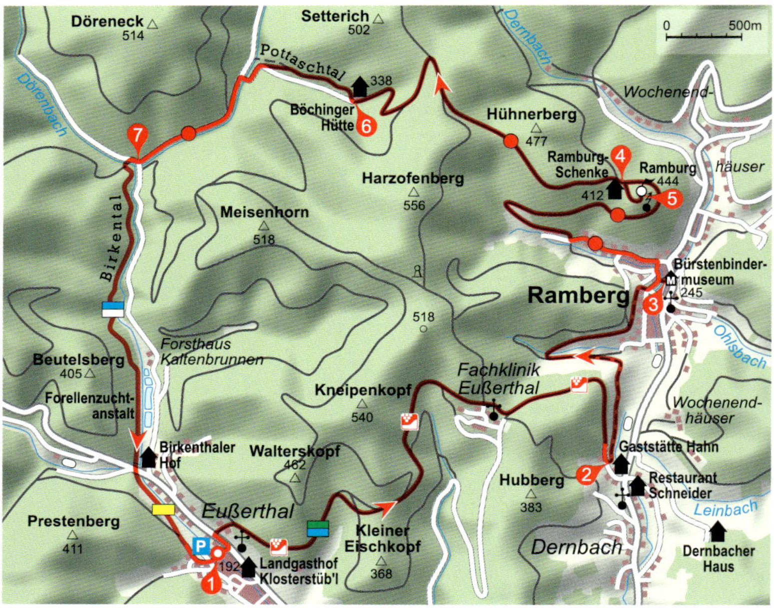

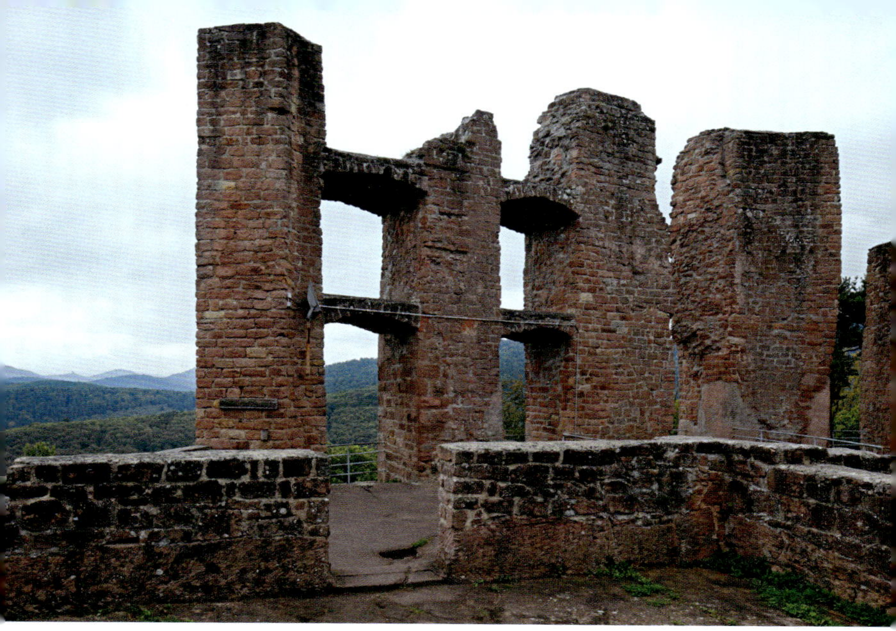

Ruine Ramburg bei Ramberg.

ren links den Dörenbach, der hier in den Katzenbach mündet, und folgen weiter dem *roten Punkt*. Auf einem sandigen Wurzelweg wandern wir nun ein kurzes Stück durch den Wald bis zu einer Forststraße, auf der wir links weitergehen. Hier verlassen wir den *roten Punkt* und orientieren uns am *weiß-blauen Strich*. Diese Markierung führt uns oberhalb des Katzenbachs durch das Birkental zurück nach Eußerthal. Wir kommen am Schweinswoog vorbei und können danach im Birkenthaler Hof einkehren. Von dort ist es nicht mehr weit bis zum Parkplatz in der Ortsmitte von **Eußerthal ➊**. Wir müssen vor dem Gasthof nur die Straße überqueren und dem *gelben Strich* nach links in den Ort folgen.

Landgasthof Klosterstüb'l

Der Gasthof, Publikumssieger 2019 im Wettbewerb »So schmeckt die Pfalz«, hat einen schönen Biergarten und bietet seinen Gästen regionale Pfälzer Spezialitäten, aber auch Kotelett vom schwäbisch-hällischen Landschwein oder ein Cordon bleu, das mit Bergkäse und Erdbeeren gefüllt ist. Dazu gibt es Augustiner Bier vom Fass. Geöffnet Fr., Sa. ab 18 Uhr, So. ab 12 Uhr, www.eusserthalerklosterstuebl.de, Haingeraidestraße 45, Eußerthal, Tel. +49 6345 93072.

Ramburg-Schenke

Die typischen Pfälzer Gerichte wie der schiefe Sack und Leberknödel, aber auch ein Ramburger (Saumagen-Burger) und die Hüttenplatte mit drei Pfälzer Deftigkeiten (Bratwurst, Leberknödel und Saumagen) stehen auf der Speisekarte. Geöffnet Sa., So. 11–17 Uhr. Die Hütte gehört dem Ramburgverein, den Mitglieder des 1908 gegründeten Gesangvereins MGV Harmonie Ramberg ins Leben gerufen haben. So ist es kein Zufall, wenn in der urigen Hütte ein

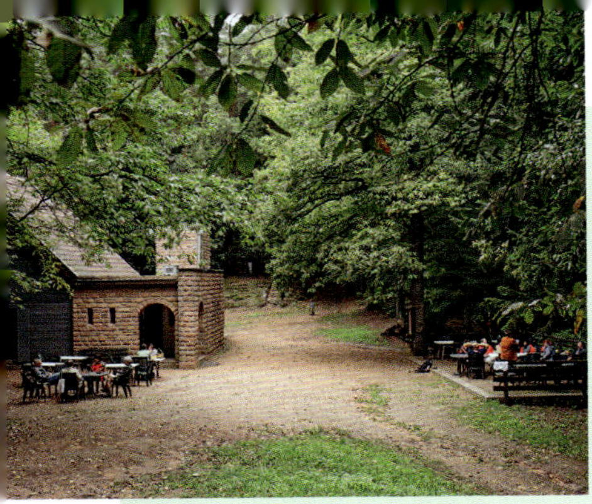

Einkehr in der Ramburg-Schenke.

Lied erklingt ... Der Verein kümmert sich auch um den Erhalt der Ramburg.

Böchinger Hütte (Pottaschtalhütte)
1972 hat die Ortsgruppe Böchingen des Pfälzerwaldvereins eine alte Waldarbeiter-Hütte im abgelegenen Hinterwald von Eußerthal übernommen und erhalten. Bei der Hütte gibt es einen Kinderspielplatz, einen großen Biergarten mit überdachten Unterständen, wie die »Gut Stubb«, und Steinskulpturen. Für die Wanderer werden kleine Gerichte und Getränke verkauft. Die Hütte ist ganzjährig sonntags ab 10 Uhr geöffnet. www.boechingerhuette.de.

Gasthaus Birkenthaler Hof
Wer möchte nicht einmal im kleinsten Hotel der Südpfalz übernachten? Nur ein Zimmer mit einem Bett für zwei Personen hat das romantische Sandsteintürmchen, und im Schlummerfass geht es noch etwas enger zu. Wohl fühlen sich die Gäste der Familie Sanda auch bei Eußerthaler Forellen aus eigener Zucht oder bei Wild von heimischen Jägern. Die Speisekarte bietet aber noch mehr schmackhafte Gerichte, die man im Sommer im blumengeschmückten Biergarten genießen kann. Geöffnet Fr.–So. ab 11 Uhr. www.birkenthalerhof.de, Taubensuhlstraße 2, Eußerthal, Tel. +49 6345 1441.

Restaurant Schneider
In Dernbach bringt Küchenchef Stefan Püngeler, der seine Lehr- und Wanderjahre in der Sternegastronomie verbracht hat, frischen Wind und neue kulinarische Genüsse in das traditionelle Restaurant seiner Eltern. Es gibt nicht nur Eußerthaler Waldforelle, Wild von heimischen Jägern und Gemüse aus dem eigenen Garten, sondern auch Löwenzahnsalat, Entrecôte vom Kalb mit Trüffel-Parmesan-Pommes und andere Köstlichkeiten. Geöffnet Mi., Do. ab 18 Uhr, Fr.–So. 11.30–14 Uhr und ab 18 Uhr. Hauptstraße 88, Dernbach, www.schneider-dernbachtal.de, Tel. +49 6345 8348.

Dernbacher Haus
Das rustikale Dernbacher Haus wird vom Restaurant Schneider bewirtschaftet. Es hat eine schöne Aussichtsterrasse und einen Kinderspielplatz. Wanderer werden hier mit mehr als den typischen Pfälzer Hütten-Gerichten verköstigt, denn für das Küchenpersonal des Restaurants Schneider ist die Hütte eine Ausbildungsstätte. So kann sich der Wanderer über einen gepflegten Service und nette Köstlichkeiten aus der frischen Pfälzer Küche und leckeren Kuchen freuen. Im Sommer ist die Küche Mi.–So. 11.30–18.30 Uhr geöffnet. Am Waldrand östlich oberhalb Dernbach gelegen (Parkplatz am Ende der Zufahrtsstraße), www.schneider-dernbachtal.de/dernbacher-haus, Tel. +49 6345 9596868.

Gaststätte Hahn
Eine nette kleine Gaststätte mit gutem, preisgünstigem Essen, täglich außer Do. ab 12 Uhr geöffnet. Hauptstraße 71, Dernbach, Tel. +49 6345 3377.

Von Annweiler nach Gräfenhausen

Auf dem Mönchsweg zur Jung-Pfalz-Hütte

23

2.45 Std. | 8,7 km | ↗ 250 m | ↘ 250 m

Ein Waldlernpfad

Zwischen der Holderquelle und der Jung-Pfalz-Hütte geben uns Informationstafeln auf dem Waldlernpfad einen Einblick in die Naturräume des Pfälzerwalds und zeigen, wie wichtig deren Erhaltung für ein harmonisches Miteinander von Natur und Mensch ist. Dies ist auch das Leitmotiv des Jugendpflegevereins Jung-Pfalz e.V., der 1920 von Dr. Konrad Münch gegründet wurde. An der Holderquelle steht die erste Tafel, die Quellen, Tümpel und Bäche als Thema hat. Danach folgen der Wald und seine Veränderung mit den Jahreszeiten. Auch die Photosynthese als Grundlage allen Lebens wird erklärt. Die letzten Tafeln auf dem Weg zur Hütte beschäftigen sich mit dem Nutzen von Alt- und Totholz für Tiere und Pflanzen und dem Wald als Erholungsraum für den Menschen.

Ausgangspunkt: Parkplatz am Ende der Turnerstraße beim Turnerjugendheim nördlich von Annweiler (Nähe Schützenhaus).
Anforderungen: Gering, Wald- und Feldwege.
Kinder: Für Kinder gut geeignet, Spielplatz und Waldlernpfad sorgen für Abwechslung.

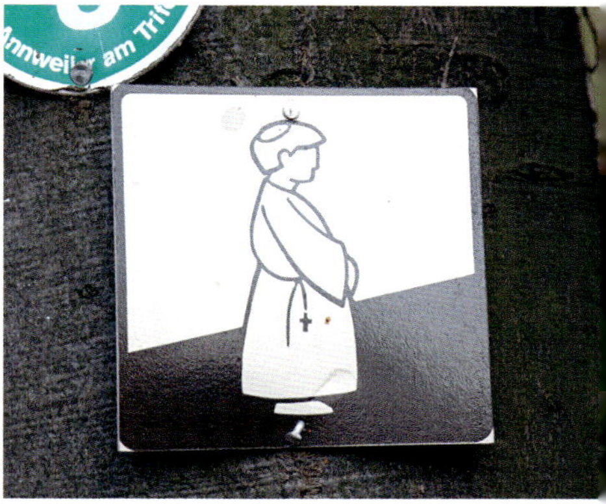

Logo des Mönchswegs.

Auf dem Wingersberg nördlich von **Annweiler** beginnen wir unsere Wanderung am **Turnerjugendheim ❶**, einer Ausbildungsstätte des Pfälzer Turnerbundes. Vom Parkplatz kommend gehen wir vor dem Haus an der Lieferanten-Zufahrt rechts und orientieren uns an der Beschilderung des Mönchswegs. Zur Zeit der Staufer waren die Mönche des Zisterzienserklosters Eußerthal die Hüter der Reichskleinodien, die auf der Burg Trifels verwahrt wurden. Diesen 12 km langen historischen Weg von Eußerthal zum Trifels, auf dem heute Wanderer unterwegs sind, sind die Mönche wohl oft gegangen.
Am nahen Waldrand wählen wir die rechte Forststraße, die mit »Gräfenhausen« beschildert ist. In einem Talschluss können wir das klare Wasser des Danziger Brunnens kosten. Danach halten wir uns an der Weggabelung rechts und an der Wegverzweigung beim Gutshof am Waldrand gehen wir rechts auf dem Feldweg über die Weiden. Von dem Höhenweg haben wir eine schöne Aussicht auf die bewaldeten Berge des Wasgaus mit dem Trifels. Nach der Rechtskurve des Wegs gehen wir am Rastplatz links weiter; hier haben wir den besten Blick auf die drei nebeneinander liegenden Bur-

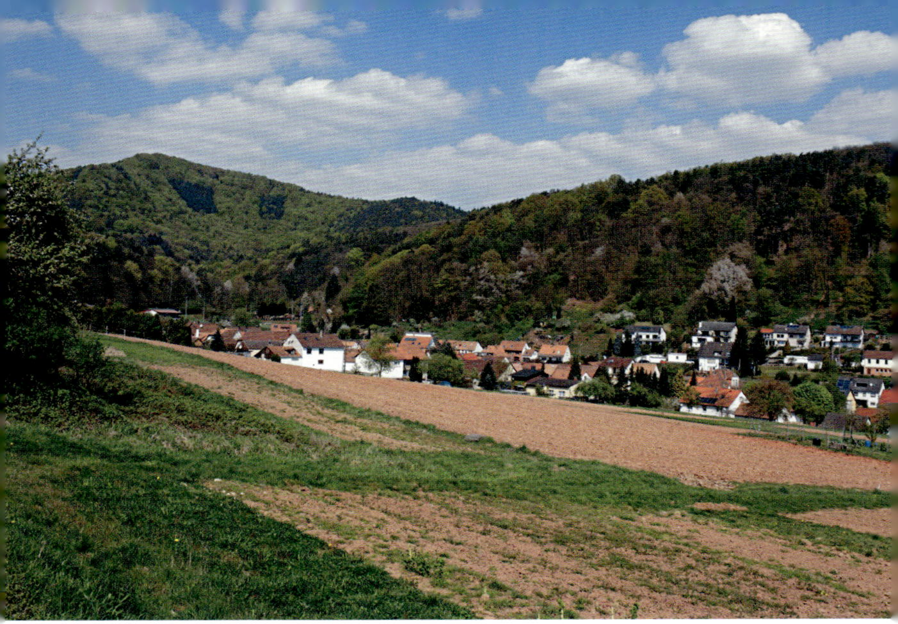

Gräfenhausen.

gen Trifels, Anebos und Münz. Bis Gräfenhausen können wir ab hier außer dem Logo des *Mönchswegs* auch dem *gelben Strich* folgen. An der Feldwegkreuzung oberhalb von **Gräfenhausen** gelangen wir dann links auf dem betonierten Weg und der sich anschließenden Hohlstraße in den **Ort ❷**.

Am Brunnen, der zu Ostern geschmückt wird, verlassen wir die Markierungen und gehen links durch die Krummgasse zum Sportplatz. Nach 50 m halten wir uns dazu an der Abzweigung der Straße *Zur Holderquelle* (Brunnen) links und orientieren uns an der *rot-weißen Welle* des *Pfälzer Weinsteigs*. Wir kommen an einem weiteren Brunnen vorbei und verlassen *Im Sennestal* beim Clubheim des ASV Gräfenhausen am Sportplatz den Weinsteig wieder. Nun wandern wir oberhalb des Clubheims rechts auf dem Waldweg, der mit einem *weißen Punkt* markiert ist, in Richtung Kehrenkopf/Rinnthal. Am Ende des Tals gehen wir in der Spitzkehre der Forststraße links auf dem schmalen Pfad den Waldhang hinauf, kreuzen an der Waldlichtung die aus dem Tal kommende Forststraße und folgen geradeaus weiter der Markierung bergauf. Auf dem Bergrücken verlassen wir den *weißen Punkt* und gehen links auf dem *blauen* und *weiß-blauen Strich* in Richtung der ausgeschilderten Jung-Pfalz-Hütte. Am Weg stehen alte Grenzsteine und an einem Felsen können wir die Jahreszahl 1758 entdecken.

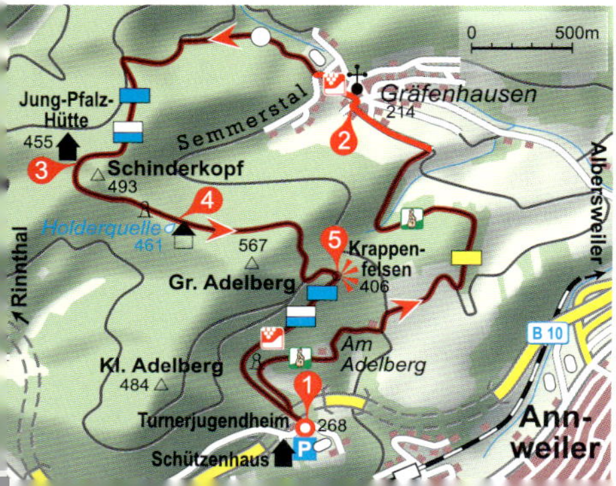

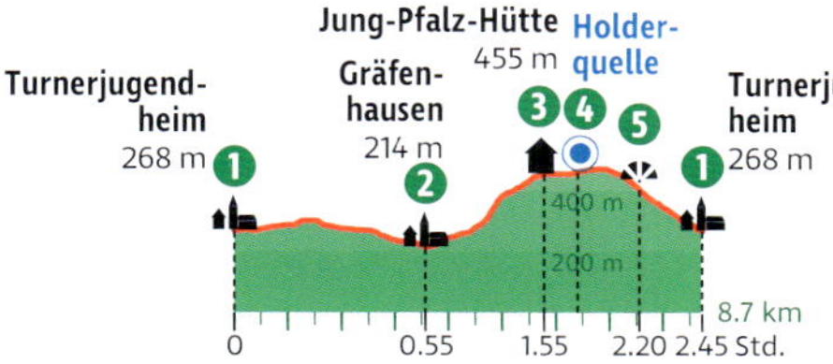

Auf der Anhöhe verlassen wir die Markierung und gelangen rechts zur **Jung-Pfalz-Hütte ❸**. Die auf einer Aussichtsterrasse des 493 m hohen Schinderkopfs errichtete Hütte wurde 1925 eingeweiht. Sie ist eine der am schönsten gelegenen Hütten im Pfälzerwald. Für Kinder gibt es einen Spielplatz, und auf dem Waldlernpfad erfahren sie, wie wichtig eine intakte Natur für den Menschen ist.

Wir gehen an der Hütte vorbei und treffen nach etwa 150 m wieder auf den *blauen* und den *weiß-blauen Strich*. Diesen Markierungen folgen wir 50 m nach rechts und gehen an der Abzweigung beim Felsen links. Kurz darauf trifft auch der *Pfälzer Weinsteig* auf unseren Weg und führt uns zur nahen Schutzhütte an der **Holderquelle ❹**. Geleitet von den drei Markierungen, wandern wir von dort auf dem ebenen Weg 100 m am Waldhang entlang und biegen dann nach links auf den ebenfalls am Hang entlangführenden Waldpfad ab. Dieser führt uns in einem Bogen um den 567 m hohen Großen Adelberg zum **Krappenfelsen ❺**. Von seiner Aussichtskanzel haben wir einen schönen Blick auf den Trifels. Vor der Felskanzel folgen wir dem Wanderweg bergab, der zurück zum **Turnerjugendheim ❶** am nördlichen Stadtrand von Annweiler führt.

Hütte mit Aussicht: die Jung-Pfalz-Hütte.

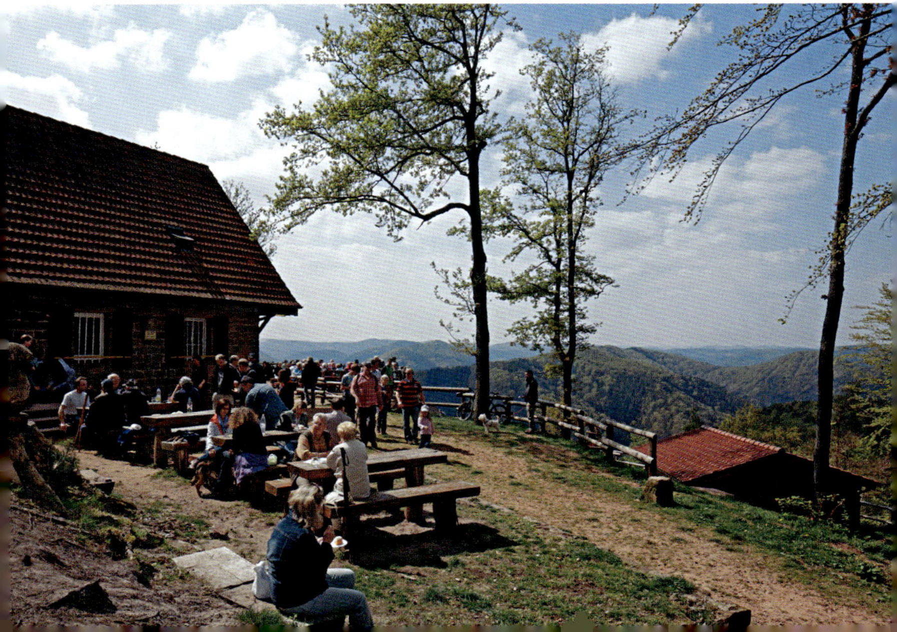

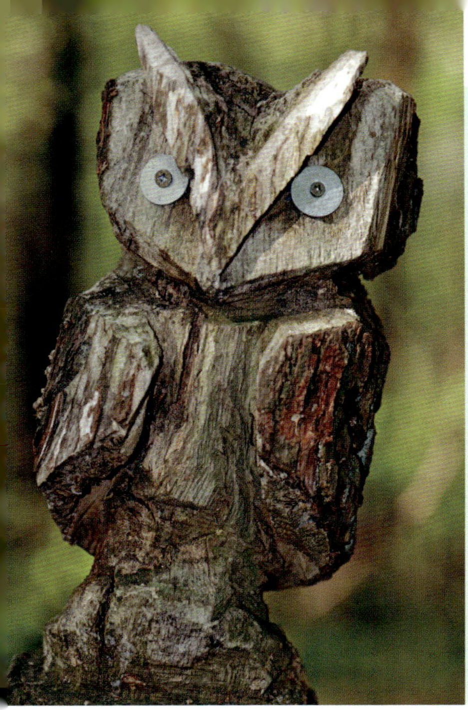

Schützenhaus

Pfälzer Küche und preiswerte Schnitzel aller Art bietet das Schützenhaus. Vom Biergarten hat man einen herrlichen Panoramablick über Annweiler zum Trifels. Geöffnet Mi.–Fr. 11.30–19 Uhr, Sa., So. 11.30–18 Uhr, Mo. 11.30–16 Uhr, Turnerweg nördlich von Annweiler, Tel. +49 6346 2979.

Jung-Pfalz-Hütte

Die Hütte gehört dem Jugendpflegeverein Jung-Pfalz e. V. und wird von dessen Mitgliedern bewirtschaftet. Angeboten werden kleine Gerichte und Kuchen. Übernachtung mit Frühstück (25 Betten) ist für Gruppen nach Voranmeldung möglich (1. Vorsitzender Werner Reich, Tel. +49 172 9224012, reichwerner@web.de). Geöffnet Sa., So. und Feiertage 11–17 Uhr, in den Sommerferien nur sonntags. www.jung-pfalz-huette.de.

Oben: Holzgeschnitzte Eule an der Jung-Pfalz-Hütte.
Unten: Aussichtskanzel auf dem Krappenfelsen.

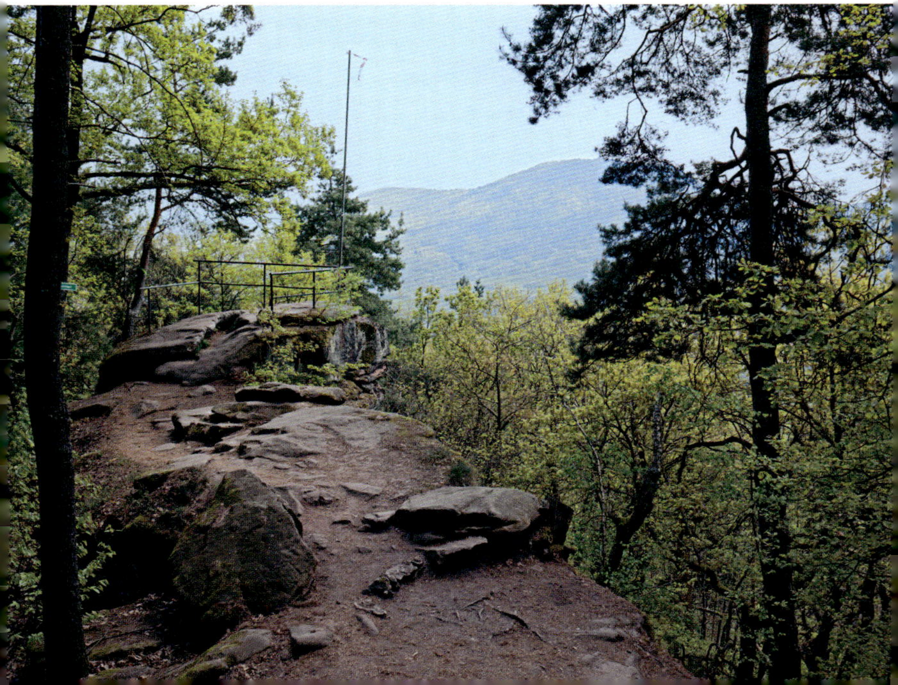

Von Annweiler auf den Trifels

Durch den südlichen Pfälzerwald von Burg zu Burg

24

3.00 Std. | 8,7 km | ↗ 460 m | ↘ 460 m

TOP

Felsenburgen der Stauferkaiser

Die Region um Annweiler, die werbewirksam das »Trifelsland« genannt wird, wird geprägt von den bewaldeten Kegelbergen und Felsklötzen des Wasgaus, auf deren Gipfeln die Stauferkaiser im 12. Jahrhundert Burgen erbauen ließen. Der Fels diente als Fundament. Die Erbauer nutzten natürliche Aushöhlungen und gruben Gänge, Kammern und Treppen in den Fels. Darüber errichteten sie das Mauerwerk der Burg aus massiven Sandstein-Buckelquadern. Für Böden und Decken zwischen den einzelnen Stockwerken wurden Holzbalken eingezogen. Auf dem Gipfelplateau des 494 m hohen Sonnenbergs entstand im 11. Jahrhundert zur Zeit der Salier eine Burganlage, die 1081 als Besitz eines Diemarus de Triveils urkundlich erwähnt ist. Im darauffolgenden Jahrhundert wurde die Anlage in der Zeit der Staufer zu einer repräsentativen Reichsburg umgebaut und erweitert. Kurz vor seinem Tod 1125 übergab Kaiser Heinrich V. die Reichskrone und die anderen Insignien der Macht – Reichsapfel, Zepter und Schwert – dem Staufer Herzog Friedrich von Schwaben zur Aufbewahrung auf der Burg Trifels, die als Eckpfeiler kaiserlicher Macht durch ihre Mächtigkeit und exponierte Lage als uneinnehmbar galt. Die Nachbildungen der Reichsinsignien können auf dem Trifels besichtigt werden. Die Originale werden in der Schatzkammer der Wiener Hofburg aufbewahrt. Im 17. Jahrhundert verfiel der Trifels. Von 1938 bis 1945 wurde die mächtige Burg nach Plänen von Rudolf Esterer im Stil monumentaler süditalienischer Stauferkastelle neu gebaut, und auch in den darauffolgenden Jahrzehnten wurde am Trifels immer wieder weiter gebaut. Dem Trifels vorgelagert sind zwei weitere Burgen: Anebos und Scharfenberg. Da auch sie als Gipfelburgen auf markanten Bergkegeln errichtet wurden, bezeichnet man die drei Burgen gerne als »Burgendreigestirn«, und der Name Trifels (»Dreifels«) könnte sich auch davon ableiten. Da der Trifels aber lange vor den beiden anderen Burgen errichtet wurde, bezieht sich sein Name vermutlich eher auf seinen ersten Besitzer.

Ausgangspunkt: Annweiler, Parkplatz unterhalb vom Naturfreundehaus in der Victor-von-Scheffel-Straße beim Campingplatz/Schulzentrum (Bushaltestelle).
Anforderungen: Mittel, Waldwege mit Auf- und Abstiegen.
Kinder: Für Kinder geeignet.
Tipps: Besichtigung des Trifels, geöffnet Sa., So. 10–17 Uhr. In der Altstadt von Annweiler (Schipkapass 4) steht an der Queich eine alte Wassermüh-

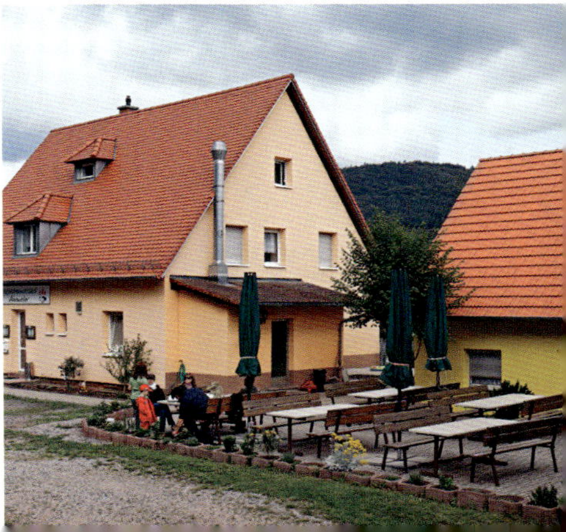

Naturfreundehaus Annweiler.

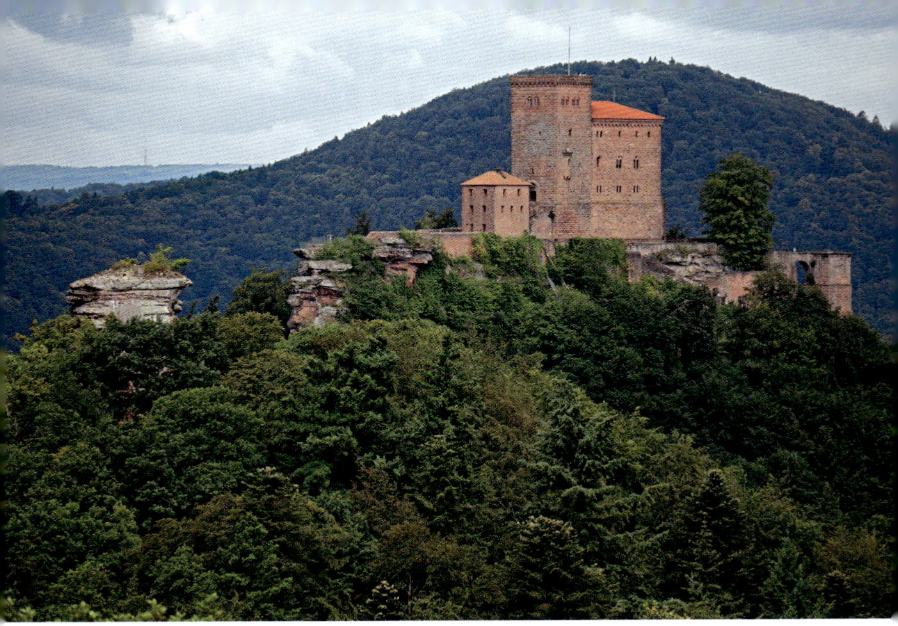

Burg Trifels bei Annweiler.

le neben schönen Fachwerkhäusern. Sie gehören zum Museum unterm Trifels, das die Geschichte der Stadt, ihrer Bewohner und der Burgen lebendig werden lässt. Von November bis März ist es sonntags 11–17 Uhr und von April bis Oktober Mi.–Sa. 13–17 Uhr und So. 10–17 Uhr geöffnet.

Auf dem Richard-Löwenherz-Fest in Annweiler verwandelt sich die Altstadt an einem Wochenende im Juli in einen mittelalterlichen Marktflecken mit Rittern, Gauklern und Kaufleuten. Das nächste Fest findet voraussichtlich erst wieder 2024 statt (https://richard-loewenherz-fest.de). In dem historischen Burg-Schauspiel »Die Befreiung des Richard Löwenherz« stellt der Schauspieler Markus Maier eine Geschichte voller Intrigen und Machtkämpfe dar. Das Einpersonenstück wird im Juni und Juli an bestimmten Samstagen um 18 Uhr auf der Burg Trifels aufgeführt, Eintrittskarten unter Tel. +49 6346 8470.

Information: Burgruine Scharfenberg: Die Burg wurde Mitte des 12. Jahrhunderts unter dem Stauferkönig Konrad II. erbaut. Als Schutzburg für den Trifels diente sie zunächst als Staatsgefängnis und wurde Anfang des 13. Jahrhunderts der Stammsitz des Speyerer Bischofs und Reichskanzlers Konrad III. von Scharfenberg. Die Burg wurde 1525 im Bauernkrieg zerstört. Erhalten geblieben sind der 20 m hohe Bergfried aus Sandstein-Buckelquadern, Reste der Ringmauer und des Brunnenturms. Im Volksmund wird die Burg auch »Münz« genannt. Zusammen mit den Stadtrechten erhielt Annweiler 1219 auch das Münzrecht zugesprochen, weshalb sich der volkstümliche Name der Burg darauf beziehen könnte, weil hier vielleicht die Annweiler Münzen geprägt wurden. Neuere Untersuchungen halten dies aber für unwahrscheinlich, da die Burg zu abgelegen und der Transport der Münzen nach Annweiler zu beschwerlich und risikoreich gewesen wäre. Wahrscheinlicher ist es deshalb, dass sich der Name vom lateinischen Wort »munitio« ableitet, was »Befestigung« bedeutet. Wegen Sanierungsarbeiten ist die Ruine voraussichtlich bis Mitte 2023 nicht zugänglich.

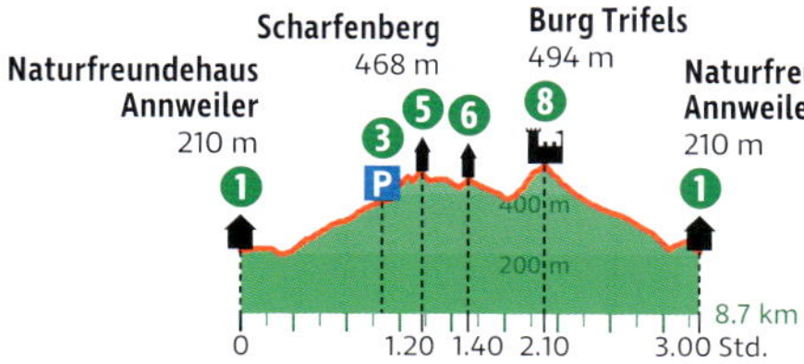

Vom Parkplatz unterhalb des **Naturfreundehauses Annweiler ❶** gehen wir auf dem kurzen Sträßchen, das an der Rezeption des Campingplatzes vorbei zum Naturfreundehaus führt, in den Wald. Dort folgen wir geradeaus dem Pfad, der mit dem Logo des *Naturfreundewegs* markiert ist, den Waldhang hinauf und gehen nach 100 m auf der asphaltierten Forststraße rechts. 400 m weiter trifft diese an einer **Abzweigung ❷** auf das *grüne Trifels-Logo* des *Anweilerer Burgenwegs*. Hier verlassen wir den *Naturfreundeweg* und lassen uns vom *grünen Trifels-Logo* leiten. Es führt uns zunächst rechts hinunter zum Parkplatz am Kurpark von Annweiler, der Markwardanlage mit dem Schwanenweiher und den Spazierwegen. Ihr Name erinnert an Graf Markward von Annweiler (1140–1202), ein Erzieher des Stauferkaisers Friedrich II. Von dort wandern wir links dem *grünen Trifels-Logo* folgend am Westhang des bewaldeten Sonnenbergs durch das Tal des Bindersbachs hinauf zum **Waldparkplatz Windhof ❸**. Dort leitet uns der *Annweilerer Burgenweg* links auf einem schmalen Pfad hinauf zu einer Abzweigung vor dem 34 m hohen Münzfels und dem dahinter liegenden, 36 m hohen Jung-

Pfälzerwaldblick von der Aussichtskanzel am Weg zur Ruine Scharfenberg.

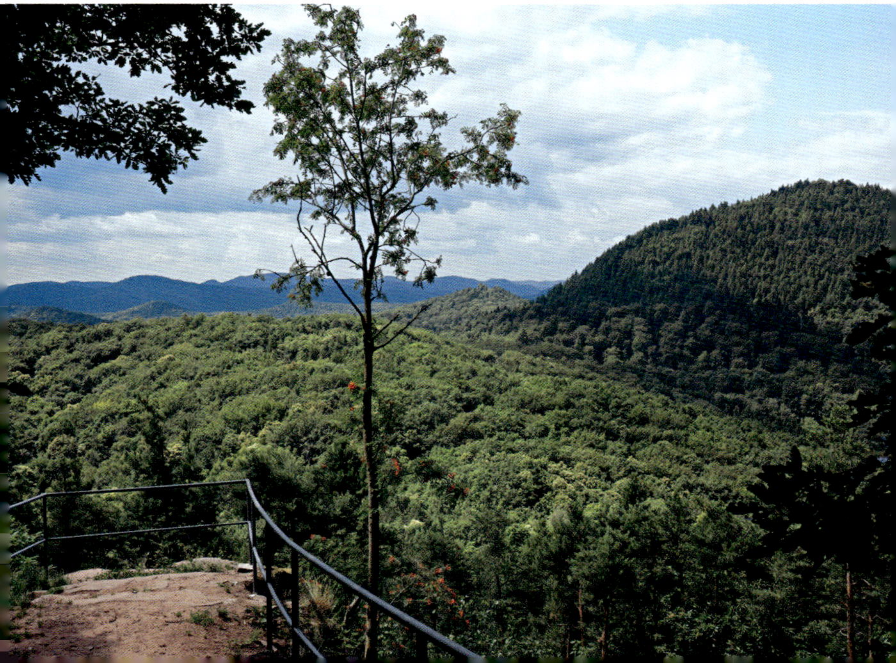

Naturfreundehaus Annweiler
Außer den üblichen Pfälzer Gerichten, Schnitzel, Steaks, Pasta und Flammkuchen bietet Familie Rahmani besondere Gerichte an, die man unbedingt einmal probieren sollte: orientalische Spezialitäten aus Usbekistan, Persien, Indien und Afghanistan. Die Küche ist Mi.–Mo. 12–20.30 Uhr geöffnet. Gegenüber vom Naturfreundehaus liegt der Campingplatz, der von April bis Oktober geöffnet ist. www.naturfreunde-annweiler.de, Victor-von-Scheffel-Straße 18, Tel. +49 6346 8198.

Schlemmen im Jugendstilhotel Trifels und Übernachten im Hexenhäuschen
Das Annweiler Kurhaus wurde anlässlich des 50. Geburtstags der Stadt Ludwigshafen am Rhein 1909 als Erholungsheim für die städtischen Angestellten erbaut und 1911 eröffnet. Im Ersten und Zweiten Weltkrieg diente das Haus als Notkrankenhaus, 1952 wurde es zum Hotel Kurhaus Trifels. Nachdem es einige Jahre leer gestanden hatte, kaufte 2011 eine Gruppe privater Investoren aus Wissenschaft und Industrie das Haus und sanierte es. Eigens dafür gründeten sie den Verein Begegnungszentrum Kurhaus Trifels e. V. und machten das ehrwürdige Haus zu einem Seminarhotel und einer wissenschaftlichen Begegnungsstätte. 2020 wurde es in Jugendstilhotel Trifels umbenannt. Seine günstige Lage in der herrlichen Wanderregion um Annweiler lockt auch immer mehr Wanderer dorthin, denn mit seinem Gourmet-Restaurant (geöffnet Mo.–Sa. 18–21 Uhr), dem Café (täglich ab 9 Uhr geöffnet) und seiner aussichtsreichen Terrasse mit bestem Blick zum Trifels ist es ein idealer Ausgangspunkt für Wanderer, die etwas höhere Ansprüche haben. Das Hotel bietet aber auch Ungewöhnliches: kleine, schiefwinklige Hexenhäuschen am Waldrand, in denen man märchenhaft übernachten kann. Das Jugendstilhotel steht in der Kurhausstraße 25 im Annweilerer Ortsteil Bindersbach, die Hexenhäuschen liegen in der Nähe des Naturfreundehauses Annweiler im Park der Villa Waldfrieden in der Waldfriedenstraße 8, www.jugendstilhotel-trifels.de, Tel. +49 6346 308860.

Restaurant Barbarossa
Das »Lokal am Trifels« bietet Pfälzer Küche, Flammkuchen, Wild- und andere Gerichte. Für Kinder gibt es ein Harry-Potter-Schnitzel mit Drachenzähnen (Pommes) und Krötenblut (Ketchup). Die »Himmelstorte« ist eine süße Spezialität des Hauses, die nach einem alten Familienrezept aus Blätterteig mit Mandelbaiser und einer Füllung aus Kirschen, Heidel- und Preiselbeeren und Sahne gebacken wird. In dem Haus kann man auch übernachten. Geöffnet Mi.–So. ab 10 Uhr, www.barbarossa-trifels.de, Trifelsstraße 72, Annweiler, Tel. +49 6346 8479.

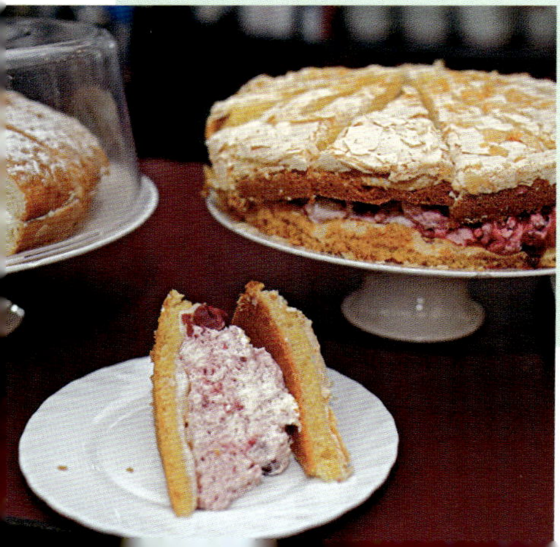

Himmelstorte des Restaurants Barbarossa.

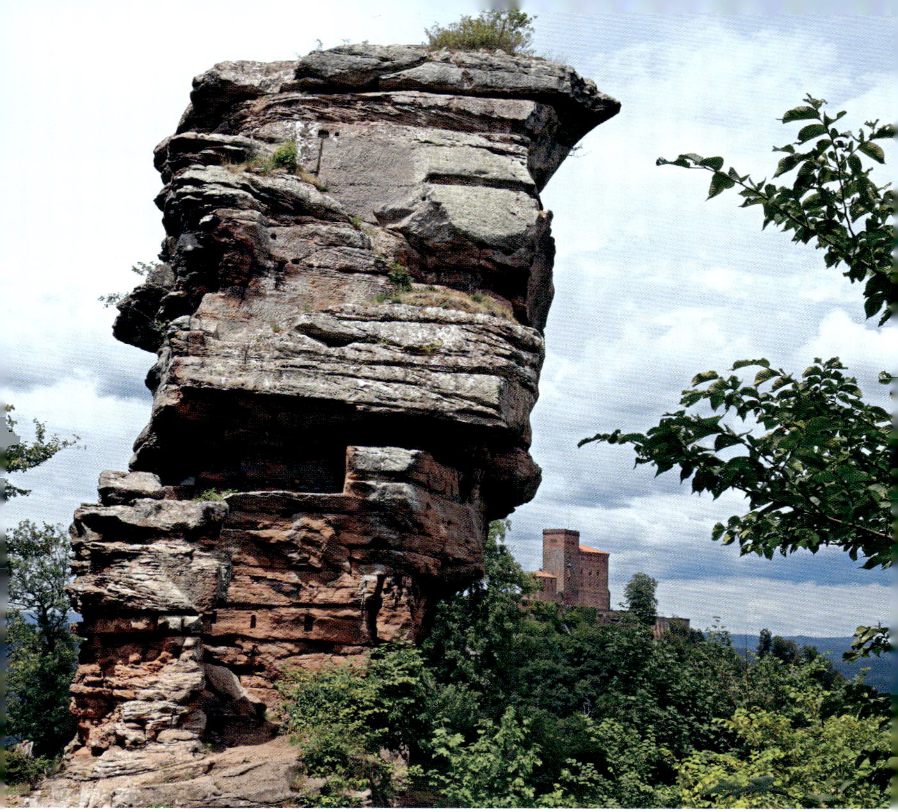

Ruine Anebos und im Hintergrund der Trifels.

turm. Hier gehen wir scharf rechts und können nach knapp 150 m von einer **Felskanzel** ❹ die Aussicht nach Süden zum Rehbergturm und den Bergen und Felsen des Wasgaus genießen. Hier verläuft auch der Buntsandsteinpfad, ein geologischer Wanderweg, an dem uns Infotafeln einen Einblick in die Erdgeschichte geben. Wenn der Zugang zur **Burg Scharfenberg** ❺ nach Beendigung der Sanierungsarbeiten wieder offen ist, machen wir einen Abstecher zu der beeindruckenden Ruine. Ansonsten folgen wir unterhalb der Ruine weiter dem *Annweilerer Burgenweg*, der in einem östlichen Bogen um den Burgberg am Münzfels und Jungturm vorbeiführt. Danach haben wir einen schönen Blick zum Trifels mit dem Bindersbacher Turm im Vordergrund. Wir gehen an dem hohen Felsturm und dem dahinter liegenden Fensterfelsen vorbei zur **Burg Anebos** ❻. Hinter der Ruine, von der außer dem Felsen nicht mehr allzu viel zu sehen ist, haben wir einen weiteren tollen Blick zur Burg Trifels. Danach steigen wir auf dem *Annweilerer Burgenweg* hinunter zum **Parkplatz Schlossäcker** ❼. Hier hat Heinrich VI. einst sein Heer vor dem Normannenfeldzug versammelt, den er mit dem Lösegeld finanzierte, das er für die Freilassung von König Richard Löwenherz bekommen hatte. Ein Denkmal erinnert hier auch an die Wiedervereinigung Deutsch-

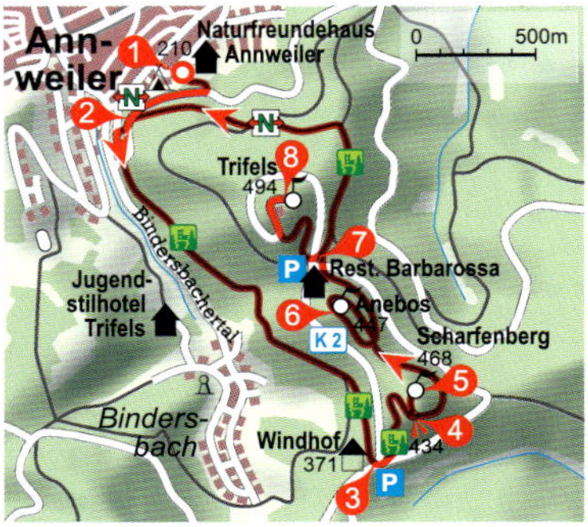

lands und ein Gedenkstein an Gerhard Weber (1943–1997), Landrat und 1. Vorsitzender des Trifelsvereins. Wir überqueren den Parkplatz und folgen dem *Annweilerer Burgenweg* hinauf zur **Burg Trifels ❽**. Die mächtige Burg betreten wir durch ein hohes Tor, schauen uns die etwas steril wirkenden hohen Räume an und genießen vor allem den 360°-Panoramablick vom Burgturm. Nach der Burgbesichtigung gehen wir zurück zum **Parkplatz ❼** und wandern auf dem *Annweilerer Burgenweg* links in einem großen Bogen um den Sonnenberg. Der Weg ist auch mit dem Logo des *Naturfreundewegs* markiert. Nach 1,6 km erreichen wir wieder die **Abzweigung ❷** oberhalb vom Kurpark Annweiler, an der wir rechts auf der Forststraße *(Naturfreundeweg)* zurück zum **Naturfreundehaus Annweiler ❶** gelangen.

Richard Löwenherz – Der englische König als Gefangener auf dem Trifels

Mythenumrankt ist das Leben von Richard Löwenherz (1157–1199), der von 1189 bis zu seinem Tod als König Richard I. England regierte. Er wurde eine Zeit lang auf der Reichsburg Trifels gefangen gehalten.

Im Jahr 1187 eroberte der ägyptische Sultan Saladin Jerusalem und einen Teil des Heiligen Landes von den Christen zurück. Der französische Kreuzritter und König von Jerusalem, Guy de Lusignan, erlitt dabei eine bittere Niederlage. Noch im selben Jahr rief Papst Gregor VIII. zur Rückeroberung des Heiligen Landes auf. König Richard I. folgte wie auch Kaiser Friedrich I. Barbarossa und König Philipp II. von Frankreich dem Aufruf und nahm mit seinem Heer am Dritten Kreuzzug teil. Kaiser Barbarossa ertrank jedoch 1190 bei der Überquerung eines Flusses, worauf ein Großteil seines Heeres zurückkehrte. Den verbliebenen Teil führte Friedrich von Schwaben an, ein Sohn Barbarossas, der jedoch ebenfalls kurz darauf verstarb. Daraufhin übernahm als ranghöchster Kreuzritter der österreichische Herzog Leopold V. dessen Heer und belagerte die Stadt Akkon. Richard Löwenherz soll dort die Fahne Leopolds von einem eroberten Turm gerissen und durch seine eigene ersetzt haben. Schlimmer noch: Er zog die österreichische Fahne durch den Schmutz. Leopold V. empfand dies als nicht mehr entschuldbare Beleidigung. Als Richard den erfolglosen Kreuzzug im Oktober 1192 beendete und sich als Pilger verkleidet auf den Heimweg machte, wurde er bei Wien enttarnt und von Leopold V. gefangen genommen. Dieser verkaufte seinen wertvollen Gefangenen 1193 an Kaiser Heinrich VI., der ihn auf die Reichsburg Trifels brachte. Erst als England eine für die damalige Zeit unvorstellbar hohe Lösegeldsumme von 23 Tonnen Silber gezahlt hatte und König Richard Heinrich VI. zum Lehensherrn seines Landes machte, wurde er im Februar 1194 freigelassen. Von den rund eineinhalb Jahren Gefangenschaft dürfte Richard Löwenherz tatsächlich aber nur wenige Wochen auf dem Trifels verbracht haben.

Von Birkweiler auf den Hohenberg

Auf Weinbergswegen zum schönsten Aussichtsberg

25

2.45 Std. | 7.8 km | ↗ 340 m | ↘ 340 m

TOP

Trifelsblick und Pfälzer Keschde

Der Schumacherfelsen auf dem 552 m hohen Hohenberg, der zwischen Birkweiler und Annweiler liegt, gilt als bester Aussichtspunkt auf das Burgendreigestirn Trifels, Anebos und Scharfenberg. Letztere wird im Volksmund auch »Münz« genannt, nicht weil hier einmal Münzen geprägt wurden, sondern weil sich der Name vermutlich vom lateinischen »munitio« ableitet, was »Befestigung« bedeutet. 1879 wurde auf dem Gipfel eine 9 m hohe Aussichtspyramide im Trockenverfahren aus Sandsteinen ohne Mörtel errichtet, die auf einer Außentreppe bestiegen werden kann. Die »Keschde«, wie der Pfälzer zu den Esskastanien sagt, kamen mit den Römern in die Pfalz. Sandige Böden und das milde Klima an der Weinstraße lassen die mediterranen Bäume gut gedeihen. Mit der Zeit haben sich am Rand der Haardt, wo die Weinberge in den Pfälzerwald übergehen, ausgedehnte Esskastanienwälder entwickelt, die vor allem im Herbst viele »Keschdesammler« anlocken. Früher waren die Keschde nicht nur ein Ersatz für fehlendes Brot und Kartoffeln, aus den Bäumen wurden auch Holzpfosten für die Weinberge, Weinfässer und sogar das Fachwerk der Häuser angefertigt. Heute sind Keschde ein Bestandteil von vielen Pfälzer Spezialitäten. Es gibt Keschdebrot, Keschdehonig, Keschdewurst, Keschdelikör, Gänsebraten mit Keschde und vieles mehr. Auch Gegenstände und Spielgeräte für Kinderspielplätze werden wieder aus dem haltbaren Holz der Esskastanie gefertigt.

Ausgangspunkt: Birkweiler, Wanderparkplatz Kolchenbachtal westlich außerhalb des Orts. Bushaltestelle in der Ortsmitte.
Anforderungen: Mittel, Wald- und Weinbergwege mit längerem Auf- und Abstieg.
Kinder: Für Kinder geeignet.
Tipp: Der Verein der Keschdebuschwinzer veranstaltet jedes Jahr im Juni den kulinarischen »Weinfrühling Birkweiler« (www.weinfruehling-birkweiler.de). Auf einem 2 km langen Rundweg durch die Weinlage Keschdebusch kann man an verschiedenen Weinständen die ausgezeichneten Weine probieren und in der romantischen Umgebung der Weinberge auch Köstlichkeiten wie einen Schwarze-Bohnen-Hummus-Wrap, ein Schweizer Steakli, Flammkuchen, Sushi und Tapas genießen.

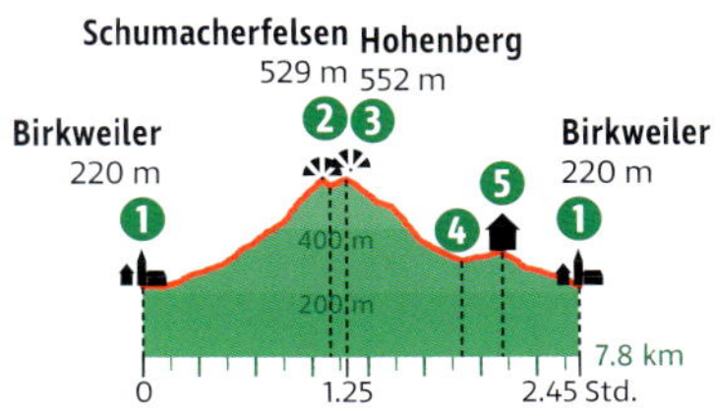

Stachelfrüchte der Esskastanie.

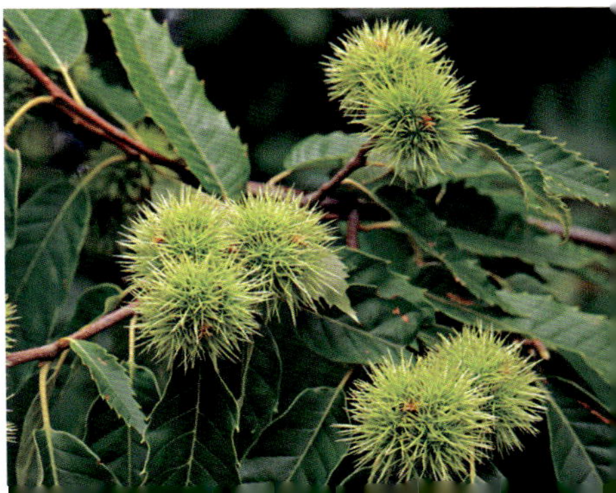

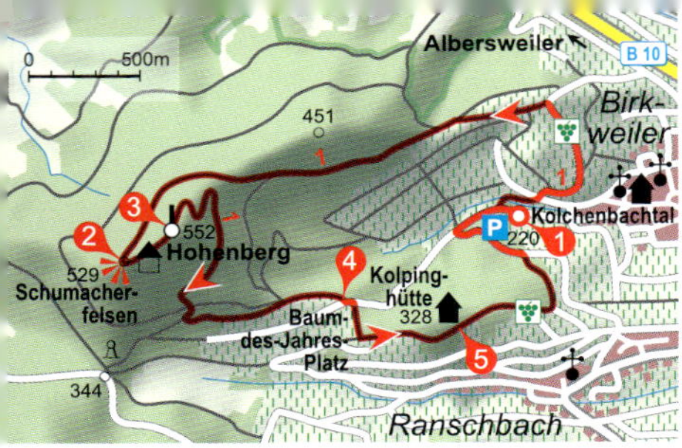

In **Birkweiler ❶** gehen wir vom Wanderparkplatz Kolchenbachtal westlich des Orts auf dem betonierten Wirtschaftsweg ins Tal. Dazu folgen wir dem *Rundwanderweg 1* »Hohenberg«, gehen an der Wanderwegtafel vorbei und verlassen nach 100 m den Wirtschaftsweg wieder. Scharf rechts führen uns der *Rundwanderweg 1* und die *Weintraube* des *Wanderwegs Deutsche Weinstraße* durch die Weinlage Keschdebusch und in einem Bogen um den sonnigen Südhang des 301 m hohen Taschbergs. Vom Weg haben wir einen guten Blick auf Birkweiler, dessen Ortsbild von den beiden spitztürmigen Kirchen, rechts der 1896 erbauten katholischen Kirche St. Bartholomäus und links der protestantischen Kirche, geprägt wird. Über dem Dorf erhebt sich die Kleine Kalmit. In den Weinbergen kommen wir an einem Rastplatz vorbei, an dem ein Briefkasten an einem Baum befestigt ist. In diesem befindet sich ein öffentliches Tagebuch, das den Wanderer dazu auffordert, sich »Zeit für sich zu nehmen, die innerliche Ruhe zu genießen und seine Gedanken aufzuschreiben«. Kurz darauf kommen wir an einem weiteren, unter schattigen Bäumen gelegenen Rastplatz vorbei. 50 m weiter verlassen wir dann die *Weintraube* und folgen links dem *Rundwanderweg 1* weiter durch die Weinberge. Die nächsten 1,8 km wandern wir immer geradeaus, dann führt uns der *Rundwanderweg 1* links hinauf zur Aussichtskanzel auf dem **Schumacherfelsen ❷**. Bei gutem

Trifelsblick vom Schumacherfelsen auf dem Hohenberg.

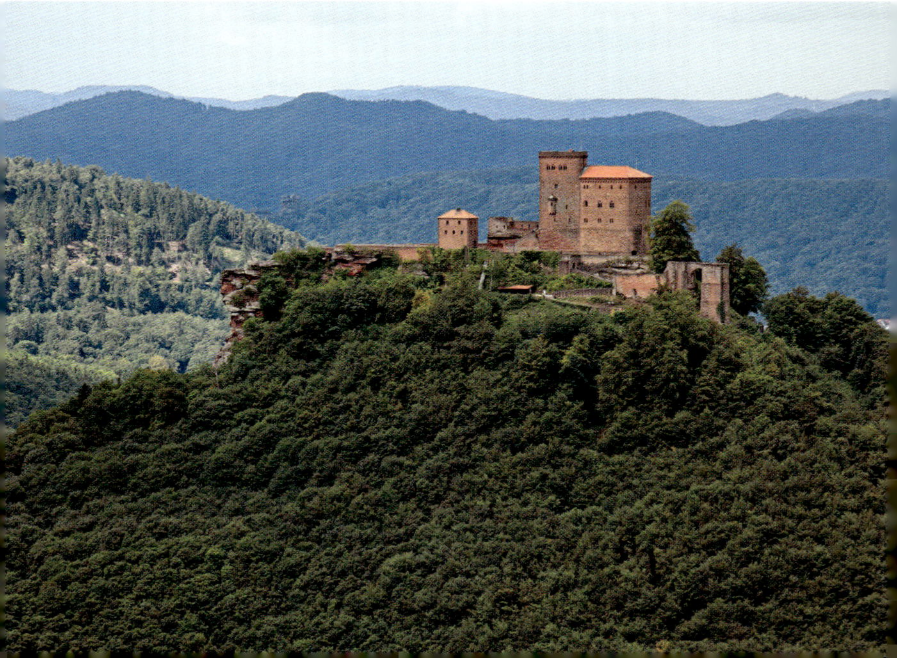

Wetter ist die Aussicht über die grün bewaldeten Bergkuppen des südlichen Pfälzerwalds, die mit den drei Burgen Trifels, Anebos und Scharfenberg gekrönt sind, einmalig schön. Der *Rundwanderweg 1* leitet uns danach auf einem schmalen Weg über den bewaldeten Berggrat zur Aussichtspyramide auf dem 552 m hohen **Hohenberg ❸**. Am Fuß der Steinpyramide liegt ein sonniger, manchmal aber windiger Rastplatz, und auch Gleitschirmflieger haben hier ihren Startplatz. Der *Rundwanderweg 1* führt nun auf einem schmalen Waldweg in langen Serpentinen bergab. Nach den Serpentinen folgt ein 500 m langes, gerades Wegstück. Hier stehen kleine Steinmännchen, die nach altnordischem Brauch allen eine sichere Weiterreise bescheren, die einen Stein auflegen oder ein neues Steinmännchen errichten. Nach einem kurzen Links-Rechts-Bogen des Wegs biegt der *Rundwanderweg 1* scharf links ab und führt 150 m weiter geradeaus am Waldrand entlang zum **Baum-des-Jahres-Platz ❹**. Hier müssen wir uns entscheiden, ob wir in der sonntags bewirtschafteten Kolpinghütte einkehren wollen oder nicht. Wer nicht einkehren möchte, gelangt auf dem *Rundwanderweg 1* links direkt zurück zum **Parkplatz ❶**. Zur Einkehr in der Hütte verlassen wir den *Rundwanderweg 1*, überqueren am Waldrand den Wirtschaftsweg und wandern am Rand des Ackers 170 m geradeaus auf dem grasbewachsenen Feldweg zum nächsten Wirtschaftsweg. Auf ihm gelangen wir links zur **Kolpinghütte ❺**. Wir gehen an der Hütte vorbei, überqueren dahinter den Spiel- und Bolzplatz und folgen dem nicht markierten Waldweg knapp 300 m geradeaus bis zum Waldrand. Dort treffen wir auf den *Wanderweg Deutsche Weinstraße* und folgen der *Weintraube* links am Waldrand oberhalb der Weinlage Mandelhain, bis diese nach 650 m wieder auf den *Rundwanderweg 1* trifft. Auf diesem und anfangs auch der *Weintraube* gelangen wir rechts durch das Kolchenbachtal zurück zum **Parkplatz ❶**.

Kolpinghütte
Kleine Speisekarte mit preisgünstigen Gerichten wie einem Teller Eintopf, einem Paar Würste oder Handkäs mit Musik. Geöffnet ab Ostermontag bis zum letzten Sonntag vor dem 1. Advent sonn- und feiertags von 10 bis 18 Uhr. An Fronleichnam, an Allerheiligen und am Weinstraßentag (letzter Sonntag im August) geschlossen. www.kolping-landau.de.

Sankt Laurentiushof
Lara Sommer und Küchenchef Maximilian Schocke servieren ihren Gästen im stilvollen Ambiente eines Winzer-Fachwerkhauses aus dem 17. Jahrhundert mit seinem mit Reben überdachten Innenhof köstliche Gourmet-Menüs mit Jakobsmuscheln, bretonischem Seeteufel, Limousin-Lamm und mehr. Geöffnet Do.–Mo. ab 18 Uhr, Hauptstraße 21, Birkweiler, www.st-laurentiushof-birkweiler.de, Tel. +49 6345 9199431.

Weingut Siener
Die Weine der Birkweiler Lage Kastanienbusch (Keschdebusch) der Winzerfamilie Peter und Denise Siener werden immer wieder mit Preisen ausgezeichnet. Zum guten Wein werden im Wein-Pavillon Pfälzer Gerichte, Burger, Pasta und Flammkuchen serviert. Geöffnet Mi.–So. ab 11 Uhr, Weinstraße 31, Birkweiler, www.weingutsiener.de, Tel. +49 6345 5161.

26 Von Ilbesheim nach Leinsweiler

Aussichtsreiche Weinbergswanderung

TOP | 3.50 Std. | 13,4 km | ↗340 m | ↘340 m

Die Kleine Kalmit und der Maler Max Slevogt

Leinsweiler ist die Wahlheimat des Malers Max Slevogt (1868–1932). Das Schlossgut Neukastel, bekannter unter dem Namen »Slevogthof«, war von 1914 bis zu seinem Tod 1932 der Sommersitz des Malers. Hier schuf er 150 farbenprächtige impressionistische Bilder, die oft die Landschaften der Pfalz im Wechsel der Jahreszeiten als Thema hatten. Die Wände des Musikzimmers bemalte er mit Motiven seiner Lieblingsopern, Mozarts »Zauberflöte« und »Don Giovanni«, Webers »Freischütz« und Wagners »Ring des Nibelungen«. Die Decke der Bibliothek ist mit literarischen Motiven aus »Macbeth«, »Tausend und einer Nacht« und dem »Lederstrumpf« gestaltet. Das Schlossgut wurde erstmals 1558 urkundlich erwähnt und diente als landwirtschaftliches Anwesen der Versorgung der Burg Neukastel. Die auf einem Bergsporn hoch über Leinsweiler liegende Burg wurde erstmals 1123 in einer Urkunde erwähnt und 1689 im Pfälzischen Erbfolgekrieg vollständig zerstört, sodass heute nur noch der Fundamentfels mit einer Felsenkammer erhalten ist. Von der Aussichtskanzel hat man den wohl schönsten Ausblick über die südliche Haardt zur Madenburg und zur Kleinen Kalmit, einem 270,5 m hohen Bergrücken, auf dem eine weithin sichtbare, kleine Kapelle steht. Auf der Süd- und Westseite wird Wein angebaut. Die Halbtrockenrasen, auf denen im Frühjahr Küchenschellen und im Frühsommer Orchideen blühen, stehen unter Naturschutz. Auch verschiedene Arten von Schmetterlingen und andere wärmeliebende Insekten kommen hier vor. Der Weinbergweg, entlang dessen jedes Jahr Ende Juli das Kalmitfest gefeiert wird, heißt in Anlehnung an den Spitznamen der Ilbesheimer »Affenschaukel«. Die Bewohner des Weindorfs sind stolz darauf als »Affen« bezeichnet zu werden. Denn Affen sind neugierig, geschickt, flink und gesellig. Diese Eigenschaften haben auch die Ilbesheimer: Sie sind immer auf der Suche nach Neuem und entwickeln ihr Dorf tatkräftig weiter.

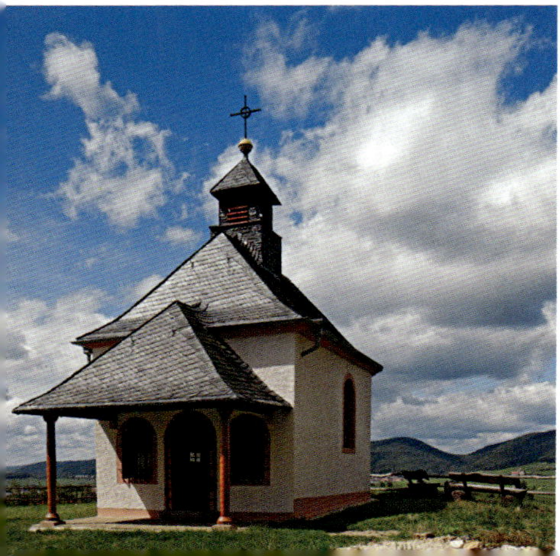

Ausgangspunkt: Ilbesheim, Parkplatz in der Arzheimer Straße bei der Schule. Bushaltestelle.
Anforderungen: Mittel, meistens sonnige Weinbergwege.
Kinder: Für größere Kinder geeignet.
Tipps: Das Kalmitfest (Ende Juli) in den Weinbergen entlang der Affenschaukel auf der Kleinen Kalmit ist eines der schönsten Pfälzer Weinfeste. Der Slevogthof wurde 2011 verkauft. Seine Restaurierung wird wohl noch einige Zeit in Anspruch nehmen, weshalb bis

Kapelle auf der Kleinen Kalmit.

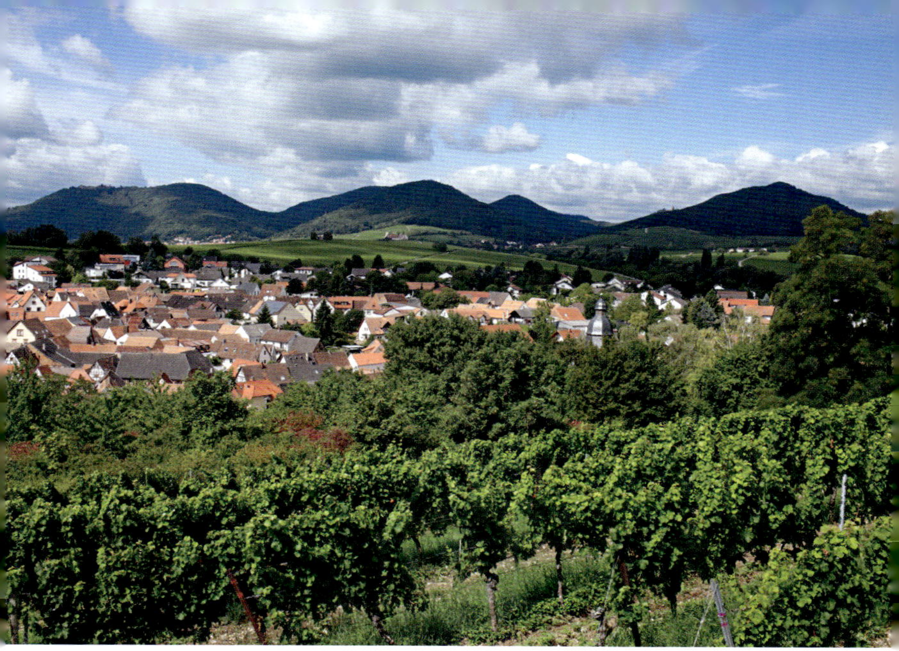

Eingebettet in eine Weinlandschaft: Ilbesheim.

auf Weiteres nur Führungen für Gruppen ab 15 Personen angeboten werden (info@archimedes-landau.de). Doch anlässlich des 150-jährigen Geburtstags des Malers Max Slevogt im Jahr 2018 wurde ein 9,3 km langer Rundwanderweg ausgeschildert (Slevogtweg), der vom Slevogthof zu den Lieblings- und Schaffensplätzen des Künstlers führt. Der Nachlass des Malers ist in der Max-Slevogt-Galerie in der Villa Ludwigshöhe bei Edenkoben ausgestellt.

In **Ilbesheim ➊** gehen wir vom Parkplatz in der *Arzheimer Straße* auf dem Weinbergweg, der neben der Straße verläuft, aus dem Ort. Nach 400 m biegen wir bei der Schutzhütte am Kalmitwingert nach rechts ab. Das Deutsche Weininstitut hat die Kleine Kalmit 2020 als schönste Weinsicht der Pfalz ausgezeichnet und dazu hier eine Stele des Künstlers Ulrich Schreiber aufgestellt. In der historischen Weinberganlage des Kalmitwingerts wird die Entwicklungsgeschichte des Weinbaus von der Antike bis heute dargestellt und in kleinen Weinbergparzellen sind die verschiedenen Arten der Reberziehung zu sehen. Danach wandern wir auf der »Affenschaukel« und dem *Rebenmeerweg* unterhalb der geschützten Kalk-Magerrasen an dem Naturschutzgebiet entlang zur **Kalmit-Kapelle ➋**, wo ein schöner Rastplatz dazu einlädt, die tolle Aussicht zu genießen. Wir wandern auf dem *Kalmitweg (Jakobsmuschel und gelber Strich)* über den Bergrücken, kommen an einer achteckigen Schutzhütte vorbei und erreichen bei der Feuerwehr **Arzheim ➌**. Hier folgen wir links der *Bischof-von-Weis-Straße* und der *Kalmitstraße* durch den Ort bis zur *Arzheimer Hauptstraße*. Auf ihr gehen wir 80 m rechts und verlassen danach auf dem *Nauweg* und dem *Fried-*

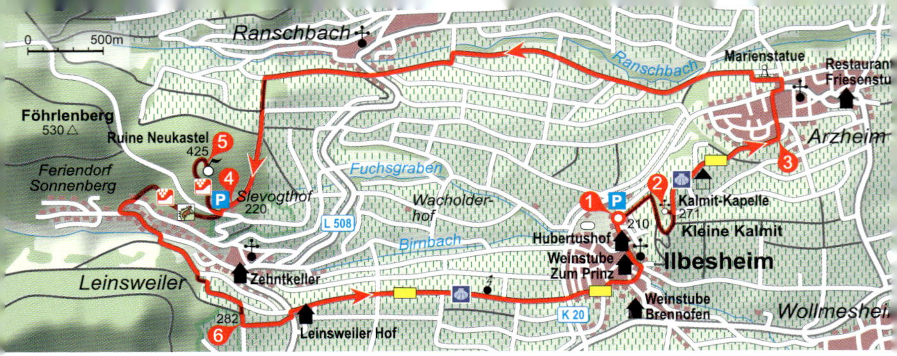

hofweg links den Ort. Wir kommen dabei an einer Marienstatue und am Friedhof vorbei. Am Ende des Friedhofs halten wir uns 50 m rechts und wandern dann links auf dem nicht markierten Weinbergweg durch das Ranschbachtal. Im Tal gehen wir an der Wegkreuzung geradeaus. Bevor der Weg leicht talwärts nach Ranschbach führt, haben wir einen schönen Blick auf den Trifels. An der Wegkreuzung am Ende des betonierten Wegs bei der Stromleitung gehen wir 100 m links und danach rechts weiter. Neben einem alten Brunnen liegt ein Rastplatz. Am Jagdbusch erreichen wir Ranschbach. Wer möchte, kann auf der *Weinstraße* rechts einen Abstecher in den Weinort machen. Wir überqueren die *Weinstraße* und wandern geradeaus aus dem Ort. An dem nicht markierten Weg wachsen viele Mirabellen-Bäume mit köstlichen gelben und roten Früchten. Nach 750 m treffen wir am Ende des kleinen Waldstücks auf den *Wanderweg Deutsche Weinstraße (Weintraube)*. Hier gehen wir links auf dem asphaltierten Feldweg knapp 400 m bergab und geradeaus bis zur Weggabelung am Waldrand. Hier verlassen wir die *Weintraube* und wandern geradeaus durch den Wald zum **Slevogthof ❹**. Vom Parkplatz machen wir rechts auf dem ausgeschilderten *Slevogtweg* und der *rot-weißen Welle* des *Pfälzer Weinsteigs* einen Abstecher hinauf zur **Ruine Neukastel ❺**. Die Aussicht von der exponierten Felskanzel ist grandios! Auf demselben Weg gelangen wir nach dem Abstecher zurück zum Parkplatz am Slevogthof. Hier folgen wir rechts dem *Slevogtweg*, dem *Pfälzer Keschdeweg* und dem *Pfälzer Weinsteig* durch den Wald zum Feriendorf Sonnenberg. Dort führt uns die *Slevogtstraße* in einem Linksbogen zur *Trifelsstraße*, auf der wir zur Kneipp-Anlage am Brunnen gelangen. Dahinter verlassen wir den *Slevogtweg*, überqueren rechts den Birnbach und wandern links auf dem *Pfälzer Keschdeweg* und dem *Pfälzer Weinsteig* an Leinsweiler vorbei. An einer **Wegkreuzung ❻** in den Weinbergen, an der wir auf den *gelben Strich* treffen,

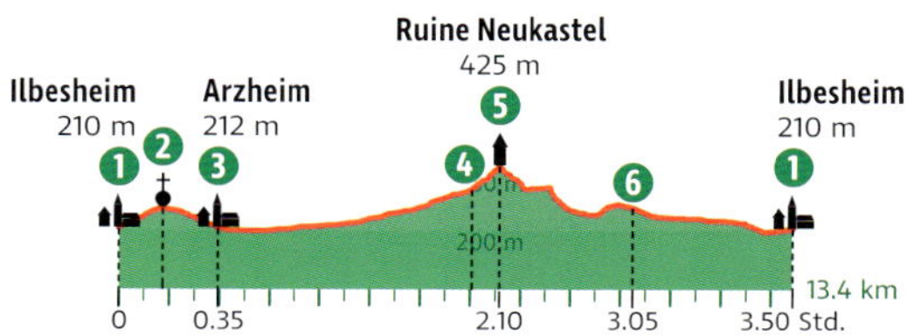

verlassen wir schließlich den *Pfälzer Weinsteig* und den *Keschdeweg* und folgen links dem *gelben Strich* zur Straße L *508* vor dem Leinsweiler Hof. Hier beobachtet ein bunt bemalter Eschbacher Esel die Wanderer. Der Esel ist das Symboltier und der Spitzname der Eschbacher (siehe Tour 33). Vorbei am Hotel, wandern wir geradeaus auf dem aussichtsreichen Wirtschaftsweg *(gelber Strich und Jakobsmuschel)* durch die Weinberge zurück nach Ilbesheim.

Am Ortsanfang überqueren wir die Kreisstraße *K 20* und gehen geradeaus auf dem *gelben Strich* durch das Wohngebiet. In der Linkskurve der Straße *An den Hofwiesen* nehmen wir rechts die Treppe und gehen dann links auf der *Oberdorfstraße* zur *Leinsweilerstraße*. Ihr folgen wir rechts zum Rathaus mit dem kleinen Brunnen. Das 1558 erbaute Haus ist das älteste der Gemeinde. Das Erdgeschoss besteht aus einer offenen Halle mit von Bögen durchbrochenen Seitenwänden aus rotem Sandstein. Ein Sandsteinrelief trägt das Wappen des Herzogtums Pfalz-Zweibrücken, zu dem Ilbesheim fast 400 Jahre lang gehörte, und eine Tafel erinnert an den Ilbesheimer Vertrag. Dieser »Kapitulationsvertrag« wurde 1704 nach der Belagerung Landaus zwischen Österreich und Bayern geschlossen; er beendete den Spanischen Erbfolgekrieg in Süddeutschland und auch die Selbstständigkeit Bayerns. Hinter dem Rathaus gelangen wir links auf der *Arzheimer Straße* durch das Weindorf zurück zum **Parkplatz ❶**.

Über dem Slevogthof erhebt sich die Ruine Neukastel.

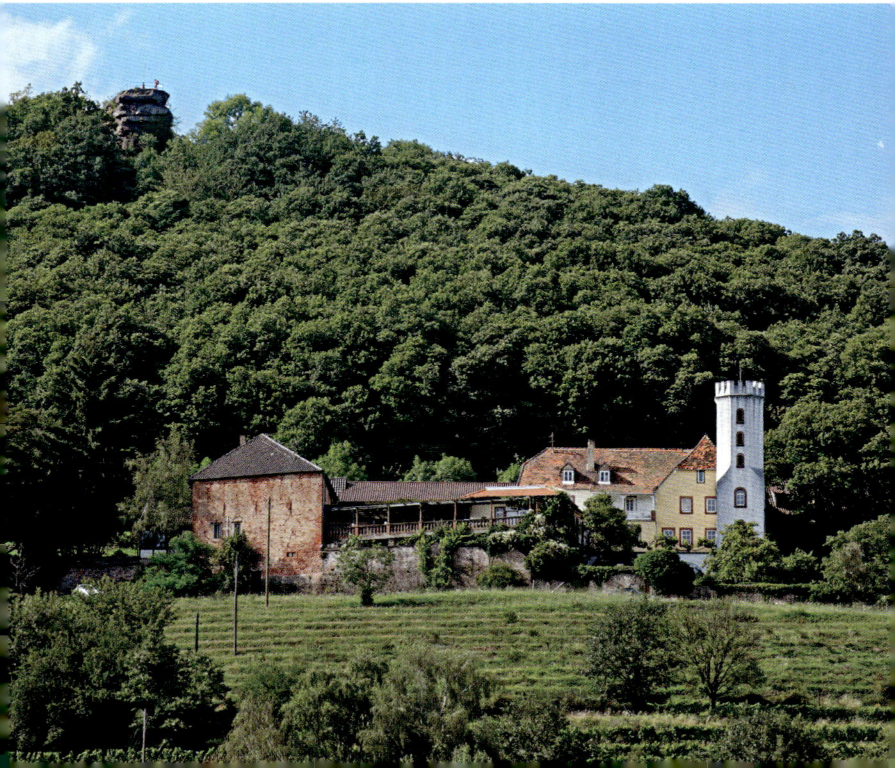

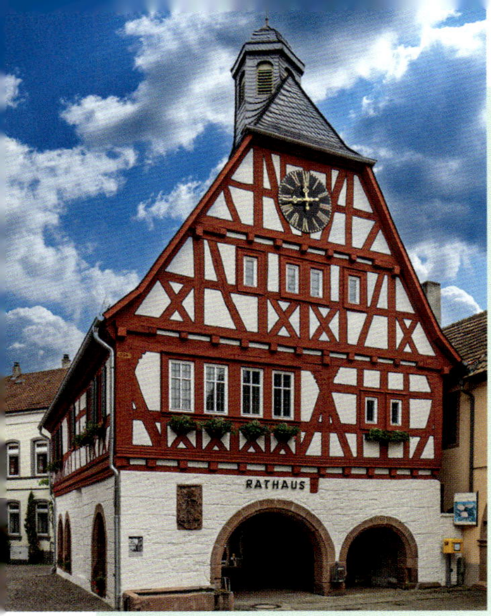

Das 1585 erbaute Rathaus ist das älteste Gebäude von Ilbesheim.

Restaurant Friesenstube
Küchenchef Rüdiger Ebsen stammt von der Insel Föhr und brachte die friesischen Fischspezialitäten seiner Heimat in die Pfalz. In einem Fachwerkhaus aus dem 17. Jahrhundert mit seiner Terrasse im Innenhof werden die Gäste Mi.–Sa. ab 17.30 Uhr und So. ab 11.30 Uhr bewirtet. www.friesenstube-landau.de, Rohrgasse 2, Landau-Arzheim, Tel. +49 6341 932581.

Zehntkeller Leinsweiler
Mitten im Dorf kann man im 500 Jahre alten historischen Zehntkeller mit seinem Sandsteingewölbe und dem romantischen Innenhof einkehren. Es gibt Pfälzer Gerichte, Schnitzel, Rumpsteaks, Flammkuchen und verschiedene Tagesgerichte. Geöffnet Di., Mi., Fr., Sa. ab 17 Uhr, So. ab 11.30 Uhr. Weinstraße 3, Leinsweiler, Tel. +43 6345 407722.

Leinsweiler Hof
Das 4-Sterne-Wellness-Hotel und Restaurant bietet eine gehobene toskanische und regionale Küche. Geöffnet täglich 12–14.30 Uhr und 18–21.30 Uhr. Fr.–So. ist die toskanische Terrasse nur für Hotelgäste geöffnet. www.leinsweilerhof.de, Weinstraße, Leinsweiler, Tel. +49 6345 409-0.

Restaurant-Weinstube Zum Prinz
Im Ambiente des 1750 erbauten Winzerhauses werden in zwei Etagen Pfälzer Gerichte, Fisch und Wild serviert. Geöffnet Mo.–Sa. ab 17.30 Uhr, So. 11.30–14 Uhr und ab 17.30 Uhr. www.zumprinz.de, Kalmitgasse 1, Ilbesheim, Tel. +49 6341 33473.

Hubertushof
Sandra Bernhard und Jochen Sitter, die auch schon als Gourmet-Köche auf dem Traumschiff MS Deutschland die Welt bereisten, eröffneten 2014 im denkmalgeschützten St. Hubertushof aus dem 17. Jh. ihr eigenes Restaurant. Raffinierte Gerichte mit Wild aus der heimischen Jagd und tolle Kompositionen aus regionalen Produkten ziehen viele Gäste an, sodass man unbedingt vorab reservieren sollte. Geöffnet Mi.–Sa. ab 18 Uhr. Arzheimer Str. 5, Ilbesheim, Tel. +49 6341 930239.

Weinstube Brennofen
Aus einem historischen Brennofen, in dem früher Ziegelsteine gebrannt wurden, entstand eine rustikale Weinstube. Wer's modern mag, findet in der lichtdurchfluteten Wein-Lounge einen Platz. Mit seinen Zypressen und Wasserspielen verströmt der Wein-Garten ein mediterranes Flair, und in der Weinlaube spendet ein Dach aus 100-jährigen Reben Schatten. Wer gutes Essen schätzt, den erwarten Pfälzer Gerichte, Rumpsteak, Flammkuchen und viele weitere saisonale Köstlichkeiten. Geöffnet Mo., Do.–Sa. ab 17 Uhr, So. 11.30–15 Uhr und ab 16 Uhr. Wildgasse 5, Ilbesheim, www.mein-brennofen.de/de/weinstube, Tel. +49 6341 32215.

Von Sankt Johann zur Ringelsberghütte

Auf Waldwegen zur »Sackpfeif«

4.40 Std. | 14,5 km | ↗500 m | ↘500 m

Historische Walddusche und ein archäologischer Park

1849 erkrankte der bayerische Geistliche Sebastian Kneipp (1821–1897) an Tuberkulose und las zufällig in einem Buch von der Heilkraft frischen Wassers. Daraufhin stieg er mehrfach in das eiskalte Wasser der Donau und wurde wieder gesund. Unterstützt von den Erfahrungen des Naturheilers Vincenz Prießnitz aus Gräfenberg in Schlesien erkannte Kneipp die therapeutische Wirkung von regelmäßigen Kaltwasseranwendungen. Von den Schulmedizinern wurde er anfangs als Kurpfuscher angezeigt. 1855 kam Kneipp als Priester in das Kloster Wörishofen, wo er seine Wassertherapie weiterentwickeln konnte und für die immer zahlreicher werdenden Kurgäste des Orts Gesundheitsvorträge hielt. Auch Prinz Ruprecht von Bayern, Erzherzog Joseph von Österreich und Papst Leo XIII. ließen sich von dem Hydrotherapeuten Kneipp behandeln und verhalfen seinen Wasserkuren zum Durchbruch.

Noch bevor die Kneipp'schen Wasserkuren in aller Munde waren, gründete 1844 Dr. Ludwig Schneider in Bad Gleisweiler ein Sanatorium, das durch seine Hydrotherapie weit über die Grenzen der Pfalz hinaus bekannt wurde. Nach einem Besuch bei Vincenz Prießnitz ließ der Arzt 1849 im wildromantischen Hainbachtal bei Gleisweiler eine Badeanstalt bauen, in der ein 3 m hoher, eiskalter Sturzbach als Kaltwasserdusche genutzt wurde. Die Walddusche war bis 1878 in Betrieb; sie wurde 1996 restauriert, sodass Besucher heute das Wasser-

Die historische Walddusche im Hainbachtal.

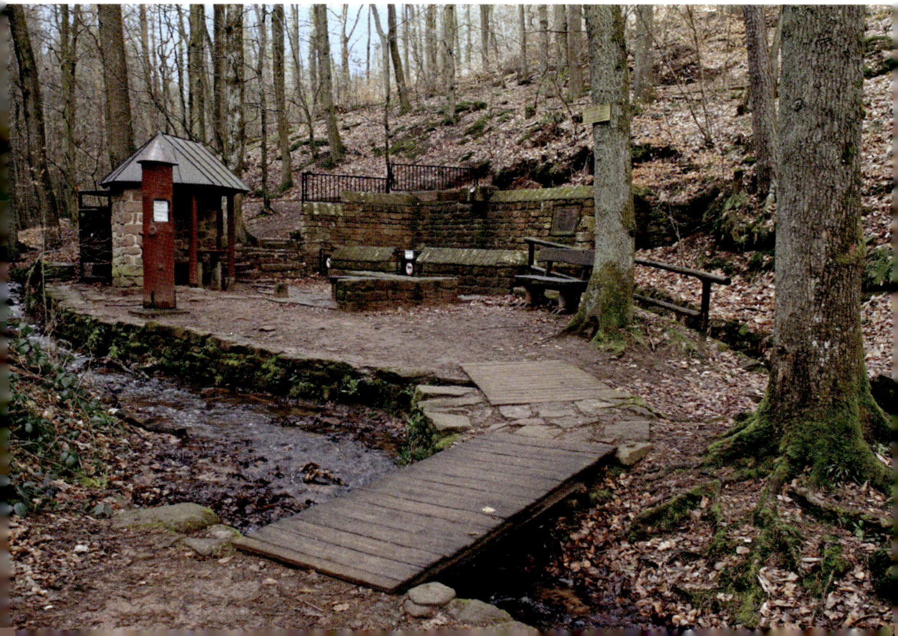

tretbecken nutzen und Mutige sogar eiskalt »duschen« können. Die Walddusche im Hainbachtal ist die einzige noch existierende Anlage in Deutschland. Ende der 1990-Jahre stießen Archäologen bei Ausgrabungen im alten Friedhof von St. Johann, einem Ortsteil von Albersweiler, auf Mauerreste aus der Römerzeit und die Fundamente von drei Kirchen. Die Reste der ehemaligen Klosterkirche (13.–16. Jh.) des im 16. Jh. aufgegebenen Frauenordens der Reuerinnen wurden restauriert. Ihr Klausurhaus stand südwestlich der Kirche. Auf seinen Fundamenten ließen die Fürsten von Löwenstein-Wertheim 1764 ein Rokokoschlösschen erbauen, in dem sich heute das Studienhaus der BASF befindet. Der alte Friedhof mit der ehemaligen Klosterkirche wurde zu einem archäologischen Park, der frei zugänglich ist.

Ausgangspunkt: Wanderparkplatz St. Johann am westlichen Ende der Schlossstraße.

Anforderungen: Mittel, Waldwege mit Auf- und Abstiegen.
Kinder: Für Kinder geeignet.

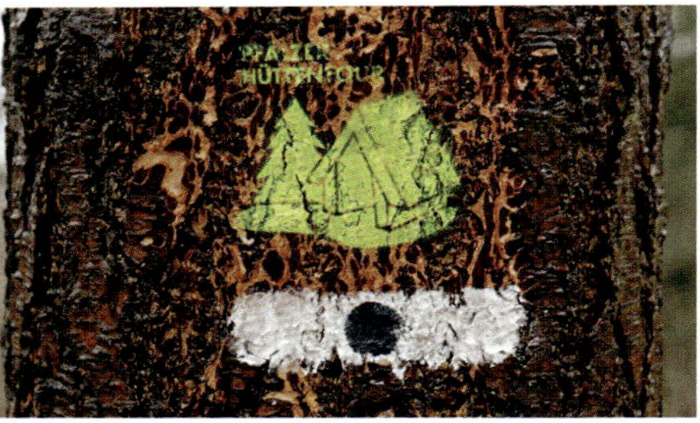

Markierung der Pfälzer Hüttentour.

Vom Wanderparkplatz **St. Johann ❶** am Schwelterbach im Großthal gehen wir auf der *Schlossstraße* in den Ort. Nach wenigen Metern treffen wir auf den ausgeschilderten historischen Rundweg von Albersweiler. Dieser führt uns auf der *Schlossstraße* zum alten Friedhof, dem archäologischen Park der ehemaligen Klosterkirche St. Johann. Auf der anderen Straßenseite steht das ehemalige Löwensteiner Rokokoschlösschen (Studienhaus der BASF). Hier gehen wir links um den archäologischen Park und halten uns in Höhe der Kirchenruine rechts. An der nächsten Wegkreuzung hinter dem Strommast biegen wir nach rechts ab und folgen dem historischen Rundweg geradeaus durch die Weinberge. Nach 300 m gehen wir an der Abzweigung vor dem Gehölzstreifen rechts und überqueren danach beim Albersweiler Fass rechts haltend die *Weinstraße (L 507)*. Auf der anderen Straßenseite lassen wir uns auf dem »Schmunzelweg« von der heiteren Lebensart und dem Frohsinn der Pfälzer zum Schmunzeln bringen, folgen dem *Weinbergweg* nach links, biegen nach 200 m rechts ab und treffen nach einem längeren, geraden Wegstück am Ortsrand von Albersweiler auf den *Heerweg*. Ihn verlassen wir hinter dem Friedhof wieder und folgen links der *Abreschviller Straße* zur *Siebenmorgenstraße*, auf der wir rechts zur *Hohlstraße* gelangen. Diese führt uns kurz links zur *Weinstraße*, auf der wir links die Queich überqueren. Danach wandern wir rechts auf der *Kanalstraße* entlang des Albersweiler Kanals. Dieser wurde 1687 angelegt und mit Wasser aus der Queich gespeist, um die Steine aus dem Albersweiler Steinbruch auf dem Wasserweg zur Festung Landau zu befördern. Der Kanal war einmal 7 km lang, 13 m breit und 1,9 m tief.

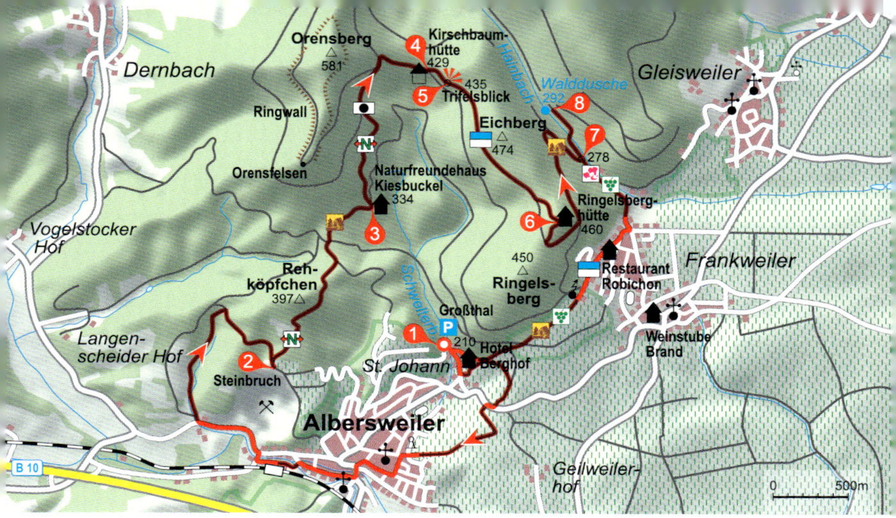

Am Ende der Kanalstraße halten wir uns vor der Brücke über die Queich links und gehen am Bahnhof vorbei. Hier steht noch eine alte Kanalschleuse, die den Wasserzulauf aus der Queich regelte. Hinter dem Bahnhof verlassen wir an der Hauptstraße den historischen Rundweg und folgen rechts dem Naturfreundeweg. Er führt uns zunächst auf der Hauptstraße zur *Eußertaler Straße*, auf der wir am Albersweiler Steinbruch vorbeikommen. Nach dem Steinbruch gehen wir rechts durch das Ofental und lassen uns vom *Naturfreundeweg* die nächsten 1,5 km im Wald um den Steinbruch leiten. Wo der Weg am Ende des Rechtsbogens bei der Stromleitung den Nordrand des **Steinbruchs ❷** erreicht, biegen wir scharf links ab und folgen dem *Naturfreundeweg* durch den Wald östlich des 397 m hohen Rehköpfchens zum **Naturfreundehaus Kiesbuckel ❸**. Unterwegs treffen wir nördlich des Bergs auf das Logo der *Pfälzer Hüttentour*, die hier streckengleich mit dem *Naturfreundeweg* verläuft.

Der *Naturfreundeweg*, die *Pfälzer Hüttentour* und der *schwarze Punkt auf weißem Strich* leiten uns nun vom Naturfreundehaus in nördlicher Richtung weiter. Nach 1,1 km verlassen wir die *Pfälzer Hüttentour* und 70 m weiter auch den *Naturfreundeweg* und folgen rechts auf der Forststraße dem *blau-weißen Strich* zur **Kirschbaumhütte ❹**.

Von der Schutzhütte leitet uns der *blau-weiße Strich* geradeaus in Richtung Ringelsberghütte. Nach 200 m kommen wir am **Aussichtspunkt »Trifelsblick« ❺** vorbei, an dem eine Rastbank steht. Ein breiter, ebener Waldweg führt danach über den Rücken des Eichbergs. Wo rechts im Wald ein Forsthaus steht, verlassen wir den *blau-weißen Strich* und gelangen links auf dem schmalen Weg zur ausgeschilderten **Ringelsberghütte ❻**. Die 1925 auf einer Terrasse des Ringelsbergs oberhalb von Frankweiler erbaute Hütte wird im Volksmund »Sackpfeif« genannt, weil von hier früher mit Trillerpfeifen die Verständigung mit den umliegenden Burgen erfolgte. Die »Sackpfeif« ist eine der schönsten Hütten im Pfälzerwald. Von der Aussichtsplattform haben wir einen weiten Blick ins Rheintal.

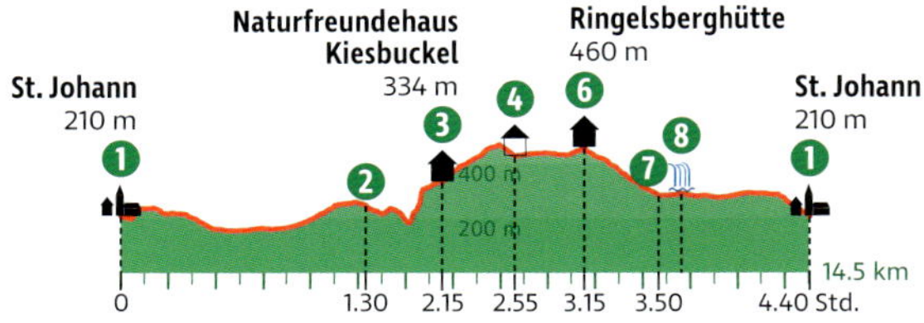

Unterhalb der Terrasse wandern wir links in Richtung Frankweiler rund 150 m gerade bergab und gehen dann links auf der Forststraße weiter. An der Wegkreuzung bei der alten Kastanie folgen wir links der ausgeschilderten *Pfälzer Hüttentour*. In der scharfen Rechtskurve der Forststraße wandern wir links auf dem schmalen Pfad 900 m weiter bergab und gehen oberhalb vom Hainbachtal auf der breiten Forststraße rechts. Im **Hainbachtal ❼** machen wir links auf der Forststraße einen Abstecher zur ausgeschilderten Walddusche. Nach 250 m verlassen wir dazu bei dem kleinen Häuschen die Forststraße, überqueren am Brunnen den Hainbach und gehen links bachaufwärts zur historischen **Walddusche ❽**.

Nach dem Abstecher nehmen wir den gleichen Weg zurück zu ❼ und gelangen auf der Forststraße geradeaus nach Frankweiler. Unterwegs verlassen wir nach den Häusern die *Pfälzer Hüttentour* und folgen geradeaus dem *Pfälzer Mandelpfad* und dem *Wanderweg Deutsche Weinstraße (Weintraube)*. Auf der Straße *Steigerterhof* erreichen wir dann den Ort. Am Ende des kurzen Straßenstücks gehen wir auf der *Ringelsbergstraße* rechts *(Weintraube)*. Am Ortsende treffen wir an der Abzweigung zum Waldparkplatz auf den *blau-weißen Strich*. Diese Markierung und anfangs auch die *Weintraube* leiten uns durch die Weinberge zurück nach Sankt Johann. Von dem aussichtsreichen Weinbergweg sehen wir links im Tal den Geilweilerhof liegen. Er ist Sitz des Julius-Kühn-Instituts für Rebenzüchtung, ein Bundesforschungsinstitut. Mit den Rebsorten Regent, Calandro, Felicia und Reberger gelangen dem Institut vielversprechende Neuzüchtungen mehltauresistenter Reben. Vor dem Abstieg nach Sankt Johann haben wir noch einmal einen schönen Blick zum Trifels. Kurz darauf zweigt die *Weintraube* ab; wir gehen geradeaus auf dem Grasweg, der mit dem *blau-weißen Strich* gekennzeichnet ist, weiter. Am Ortsanfang von Sankt Johann kommen wir am Hotel Berghof mit dem Wirtshaus Hüttenzauber vorbei, von dessen Terrasse wir eine tolle Aussicht haben. Danach gelangen wir rechts zurück zum **Wanderparkplatz St. Johann ❶**.

Naturfreundehaus Kiesbuckel
In dem Naturfreundehaus gibt es Sa., So. und an Feiertagen 10–18 Uhr kleine Gerichte und selbstgebackenen Kuchen, www.naturfreunde-landau.de, Tel. +49 6345 918046. Übernachtungen können per E-Mail (siehe Homepage) gebucht werden.

Ringelsberghütte (»Sackpfeif«)
In der Hütte des Pfälzerwaldvereins Frankweiler können Wanderer preiswert essen und trinken. Kleine Gerichte und vor allem leckere selbstgebackene Kuchen und Torten gibt es hier

sonntags 9.30–18 Uhr, an Feiertagen und in den Ferien unregelmäßig geöffnet, siehe Homepage. www.pwv-frankweiler.de, Tel. +49 6345 7463.

Weinstube Brand
Die Weinstube, die von außen eher etwas nüchtern wirkt, bietet in ihrem rustikalen Gastraum und dem idyllischen Innenhof kleine Köstlichkeiten und Pfälzer Rumpsteak mit Bratkartoffeln. Dazu kommen wechselnde Tagesgerichte mit Fisch, Entenbrust und Rindfleisch, die gerne mit mediterranen und asiatischen Beilagen serviert werden. Geöffnet Mi.–Sa. 12–14 Uhr und ab 18 Uhr, Di. ab 17 Uhr. Weinstraße 19, Frankweiler, Tel. +49 6345 959490.

Restaurant Robichon
Bruno Robichon verwöhnt seine Gäste mit klassischer französische Küche und mehrgängigen Gourmet-Menüs und À-la-carte-Gerichten. Die Speisekarte lädt zu einer kulinarischen Rundreise durch Frankreich ein. Etwas Zeit sollte man schon mitbringen, wenn man hier die Kochkunst des Küchenchefs genießen möchte. Auch Wanderer und Radfahrer sind hier willkommen. Mo., Di. sind Ruhetage, geöffnet Mi., Do., So. 12–14 Uhr, Fr. ab 18 Uhr, Sa. 12–14 Uhr und ab 18 Uhr, www.restaurant-robichon.de, Orensfelsstraße 31, Frankweiler, Tel. +49 6345 3268.

Wirtshaus Hüttenzauber
Das im pfälzisch-bayrischen Stil eingerichtete Wirtshaus Hüttenzauber mit seiner schönen Aussichtsterrasse bietet herzhaftes Essen und Übernachtungsmöglichkeiten im dazu gehörigen Hotel Berghof. Geöffnet Do.–Fr. 17–22 Uhr, Sa.–So. 12–22 Uhr, warme Küche bis 20.30 Uhr. www.berghofalbersweiler.de/wirtshaus-huettenzauber, Schlossstraße 36, Sankt Johann, Tel. +49 6345 935 52 62.

Zur Wappenschmiede
Küchenchef Walter Bohrer und seine Familie verwöhnen ihre Gäste in ihrem Fachwerkhaus an der Queich mit seinem schönen Innenhof mit Pfälzer Gerichten, Schnitzel, Rumpsteaks, Fisch und Wild aus dem Pfälzerwald. Geöffnet Fr., Sa. ab 17 Uhr, So. 11.30–14 Uhr und ab 17 Uhr, www.zurwappenschmie.de, Hauptstraße 4, Albersweiler, Tel. +49 6345 3514.

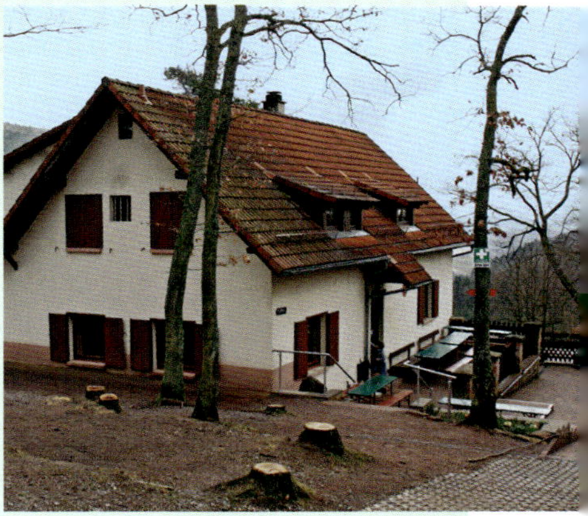

Naturfreundehaus Kiesbuckel (oben) und Ringelsberghütte (unten), im Volksmund auch »Sackpfeif-Hütte« genannt.

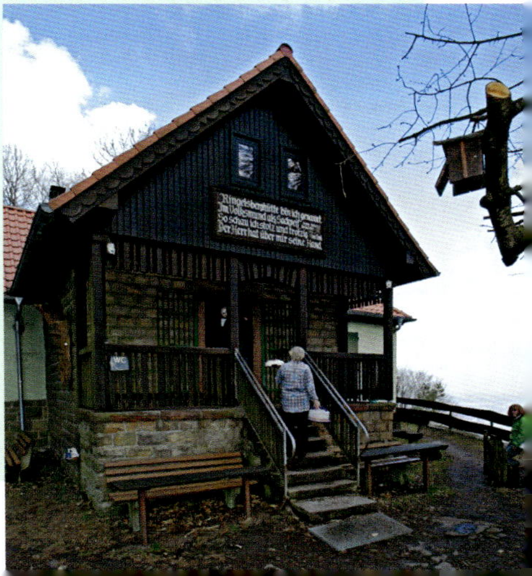

28 Zum Naturfreundehaus Bethof

Wald- und Höhenwegrunde ab der Ruine Lindelbrunn

4.00 Std. | 13,4 km | ↗ 350 m | ↘ 350 m

Streitigkeiten in der Ganerbenburg

Wer die Burg Lindelbrunn auf einem 440 m hohen Bergkegel erbaut hat und wann genau, ist urkundlich nicht belegt. Da die Burg einen großen Palas (Saalbau) und eine eigene Kapelle besaß, dürfte nur ein hochrangiger Bauherr infrage kommen. Die Burg könnte als Besitz der Speyerer Reichskirche Ende des 12. Jahrhunderts von dem Reichstruchsess Markward von Annweiler als Schutzburg des Trifels errichtet worden sein. Ein Truchsess war früher der wichtigste Berater eines Fürsten oder Kaisers. Seine Position war mit besonderen Rechten und sogar einem Kurfürstentum verbunden. 1268 wird der Hofbeamte und Burg-Verwalter Dieter von Lindelbol erstmals urkundlich erwähnt, ein Nachfahre des Truchsess. 1274 gelangte die Burg in den Besitz der Grafen Emich IV. und Friedrich III. von Leiningen. Im Laufe der Zeit bekam die Burg durch Erbteilung und Verpfändung viele Miteigentümer und war im 15. Jahrhundert eine typische Ganerbenburg, eine Burg also, die vielen Besitzern gehörte. Streitigkeiten untereinander blieben da nicht aus und gipfelten oft in einer Belagerung, wie 1440, als die Truppen des pfälzischen Kurfürsten und des Speyerer Bischofs sieben Wochen lang die Burg umlagerten, bis man sich friedlich einigte. Zehn Jahre später wurde die Burg erneut belagert, wobei Ernst Bernhard von Leiningen und Friedrich von Zweibrücken-Bitsch die Burg einnahmen und die Streitigkeiten beendeten. 1525 wurde die Burg im Bauernkrieg niedergebrannt und verfiel danach. Erhalten geblieben sind Reste des Palas und der Außenmauer aus Buckelquadern, das befestigte innere Tor, Felsenkammern und Fundamente der ehemaligen Burgkapelle.

Ruine Lindelbrunn.

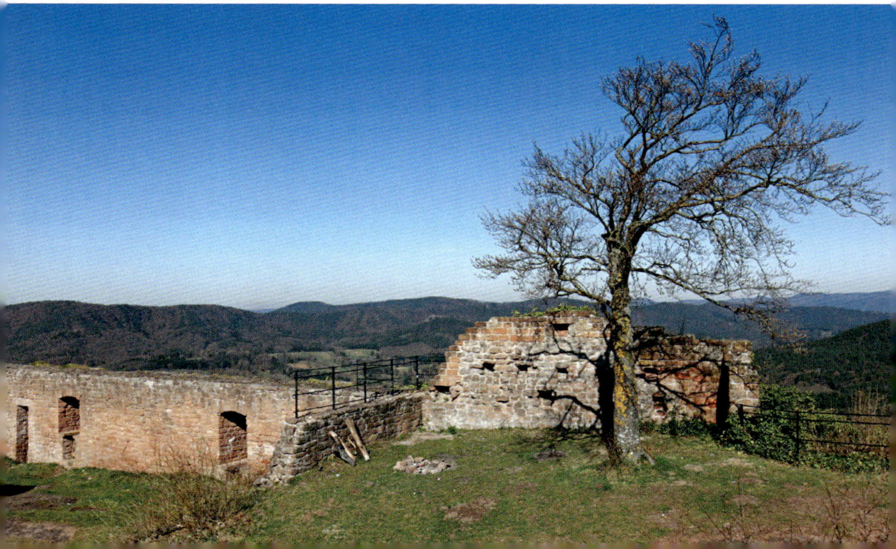

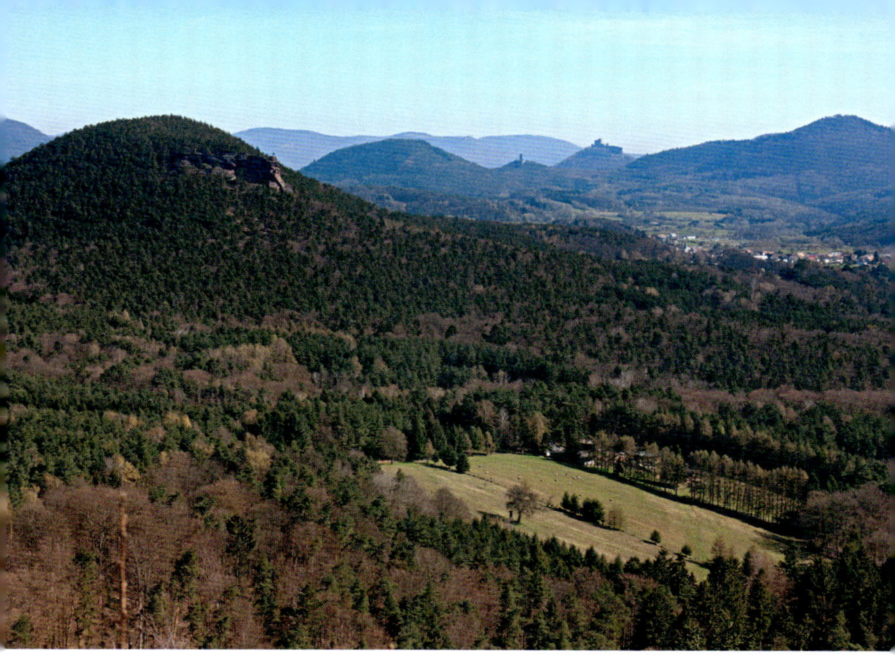

Blick von der Ruine Lindelbrunn über den Pfälzerwald zum Asselstein und zum Trifels.

Ausgangspunkt: Waldparkplatz unterhalb der Ruine Lindelbrunn in der Nähe der Waldgaststätte Cramerhaus, 3 km nordöstlich von Vorderweidenthal.
Anforderungen: Mittel, Waldwege mit Auf- und Abstiegen.
Kinder: Für Kinder geeignet.

Am **Waldparkplatz ❶** unterhalb der Ruine Lindelbrunn, wo auch die Waldgaststätte Cramerhaus liegt, beginnen wir unsere Wanderung mit einem Abstecher hinauf zur ausgeschilderten Burgruine. Auf dem beschilderten Forstweg gelangen wir dorthin und auf demselben Weg wieder zurück. Von dem Bergplateau, auf dem die **Burg Lindelbrunn ❷** erbaut wurde, haben wir ein herrliches 360°-Panorama über den Pfälzerwald mit dem Trifels und dem markanten Asselstein. Wieder zurück am **Waldparkplatz ❶** gehen wir auf der Straße *K 10* am Cramerhaus vorbei (*blaues Kreuz und Kapellen-Pilgerweg*) bis zum nächsten Parkplatz in der Rechtskurve der Straße und wandern von dort links auf der Forststraße, die weiter mit dem *blauen Kreuz* und dem Logo des *Kapellen-Pilgerwegs* markiert ist, über den Vogelskopf bis zur Silzer Linde. Nach 1,5 km gehen wir an einer Wegkreuzung links auf dem schmalen Weg den Waldhang hinunter. Unterwegs treffen wir auf eine grasbewachsene Forststraße, die wir in einem Rechtsbogen wieder verlassen, um auf dem schmalen Pfad links weiter im Annweiler Wald zur Straße *L 493* bergab zu wandern. Kurz davor lesen wir auf einem Schild, dass es von hier nur eine Viertelstunde zu Fuß bis zum Wild- und Wanderpark Südliche Weinstraße ist (ganzjährig geöffnet). Wer möchte, kann einen

Die Sage um Ritter Rothkopf und die Burg Lindelbrunn

Es wird berichtet, dass Ritter Rothkopf, der Burgherr, einst seine Bediensteten im Burghof versammelte, um den Namen der neu erbauten Burg bekannt zu geben. Da trat eine alte, ergraute Frau aus der Menge hervor und pflanzte neben dem Brunnen eine Linde. Mit fester Stimme verkündete sie, dass die Burg fortan »Lindelbrunn« heißen soll und solange die Linde gedeihe, auch die Burg und der Burgherr mit seinem Geschlecht blühen würden. Danach verschwand die Frau. Eines Tages traf der verstoßene Bruder des Burgherrn die alte Frau im Wald. Sie begleitete den Ritter auf die Burg, um die Brüder zu versöhnen. Doch Ritter Rothkopf drohte, die beiden an der Linde aufzuhängen, wenn sie nicht fortgingen. Die alte Frau brach daraufhin einen Zweig von der Linde ab und stieß ihren Spinnrocken in den Baum, worauf dieser seine Blätter abwarf, vertrocknete und in den Brunnen stürzte. Der Bruder von Ritter Rothkopf und die alte Frau verließen die Burg. Am Fuß des Bergs pflanzte die Frau den abgebrochenen Lindenzweig in die Erde und sagte zu dem Bruder, er solle an dieser Stelle mit den Steinen der alten eine neue Burg bauen. Kaum gesagt, verschwand die alte Frau. Als wenig später ein fürchterlicher Sturm wütete, brach die Burg Lindelbrunn auseinander und ihre Steine rollten zu Tal. Nachdem sich der Sturm gelegt hatte, eilte der Bruder hinauf zur Burg, doch er fand dort keine Überlebenden mehr und sah nur noch eine Ruine. Am Fuß des Bergs baute er, wie ihm die alte Frau geheißen hatte, aus den Steinen der Burg ein Forsthaus. Die Burg Lindelbrunn ist heute eine Ruine, doch das alte Forsthaus steht immer noch am Fuß der Burg.

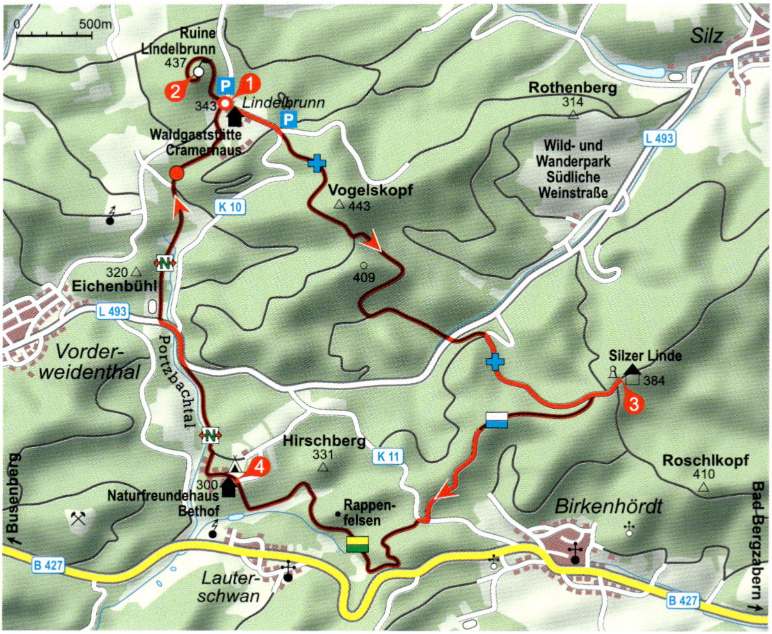

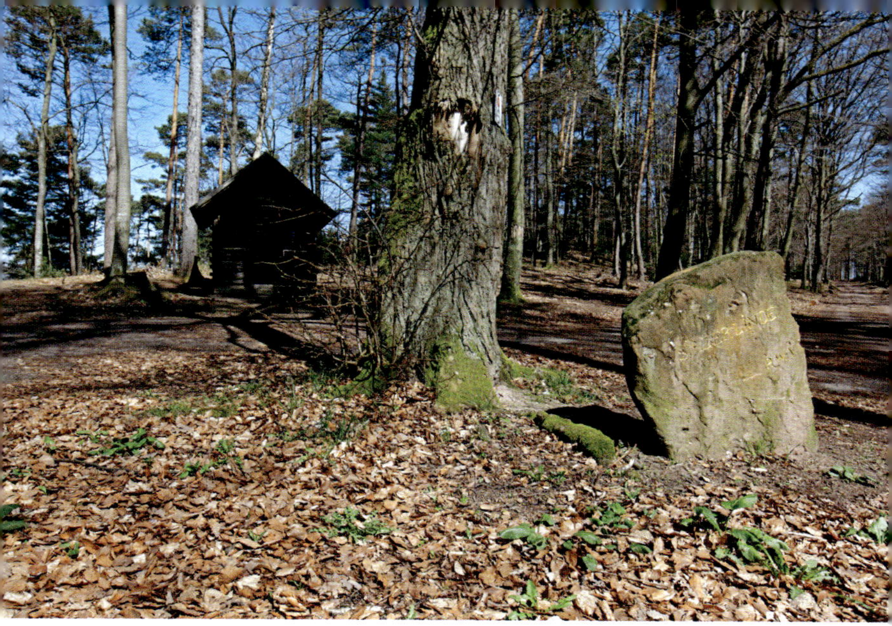

Schutzhütte und Ritterstein an der Silzer Linde.

Abstecher dorthin machen. Wir gehen geradeaus zur Straße, überqueren diese und folgen dem Wanderweg weiter. Am Ende des Pfads führt uns die Forststraße weiterhin geradeaus bergauf. Nach einem längeren Anstieg erreichen wir oberhalb des Tiefentals das Naturdenkmal **Silzer Linde ❸**, einen Rastplatz mit Schutzhütte und Ritterstein. Auf der Forststraße, auf der wir gekommen sind, gehen wir 100 m zurück und folgen in der Rechtskurve dem *weiß-blauen Strich* in Richtung Naturfreundehaus Bethof. Wir wandern nun auf einem ebenen Höhenweg durch den Wald. Auf der Straße *K 11* gehen wir kurz rechts, dann links *(weiß-blauer Strich)* und vor der nächsten Straße, der *B 427*, rechts auf dem schmalen Pfad ins Tal. Dieser ist mit einem *gelb-grünen Strich* und als *Bad Bergzaberner Landweg (weiße Weintraube auf orangem Grund)* beschildert. Vor der Wiese im Tal halten wir uns rechts und kommen am Rappenfelsen, einem Kletterfelsen, vorbei. Wir queren 500 m weiter eine Waldlichtung, die mit hohen Farnen bewachsen ist, und gehen danach links weiter. An der nächsten Abzweigung verlassen wir den *gelb-grünen Strich* und folgen geradeaus weiter dem Bad Bergzaberner Landweg. Auf dem schönen Weg am Waldrand kommen wir zu einem Weiher

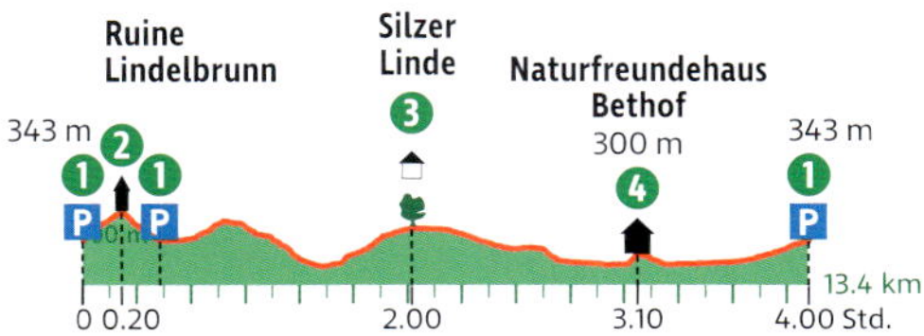

Cramerhaus

Die Waldgaststätte mit ihrem großen Paulaner-Biergarten unter alten Linden bietet eine traditionelle Pfälzer Küche, Wildgerichte und Kuchen. Donnerstags gibt es Dampfnudeln oder Rostige Ritter, freitags Rumpsteaks. Für Übernachtungsgäste werden auch Zimmer vermietet. Geöffnet Mi.–So. 11–18 Uhr, www.cramerhaus.de, Lindelbrunn 4, Vorderweidenthal, Tel. +49 6398 237.

Naturfreundehaus Bethof

Mo. Ruhetag, warme Küche von 11 bis 20 Uhr (So.) bzw. bis 21 Uhr (Di.–Sa.). Neben dem Naturfreundehaus liegt ein Campingplatz. www.naturfreunde-badbergzabern.de, Tel. +49 6398 99 30 10. 100 m östlich vom Bethof bietet Eva Croissant ihr kuscheliges Waldhüttchen »Lotta« zum Übernachten an (www.heimelige-haeuschen.de).

und biegen 30 m davor nach rechts auf den *Naturfreundeweg* und den *Kapellen-Pilgerweg* ab, die uns auf schmalem Pfad bergauf zum **Naturfreundehaus Bethof ❹** mit seiner schönen Gartenterrasse führen. Hinter dem *Naturfreundehaus* gehen wir links auf dem *Bethofweg* und dem *Kapellen-Pilgerweg* am Campingplatz entlang und an den Ferienhäusern vorbei. Am letzten Haus halten wir uns links und wandern auf einem sonnigen Weg am Waldrand (auch *Naturfreundeweg*) durch das **Portzbachtal**. Am Bach entlang gelangen wir zur Straße *L 493*, an der wir links bis zum Sportplatz und dort rechts daran vorbeigehen. Wir verlassen hier den *Kapellen-Pilgerweg* und wandern geradeaus durch das bewaldete Portzbachtal auf dem *roten Punkt* und dem *Naturfreundeweg* zurück zum **Waldparkplatz Lindelbrunn ❶**.

Das obere Portzbachtal zwischen dem Bethof und Lindelbrunn.

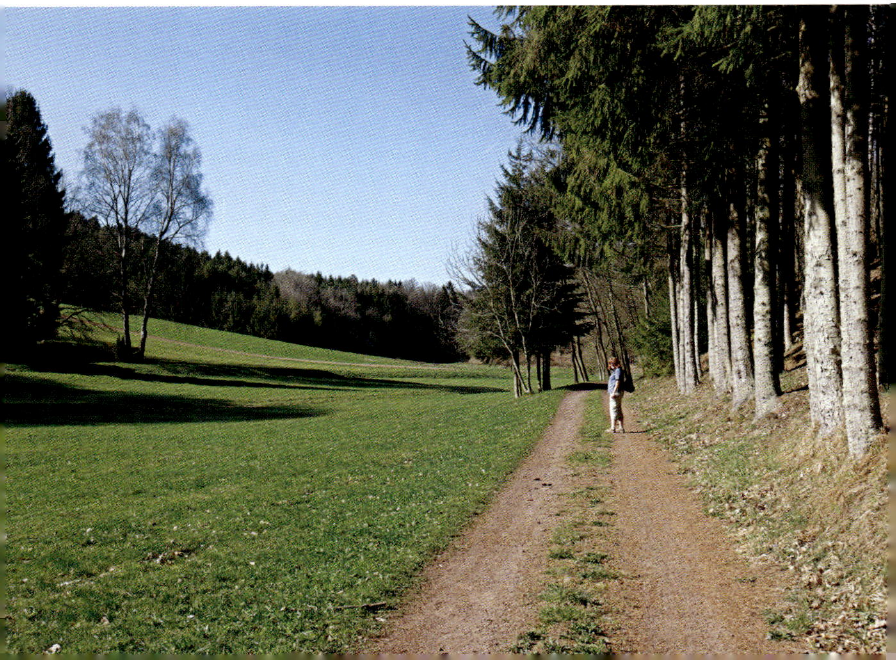

Von Schwanheim zum Bärenbrunnerhof

Waldwege mit roten Felsen

29

3.15 Std. | 10,8 km | ↗ 330 m | ↘ 330 m

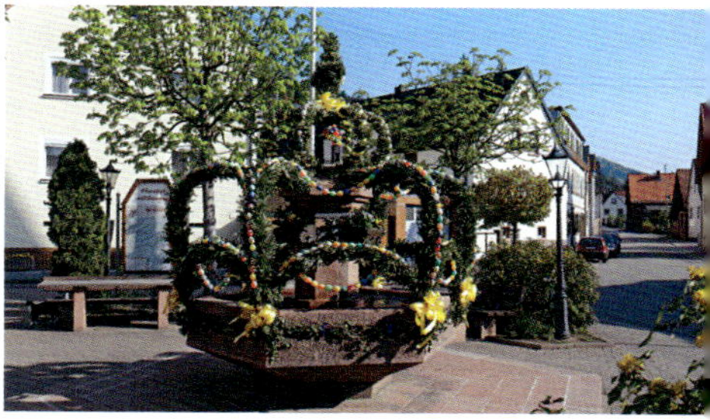

Geschmückte Osterbrunnen

Der Brauch, zu Ostern die Dorfbrunnen mit bunt bemalten Eiern und Blumen festlich zu schmücken, stammt aus der Fränkischen Schweiz. Man nimmt an, dass solche »Osterbrunnen« ein Symbol für gutes Wasser sind, weil diese Gegend trocken ist und die Brunnen deshalb für die Trinkwasserversorgung der Dorfbevölkerung sehr wichtig waren. Nach jedem Winter mussten die Brunnen vom Laub befreit und gesäubert werden, und nach getaner Arbeit wurde um den Brunnen ein Fest gefeiert. Auch in der Südpfalz hat dieser alte Brauch Einzug gehalten, wo zu Ostern viele Brunnen geschmückt werden, wie der in Lug bei Schwanheim (siehe Foto).

Ausgangspunkt: Schwanheim, Parkplatz vor der Hubertushalle an der Abzweigung der Hubertusstraße von der Hauptstraße, Bushaltestelle in der Ortsmitte.

Anforderungen: Mittel, Forststraßen und Waldwege mit schmalen, steilen Pfaden auf dem Rimbergsteig.
Kinder: Für Kinder, die gut zu Fuß sind, geeignet.

Vom Parkplatz vor der Hubertushalle in **Schwanheim ❶** verlassen wir auf der *Hubertusstraße* den Ort und folgen dem Waldweg geradeaus zur ausgeschilderten Wasgau-Hütte des Pfälzerwaldvereins *(grünes Dreieck, grün-blauer Strich, Rimbachsteig)*. An der Weggabelung oberhalb der Hütte wandern wir links auf dem *Rimbachsteig, dem Oberschlettenbacher Höhenweg, dem Wasgau-Felsenweg, dem grünen Dreieck* und dem *roten Punkt* auf einem ebenen Weg durch den Buchenwald und genießen die bequeme Wanderstrecke. Links über dem Tal erhebt sich der Kochelstein. Wir umwandern das Bodmertal und verlassen nach 1,2 km an einer **Abzweigung ❷** die Wanderwegmarkierungen. Auf der nicht markierten Forststraße gehen wir hier 50 m rechts (Schild Bühlhofschänke) und wandern dann rechts auf der breiten

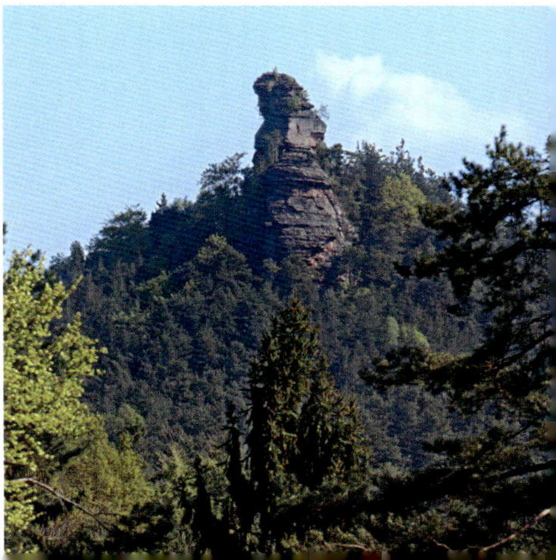

Der 350 m hohe Kochelstein.

Forststraße am Waldhang weiter, die mit *Rundwanderweg 20 Oberschlettenbach* gekennzeichnet ist, zum Aussichtspunkt **Kochelstein** ❸. Der 351 m hohe Kochelstein ist ein markanter Buntsandsteinfelsen, der mit seinem abfallenden, bewaldeten Bergrücken von der Seite betrachtet wie eine übergroße Echse aussieht. Auch auf unserem weiteren Weg haben wir immer wieder eine schöne Aussicht auf den Felsen. An der Weggabelung, an der die Forststraße in einem Linksbogen ins Tal führt, verlassen wir den *Rundwanderweg 20* und folgen links der Forststraße. An der nächsten Abzweigung treffen wir wieder auf den *Rundwanderweg 20* und gehen hier geradeaus weiter ins Tal. Vom Waldrand oberhalb des Bühlhofs haben wir eine schöne Aussicht auf die Ruine Lindelbrunn. Nach einem kurzen Abstieg können wir dann in der **Bühlhofschänke** ❹ einkehren. Vor dem Bühlhof gehen wir – aus dem Wald kommend – auf dem Waldweg scharf rechts zum ausgeschilderten Bärenbrunnerhof, wobei wir uns am *blau-gelben Strich*

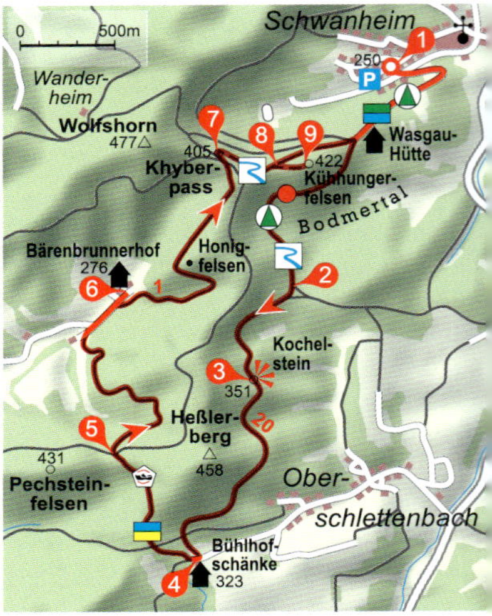

orientieren. Nach einem kurzen Anstieg wandern wir an der nächsten Wegkreuzung leicht rechts auf dem *blau-gelben Strich, dem Oberschlettenbacher Höhenweg* und dem *Busenberger Holzschuhpfad* weiter. Nach 500 m zweigt der *Busenberger Holzschuhpfad* nach links von unserer Wanderroute ab, und knapp 100 m weiter verlassen wir an der

Wasgauhütte bei Schwanheim.

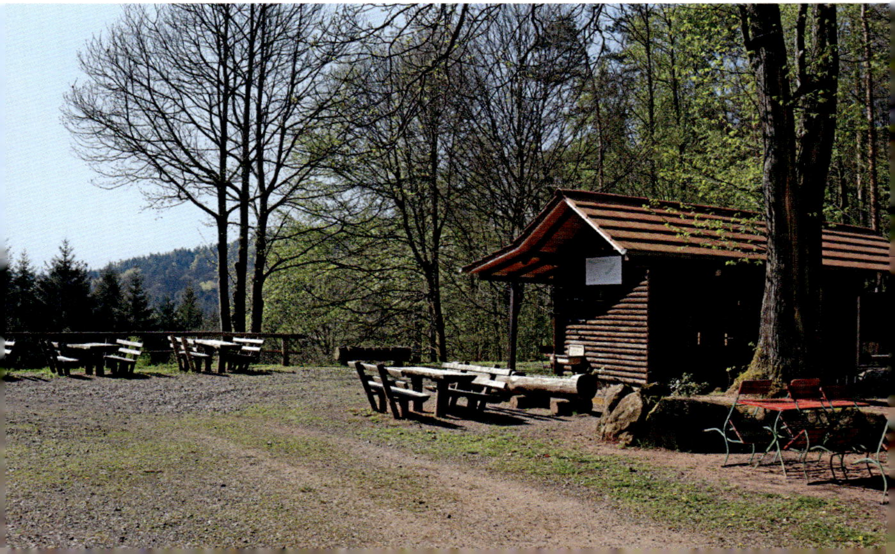

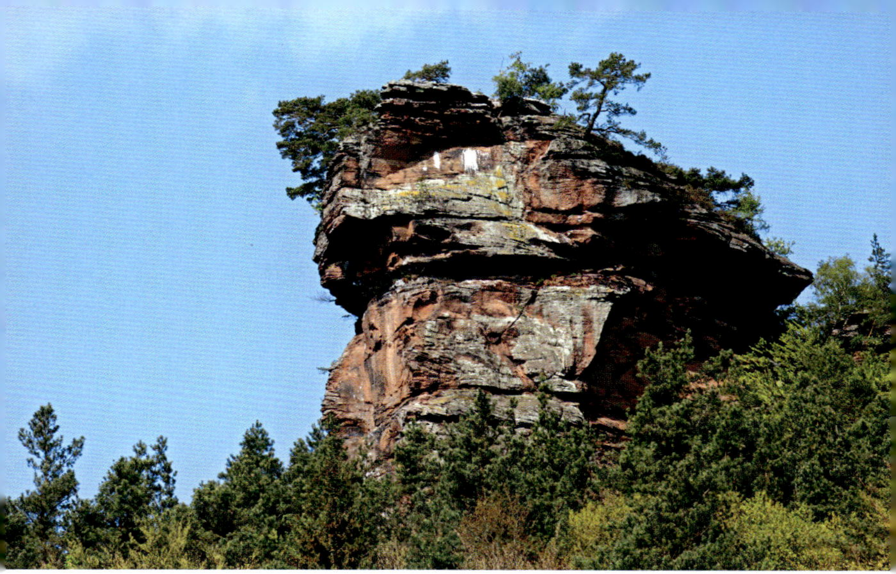

Felsen beim Bärenbrunnerhof.

Wegkreuzung bei den **Pechsteinfelsen ❺** auch die anderen Markierungen. Hier führt uns der zweite Weg rechts leicht bergab *(Schild Bärenbrunnerhof)*. Bei den Forsthäusern im Tal halten wir uns rechts. Im **Bärenbrunnerhof ❻** lohnt sich eine Einkehr. Hier können Kinder spielen, lernen die Tiere des Bauernhofs kennen, und wer seine Wanderausrüstung ergänzen möchte, findet in der »Bärenhöhle« vielleicht das Passende. Wir gehen vom Bärenbrunnerhof 50 m zurück und folgen links auf der Forststraße der Beschilderung des *Rundwanderwegs 1* in Richtung Wasgau-Hütte. Nach dem Anstieg kommen wir in der Rechtskurve des Wegs oberhalb vom Bauernhof an den hohen Türmen des Honigfelsens vorbei. 500 m weiter kreuzen wir die Trasse einer Stromleitung (Aussicht) und erreichen danach den **Khyberpass ❼**. Auf dem 405 m hohen Bergsattel biegen wir rechts ab und wandern auf dem *Rimbachsteig* auf dem schmalem Waldpfad bergab. Nach dem steilen Abstieg halten wir uns links und machen an einer **Abzweigung ❽** rechts durch den engen Hohlweg einen Abstecher auf den **Kühhungerfelsen ❾**. Von seinem schmalen Bergrücken, auf dem eine Rastbank steht, haben wir eine schöne Aussicht auf den Haselstein und über den Pfälzerwald zur Ruine Lindelbrunn. Danach gehen wir zurück zu der **Abzweigung ❽** und wandern rechts an der Wasgau-Hütte vorbei zurück nach **Schwanheim ❶**.

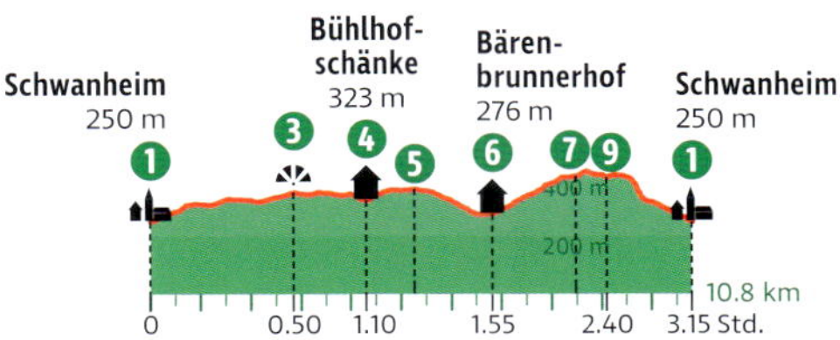

Zum alten Nussbaum

In der gemütlichen, liebevoll eingerichteten Gaststätte und ihrem blumengeschmückten Biergarten verwöhnt Küchenchef Stefan Grimm seine Gäste mit besonderen Gerichten wie Brennnesselsuppe, Lammrücken, Schweinefilets, Rumpsteaks, Wild aus dem Pfälzerwald, Fisch und vegetarischen Gerichten wie Krautwickel, gefüllt mit Bulgur und Tofu. Geöffnet Mi.–Sa. 12–13.45 Uhr und ab 17.30 Uhr, So. ab 12 Uhr, Wasgaustraße 17, Schwanheim, www.zumalten-nussbaum.de, Tel. +49 6392 1886.

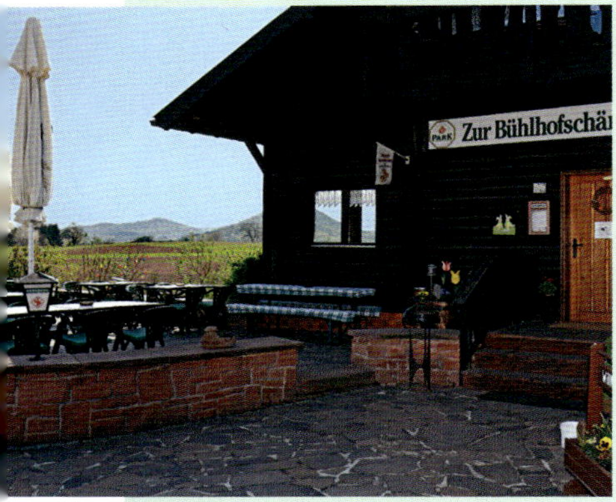

Bühlhofschänke (oben) und Bärenbrunnerhof (unten).

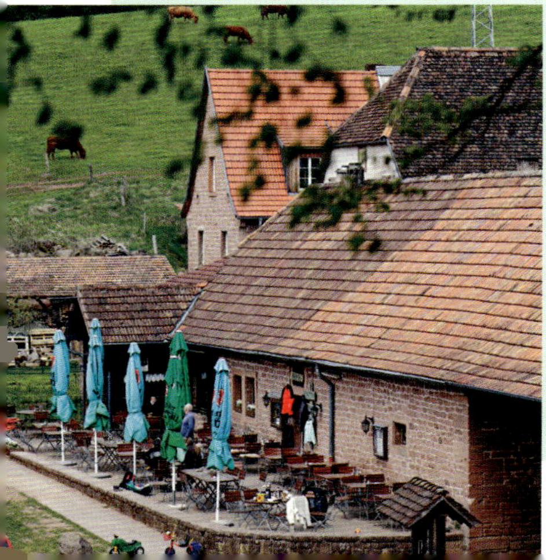

Wasgau-Hütte (Schwanheimer Hütte)

Die kleine Pfälzerwaldvereinshütte der Ortsgruppe Schwanheim liegt auf einer großen Sonnenterrasse am Waldrand. Angeboten werden Pfälzer Gerichte und wechselnde Tagesessen. Geöffnet April–Oktober Mi., Sa., So. 10–18 Uhr, www.schöne-aussicht.de/wasgauhuette, Tel. +49 6392 7127.

Bühlhofschänke

Nette Ausflugsgaststätte mit Terrasse neben dem Bauernhof. Auf der Speisekarte stehen Pfälzer Gerichte, für die Fleisch und Wurst aus der hauseigenen Schlachtung verwendet werden. Geöffnet Mi., Sa., So. 11–18 Uhr. www.buehlhof.de, Tel. +49 6398 276.

Bärenbrunnerhof

Andreas Guth und Daniela Anstett kümmern sich in ihrer viel besuchten Bio-Gaststätte mit der großen Selbstbedienungsterrasse um das Wohl ihrer Gäste. In der Küche werden die Produkte des angegliederten Bio-Bauernhofs von Nina und Sebastian Kill aus kontrollierter Landwirtschaft verwendet und ohne Geschmacksverstärker zubereitet. Außerdem gibt es selbstgebackenen Kuchen, Bio-Kaffee und Bio-Getränke. Für Kinder bietet die Kinderkarte Leckeres und von der Terrasse können die Eltern ihre Kinder auf dem Spielplatz beobachten.

Von März bis Dezember werden im Hofladen die Produkte des Bauernhofs und selbstgebackenes Vollkorn-Holzofenbrot verkauft, das jeden Freitag frisch gebacken wird (geöffnet Fr. und Sa. 10–18 Uhr). Im Outdoorladen »Bärenhöhle« können Wanderer außerdem ihre Ausrüstung ergänzen. Die Bio-Gaststätte ist Mi.–So. 12–20 Uhr geöffnet, www.baerenbrunnerhof.de, Tel. +49 6391 5744.

Von Hauenstein zur »Dicken Eiche«

Zu den Felsen am Hauensteiner Schusterpfad

30

3.30 Std. | 11,3 km | ↗ 310 m | ↘ 310 m

TOP

Schuhe aus Hauenstein

Hauenstein ist ein Zentrum der pfälzischen Schuhindustrie, die ihre Blütezeit in den 1920er-Jahren und Mitte des 20. Jahrhunderts hatte. Heutzutage leiden die Schuhfabriken jedoch schwer unter der ausländischen Konkurrenz und nur wenige haben überlebt. Carl-August und Anton Seibel gründeten 1886 in Hauenstein eine Schuhfabrik. Ihre Nachfolger zeigen heute im Besucher- und Erlebniszentrum der offenen Schuhfabrik, wie Schuhe maschinell hergestellt werden. Das Deutsche Schuhmuseum dokumentiert das alte Schuhmacherhandwerk und zeigt Schuh-Schätze aus aller Welt. Der 15 km lange Hauensteiner Schusterpfad, ein von mächtigen Buntsandsteinfelsen gesäumter Höhenweg, erinnert an die alte Tradition des Schuhmacherhandwerks im einst größten Schuhdorf Deutschlands.

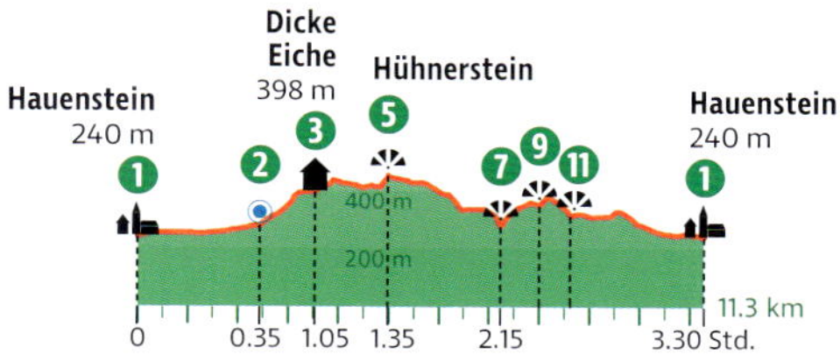

Ausgangspunkt: Hauenstein; Wanderparkplatz Farrenwiese am Ende der Dahner Straße, 300 m vor der Paddelweiher Hütte. Bushaltestelle Hauenstein Ortsmitte.
Anforderungen: Mittel, meistens schmale Waldwege und Forststraßen.
Kinder: Für Kinder sehr gut geeignet, denn auf dieser Wanderung wird es nie langweilig.
Tipps: Die Deutsche Schuhmeile Hauenstein am nördlichen Ortsanfang ist ganzjährig Mo–Sa 9.30–18.30 Uhr geöffnet, von Mitte März bis Oktober auch So. 13–18 Uhr, www.schuhmeile.com. Im Besucher- und Erlebniszentrum der offenen Schuhfabrik Josef Seibel in der Waldenburgerstraße 1 erfahren Besucher, wie Schuhe früher von Hand gemacht wurden und heute maschinell hergestellt werden. Hier können Sie auch Ihren eigenen Sneaker designen. An bestimmten Wochenenden können Sie bei der Schuhproduktion auch live dabei sein (Termine siehe Homepage). Geöffnet März–Oktober Mo.–Fr. 10–16.30 Uhr, Sa., So. 13–17 Uhr, www.josef-seibel.de/unternehmen/schuhfabrik. Wer möchte, kann hier in der Genussfabrik 1886 einkehren und sich mit kleinen Gerichten wie Flammkuchen, Wildschwein-Merguez oder einem Salat stärken. Der größte Schuh der Welt, ein 7,14 m langer, 4,20 m hoher und 1,5 Tonnen schwerer Wanderstiefel, steht am Eingang des Deutschen Schuhmuseums in der Turmstraße 5. Die Geschichte der Schuhe als Kulturgut, eine Ausstellung historischer Schuhe und von Promi-Schuhen, die Herstellung der Schuhe auf alten Maschinen, Schuhhandel und Schuhwerbung von den Anfängen im Jahr 1740 bis heute sind das Thema des 2022 wiedereröffneten Museums. Auch eine Schuhsammlung und historische Werbeartikel wie die Lurchi-Hefte der Schuhfabrik Salamander werden gezeigt. Das Museum ist täglich von 9.30–17 Uhr geöffnet, www.museum-hauenstein.de.

In **Hauenstein** ❶ queren wir am Wanderparkplatz Farrenwiese auf dem kurzen Wiesenweg im Stephanstal die Queich und folgen am Waldrand rechts dem *blau-gelben Strich* zum nahen Paddelweiher. Wer jetzt schon einkehren möchte, kann dort rechts über den Damm zur Paddelweiher-Hütte gehen. Wir wandern hier geradeaus am linken Ufer des Weihers entlang durch das Tal. Dieser Weg ist auch mit der *grün-weißen Welle* des *Pfälzer Waldpfads* markiert. Am Ende des Weihers kommen wir an Fischteichen vorbei und erreichen auf dem ebenen Waldweg die **Queich-Quelle** ❷, an der es ein Kneipp-Becken und einen Rastplatz gibt. Hier verlassen wir den *blau-gelben Strich* und wandern auf dem *Pfälzer Waldpfad* hinauf zum ausgeschilderten **Wanderheim Dicke Eiche** ❸, benannt nach einer 300-jährigen Eiche, die von Vandalen angesägt wurde und 2011 gefällt werden musste. Vor dem Wanderheim erinnern der überdimensionale Holzschuh von Reinhold Müller aus Gräfenhausen an das alte Schuhmacherhandwerk und der aus Sandstein gemeißelte »Wanderer mit Kind« von Franz Seibel aus Hauenstein daran, dass Wanderer bei Sturm und schlechtem Wetter Schutz in der Hütte finden. Mit dem 2011 eröffneten Waldforscherpfad soll bei Kindern und Jugendlichen die Freude an der Natur und am Wandern geweckt werden. Dazu können sie sich einen Rucksack mit Forscherutensilien ausleihen und auf dem ausgeschilderten Entdeckerpfad auf Erkundung gehen. Drei Stunden sollte man dafür aber schon einplanen. Vor der Hütte steigen wir links auf dem *Hauensteiner Schusterpfad* oberhalb der Sandsteinskulptur den Waldhang hinauf und gehen nach dem kurzen Anstieg auf der Forststraße links. Seinem Logo folgen wir die nächsten fünf Kilometer bis zu einer Abzweigung östlich des Kreuzfelsens. An einem Rastplatz haben wir eine schöne Aussicht ins bewaldete Queichtal. Danach kommen wir am **Alten Looch** ❹ vorbei. Der muldenförmig ausgehöhlte Sandstein wird auch »Hasenteller« genannt und ist eine alte Grenzmarke. Nächstes Ziel am *Schusterpfad* ist der **Hühnerstein** ❺. Eine Stahlleiter führt auf den 456 m hohen Aussichtsfelsen, von dem wir einen herrlichen Rundumblick über den Pfälzerwald zur Hohen Derst, zum Trifels und auf das Walddorf Lug haben. Der exponierte Felsen, dessen Name sich vermutlich von »Hunnenstein« oder »Hünenstein« ableitet, steht heute an der Grenze zwischen den Gemeinden Hauenstein und Schwanheim. Früher markierte er die Grenze zwischen den Besitzungen der Kurpfalz und des Fürstbischofs von Speyer. Am Fuß des Felsens halten wir uns rechts und wandern dann links auf dem *Schusterpfad* weiter. Am Weg stehen Steinmännchen. An der nächsten Wegeinmündung folgen wir der Forststraße geradeaus zur Weimersborn-Schutzhütte. 50 m nach

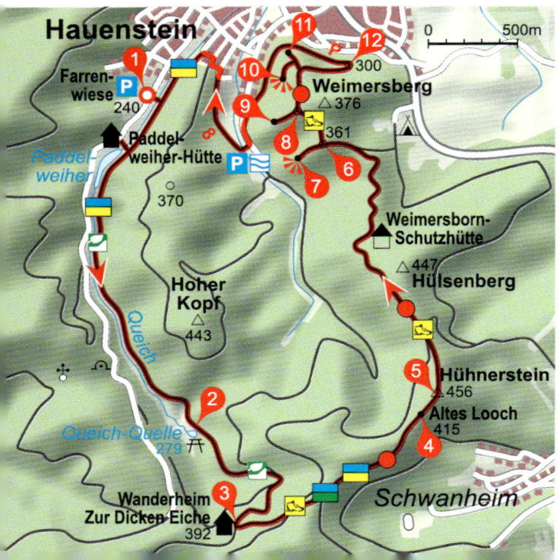

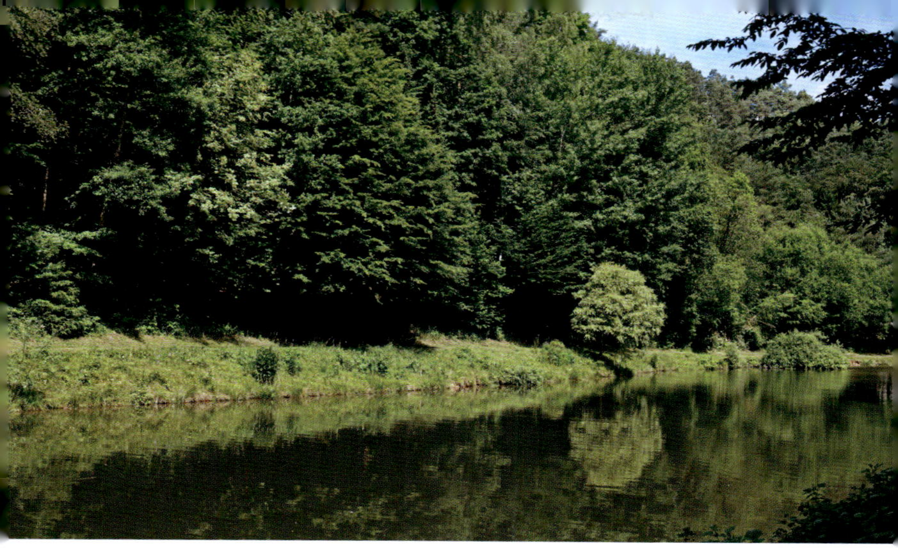

Paddelweiher bei Hauenstein.

der Hütte verlassen wir die Forststraße und wandern links über den Soldatenkopf zum Aussichtspunkt »Backelstein-Blick« (Rastplatz). Danach führt der *Schusterpfad* an bizarren Sandsteinfelsen entlang, bis wir an einer **Abzweigung ❻** links einen Abstecher (250 m) zum ausgeschilderten **Backelstein ❼** machen. Auf einem schmalen Weg gehen wir neben den Felsen bergab, bis wir auf einen Steg treffen, auf dem wir eine tiefe Felsspalte überqueren. Danach steigen wir die Treppenstufen hinauf zur Aussichtskanzel. Von der frühmittelalterlichen Holzburg sind nur eine Kammer und in den Fels gehauene Balkenlöcher übrig geblieben. Nach dem Abstecher gehen wir zurück zu der **Abzwei-**

Paddelweiher-Hütte

Der Erlebnisspielplatz sowie Tret- und Paddelbootfahren auf dem Paddelweiher sind eine einmalige Kinderattraktion. Ein großer Biergarten und eine Gaststube mit Kamin, in der ein alter Eichenstamm als Deckenstütze dient, laden zu einer Einkehr mit Pfälzer Gerichten, Schnitzel und Flammkuchen ein. Spezialität des Hauses ist Forelle vom Grill, und in den Wintermonaten gibt es samstags deftige Steaks. Geöffnet März bis 1. November Di.–So. 11–19 Uhr, 2. November bis Februar Sa., So. 11.30–18 Uhr. www.paddelweiher.de, Dahner Straße, Hauenstein, Tel. +49 6392 99 45 18.

Wanderheim Dicke Eiche

Die Ortsgruppe Hauenstein des Pfälzerwaldvereins betreibt das 1974 eingeweihte Wanderheim Dicke Eiche, in der auch Nichtmitglieder preisgünstig übernachten können (Zimmerreservierung unter Tel. +49 172 717 3976). Angeboten werden Gerichte wie Wurstsalat, Bratwurst, Saumagen, Erbsensuppe oder eine Hüttenplatte mit Hausmacher Wurst. Großer Kinderspielplatz. Geöffnet Sa., So. von 10 bis 18 Uhr, Mai bis Oktober auch Mi., an Weihnachten und Neujahr geschlossen. www.pwv-hauenstein.de, Tel. +49 6392 3596.

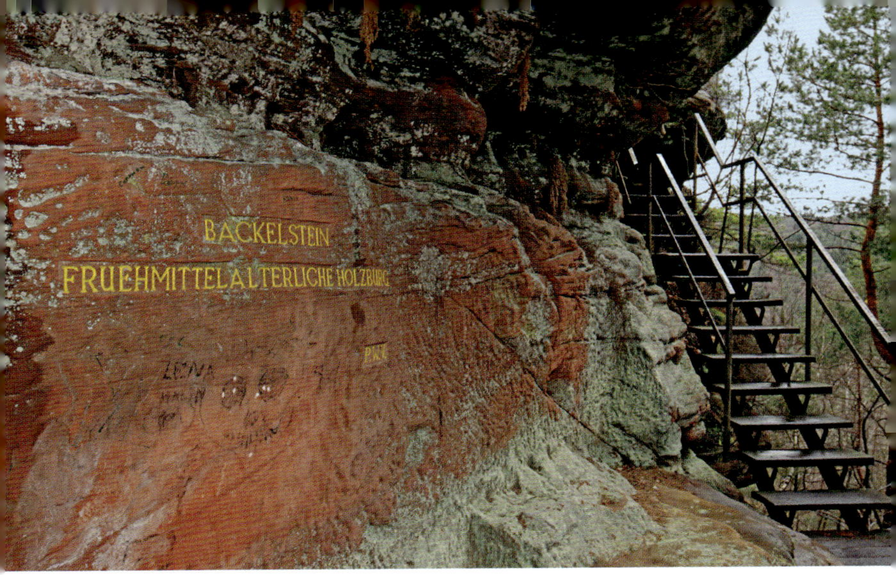

Treppe zur Aussichtskanzel auf dem Backelstein.

gung ❻ und dort auf dem *Schusterpfad* links, bis wir an einer Abzweigung ❽ beim Schild »Dörreinfelsen« einen Abstecher (150 m) zu diesem machen. Die Aussicht vom **Dörreinfelsen** ❾ auf den Backelstein und auf Hauenstein ist etwas von den Bäumen versperrt. Nach dem Abstecher gehen wir zurück zu der Abzweigung ❽ und wandern dort links auf dem Schusterpfad weiter. 20 m links vom Weg liegt der **Kahle Felsen**, von dem wir eine unversperrte Aussicht auf Hauenstein und den lang gezogenen Burghaldenfelsen haben. Nächster Aussichtspunkt am Wanderweg ist der **Felsentisch** ❿, auf dem viele kleine Steinmännchen stehen. Unterhalb davon lädt eine Ruhebank zur Rast ein. Rechts unterhalb des Felsentischs gelangen wir auf dem schmalen Weg zum **Kreuzfelsen** ⓫. Von diesem Felsen haben wir den besten Blick auf Hauenstein. 20 m davor ist links eine verzierte Inschrift aus dem Jahr 1923 in den Felsen gemeißelt, die an den deutschen Reichskanzler Dr. Cuno erinnert (»Cuno-Bild«). Vom Kreuzfelsen gehen wir 100 m auf dem Weg, auf dem wir gekommen sind, zurück und links auf dem *Schusterpfad* weiter. Nach ca. 350 m verlassen wir an einer **Abzweigung** ⓬ mitten im Wald den *Schusterpfad* und biegen scharf links auf den schmalen Weg ab, der mit *P (Panoramaweg Hauenstein)* markiert ist. Auf diesem kommen wir an einem alten Steinbruch aus der Cuno-Zeit vorbei und erreichen danach das Freibad von Hauenstein. Dort gehen wir rechts auf der *Buckelsteinstraße* daran vorbei und gelangen hinter dem Parkplatz links auf dem geschotterten *Rundwanderweg 8* und dem *Burghalderweg* am Waldrand zurück zum Paddelweiher. Am Ende des Schotterwegs beim Pferdestall gehen wir leicht links auf dem Waldweg weiter, halten uns kurz darauf an der nächsten Straße links und folgen dann dem Waldweg geradeaus. Danach treffen wir wieder auf den *blau-gelben Strich* vom Hinweg und gelangen so zurück zum Wanderparkplatz **Farrenwiese** ❶.

Von Dahn zur Dahner Hütte

Aussichten auf dem Dahner Felsenpfad

31

3.00 Std. | 10,3 km | ↗230 m | ↘230 m

TOP

Auf zur Elwetritschen-Jagd

Der Dahner Felsenpfad ist einer der spektakulärsten Wanderwege im Pfälzerwald. Er fordert zwar etwas Trittsicherheit und Kondition, dafür führt er uns zu den schönsten Aussichtsfelsen im Dahner Felsenland. Es ist nicht bekannt, ob Elwetritschen in den Felsen wohnen oder nur wegen der grandiosen Aussicht hier gelegentlich vorbeikommen, aber einer der Felsen heißt Elwetritschefelsen. Elwetritschen sind die sagenumwobenen Fabeltiere der Pfalz. Sie sollen aus einer Kreuzung von Hühnern, Enten und Gänsen mit Kobolden und Elfen hervorgegangen sein, flugunfähig und äußerst scheu sein und Eier legen. Gesehen hat sie noch niemand, doch sie zu fangen versuchen viele. Vor allem Nichtpfälzer werden gerne zu einer »Elwetritschen-Jagd« eingeladen. Dunkle Neumondnächte sind die beste Jagdzeit. Drei Dinge braucht der Jäger: einen Fangsack, der auf beiden Seiten offen ist, eine Laterne und einen Knüppel. In die hintere Öffnung des schlauchförmigen Sacks wird die Laterne hineingestellt, deren Licht die Elwetritschen anlocken soll. Ist eine Tritsche im Sack, muss man beide Öffnungen sofort verschließen und mit dem Knüppel tüchtig auf den Sack hauen.

Ausgangspunkt: Parkplatz am Kurpark Dahn in der Südpfalz. Bushaltestelle im Ort.

Anforderungen: Mittel, stellenweise schmale Felsen- und Waldpfade.

Kinder: Für Kinder geeignet. Wenn sie ihre Umgebung genau beobachten, können sie vielleicht eine Elwetritsche entdecken, zumindest aber viele Steinmännchen.

Tipp: Die drei Dahner Felsenburgen Altdahn, Grafendahn und Tanstein stammen aus der Zeit der Staufer. Zusammen bilden sie die größte pfälzische Burganlage. Mehrere Generationen Dahner Ritter erbauten diesen Burgenkomplex auf fünf nebeneinanderliegenden Buntsandsteinfelsen. Der felsige Untergrund diente als Fundament, die Erbauer nutzten die natürlichen Aushöhlungen und gruben Gänge, Kammern und Treppen in den Fels. Darüber wurde dann die Burg errichtet. Anfangs bestand diese aus Baumstämmen, später wurden die Wände aus Stein gemauert. Für die Böden zwischen den einzelnen Stockwerken verwendete man Holzbalken. Altdahn, die älteste Burg, wurde 1127 erstmals erwähnt. Markant sind ihr hoch emporragender Bergfried sowie Teile der Mauer, die restauriert wurden. Die Burg wurde 1689 im Pfälzischen Erbfolgekrieg größtenteils zerstört. 1820 ereignete sich ein Felssturz, bei der weitere Teile der Burg einstürzten. Grafendahn wurde 1287 errichtet und befand sich im 14. Jh. im Besitz der Grafen von Sponheim, daher der Name. Kurfürst Friedrich I. von der Pfalz zerstörte sie im Jahr 1462. Tanstein wurde ebenfalls im 12. Jahrhundert erbaut, aber etwas später als Altdahn.

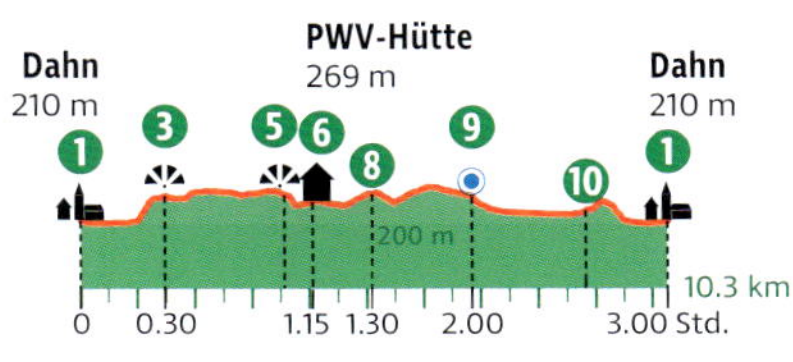

Vom Parkplatz am Kurpark in **Dahn ❶** gehen wir zum Kreisel an der Bundestraße *B 427*. Von dort folgen wir dem *Gespenst des Felsenland Sagenwegs*, einem 90 km langen Fernwanderweg, zum Einkaufszentrum und gehen links daran vorbei. Dahinter überqueren wir die Wieslauter, verlassen den *Sagenweg* und gehen auf der Straße *Im Kaltenbächel* rechts. Nach knapp 200 m überqueren wir bei der Bushaltestelle Dahn-Süd die Bahnlinie und gehen rechts auf der *Ludwigstraße* an den Gleisen entlang. Rechts über dem Ort erhebt sich der Jungfernsprung, eine 70 m hohe, senkrechte Felswand mit einem Gipfelkreuz. Einer Sage nach soll sich eine junge Frau von dem Felsen gestürzt haben, um ihrem Verfolger zu entkommen. Auf wundersame Weise blieb sie dabei unverletzt.

In der Straßenkurve gelangen wir dann links auf der *Schillerstraße* zum Kneipp-Becken, einem Heil- und Badeplatz der Elwetritschen. Dahinter steigen wir links den schmalen Weg hinauf zum **Schillerfels ❷** mit seinem markanten Felsentor. Oberhalb davon können wir an einem Aussichtspunkt rasten und den Blick über Dahn zu den Dahner Burgen genießen. Auf unserem weiteren Weg bis zum Rothsteigbrunnen leitet uns jetzt der *Dahner Felsenpfad*. Wir zwängen uns durch den engen Felsspalt und erreichen danach den **Schwalbenfelsen ❸**. Von seiner Aussichtskanzel haben wir einen herrlichen Blick auf Dahn und die umliegenden Felsen. Danach führt uns der Felsenpfad durch die **Felsenarena ❹**. Hier stehen mächtige Felstürme, die in einem Halbkreis angeordnet sind. Nach einem Rastplatz, an dem wir links gehen, führt der Felsenpfad etwa 900 m geradeaus durch den Wald auf der Weihersebene und biegt danach rechts zum **Elwetritschefels ❺** ab. Von diesem Aussichtsfelsen, auf dem eine einsame Kiefer wächst, haben wir einen guten Blick ins Seibertsbachtal. Dieses und das benachbarte Moosbachtal bilden mit insgesamt 111 Hektar Fläche das größte und bedeutendste Naturschutzgebiet der Südwestpfalz. Sumpfige Bruchwälder aus Schwarzerlen und Braunwasserteiche, Überreste mittelalterlicher Fischteiche, sind die besonderen Biotope dieses Gebiets. Die bräunliche Farbe des Wassers stammt von den torfigen Böden und von Huminsäuren, die sich aus langsam verrottenden Pflanzen bilden. Dieses Feuchtgebiet ist der Lebensraum von Ringelnattern, Molchen, Fröschen, Libellen und Schmetterlingen. Auch heimische Orchideen wie das Breitblättrige Knabenkraut, Torfmoose, Wollgras und der fleischfressende Sonnentau kommen hier vor. Nachdem wir die Aussicht genossen

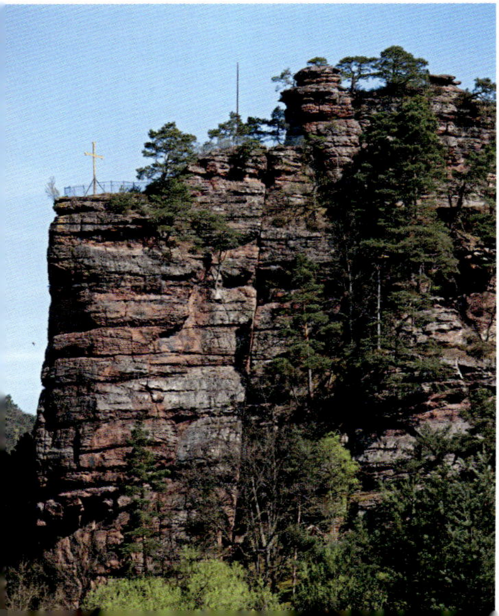

Jungfernsprung-Felsen.

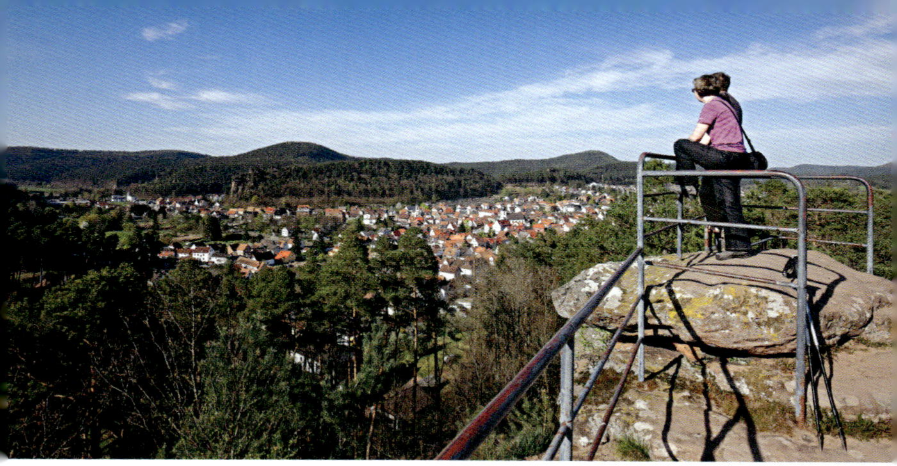

Blick von der Felskanzel auf dem Wachtfelsen.

haben, steigen wir in Serpentinen hinunter ins Seibertsbachtal und gehen rechts zur bewirtschafteten **PWV-Hütte ⑥** im Schneiderfeld, die auch Dahner-Hütte genannt wird. Hier stehen Erklärungstafeln, auf denen wir Wissenswertes über das Naturschutzgebiet Moosbachtal erfahren. Auf dem *Dahner Felsenpfad* wandern wir an der PWV-Hütte vorbei und queren links das Seibertsbachtal. Auf der anderen Seite des Tals steigen wir dann den Waldhang hinauf zum **Hirschfelsen ⑦**, Schlangenfelsen und Mooskopffelsen. Der Felsenpfad macht dann einen kleinen Rechtsbogen und führt uns zum **Roßkegelfelsen ⑧**. Vom Weg aus gesehen erscheint dieser zwar nicht allzu hoch, doch mit seinen Sandsteinsäulen, Kammern und Verwitterungslöchern ist er sehenswert. Wir gehen hier links durch einen Felsspalt und erreichen nach einem kurzen Anstieg auf dem bewaldeten Plateau einen Rastplatz, an dem Steinmännchen stehen. Hinter diesem wandern wir rechts den Waldhang hinunter und folgen links dem sandigen Forstweg, der leicht bergauf führt, zur »Versammlung der kleinen Waldwichtel«. An einer eher unscheinbaren Stelle in der Wegkurve stehen viele Steinmännchen. Wir wandern danach weiter durch den Wald zum **Rothsteigbrunnen ⑨**. Sein eiskaltes Quellwasser schmeckt köstlich. Wir verlassen hier den *Dahner Felsenpfad* und wandern links auf der Forststraße durch das Tal und das Wohngebiet Büttelwoog zurück nach Dahn. Am Ende des Wohngebiets liegt links am Campingplatz das Restaurant Büttelwoog und rechts das Felsland Badeparadies (geöffnet Mo.–Sa. 9–22 Uhr, So., Feiertage 9–20 Uhr). Auf der Straße *Im Büttelwoog* kommen wir links am Hotel Felsenland Resort mit dem Felsenland Steakhouse vorbei und biegen vor den zwei Felstürmen **»Braut und Bräutigam« ⑩** nach rechts ab. Hier treffen wir auch wieder auf den *Dahner Felsenpfad* und den *Sagenweg*. Diesen Markierungen folgen

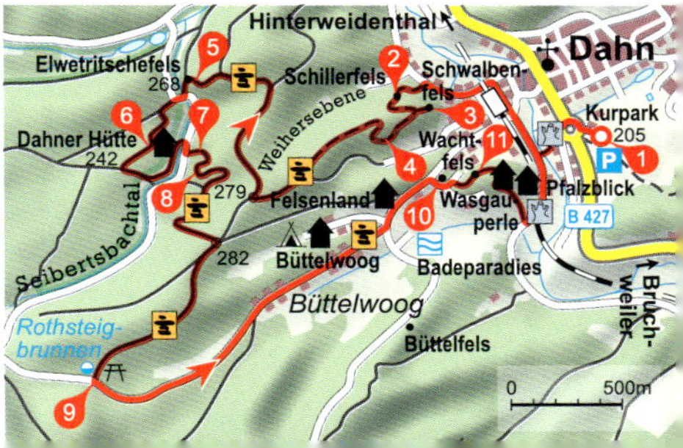

wir am Parkplatz unterhalb der Jugendherberge zum ausgeschilderten **Wachtfelsen ⑪**. Auf einer Stahltreppe gelangen wir auf die Aussichtskanzel, von der wir einen tollen Blick auf **Dahn** haben. Wir wandern dann am Fuß des Felsens auf den beiden Markierungen weiter, gehen geradeaus am Wellness-Hotel Pfalzblick vorbei ins Tal der Wieslauter, wo wir am Feuchtbiotop Kaltenbächel den *Dahner Felsenpfad* verlassen und links auf dem asphaltierten Sträßchen über die Bahnlinie gelangen. Hinter dem Einkaufszentrum überqueren wir rechts die Wieslauter und gelangen auf bekanntem Weg zurück zum Kurpark in **Dahn ①**.

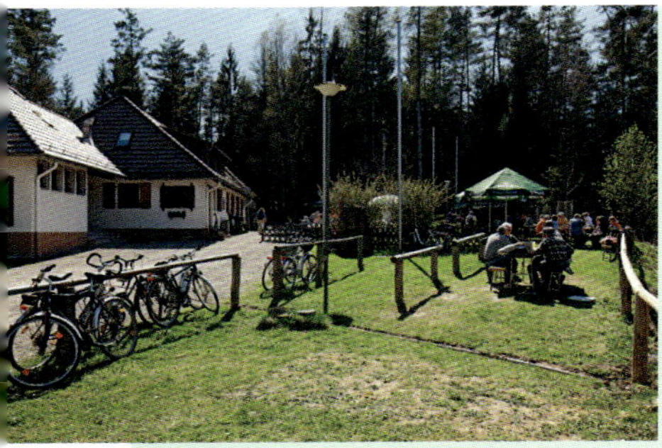

Einkehr in der Dahner Hütte.

PWV-Hütte im Schneiderfeld (Dahner Hütte)
Die Pfälzerwaldvereinshütte hat einen schönen Biergarten, einen Spielplatz und bietet Übernachtungsmöglichkeiten. Angeboten werden kleine Pfälzer Gerichte und Kuchen. Geöffnet April–Oktober Mi.–So. 10–18 Uhr, http://pwv-dahn.de, Tel. +49 6391 1793.

Restaurant Campingplatz Büttelwoog
Gisela und André Lejeune bieten in ihrem Restaurant am Campingplatz Büttelwoog eine preisgünstige deutsch-italienische Küche an. Neben Pizza aus dem Steinofen gibt es auch vielfältige Nudelgerichte. Im netten Biergarten um den Gartenteich und am offenen Kamin in der Gaststätte fühlen sich die Gäste wohl. Geöffnet Mo.–Do. 16–22 Uhr, Fr.–So. 11–22 Uhr, in den Sommerferien Mo.–So. 11–22 Uhr, Am Campingplatz 3, Dahn, Tel. +49 6391 92 47 18.

Felsengraf Steakhouse im Felsenland Resort
Das 4-Sterne-Lifestyle- und Wellness-Hotel Felsenland Resort verwöhnt seine Gäste nicht nur mit seinem eleganten Ambiente, sondern auch mit einer vorzüglichen Küche. Wanderer sind im Felsengraf Steakhouse willkommen, das einer Almhütte nachempfunden wurde (geöffnet täglich 11–22 Uhr). www.felsengraf.de, Im Büttelwoog 2, Dahn, Tel. +49 6391 923 70.

Hotel Pfalzblick
Das 4-Sterne-Wellness-Hotel bietet täglich von 18 bis 20.30 Uhr im Restaurant Neudahn ein kulinarisches Menü und À-la-carte-Köstlichkeiten für den Gaumen und das Auge. Käseliebhaber werden von den Spezialitäten aus dem berühmten Sundgauer Käsekeller von Bernard Antony begeistert sein. www.pfalzblick.de, Goethestraße 1, Tel. +49 6391 4040.

Restaurant Wasgauperle
Von der Terrasse des am südwestlichen Ortsrand gelegenen Restaurants Wasgauperle hat man eine schöne Aussicht auf Dahn und die Dahner Felsenlandschaft. Das familiäre Restaurant der Schwestern Jutta Heidenreich und Anette Schreiber bietet köstliche regionale Küche und ist ein kulinarischer Geheimtipp für Feinschmecker. Mo., Di. Ruhetage, geöffnet Mi.–So. 11.30–14 Uhr und 17.30–22 Uhr, Goethestraße 14, Dahn, Tel. +49 6391 1340. www.wasgauperle.de.

Vom Hexenplätzel zum Drachenfels

Puhlstein-Tour und Busenberger Holzschuhpfad

32

4.00 Std. | 12,3 km | ↗ 420 m | ↘ 420 m

TOP

Ein Drache in der Burg und die Buchkammern im Heidenberg

Der südliche Puhlsteinpfeiler zählt zu den schönsten Aussichtsfelsen des Pfälzerwalds. Zwischen ihm und dem nördlichen Puhlsteinpfeiler erstreckt sich eine 500 m lange Felsenkette aus Buntsandstein. Wie der Backenzahn eines alten Riesen ragt der östliche Burgfelsen der Ruine Drachenfels über den schmalen bewaldeten Bergrücken. Die Felsenburg wurde vermutlich im frühen 12. Jahrhundert als Grenzburg der Abtei Klingenmünster errichtet. In einer Urkunde aus dem Jahr 1209 werden die Brüder Konrad und Wilhelm von Drachenfels als Burgherren genannt. Als Ganerbenburg hatte der Drachenfels in den darauffolgenden Jahrhunderten bis zu 25 Eigentümer gleichzeitig, unter ihnen Kaiser Maximilian und Franz von Sickingen. 1523 wurde die Burg in der Sickinger Fehde vollständig zerstört. Die Ruine mit ihren in den Fels gehauenen Aufgängen und Kammern wirkt abenteuerlich. Die exponierten Felskanzeln, von denen wir einen herrlichen Panoramablick über die Berge des Wasgaus haben, sind mit Geländern gesichert. Im Halsgraben ist ein Drache in die Sandsteinwand zwischen den Balkenlöchern des einst darüber errichteten Gebäudes eingemeißelt. Geheimnisumwittert sind die Buchkammern im Heidenberg. In 8 m Höhe wurden vermutlich schon vor 1523 vier zusammenhängende Kammern in den Fels gehauen, die insgesamt 9,5 m lang, 3,65 m breit und 1,85–2,2 m hoch sind. Im französischen Reunionskrieg 1678 suchten darin die Bewohner dieser Gegend Schutz. Vielleicht waren die Kammern, die nur mit einer hohen Leiter erreichbar sind, aber auch das Gefängnis der nahen Burg Drachenfels oder gar deren Schatzkammer …

An einem nebligen Tag steht die Sonne über der Ruine Drachenfels.

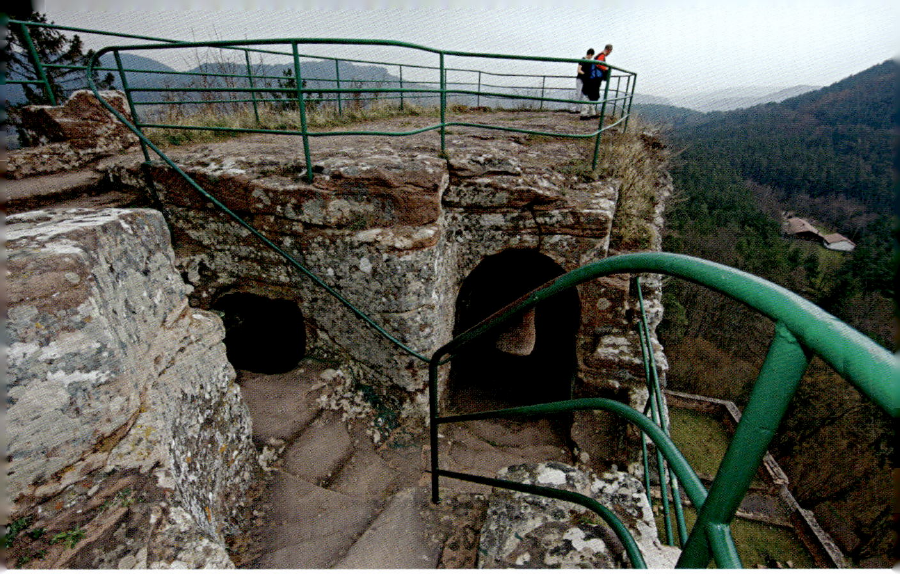

Blick von der Ruine Drachenfels über die Drachenfelshütte.

Ausgangspunkt: Busenberg, Parkplatz Hexenplätzel am Ende der Waldstraße.
Anforderungen: Mittel, stellenweise schmale Felsen- und Waldpfade.
Kinder: Für Kinder geeignet, Abenteuerspielplatz bei der Drachenfelshütte.

In Busenberg beginnt unsere Wanderung am Parkplatz **Hexenplätzel ❶** am Ende der Waldstraße. Der örtliche Obst- und Gartenbauverein betreibt hier im Herbst eine Apfelkelter. Wir folgen dem blauen Logo der *Puhlstein-Tour* und dem Logo des *Busenberger Holzschuhpfads* auf dem betonierten Weg bergab bis zu einer Wegspinne, an der wir uns links halten. Nach 400 m gehen wir an einer Wegkreuzung rechts den Pfad hinauf zum Aussichtspunkt unterhalb des **nördlichen Puhlsteinpfeilers ❷**. Auf einem schmalen Felsenpfad wandern wir jetzt geradeaus an der langen Felsenkette entlang zum **südlichen Puhlsteinpfeiler ❸**, einem der schönsten Aussichtsfelsen des Pfälzerwalds. Wir blicken über die bewaldeten Bergkuppen zur Ruine Drachenfels und können mit einem Fernglas noch weitere Buntsandsteinfelsen entdecken. Nachdem wir die großartige Aussicht genossen haben, führt uns am Fuß des Felsens ein Serpentinenpfad ins Tal. Dort verlassen wir die *Puhlstein-Tour* und folgen geradeaus weiter dem *Busenberger Holzschuhpfad* und dem *blau-gelben Strich* durch den Wald zur Bundesstraße *B 427.* Entlang dieser gehen wir 80 m links, dann rechts weiter zur katholischen

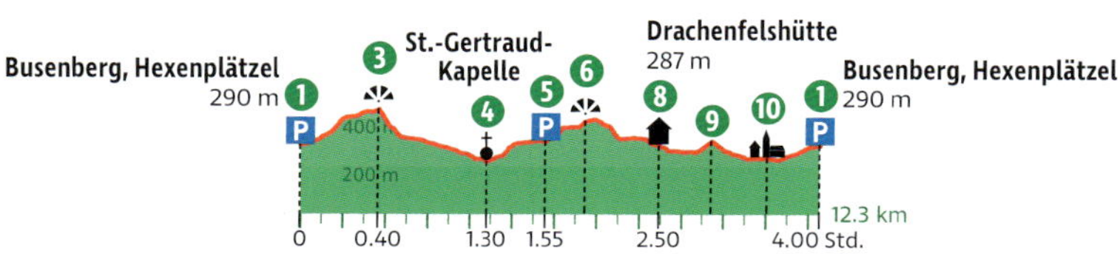

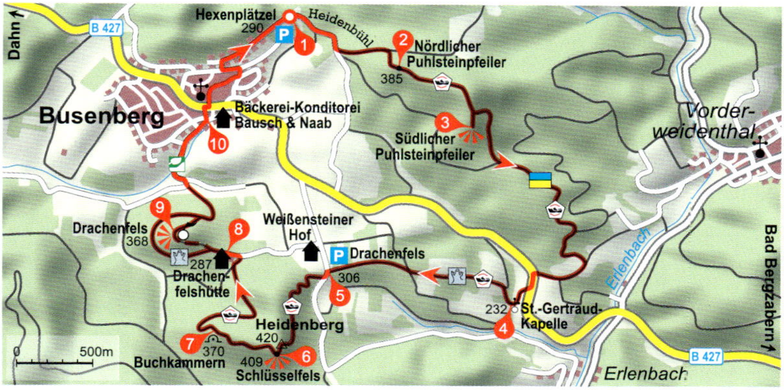

St.-Gertraud-Kapelle ❹. Sie wurde 1548 in einem kleinen Seitental des Erlenbachs erbaut. Wo heute die kleine Kapelle steht, soll einmal ein Dorf gewesen sein. Als dessen Bewohner ausgelassen mit Musik und Tanz Erntedank feierten, bemerkten sie nicht, wie ein Unwetter aufzog. Anstatt nach Hause zu gehen, um dort für Schutz zu beten, tanzten die Bewohner bis auf eine Familie weiter, die rechtzeitig vor dem Unwetter nach Hause ging. Während draußen das Unwetter tobte, betete diese in ihrem Haus, dass sie Blitz und Donner unbeschadet überstehen mögen. Am nächsten Morgen stand nur noch ihr Haus, alle anderen Häuser des Dorfes waren in den Wasserfluten versunken. Zum Dank, dass sie unversehrt geblieben waren, errichtete die Familie zu Ehren der heiligen Gertraud eine Kapelle.

An der Kapelle gehen wir rechts an der Ruhebank vorbei über die Wiese und orientieren uns weiter am Logo des *Busenberger Holzschuhpfads*. Nach einem kurzen Anstieg überqueren wir eine große Wiese und wandern geradeaus zum **Wanderparkplatz ❺** südlich vom Landgasthof Weißensteiner Hof. Der *Busenberger Holzschuhpfad* führt danach geradeaus durch den Wald. An der nächsten Abzweigung folgen wir links der Haarnadelkurve der Forststraße. Wir kommen an einem großen Felsturm vorbei, verlassen danach die Forststraße und wandern rechts auf dem Zickzack-Pfad und an dessen Ende links hinauf zum ausgeschilderten **Schlüsselfels ❻**. Von diesem Aussichtspunkt etwas unterhalb des 420 m hohen Heidenbergs können wir am Horizont die Burg Berwartstein ausmachen. Wir gehen dann rechts an den beiden kleinen Felstürmen vorbei über den von moosbewachsenen Felsbrocken gesäumten Bergrücken zum nächsten Aussichtspunkt, dem Buchkammer-Fels. Von hier haben wir einen guten

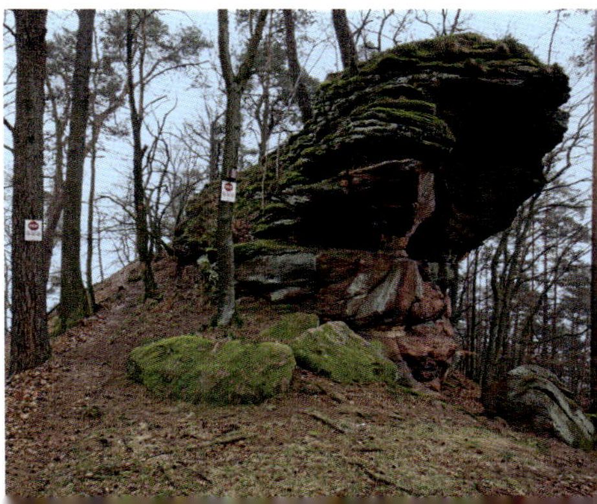

Puhlstein.

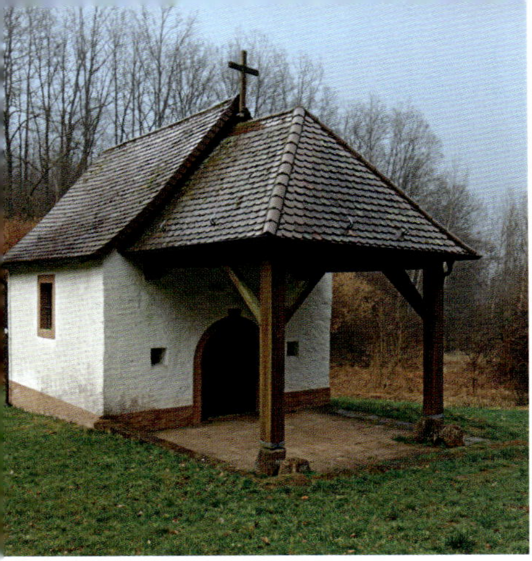

St.-Gertraud-Kapelle.

Blick auf den Drachenfels. Rechts unterhalb des Aussichtspunkts gelangen wir dann zu den nahe gelegenen **Buchkammern ❼**. Der Eingang liegt direkt über der Infotafel – für normale Wanderer in unerreichbarer Höhe. Im Zickzack wandern wir auf dem schmalen Pfad wieder bergab, gehen auf der nächsten Forststraße rechts und an der nächsten Abzweigung links. Im Tal verlassen wir den *Busenberger Holzschuhpfad*, gehen auf der Forststraße kurz rechts und links zur bewirtschafteten **Drachenfelshütte ❽** mit ihrem großen Abenteuerspielplatz.

Wir gehen geradeaus an der Drachenfelshütte vorbei. Solange in der nahe gelegenen Ruine Drachenfels Sanierungsarbeiten durchgeführt werden, ist der Eingang auf der Ostseite geschlossen. Dann wandern wir unterhalb der Ruine auf der Forststraße um den Burgberg bis zum ausgeschilderten Westaufgang. Hier gelangen wir rechts hinauf zum **Drachenfels ❾**. Von der einstigen Felsenburg haben wir eine tolle Aussicht auf die Dahner Burgen und die Berge des Wasgaus. Die schmalen Gänge, Kammern und steilen Treppen wirken nicht nur auf Kinder abenteuerlich und müssen »erforscht« werden. Nach der Besichtigung der Ruine gehen wir auf demselben Weg zurück zur Abzweigung am Westaufgang und folgen dem Logo des *Pfälzer Waldpfads* und der *Drachenfels-Tour* 80 m nach rechts, dann links nach **Busenberg ❿**. Am östlichen Ortsrand führt uns die Straße *Lindenplatz* links in den Ort, wir gehen entlang der Hauptstraße kurz rechts, dann links auf der *Kirchstraße* zur *Bergstraße*. Dieser folgen wir links zur *Eichelbergstraße* und gelangen kurz darauf rechts auf der *Waldstraße* zurück zum **Hexenplätzel ❶**.

Drachenfelshütte
Die Pfälzerwaldvereinshütte der Ortsgruppe Busenberg liegt am Fuß des Drachenfels. Pfälzer Gerichte und Erbsensuppe stehen auf der Speisekarte der 2001 neu erbauten Hütte. Sie ist ganzjährig Mi., Sa. und So. 11–18 Uhr geöffnet, www.pwv-busenberg.de, Tel. +49 6391 3877.

Landgasthof Weißensteiner Hof
Eigene Schlachtung, Pfälzer Spezialitäten, Schnitzel und mehr bietet der viel besuchte Landgasthof. Freitags gibt es Fisch. Geöffnet Mi.–So. 11.30–18 Uhr. www.weissensteinerhof.de, Tel. +49 6391 3559.

Bäckerei-Konditorei Busch & Naab in Busenberg
Die Bundenthaler Bäckerei backt ihr Brot noch selbst, was man schmeckt und weshalb sich eine Einkehr im kleinen Café der Busenberger Filiale lohnt. Geöffnet Mo.–Fr. 5.30–18 Uhr, Sa. 6–12 Uhr, So. 8–12 Uhr, Hauptstraße 72, Busenberg, www.busch-naab.de, Tel. +49 6391 4090690.

Von Eschbach zum Kaiserbach-Lehrpfad

Über Waldwege und durch eine hügelige Landschaft

33

3.40 Std. | 12,6 km | ↗330 m | ↘330 m

Das Dorf der Esel und die Madenburg

250 m oberhalb von Eschbach thront die Madenburg auf einem Felsausläufer des 458 m hohen Rothenbergs. Sie ist eine der größten und ältesten Burgen der Pfalz. Vermutlich im frühen 11. Jh. als Reichsburg erbaut, gehörte sie 1080 zum Besitz Diemars von Trifels und im 13. Jh. den Grafen von Leiningen. 1317 gelangte sie in den Besitz Friedrichs V. von Altleiningen, der sie an den Bischof von Speyer verpfändete. 1372 war auch die Madenburg eine Ganerbenburg, die viele Besitzer hatte. 1525 wurde die Burg im Bauernkrieg zerstört und zwischen 1581 und 1610 von Bischof Eberhard von Speyer als befestigtes Renaissance-Schloss neu aufgebaut. Aus dieser Zeit stammen der Eberhardsbau und die beiden mit Ornamenten verzierten Treppentürme in der Kernburg. Im Pfälzischen Erbfolgekrieg (1688–1697) wurde die Burg von den Truppen des französischen Königs Ludwig XIV. endgültig zerstört. Der Name der Burg könnte sich von »Maidenburg« ableiten, benannt zu Ehren der Jungfrau Maria. Eine 5–7 m dicke und 12 m hohe Schildmauer mit Geschützkammern umschließt die 180 m lange und 50 m breite Burganlage, in der die Madenburg-Schänke zu einer Einkehr einlädt. Das am Fuß der Burg gelegene Eschbach ist das »Dorf der Esel«. 2004 wurden anlässlich der 750-Jahr-Feier des Orts 30 lebensgroße Kunst-Esel von Bürgern bemalt und an Straßen, Plätzen und in Vorgärten aufgestellt. »Esel« ist auch der Spitzname der Eschbacher, die überhaupt nicht »störrisch wie ein Esel« sind, sondern den »Esel« von den edlen Herren auf der Madenburg entliehen haben. Als Angehörige der Ritter- und Turniergesellschaft »mit dem Esel« trugen sie das Tier in ihrem Wappen.

Ausgangspunkt: Eschbach, Parkplatz am Sportplatz westlich des Orts. Bushaltestelle im Ort.
Anforderungen: Mittel, überwiegend Waldwege.
Kinder: Für Kinder geeignet. Sehr lehr- und abwechslungsreiche Tour.
Tipp: Im Frosch-Haus Göcklingen (Tel. +49 160 96424835), das sonntags 11–14 Uhr geöffnet hat, sind etwa 250 Arten lebender heimischer Amphibien wie Kröten, Frösche und Salamander zu sehen, die man in freier Natur kaum noch zu Gesicht bekommt. Der Amphibien-Experte Harry Winkler hat in dem ehemaligen Pumphaus Terrarien eingerichtet und erklärt auf Führungen auf unterhaltsame Weise die faszinierende Welt der Lurche. Das Haus liegt gegenüber der Kaiserbachermühle neben der B 48.

In **Eschbach** ❶ gehen wir vom Parkplatz am Sportplatz auf der Straße *Löwenthal* in den Ort bis zum Wälgerschlebbel-Brunnen. Davor folgen wir rechts dem *Madenburgweg*, wo im Haus Nr. 10 Franz Josef Erhardt (1853–1908) geboren wurde, der Begründer der Pfälzer Sozialdemokratie. Am Ende des Wegs passieren wir rechts das Sühnekreuz und lassen uns von dem ausgeschilderten Fußweg (*Pfälzer Keschdeweg* und *gelbgrüner Strich*) zur Madenburg leiten. Wo der Waldweg nach gut 800 m auf die *rot-weiße Welle* des *Pfälzer Weinsteigs* trifft, gehen wir auf diesem

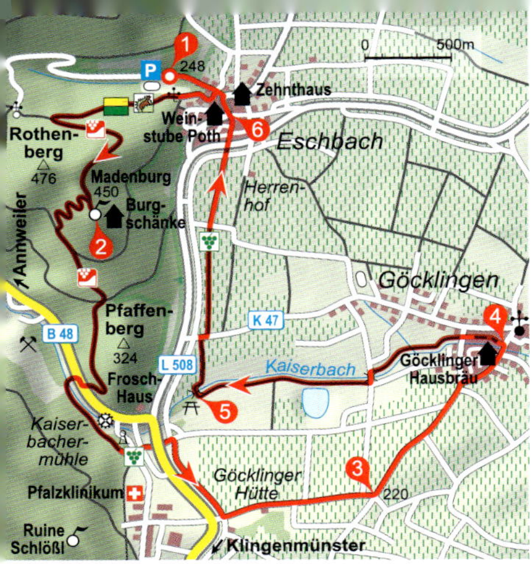

links weiter. Am Ende des Anstiegs liegt die mächtige **Madenburg ❷** vor uns. Die innere Burg ist ganzjährig zu den Öffnungszeiten der Burgschänke zugänglich (ganzjährig Mo., Di. geschlossen, November–April auch Do. geschlossen). Von der Burg haben wir eine herrliche Aussicht ins Rheintal und auf den Slevogthof. Nach der Burgbesichtigung führt uns vor der Burg links der *Weinsteig* in Serpentinen steil bergab, wir bleiben auf dieser Markierung bis zur Kaiserbachermühle, die links unterhalb des Wanderwegs liegt. Dahinter verlassen wir am Ende des Walds den *Pfälzer Weinsteig* und folgen links dem *Wanderweg Deutsche Weinstraße (Weintraube)* zum Parkplatz. Davor wandern wir rechts auf dem asphaltierten Weg *(Weintraube)* weiter und unterqueren die Deutsche Weinstraße, die *L 508*. Nach der Unterführung verlassen wir die *Weintraube* und folgen rechts dem asphaltierten Wirtschaftsweg (Radweg) entlang der *Weinstraße* bis zum Parkplatz an der Gedenkstätte für die Opfer der NS-Psychiatrie (Rastplatz). Auf der anderen Straßenseite liegt das Pfalzklinikum für Psychiatrie. Wir gehen links an der Gedenkstätte vorbei über den Parkplatz in die Weinberge; dieser aussichtsreiche Weinbergweg mit Blick auf die Madenburg ist nicht markiert. Rechts vom Weg steht die nicht bewirtschaftete Göcklinger Pfälzerwaldvereinshütte »Am Keschtebusch«. Wir gehen auf dem Weinbergweg daran geradeaus vorbei und biegen nach 600 m an der **Wegkreuzung ❸** bei der Bauminsel nach links ab und folgen dem Weinbergweg geradeaus nach Göcklingen. Am Ortsanfang führt uns der *Münsterweg* rechts zum Göcklinger Hausbräu. Danach folgen wir geradeaus der *Schulstraße*, bis die *Mühlgasse* kurz vor der **protestantischen Kirche ❹** nach links abzweigt. Hier treffen wir auf die Beschilderung des *Kaiserbach-Lehrpfads*. Sie leitet uns jetzt links entlang der *Mühlgasse* durch das Dorf. Kurz nachdem wir die Kreuzung mit der *Welsgasse* passiert haben, zweigt links ein Fußweg ab, der am Kaiserbach entlangführt. Auf dem *Bachlehrpfad* informieren uns schön gestaltete Erklärungstafeln über das komplexe Ökosystem »Talaue« mit dem Bachlauf und den Weinbergen, die Tieren und Pflanzen einen vielfältigen Lebensraum bieten. Auf diesem Wegabschnitt ist der Bach begradigt und mäandert nicht mehr natürlich durch die Aue. Bis Ende der 1990er-Jahre wurde in dem heutigen Landschaftsschutzgebiet Ton abgebaut, wie wir am Biotopweiher, einer ehemaligen Tongrube, erfahren. Nach der Renaturierung des 2 ha großen und bis zu 25 m tiefen Gewässers hat sich hier ein artenreicher Lebensraum für Tiere und Pflanzen entwickelt. 700 m weiter verlassen wir den *Kaiserbach-Lehr-*

Madenburg bei Eschbach.

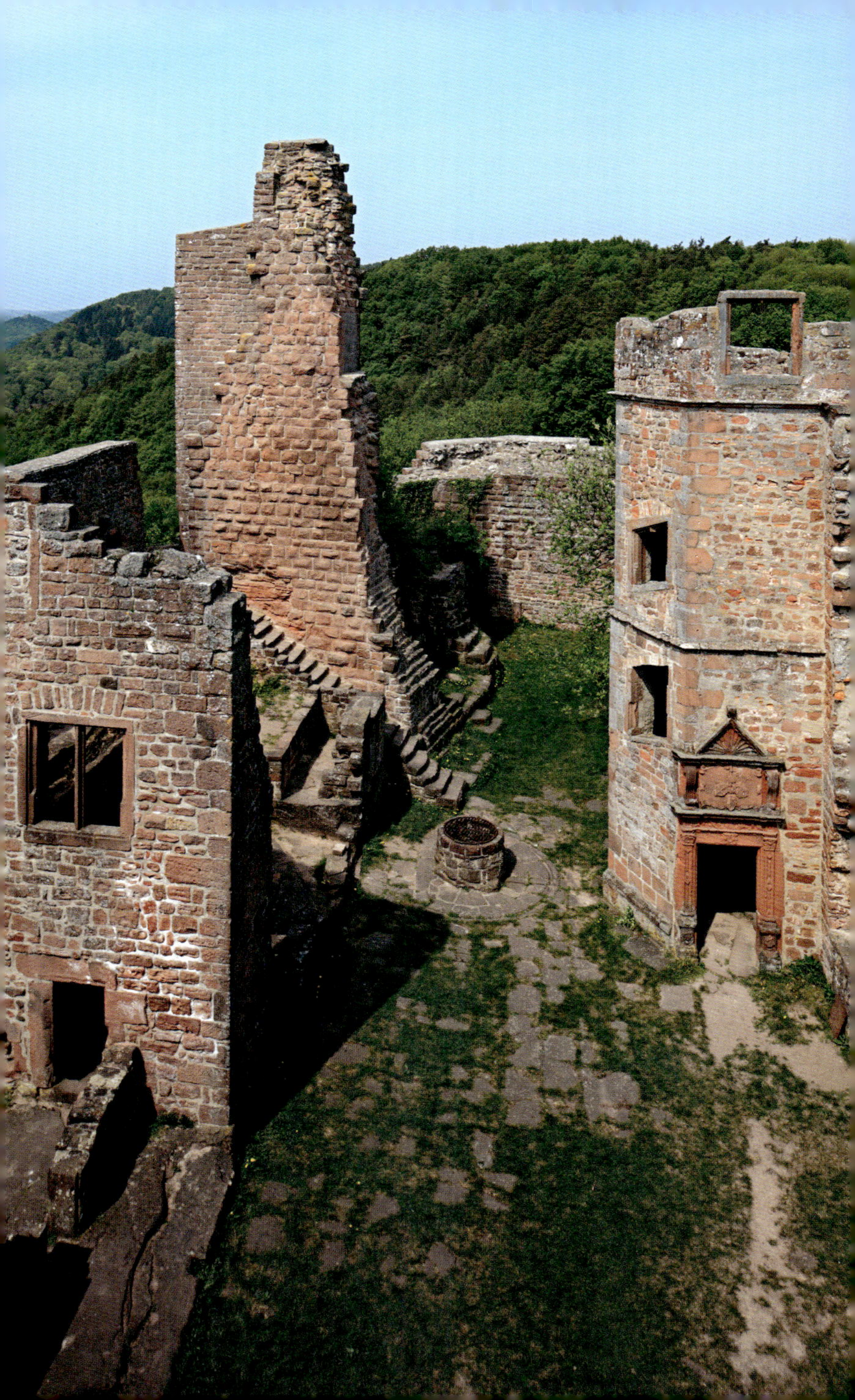

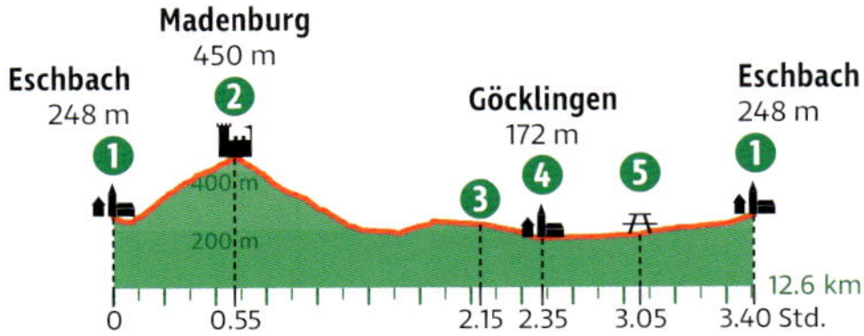

pfad und überqueren beim **Rastplatz ❺** rechts den Bach. Hier treffen wir wieder auf den *Wanderweg Deutsche Weinstraße* und lassen uns von der *Weintraube* auf aussichtsreichen Weinbergwegen zurück nach Eschbach leiten. Dort überqueren wir am Rastplatz die Straße *L 509* und gelangen auf der *Gartenstraße* geradeaus zur *Landauer Straße*, auf der wir links zum Eschbacher Rutschbrunnen in der **Ortsmitte ❻** gehen. Der Brunnen erinnert daran, dass am 11. August 1843 ein schweres Unwetter über der Madenburg wütete, als dort gerade die 1000-jährige Zugehörigkeit der Pfalz zum Deutschen Reich gefeiert wurde. Da der steile Weg von der Burg hinunter ins Dorf durch den Sturzregen mit Schlamm und Geröll bedeckt war, rutschten viele Festbesucher beim Abstieg aus und erreichten den Ort völlig verschmutzt. Vor dem Brunnen führt uns die Weinstraße rechts zum Wälgerschlebbel-Brunnen, wo wir links auf der Straße *Löwenthal* zurück zum **Parkplatz ❶** gelangen.

Weinstube Poth

Die Weinstube hat einen gemütlichen Innenhof mit einem Eselsbrunnen. Pfälzer Spezialitäten und hausgemachten Flammkuchen gibt es hier von Juli bis Oktober. Mo., Di. Ruhetage, geöffnet Mi.–Fr. ab 17 Uhr, Sa., So. ab 11 Uhr. Weinstraße 54–56, Eschbach, Tel. +49 6345 3789.

Zehnthaus Eschbach

In einem alten Fachwerkhaus aus dem Jahr 1567 bietet Hermann Ehrhardt seinen Gästen Schnitzel, Steaks, Hirschbraten und Flammkuchen. Geöffnet Di.–Sa. ab 17.30 Uhr, So. 11.30–14.30 Uhr, Weinstraße 43, Eschbach, https://zehnthauseschbach.de, Tel. +49 6345 1685.

Burgschänke Madenburg

Burgwirt Paul Buchwald verwöhnt die Burgbesucher in der kleinen Burgschänke mit Terrasse mit Pfälzer Spezialitäten, Flammkuchen, Schnitzel, wechselnden Tagesgerichten und Kuchen. Dazu werden gepflegte Weine der Region Südliche Weinstraße gereicht. Bewirtung von Mai–Oktober Mi.–So. 11.30–19 Uhr, von November–April Mi., Fr.–So. 11.30–17 Uhr. Bei schönem Wetter im Sommer ist mittwochs 18–23 Uhr Funzelabend, und freitags gibt es in der Burg 18–23 Uhr Live-Musik mit regionalen Bands. www.madenburg-pfalz.de, Tel. +49 6345 7110.

Göcklinger Hausbräu

Selbstgebrautes Bier trinken und im Sommer im rustikalen Biergarten in einem Bierfass sitzen – was will man mehr! Dazu gibt's Pfälzer Spezialitäten, Flammkuchen und auch Bayerisches wie Obazda oder Weißwürstl. Freitags und samstags werden ab 17 Uhr Hähnchen und Schweinshaxen gegrillt. Geöffnet Do., Fr., Sa. 11–20 Uhr, So. 11–19 Uhr, Mo., Di. 15–20 Uhr, Münsterweg 2, Göcklingen, www.goecklingerhausbraeu.de, Tel. +49 6349 5335.

Von Dörrenbach nach Oberotterbach

Zu den Waldgeistern im Otterbachtal

4.15 Std. | 13,9 km | ↗ 440 m | ↘ 440 m

Der Gebrüder-Grimm-Märchenweg und ein Mahnmal für den Frieden

Der Gebrüder-Grimm-Märchenweg und der überwiegend streckengleiche Dornröschenweg in Dörrenbach zählen zu den beliebtesten Wanderwegen der Pfalz für Familien mit Kindern. Unsere Wanderung führt auf ihrem nördlichen Abschnitt an sechs Märchenstationen vorbei, die von Künstlerinnen und einem Künstler aus der Region gestaltet wurden. Der Froschkönig stammt von Monika Kirks, das Dornröschen von Susanne Wadle, Rapunzel von Petra Roguette, der Goldesel von Marc Reibel, Hänsel und Gretel von Marie Tora und die Sterntaler ebenfalls von Susanne Wadle. Nach dem märchenhaften Anfang unserer Wanderung holt uns auf dem Weg der Geschichte die Realität des Zweiten Weltkriegs ein: 1938 veranlasste Hitler den beschleunigten Ausbau des Westwalls als Verteidigungsfront. Dieses 630 km lange Bollwerk sollte die Westgrenze des Deutschen Reichs abschotten, um bei den Eroberungsfeldzügen im Osten einen Zweifrontenkrieg zu vermeiden. Das gigantische Bauwerk soll 3,5 Milliarden Reichsmark verschlungen haben und mit 21.000 Bunkern aus Beton, Panzersperren und einem 30 m breiten Graben bestückt gewesen sein. Nach dem Waffenstillstand mit Frankreich 1940 wurden die Geschütze am Westwall demontiert, weil sie anderswo dringender gebraucht wurden. Nach der Landung der Alliierten in der Normandie 1944 und deren schnellem Vorstoß in Richtung Rhein musste der Westwall schnellstens reaktiviert werden. In der Südpfalz galt die Weißenburger Senke zwischen Oberotterbach und dem Bienwald als Schwachstelle, die vorrangig verschlossen werden musste. Sowohl die Ausstattung mit Geschützen als auch mit Soldaten blieb jedoch unzureichend, sodass der Westwall seine Verteidigungsfunktion nicht lange aufrechterhalten konnte. Im Januar 1945 durchbrachen die Alliierten

Betonmauern am Weg der Geschichte.

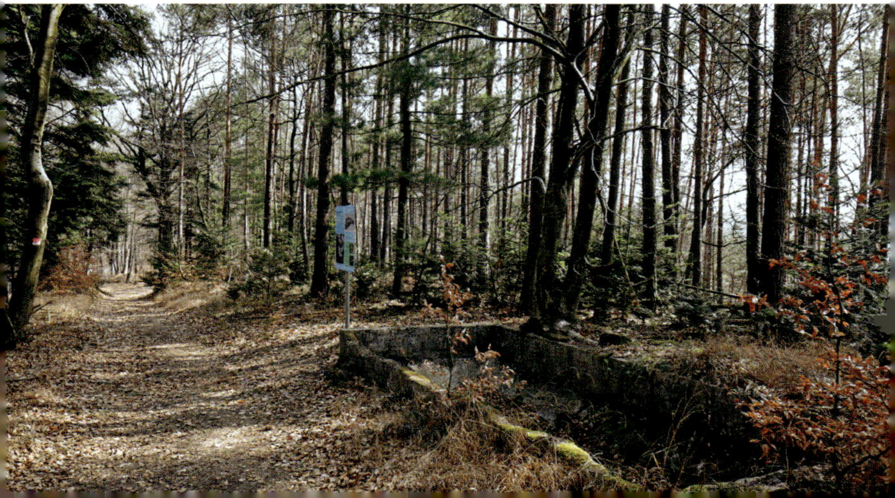

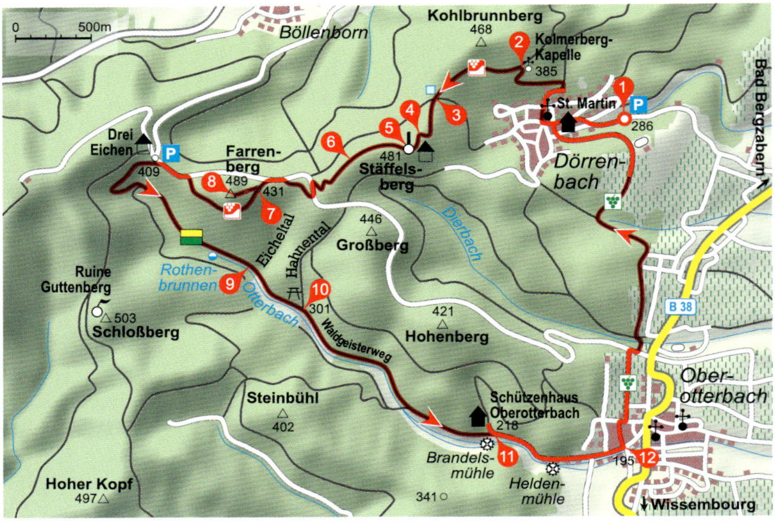

den Westwall, wobei der Abschnitt am Großberg und Farrenberg im Oberotterbacher Wald besonders hart umkämpft war. Am 20. März brachen die Amerikaner auch hier durch. Der grausame Krieg ist vorbei, doch die Erinnerungen daran sind geblieben. So ist der Weg der Geschichte mit den gesprengten Bunkern und den Erklärungstafeln heute nicht nur ein historisches Zeugnis, sondern vor allem auch ein Mahnmal für den Frieden. Der Holzschnitzer Volker Dahl aus Oberotterbach lässt den Weg der Geschichte versöhnlich enden. Er hat im Tal des Otterbachs grimmige und lustige Gesichter von Gnomen und Waldgeistern, aber auch Tiere in Baumstümpfe, Wurzeln und Stämme geschnitzt und farbig bemalt.

Ausgangspunkt: Dörrenbach, Parkplatz in der Hauptstraße am östlichen Ortsanfang.
Anforderungen: Mittel, Wald- und Weinbergwege.
Kinder: Für Kinder sind besonders die Waldgeister und der Gebrüder-Grimm-Märchenweg ein Anziehungspunkt.

Am Ende eines Tals ohne Durchgangsverkehr gelegen, verzaubert **Dörrenbach** mit seinen schmucken Fachwerkhäusern und der sommerlichen Blumenpracht aus Rosen seine Besucher. »Dornröschen der Pfalz« nennt sich das idyllische Dorf, in dem alle zwei Jahre ein hübsches Mädchen zum »Dornröschen« gewählt wird. Wir beginnen unsere Wanderung am östlichen Ortsrand von **Dörrenbach ❶** beim Parkplatz in der Hauptstraße. Von dort führt uns die Hauptstraße zum Buswendeplatz, wo der Froschkönig am Napoleonsbrunnen sitzt. Ab hier leitet uns der *Gebrüder-Grimm-Märchenweg* bzw. der *Dornröschenweg* (*Logo Rosenblüte*) geradeaus durch das Dorf zum Fachwerk-Rathaus, einem prächtigen Renaissancebau von 1590. Gegenüber liegt der einzige Wehrfriedhof der Pfalz. Die Wehrkirche »Sankt Martin« und der Friedhof sind von einer hohen Ringmauer mit Rundtürmen umschlossen. Der älteste Teil der ehrwürdigen Kirche stammt aus dem 13. Jahrhundert. Eine der fünf Glocken, die 1330 gegossen wurde, zählt zu den ältesten der Pfalz. Seit 1684/85 ist die Kirche eine katholisch-evangelische Simultankirche. Wer möchte, kann auf der Hauptstraße noch 150 m geradeaus in den Dornröschengarten gehen, in dem »Dornröschen« in einem Rosenstrauch steht. Wir steigen hinter dem Eckturm der befestigten Wehrkirche rechts die Treppe hinauf und gehen auf der *Rosenblüte* und der *rot-weißen Welle* des *Pfälzer Weinsteigs* am Friedhof vorbei zur ausgeschilderten

Weinstube Unter der Linde
Französisches Savoir-vivre in der Südpfalz wie im Elsass! Der gebürtige Franzose Benoit Ludwig kombiniert in seiner Küche Pfälzer mit elsässischen Spezialitäten und kreiert daraus völlig neue Gaumenfreuden wie die »Leberknödel Elsässer Art mit einer feinen Zwiebel-Sahne-Soße«. Sa., So. gibt es Flammkuchen, und der Koch überrascht seine Gäste auch immer wieder mit Ausgefallenem wie Couscous, dem marokkanischen Schmorgericht Tajine oder belgischen Muscheln mit Fritten. Im Sommer sitzt es sich gemütlich auf der Gartenterrasse unter der alten Linde. Geöffnet Mi.–Sa. 12–14 Uhr und 17–21 Uhr, So. 12–21 Uhr, November–Februar Mi. geschlossen, www.weinstubeunterderlinde.de, Hauptstraße 8, Dörrenbach, Tel. +49 6343 93 98 03.

Schützenhaus Oberotterbach
Pfälzer Gerichte, Schnitzel, Flammkuchen und vieles mehr bietet die Waldgaststätte mit ihrem großen Biergarten am Waldgeisterweg. Geöffnet Mi.–So. 11–20 Uhr. Von November bis März gibt es jeden Samstag 11.30–15 Uhr ein Schlachtfest vom Buffet mit Kesselfleisch, Würsten und einer kräftigen Suppe. www.schützenhaus-oberotterbach.de, Oberdorfstraße 74, Oberotterbach, Tel. +49 6342 7522.

Musikantebuckl Oberotterbach
Im ältesten Haus von Oberotterbach, in dem sich früher der Zehntkeller der Burg Guttenberg befand, befindet sich heute ein kleines Kellertheater, das nicht nur wegen seiner Live-Veranstaltungen freitagabends (Reservierung per Mail, siehe Homepage, oder unter Tel. +49 152 02137459), sondern auch durch »den besten Flammkuchen weit und breit« bekannt ist. Geöffnet bei Veranstaltungen Fr. ab 19 Uhr, sonst Sa. ab 18 Uhr, So. ab 17 Uhr, im Juli und August geschlossen, Herrengasse 5, Oberotterbach, www.musikantebuckl.de, Tel. +49 6342 240.

Pizzeria Toscana in Oberotterbach
Das Ristorante der Familie Karadeniz mit seiner Gartenterrasse wirkt zwar etwas kühl und nicht gerade mediterran, Pizza, italienische Nudelgerichte, Salate, Schnitzel und das Eis zum Nachtisch sind aber lecker. Geöffnet Di.–So. 11.30–14 Uhr und ab 17.30 Uhr, Sa. mittags geschlossen, Karl-Meyer-Straße 1, Oberotterbach, Tel. +49 6342 923818.

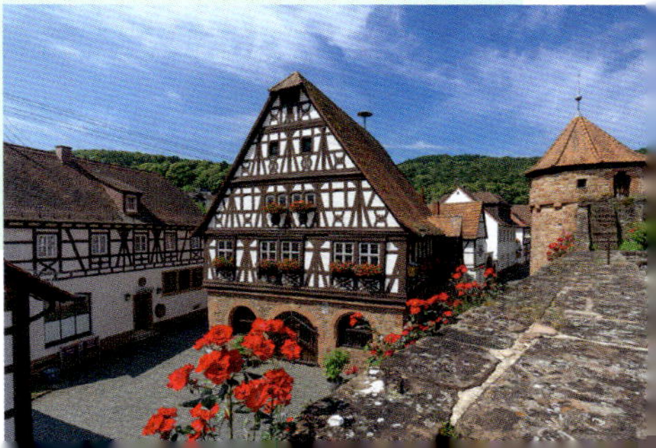

Das Fachwerk-Rathaus von Dörrenbach.

Kolmerberg-Kapelle ❷. Im Wohngebiet gehen wir dazu auf der Schulstraße geradeaus, kommen oberhalb der Schule am Johannes-Brunnen vorbei und wandern durch den Wald hinauf zur Kapelle. Auf dem Kolmerberg bestand bis 1531 ein Kloster und bis heute ist die Kapelle das Ziel von Wallfahrten. Diese wurde 1815 an das ehemalige Kloster angebaut. In der Vorhalle ist eine Ölbergszene mit lebensgroßen Skulpturen dargestellt.

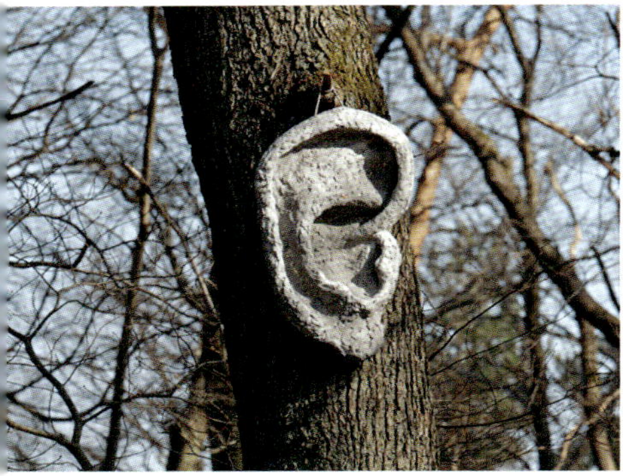

Auf dem Wanderweg zum Stäffelsberg-Aussichtsturm (unten) haben die Bäume Ohren.

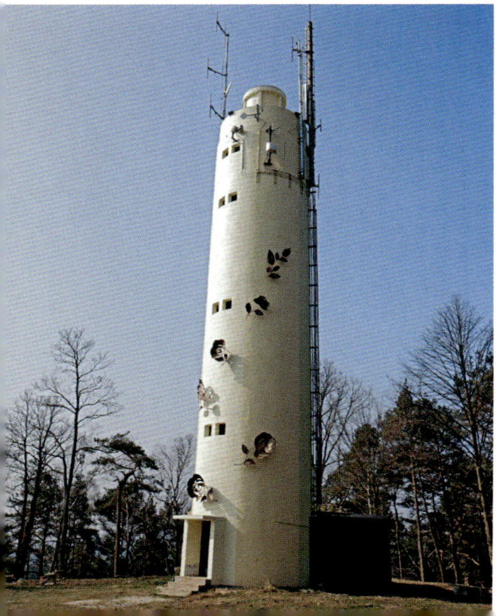

Von der Kapelle gelangen wir links auf der Forststraße (*Rosenblüte* und *rot-weiße Welle*) zum Stäffelsberg. Auf dem Weg dorthin kommen wir an den Märchenstationen **Sterntaler ❸** und Hänsel und Gretel vorbei. Eingesperrt in einem Käfig werden die beiden Kinder von einer alten Hexe bewacht, die aus dem Fenster der danebenstehenden Hütte schaut. Nicht weit entfernt davon steht das Tischlein-Deck-Dich mit dem **Goldesel ❹**. Doch aufgepasst! An einem Baum lauert auch der Knüppel aus dem Sack. Nun müssen wir ganz still sein, denn im Wald unterhalb des 481 m hohen Stäffelsbergs haben die Bäume Ohren. Diese Objekte wurden von den Schülern einer Kunstschule gestaltet. Der 1964 erbaute, 24 m hohe **Stäffelsberg-Aussichtsturm ❺** ist mit stilisierten Rosenblättern verziert. Daneben steht eine Schutzhütte (Rastplatz).
Wir folgen weiter der *Rosenblüte* und der *rot-weißen Welle* und gehen auf der Forststraße und dem sich anschließenden Waldpfad bergab. Hier lässt **Rapunzel ❻** an einem Holzturm ihren langen Haarzopf herab. Am Ende des Abstiegs trifft unser Wanderweg wieder auf eine Forststraße. Hier verlassen wir die Markierungen und gehen auf der Forststraße 70 m links bis zur nächsten Abzweigung, an der wir auf das Logo des *Wegs der Geschichte* treffen. Dieses leitet uns jetzt auf dem zweiten Teil unserer Wanderung scharf rechts zu einer **Abzweigung unterhalb des Farrenbergs ❼**. Wir nehmen den steilen Aufstieg auf den 489 m hohen **Farrenberg ❽** in Angriff und machen einen Abstecher (300 m) zu vier Bunkern. Auf einer Erklärungstafel steht, dass einer der Bunker ein 100 m³ großer Trinkwasserspeicher ist, der aus 1,5 m dicken Wänden aus

Stahlbeton besteht. Beim Bunkerbau im Wald wurde darauf geachtet, dass der umliegende Waldbestand aus Gründen der Tarnung erhalten blieb und auch das Landschaftsbild nicht erkennbar verändert wurde. Dadurch fügen sich die Bunker geschickt in die Umgebung ein und fallen auf den ersten Blick gar nicht als störend auf. Wieder zurück an der **Abzweigung 7** folgen wir rechts dem *Weg der Geschichte* und auch der *rot-weißen Welle* des *Pfälzer Weinsteigs* zu den **Drei Eichen**, einem Waldparkplatz mit Schutzhütte. 80 m vor den **Drei Eichen** verlassen wir jedoch an einer Abzweigung den *Pfälzer Weinsteig* und folgen links dem *Weg der Geschichte*. Auf einem schmalen Pfad am Waldhang gelangen wir nun ins Otterbachtal. Dort führen uns der *Weg der Geschichte* und der *gelb-grüne Strich* zu den Waldgeistern von Oberotterbach. Der **Waldgeisterweg 9** beginnt bei »Gustav die Schnecke« und »de Hannes un's Katche«, dem »Waldarbeiter«, der dem Künstler ähneln soll, und der »Brennholzsammlerin«. Die Schnecke ist leider fast nicht mehr zu erkennen, denn der Baumstamm, aus dem sie einmal geschnitzt wurde, ist vermodert. Ab hier begleiten uns zahlreiche aus Holz geschnitzte Gnome, Wichtel und Tiere, die wir vor allem links vom Weg entdecken können. Im **Hahnental 10** liegt ein schöner Rastplatz. Hier lehnt sich ein Waldwichtel mit Napoleonshut an

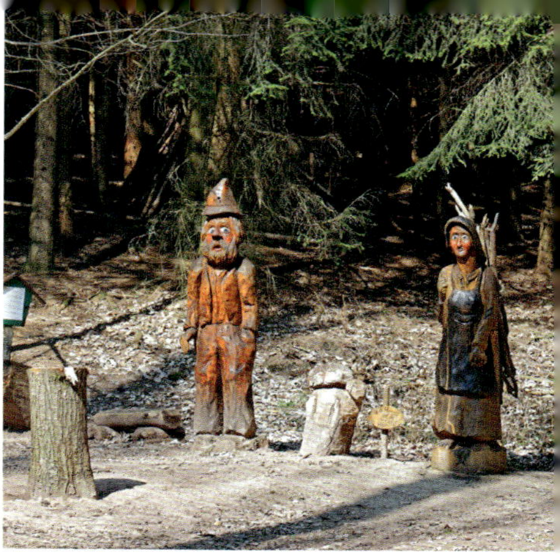

Rastplatz bei den Waldgeistern in Oberotterbach.

einen Baum und schaut den Leuten beim Vespern zu. Der *Waldgeisterweg* endet an der Abzweigung zum **Schützenhaus 11**. Wer möchte, kann dort einkehren (schöner Biergarten). Wir folgen der Forststraße weiter geradeaus nach **Oberotterbach 12**. Dort treffen wir an der Einmündung der *Hummelgasse* auf den *Wanderweg Deutsche Weinstraße (Weintraube)*. Diesem folgen wir geradeaus, gehen links durch die *Handwerksgasse*, auf der *Guttenbergstraße* kurz rechts und verlassen dann auf dem *Lenkerweg* links das schöne Dorf. Auf einem aussichtsreichen, sonnigen Weg *(Weintraube)* wandern wir durch die Weinberge zurück nach Dörrenbach. Dort gelangen wir durch die *Übergasse* zur Wehrkirche und davor rechts auf der *Hauptstraße* zurück zum **Parkplatz 1**.

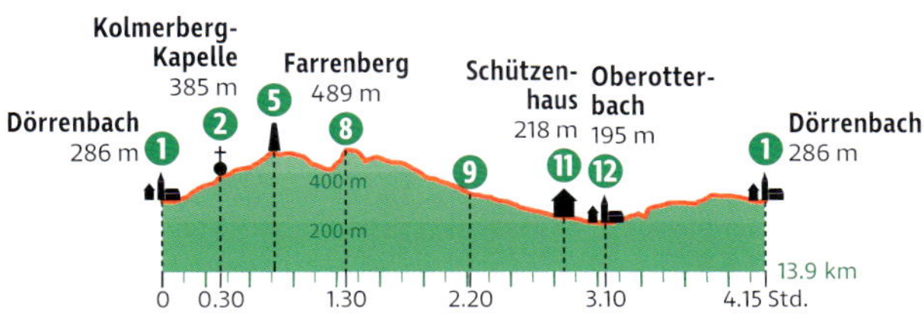

35 Von Fischbach zur Rösselsquelle

Auf der Wasgau-Seen-Tour zum Lindelskopf

4.30 Std. | 17,2 km | ↗ 200 m | ↘ 200 m

Der Oberlauf der Sauer

Zwischen Fischbach und Ludwigswinkel fließt der Saarbach. Er ist der Oberlauf der 85 km langen Sauer, die bei Munchhausen im Elsass in einem verzweigten Delta in den Rhein mündet. Als die Pfalz 1816 zum Königreich Bayern kam, machte vermutlich der unterschiedliche bayerische und Pfälzer Dialekt aus dem Sauerbach den Saarbach. Ein 2 km langer Wasser- und Biosphären-Erlebnisweg bringt hier Kindern und Jugendlichen die Natur näher. Der Premiumweg Wasgau-Seen-Tour führt uns auf die Felskanzel des Lindelskopfs und am Pfälzerwoog, dem Entenweiher und dem Rösselsweiher vorbei zur Rösselsquelle. Danach wandern wir um Ludwigswinkel zum Sägmühlweiher und Mühlweiher, einem kleinen Badesee. Hier wurde im 19. Jahrhundert der Saarbach gestaut, um das Hammerwerk der Gienanth'schen Eisenschmelze anzutreiben, in dem das Eisenerz aus dem nahen Bergwerk Nothweiler verhüttet wurde. Vor Fischbach treffen wir dann wieder auf den Wasser-Erlebnisweg und folgen diesem am Saarbach entlang zurück zum Biosphärenhaus.

Ausgangspunkt: Biosphärenhaus in Fischbach bei Dahn. Bushaltestelle.
Anforderungen: Mittel, lange Tour auf gepflegten Wald- und Wiesenwegen.
Kinder: Für Kinder ist der Wasser- und Biosphären-Erlebnisweg interessant, die gesamte Tour ist für sie zu lang.
Tipps: Biosphärenhaus Pfälzerwald/Nordvogesen in Fischbach, Am Königsbruch 1. Da ein neuer Kostenträger gefunden werden muss, bleibt das Haus mit dem Baumwipfelpfad 2023 geschlossen. Besucherbergwerk Erzgrube Sankt-Anna-Stollen in Nothweiler, geöffnet April bis Oktober Mi. bis So. 11–17 Uhr, Mo. und Di. geschlossen, Führungen zu jeder vollen Stunde. Im Infozentrum wird die Ausstellung »Bergbau und Hüttenwesen im Wasgau« gezeigt.

Am **Biosphärenhaus ❶** in Fischbach gehen wir neben der Straße L 478 in Richtung Ort *(Wasgau-Seen-Tour)* und am Ortsanfang vor der Tankstelle links. Wir überqueren den Saarbach (Oberlauf der Sauer, deshalb auch Sauerbach genannt) und biegen gleich hinter der Brücke nach rechts auf den grasbewachsenen Uferweg ab. Hier begrüßt ein aus Holz geschnitzter Fischotter die Wanderer. Wir folgen dem Bachlauf auf dem *Wasser-Erlebnisweg* zur Straße *K 44*, die wir überque-

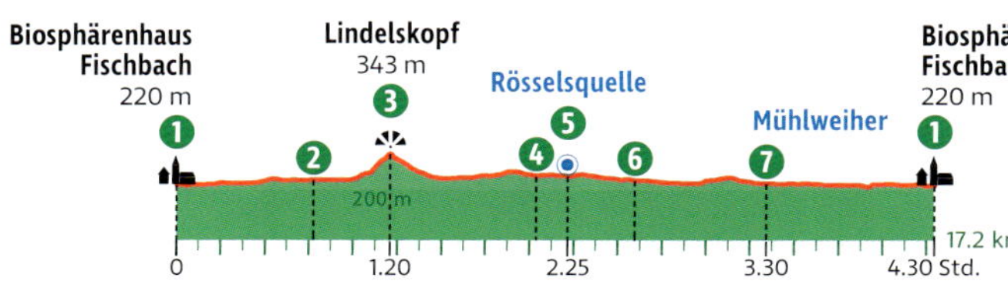

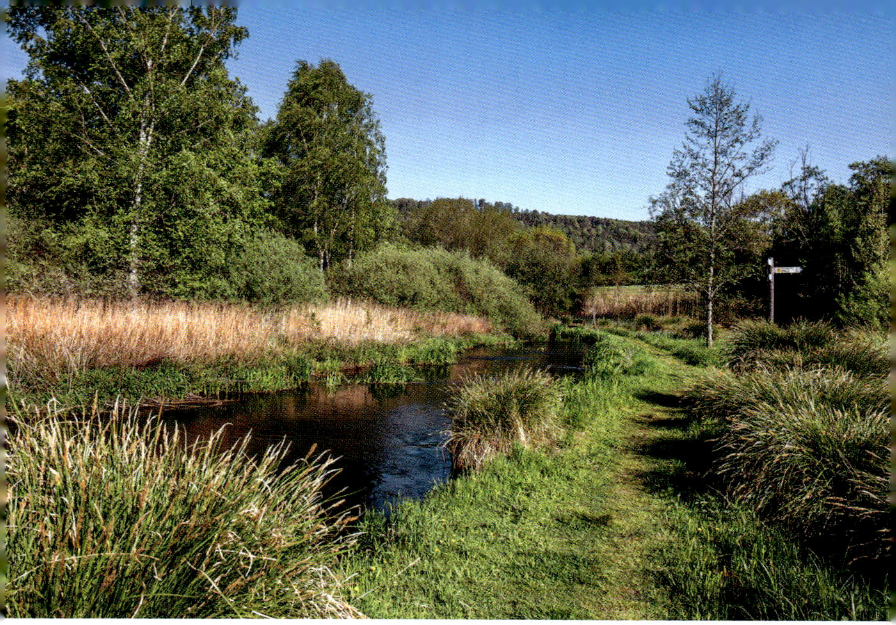

Der Wasser-Erlebnisweg führt bei Fischbach im südlichen Pfälzerwald am Ufer des Saarbachs entlang, der auch Sauerbach genannt wird. Der Weg verläuft ein Stück streckengleich mit der Wasgau-Seen-Tour, die hier nach rechts abzweigt.

ren. Auf der anderen Straßenseite wandern wir geradeaus auf dem asphaltierten Wirtschaftsweg weiter (*Wasgau-Seen-Tour*). Auf dem nahen Hinzenfelsen links oberhalb unseres Wanderwegs steht die Weiße Madonna; das Wahrzeichen Fischbachs stammt von dem Dahner Bildhauer Richard Lenhard (1896–1969). Unser Weg führt an Weiden vorbei, auf denen Fjordpferde grasen. Danach erreichen wir den **Pfälzerwoog ❷**, ein 11 ha großes Naturschutzgebiet. Mitte Mai begleitet den Wanderer an diesem idyllischen Weiher ein Froschkonzert. Wir gehen rechts über den Damm und danach links am Weiher entlang. Über diesem erhebt sich der bewaldete, 343 m hohe **Lindelskopf ❸**, unser nächstes Ziel. Seine Felskanzel liegt etwa 200 m rechts von der *Wasgau-Seen-Tour*. Nach einem kurzen, steilen Wegstück steigen wir auf einer Stahlleiter auf den schmalen Felsgrat aus Buntsandstein, der durch Einschnitte in drei Felsen mit einem Felsenfenster geteilt wird. Im 11. Jahrhundert dienten diese als Fundament für eine Burg, von der heute aber außer einigen Balkenlöchern und behauenen Treppenstufen im Sandstein nichts mehr zu sehen ist. Von der Aussichtskanzel haben wir einen schönen Blick über Ludwigswinkel und die Berge des Wasgaus und der Nordvogesen. Danach wandern wir auf der *Wasgau-Seen-Tour* um Ludwigswinkel. Vor dem Ort überqueren wir die Straße *K 43*, gehen auf der *Petersbächler Straße* am Entenweiher vorbei, auf dem im Mai gelbe Teichrosen blühen, und biegen in dem Wohngebiet beim Wanderwegweiser nach links in den schmalen Fußweg ab. Ebene Wege führen uns danach durch einen schönen Mischwald mit hohen alten Bäumen zum

Kiosk mit Biergarten am Minigolfplatz/Barfußpfad
Es gibt hausgemachten Kuchen, Hamburger, Steaks und mehr. Von Freitag bis Sonntag auch Pizza. Geöffnet von April bis Oktober Di.–So. 10–20 Uhr.

Landhaus Tausendschön in Fischbach
Neben den üblichen deutschen Gerichten gibt es Pfälzer Spezialitäten wie Hoorige Knepp oder Wurschtgrumbeere (Bratkartoffeln mit Blut- und Leberwurst). Restaurant geöffnet April–Oktober Mo., Di., Fr. ab 17 Uhr, Sa., So. ab 11 Uhr, Bitscher Straße 7a, Tel. +49 6393 5718, www.landhaus-tausendschoen.de.

Gasthaus zum Landgrafen in Ludwigswinkel
Auf der umfangreichen Speisekarte stehen außer dem Üblichen auch Black Angus Rumpsteaks und Wildgerichte. Donnerstags gibt es Spareribs, freitags Hähnchen und sonntags Gourmet-Burger. Landgrafenstraße 33, geöffnet Do.–Mo. 11.30–14 Uhr und ab 17 Uhr, Tel. +49 6393 405, www.zumlandgrafen.de.

Hotel-Restaurant Blick zum Maimont in Ludwigswinkel
In der Nähe des Gasthauses zum Landgrafen gelegen, bietet dieses Restaurant eine ähnlich umfangreiche Speisekarte. Wenn Kinder einen kostenlosen Räuberteller bestellen, bekommen sie einen leeren Teller und Besteck. Damit können sie den Teller ihrer Eltern plündern ... Landgrafenstraße 32, geöffnet Di., Mi., So. 11–14 Uhr und ab 17 Uhr, Do., Fr., Sa. ab 17 Uhr, Tel. +49 6393 474, www.maimont.com.

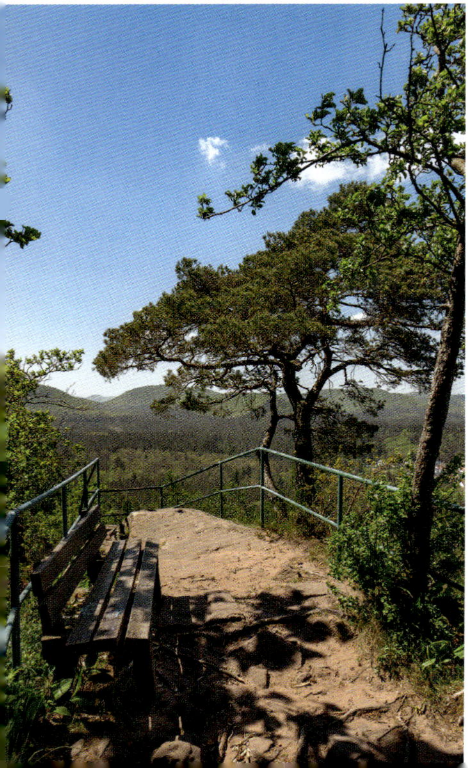

Rösselsweiher ❹, ein 39 ha großes Naturschutzgebiet. Wir gehen links um den Weiher und erreichen etwas weiter die **Rösselsquelle ❺**. Wo der Rösselsbach entspringt, können wir auf einer der hier aufgestellten Liegebänke entspannen.

Die *Wasgau-Seen-Tour* leitet uns nach der Quelle rechts auf der Forststraße zurück nach Ludwigswinkel. Am Ortsanfang kommen wir am **Sägmühlweiher ❻** vorbei und folgen dem Uferweg zum Ende des Sees, an dem das Landgrafendenkmal an den Dorfgründer Landgraf Ludwig IX. von Hessen-Darmstadt (1719–1790) erinnert. Hier gehen wir links über den Damm und wandern über blumenreiche, feuchte Wiesen an Ludwigswinkel vorbei. Hier verläuft auch ein Barfußpfad. Er be-

Von der Felskanzel auf dem 343 m hohen Lindelskopf sieht man auf Ludwigswinkel und den südlichen Pfälzerwald.

ginnt bei der Minigolfanlage, wo wir uns im Biergarten des Kiosks stärken können. Hinter diesem überqueren wir den Parkplatz, gehen kurz links entlang der Straße und wandern auf der anderen Straßenseite auf dem Skulpturenpfad durch den schattigen Wald. Hier stehen mehrere Skulpturen des Holzschnitzers Sigurd Bratzel: ein Hase, ein Auerhahn, ein Waldmensch und am Rastplatz der aus einer Baumwurzel geschnitzte »Zecher«. Beim anmutigen »Rumpelstilzchen« von Perry Sutton meint man in einem Märchenwald zu sein. Am Ende des Walds gehen wir auf der Straße *K 43* rechts zum **Mühlweiher 7**, einem Badesee. Hier verlassen wir an der Zufahrt zum ehemaligen Campingplatz die *Wasgau-Seen-Tour*. Wir überqueren die Straße *L 478 (Bitscher Straße)* und wandern rechts auf dem asphaltierten Fußweg am Fjordpferdehof vorbei zurück nach Fischbach. Dort gehen wir am Ortsanfang gegenüber der Abzweigung der *Wasgaustraße* rechts auf dem Fußweg durch den Münchmatt-Park, eine Landschaft aus alten Weiden und Wiesen, die heute nicht mehr landwirtschaftlich genutzt wird. Hier verläuft auch der *Wasgau-Sagenweg*, und am Ende der Wiesen treffen wir am Saarbach-Wehr auf den *Sauer-Entdeckerweg*.

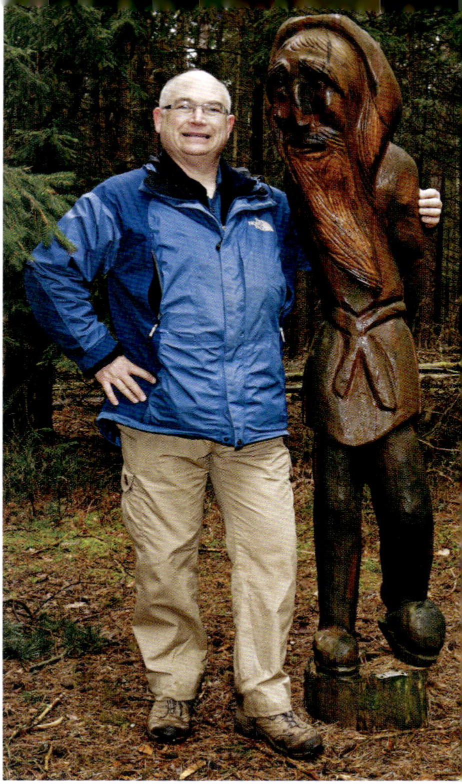

Der Autor und das Rumpelstilzchen.

Der grasbewachsene, schmale Pfad verläuft ein Stück am Ufer des Saarbachs (Sauer) entlang und trifft dann wieder auf den Hinweg und die *Wasgau-Seen-Tour*. Auf dieser wandern wir links zurück zum **Biosphärenhaus 1**.

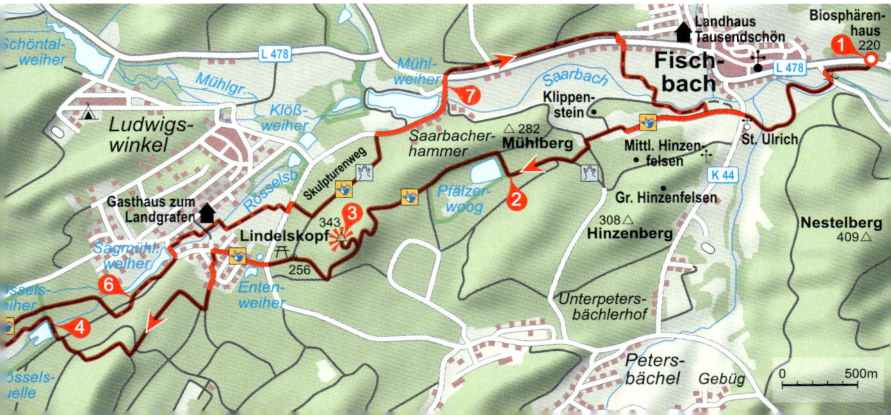

36 Von Eppenbrunn zur Hohen List

Kleiner Teufelstisch, Eulenfels und die Sage vom Glockenbrunnen

4.20 Std. | 15,0 km | ↗ 370 m | ↘ 370 m

Eine Lourdes-Grotte und die Weihnachtswünsche der Kinder

Der katholische Eppenbrunner Pfarrer Johannes Trauden hatte sehr unter dem Nationalsozialismus zu leiden und ärgerte sich über das riesige Hakenkreuz, das auf einem Felsen über seinem Dorf stand. Bei den älteren Dorfbewohnern heißt dieser Felsen heute noch der »Hakenkreuz-Felsen«. 1935 erkrankte der Pfarrer und musste das Bett hüten. Durch das Fenster seines Zimmers fiel sein Blick auf eine öde Felswand und er beschloss, dem NS-Symbol ein Glaubenssymbol gegenüberzustellen. Als Helfer 1936 die Felswand von Schutt und Geröll säuberten und einen Weg anlegten, um ein weißes Balkenkreuz aufzustellen, entdeckten sie eine Grotte und eine Quelle. Diese wurden zu Ehren der Jungfrau Maria geschmückt. Die große Lourdes-Grotte in Eppenbrunn entstand so aus dem Widerstand gegen das NS-Regime und ist bis heute ein Ort der Andacht und der Fürbitte.

Auf dem Premiumwanderweg Eulenfels-Tour kommen wir am Kleinen Teufelstisch vorbei über den Eulenfels zum Wanderheim Hohe List. Danach führt unser Weg zum Christkindlfelsen. Zu Weihnachten schmücken Lametta, bunte Weihnachtskugeln und die Wunschzettel der Kinder hier die schneebedeckten Bäume. Bei vielen Familien aus der Umgebung ist es ein alter Brauch, vor Weihnachten mit den Kindern durch den Schnee zu dem Felsen zu stapfen, damit diese dem Christkind ihre Wünsche mitteilen können. Die Wünsche sind öffentlich, und wer sie liest, wird mitunter nachdenklich. Da will ein Kind einen eigenen großen Fernseher mit Sound-System haben, während ein anderes sich wünscht, dass seine Schwester wieder gesund wird und sich die Eltern weniger streiten.

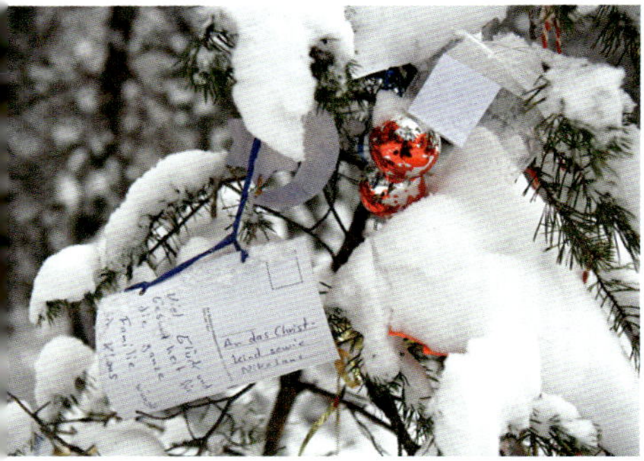

Geschmückter Baum zur Weihnachtszeit am Christkindlfelsen bei der Hohen List.

Ausgangspunkt: Eppenbrunn, Parkplatz in der Neudorfstraße am Freizeitpark. Bushaltestelle im Ort.

Anforderungen: Mittel, überwiegend Waldwege.

Kinder: Für Kinder geeignet.

In **Eppenbrunn ❶** gehen wir vom Parkplatz am Freizeitpark rechts am Eppenbrunner Bach entlang, überqueren diesen nach dem Parkplatz und wandern geradeaus durch den Freizeitpark zur *Talstraße*. Dieser folgen wir 100 m nach rechts und wandern am Obelisk (Ehrenmal) links den Waldhang hinauf zur ausgeschilderten **Lourdes-Grotte ❷**. Von dort

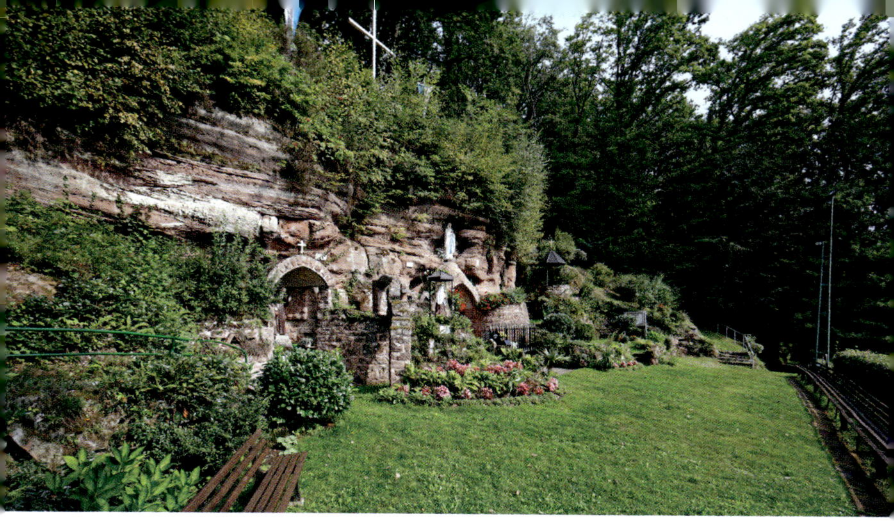

Lourdes-Grotte bei Eppenbrunn.

führt uns ein Waldweg an der Grotte vorbei wieder hinunter nach Eppenbrunn. Im Ort folgen wir der *Bergstraße* rechts zur *Hauptstraße*. Auf dieser gehen wir links und vor der Gaststätte Zur Sängerklause rechts zur *Weiherstraße*. Dort machen wir einen kurzen Abstecher zum nahe gelegenen **Alten Waschplatz ❸**. Dazu gehen wir auf der *Weiherstraße* und dem gleich darauf abzweigenden Fußweg rechts. Danach gehen wir zurück zur *Weiherstraße*, auf ihr kurz links und wandern rechts auf der *Oberen Haardtstraße* geradeaus aus dem Ort. Wir orientieren uns dabei am *Eulen-Logo* des Premiumwegs *Eulenfels-Tour*. Am Ende des Wohngebiets gehen wir geradeaus auf dem Feldweg zum Wald und dort rechts zur Landstraße *L 478*. Diese überqueren wir rechts haltend und folgen der *Eulenfels-Tour* zum **Kleinen Teufelstisch ❹**. Danach steigen wir den Waldhang hinauf zum Aussichtspunkt auf dem **Eulenfels ❺**. Dazu gehen wir am Fuß der Felswand kurz rechts. Auf dem Felsen, von dem wir einen weiten Blick über den Wasgau zu den Nordvogesen haben, stehen nette Holzbänke mit geschnitzten Eulen. Danach gehen wir zurück, wandern an der Felswand entlang und folgen danach dem kurzen Serpentinenpfad hinunter zur Straße *L 478*. Die *Eulenfels-Tour* führt hier zunächst rechts im Wald neben der Straße entlang, überquert sie dann an einer gut überschaubaren Stelle und führt oberhalb der Straße zum Wanderparkplatz Hohe List. Wir gehen rechts über den Parkplatz, folgen kurz der Forststraße und biegen dann auf den Wanderweg ab,

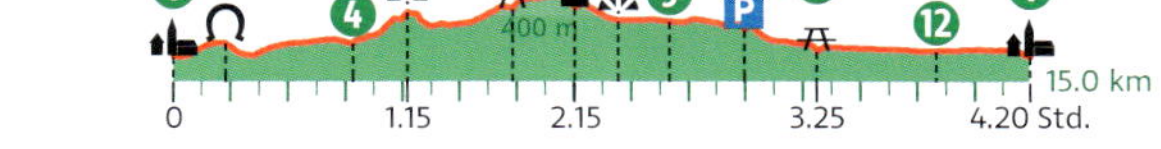

der rechts neben der Straße verläuft. Auf einem Höhenweg mit Aussicht zu den Nordvogesen wandern wir über die Hochebene, am Rastplatz **Waldblick ❻** vorbei, zum 460 m hoch gelegenen **Wanderheim Hohe List ❼**. Vor diesem folgen wir der *Eulenfels-Tour* nach rechts und wandern auf der Forststraße bergab. Nach 700 m weist uns ein Schild den Weg zum **Christkindlfelsen ❽**, der 200 m links vom Wanderweg liegt. Auf seiner Felskanzel können wir rasten und die Aussicht über das dicht bewaldete Tal des Faulbachs genießen. Besonders interessant ist dieser Ort im Winter, wenn Kinder ihre Wünsche ans Christkind an die Zweige hängen. Die *Eulenfels-Tour* führt uns danach zum **Krappenfels ❾**, der ebenfalls ausgeschildert ist und 300 m links vom Wanderweg liegt. Hier versperren zwar die hohen Bäume die Aussicht, aber der Rastplatz auf der Felskanzel ist schön. Das *Eulen-Logo* leitet uns danach auf der Forststraße hinunter zum Wanderparkplatz **Eselsteige ❿**. Hier verläuft die Wasserscheide zwischen dem Rhein und der Mosel. Wir überqueren die Straße *L 478*, an der aus Holz geschnitzte Eulen stehen und man in einem hohlen Baumstamm sitzen kann, und wandern weiter bergab ins Tal des Wüsteichelsbachs zum **Glockenbrunnen ⓫**, um den sich eine Sage rankt. Dort steht am Rand der Wiese ein kleines Glockentürmchen aus Holz mit einer Rastbank. Wir wandern auf der Forststraße weiter durch das sonnige Tal und überqueren etwas weiter

Die Sage vom Glockenbrunnen

Am Klosterbrückel, im Tal des Wüsteichelsbachs, befand sich einst ein Gutshof der Zisterzienserabtei Stürzelbronn mit einer kleinen Kapelle. Ein Einsiedler läutete täglich deren Glocke. Als im Dreißigjährigen Krieg marodierende Söldner das Kloster verwüsteten, kamen die Mönche auf ihrer Flucht hier vorbei. Sie hörten den hellen Klang der Glocke und beschlossen, diese zu retten und versenkten sie in einem nahegelegenen Brunnen. Nach dem Krieg wollten sie zurückkommen und die Glocke wieder aus dem Brunnen herausziehen. Doch der Krieg dauerte lange, Gutshof und Brunnen wurden zerstört, und keiner der Mönche kam wieder zurück. Wenn heute sonntags die Glocken der umliegenden Dorfkirchen zum Gebet rufen, soll am Waldrand, wo einst der Brunnen lag, ein leises Glockengeläut zu hören sein. »Am Glockenbrunnen«« wird diese Stelle genannt. Wanderer können hier rasten und die Glocke eines kleinen hölzernen Glockenturms läuten.

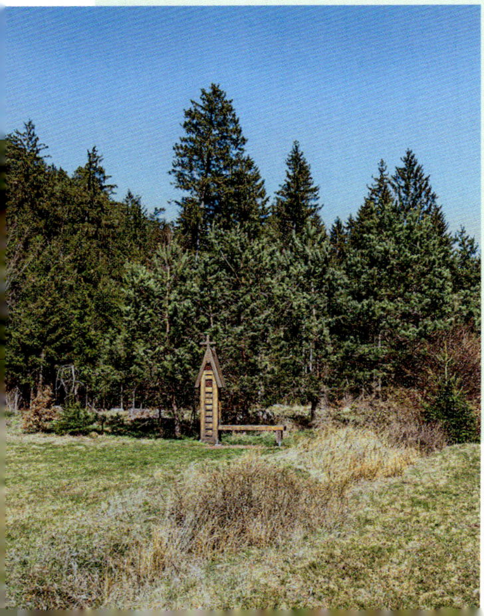

Ein kleiner Glockenturm aus Holz erinnert an die Sage vom Glockenbrunnen.

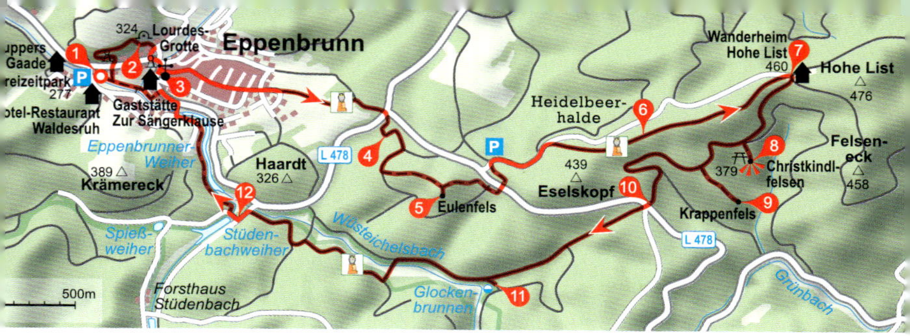

die sumpfige Wiese und den Bach. Am Ende des Tals erreichen wir den **Stüdenbach-Weiher ⑫**. Die *Eulenfels-Tour* führt von dort rechts an einer Felswand entlang oberhalb des Eppenbrunner Bachs zum lang gezogenen Mühlweiher. An seinem Ende gehen wir nach der Klinik auf der *Altschlossstraße* rechts und auf der *Weiherstraße* links. Nach 300 m führen Treppenstufen links in den Freizeitpark, durch den wir am Eppenbrunner Bach entlang zurück zum **Parkplatz ❶** gelangen.

Kuppers Gaade (Jagdstube und Biergarten)
Neben dem Hotel-Restaurant Kupper, Himbaumstraße 22, Eppenbrunn, geöffnet April–Oktober Sa., So. und Feiertage ab 12 Uhr, Mi.–Fr. ab 13 Uhr, Wildgerichte, Schnitzel, Burger, Pizza, Flammkuchen, selbstgebackener Kuchen und mehr. www.hotelkupper.de, Tel. +49 6335 9130.

Hotel-Restaurant Waldesruh
Auf der großen Speisekarte des Braustübels stehen Schnitzel, Rumpsteaks, Fisch, Wild aus Eppenbrunner Wäldern, Nudelgerichte und mehr. Im Sommer ist auch die Gartenterrasse geöffnet. Di. Ruhetag. Warme Küche Mo.–Sa. ab 17 Uhr, So. und Feiertage ab 12.00 Uhr durchgehend geöffnet, Neudorfstraße 4, Eppenbrunn, https://hotel-hauswaldesruh.de, Tel. +49 6335 859960.

Gaststätte Zur Sängerklause
Gutbürgerliche Küche mit wechselnden Tagesessen. Hauptstraße 14, Eppenbrunn, geöffnet Do.–Sa. 11.30–15 Uhr und ab 17 Uhr, So. 11.30–15 Uhr, https://saengerklause.de, Tel. +49 6335 859797.

Wanderheim Hohe List
Im ehemaligen, 1833 erbauten Dienstgebäude der königlich bayerischen Forstverwaltung betreibt die Ortsgruppe Hohe List des Pfälzerwaldvereins das Wanderheim. Angeboten werden Pfälzer Gerichte, sonntags eine Hüttensuppe und Sa./So. Kuchen. Übernachtungsmöglichkeit. Geöffnet Sa., So. und Feiertage ab 11 Uhr, 1. Wochenende nach Pfingsten bis Oktober auch Mi. ab 11 Uhr. An Allerheiligen und den Weihnachtsfeiertagen geschlossen. www.hohelist.de, Tel. +49 6335 5896.

Wanderheim Hohe List.

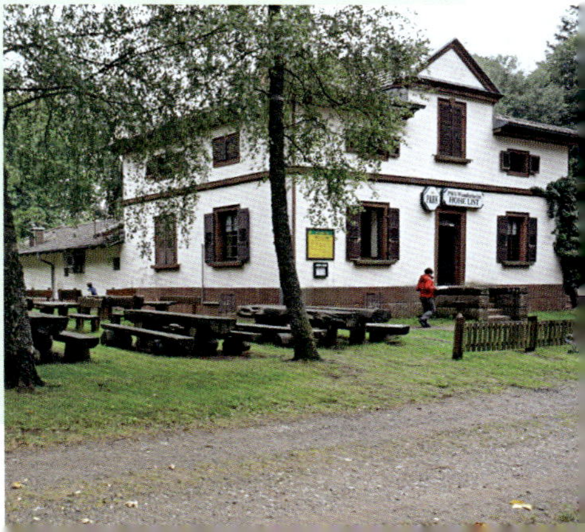

37 Von Eppenbrunn nach Roppeviller

Felstürme am Helmut-Kohl-Wanderweg

TOP | 4.00 Std. | 14,3 km | ↗ 260 m | ↘ 260 m

Altschlossfelsen und Diana-Bild

Zwischen Eppenbrunn und Roppeviller in Lothringen verläuft teilweise streckengleich mit dem Altschlosspfad der grenzüberschreitende Helmut-Kohl-Wanderweg, auf dem der ehemalige Bundeskanzler auch privat oft wanderte. Der Weg führt auf der Südseite des Brechenbergs an einem 1,5 km langen Felsriff aus Buntsandstein entlang, der bis zu 30 m hohen Felsgruppe der Altschlossfelsen. Es ist die längste und spektakulärste Buntsandsteinformation im Pfälzerwald. Felstürme, Felsdächer, Pfeiler und Felsentore reihen sich hier aneinander und leuchten in blassgelben, ockerbraunen und rotvioletten Farbtönen. Die Erosion hat diese Kunstwerke der Natur aus dem 220 Millionen Jahre alten Buntsandstein modelliert. Auch eine Felsenburg könnte hier einmal gestanden haben, worauf Balkenlöcher und Treppenstufen im Fels hindeuten. Im Wald bei Roppeviller, wo früher die alte Salzstraße von Metz an den Rhein verlief, befindet sich ein verwittertes römisches Felsrelief, das Diana-Bild. Es zeigt in der Mitte die römische Jagdgöttin Diana, die umgeben ist vom Kriegsgott Mars und dem Gott des Waldes Silvanus.

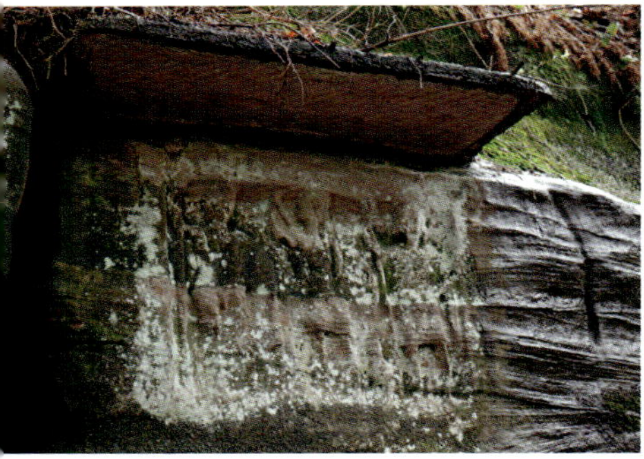

Ausgangspunkt: Eppenbrunn, Parkplatz in der Neudorfstraße am Freizeitpark. Bushaltestelle im Ort.
Anforderungen: Mittel, überwiegend Waldwege und schmale Felsenpfade.
Kinder: Die Tour ist für Kinder geeignet, die gut zu Fuß sind.

Vom Parkplatz am Freizeitpark in **Eppenbrunn ❶** lassen wir uns vom Logo des *Altschlosspfads* bzw. der *Eulenfels-Tour* rechts am Eppenbrunner Bach entlang durch den Freizeitpark bis ans Ende des lang gezogenen **Mühlweihers ❷** leiten. Dort verlassen wir die *Eulenfels-Tour* und orientieren uns nur noch am Logo des *Altschlosspfads*. Dieser Premiumweg führt uns auf Waldwegen am Rastplatz neben dem **Hohlen Felsen ❸** und am **Rotenrumer Eck ❹** vorbei, einem 18 m hohen überhängenden Felsen, zum **Alten Schloss ❺**. Bei diesem »Amphitheater der Felsen« mit seinen Kammern, Säulen und Durchbrüchen beginnt

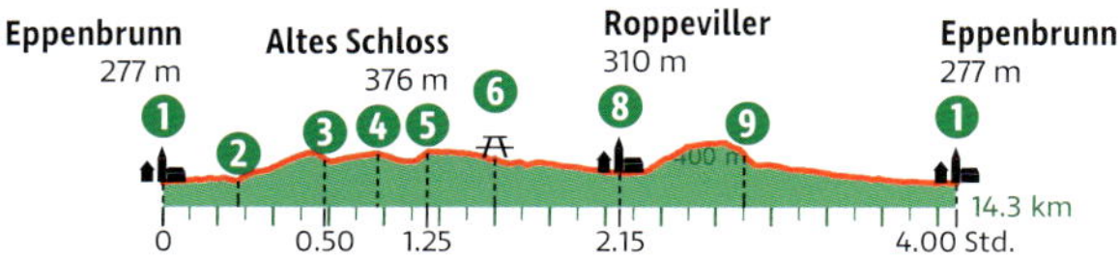

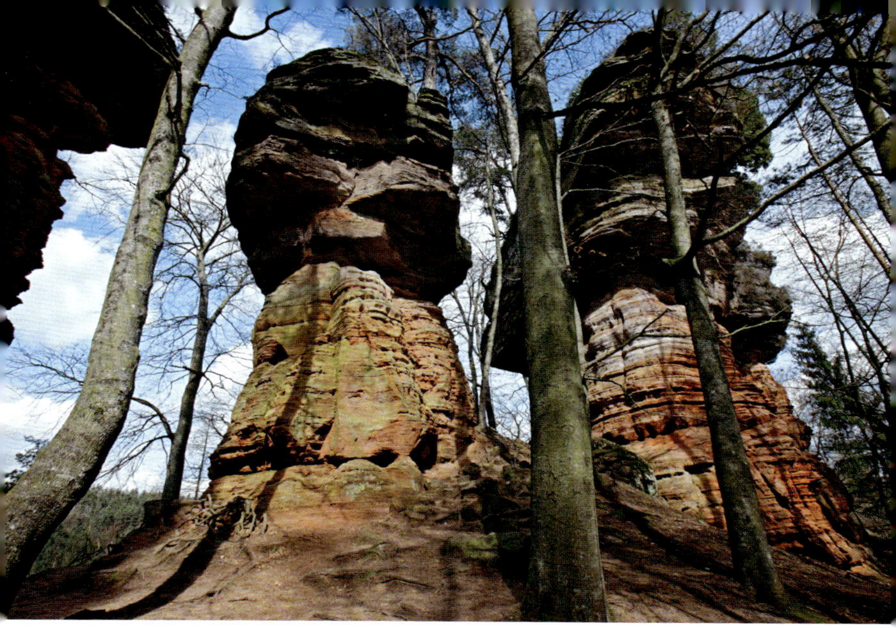

Die Altschlossfelsen bei Eppenbrunn.

die lange Felsgruppe der Altschlossfelsen. Hier verläuft auch der nach Helmut Kohl benannte Wanderweg. Wir wandern auf ihm und dem *Altschlosspfad* an der beeindruckenden Felsformation entlang und entdecken zwischen den einzelnen Felstürmen immer wieder neue Durchblicke. Am Ende der Felsen führt ein steiler Pfad hinunter zur französischen **Grenze 6**. Wer hier werktags unterwegs ist, kann die dumpfen Kanonenschüsse des in einigen Kilometern Entfernung liegenden französischen Truppenübungsplatzes von Bitche hören. Wir wandern rechts an der Grenze entlang bis zur **Wegkreuzung 7** mit den vielen Wanderwegmarkierungen. Hier verlassen wir den *Altschlosspfad*, überschreiten links die grüne Grenze zu Frankreich und folgen dem

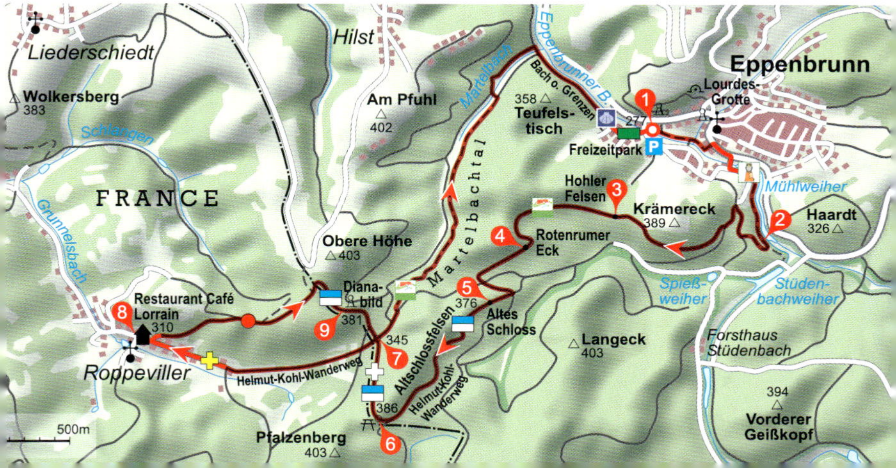

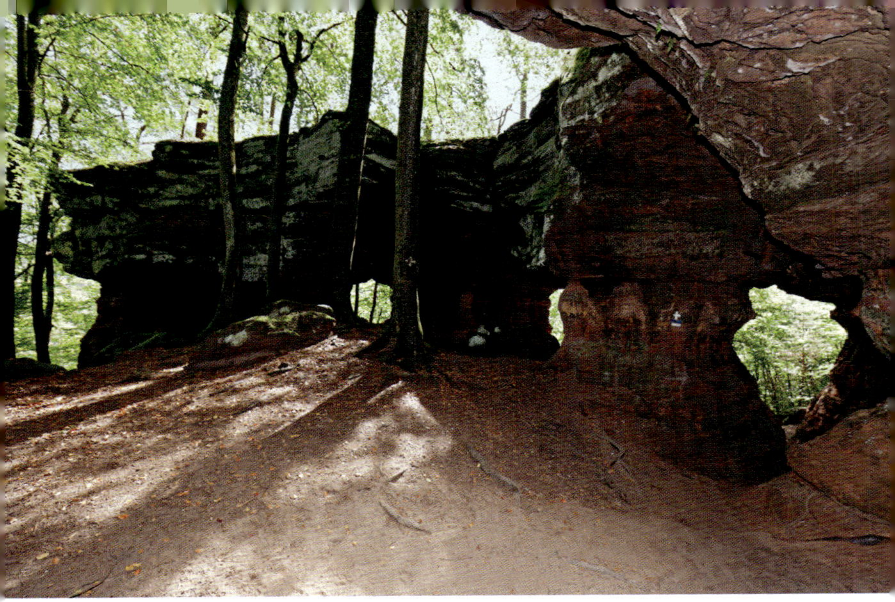

Durchblicke im Altschlossfelsen bei Eppenbrunn.

Helmut-Kohl-Wanderweg nach **Roppeviller 8**. Eine sandige Forststraße führt uns am Waldrand durch das liebliche Grunnelsbachtal dorthin, wo wir in dem gemütlichen Restaurant Café Lorrain einkehren können. Ansonsten scheint in dem kleinen lothringischen Dorf mit 130 Einwohnern die Zeit stillzustehen. Am Ortsanfang verlassen wir auf der *Rue de la Forêt* das Dorf in nordöstlicher Richtung und wandern nach einem kurzen Anstieg geradeaus auf dem etwas zugewucherten Waldweg immer weiter bergauf. An einer Abzweigung treffen wir auf den *roten Punkt* und folgen ihm geradeaus weiter bergauf. Wir kreuzen eine Forststraße und gehen auf der Anhöhe auf der nächsten Forststraße rechts. An der folgenden Abzweigung wandern wir auf dem mittleren der drei Wege geradeaus. Im Linksbogen des Wegs treffen wir auf den *blau-weißen Balken*; dieser Markierung und dem *roten Punkt* folgen wir rechts auf dem Kammweg entlang der deutsch-französischen Grenze zum ausgeschilderten Rocher de Diane (Diana-Felsen) mit dem **Diana-Bild 9**. Ein schmaler Pfad führt uns vom Fuß des Felsens rechts hinauf zu der Felswand, in die das schon stark verwitterte Reliefbild eingemeißelt ist. Nach der Besichtigung gehen wir rechts auf dem Wanderweg (*blauweißer Balken* und *roter Punkt*) weiter zu der **Wegkreuzung 7** an der Grenze. Hier treffen wir wieder auf den *Altschlosspfad*. Sein Logo führt uns jetzt links durch das bewaldete Tal des Martelbachs. Um uns herum wächst ein märchenhaft anmutender Mischwald aus alten Eichen, Buchen und Nadelbäumen, und der Waldboden ist bedeckt mit grünen Moosen und Farnen. Am Ende des Tals wandern wir rechts auf der Forststraße (*Altschlosspfad*) am Eppenbrunner Bach entlang zurück nach **Eppenbrunn 1**. Am Ortsanfang können wir in Kuppers Gaade (Jagdstube und Biergarten) den Wandertag ausklingen lassen.

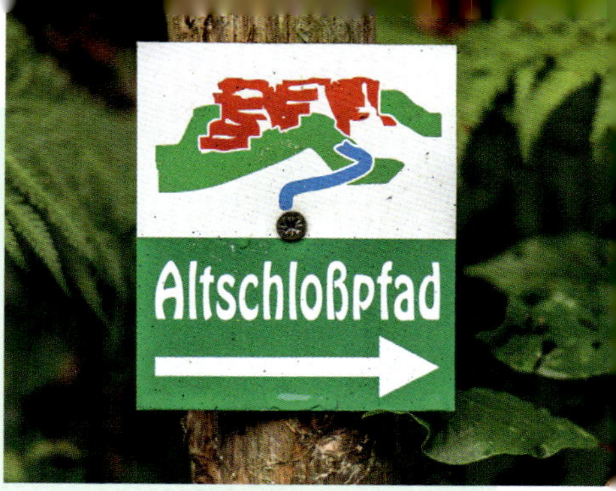

Wanderwegmarkierung Altschlosspfad im Pfälzerwald bei Eppenbrunn.

Restaurant Café Lorrain

Wanderlokal mit guter und preiswerter französischer Küche. Wie wäre es mit Schnecken (escargots) als Vorspeise und einem Schnitzel (escalope) oder einem Rindersteak als Hauptgericht? Mo., Di. Ruhetage, Mi.–So. ab 11 Uhr durchgehend geöffnet, im Sommer vom 15.8.–15.9. geschlossen. Rue de l'Église 1, Roppeviller, Tel. +33 38796 5973.

Braustübel im Hotel-Restaurant Waldesruh

Auf der großen Speisekarte des Braustübels stehen Schnitzel, Rumpsteaks, Fisch, Wild aus Eppenbrunner Wäldern, Nudelgerichte und mehr. Im Sommer ist auch die Gartenterrasse geöffnet. Di. Ruhetag, geöffnet Mo., Mi.–Sa. ab 17 Uhr, So. ab 12 Uhr. Neudorfstraße 4, Eppenbrunn, https://hotel-hauswaldesruh.de, Tel. +49 6335 859960.

Kuppers Gaade (Jagdstube und Biergarten)

Neben dem Hotel-Restaurant Kupper, Himbaumstraße 22, Eppenbrunn, geöffnet April–Oktober Sa., So. und Feiertage ab 12 Uhr, Mi.–Fr. ab 13 Uhr, Wildgerichte, Schnitzel, Burger, Pizza, Flammkuchen, selbstgebackener Kuchen und mehr. www.hotelkupper.de, Tel. +49 6335 9130.

Der Helmut-Kohl-Wanderweg am sonnigen Waldrand vor Roppeviller in den Nordvogesen.

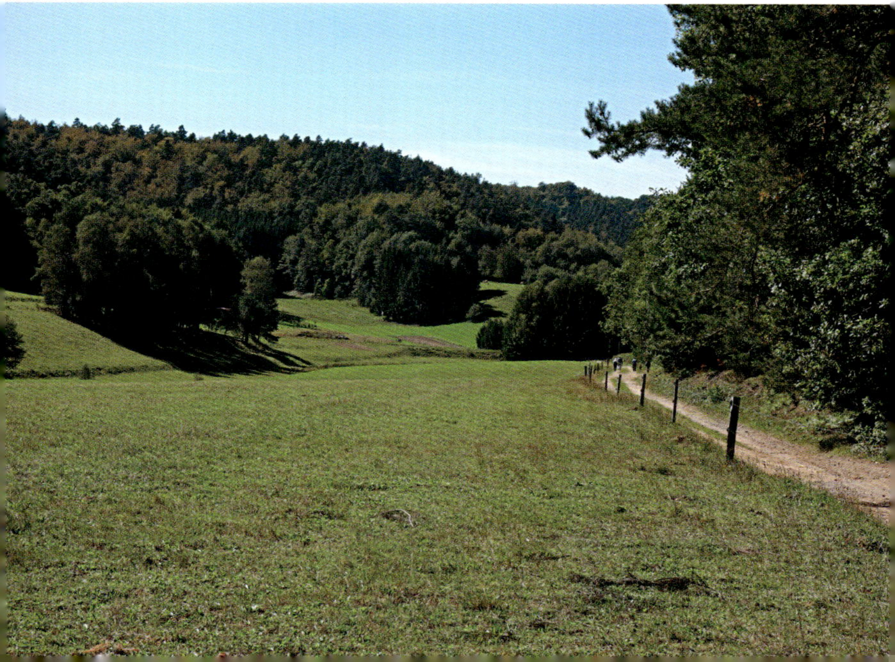

38 Durch das Tal der Felsalbe

Schlucht- und Talwanderung auf Waldwegen

3.00 Std. | 12,0 km | ↗ 190 m | ↘ 190 m

Wasserfälle in der Hexenklamm

In der Hexenklamm westlich von Gersbach hat ein kleiner Nebenbach der Felsalbe den Buntsandstein ausgewaschen und zahlreiche übereinander liegende und unterhöhlte Felsstufen mit kleinen Wasserfällen geschaffen. Bei trübem Regenwetter wirkt die enge Klamm durch die dunkelgrün bemoosten Sandsteinfelsen etwas unheimlich und düster. Einer Sage nach sollen einst Hexen die Pferde eines Wirts, der Wein für das Kirchweihfest eingekauft hatte, verhext haben, als dieser um Mitternacht mit seinem Wagen die Klamm passierte. Oberhalb der Klamm verlief früher die Grenze zwischen den Herrschaften Pfalz-Zweibrücken und Hanau-Lichtenberg. Schmuggler umgingen die dortige Zollstation, indem sie den Weg durch die düstere Klamm nahmen.

Ausgangspunkt: Pirmasens-Winzeln, Sportzentrum. Bushaltestelle im Ort.
Anforderungen: Mittel, überwiegend Wald- und Feldwege. Bei Nässe ist der schmale Erdpfad, der durch die Klamm führt, aufgeweicht und rutschig. Bei Schnee- und Eisglätte ist die Klamm nicht begehbar.
Kinder: Die Tour ist für Kinder geeignet. Der Waldbach und die vielen Wasserfälle ziehen Kinder magisch an.

Die Hexenklamm. Im März führt der Wasserfall nur wenig Wasser.

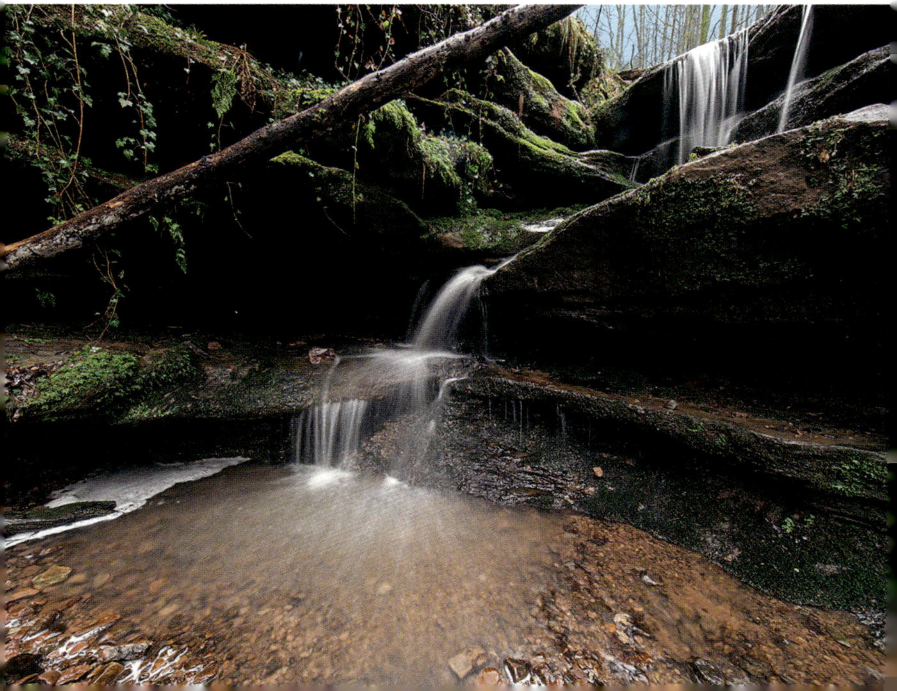

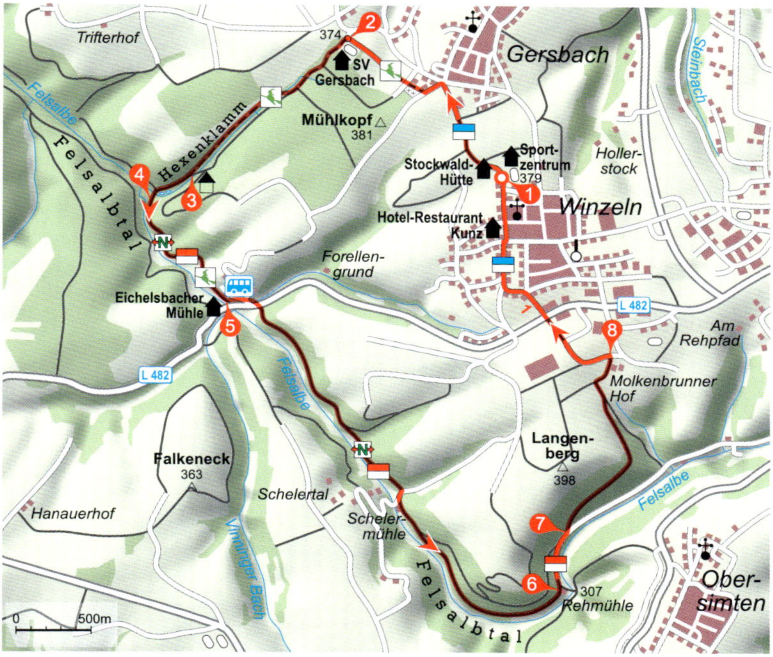

In **Pirmasens-Winzeln** ❶ beginnt unsere Wanderung am Sportzentrum. Auf dem *blau-weißen Strich* gelangen wir geradeaus zur nahe gelegenen Stockwald-Hütte des Pfälzerwaldvereins. Ab hier ist unser Wanderweg mit einer *grünen Hexe, die auf einem Besen reitet*, ausgeschildert. Wir gehen an der Hütte vorbei und folgen geradeaus dem aussichtsreichen Höhenweg über die Felder nach Gersbach. Dort führt uns die *Elsässer Straße* durch das Gewerbegebiet, am Ende der Straße biegen wir nach links auf die *Eichelsbacher Straße* zum ausgeschilderten Friedhof/Tennisanlage ab. Nach 150 m gehen wir vor dem Friedhof rechts an diesem vorbei. Danach überqueren wir rechts einen Wassergraben, gehen links daran entlang und immer geradeaus bis zum Sportplatz des SV Gersbach. Hinter dem **Sportplatz** ❷ wandern wir links in den Wald. An einer Abzweigung erwartet uns eine alte Hexe, die von Sigurd Bratzel aus einem großen Holzstubben geschnitzt wurde. Der Weg führt dann am Hang der Hexenklamm als schmaler Naturpfad entlang des Waldbachs bergab. Das Wasser stürzt in kleinen Wasserfällen über

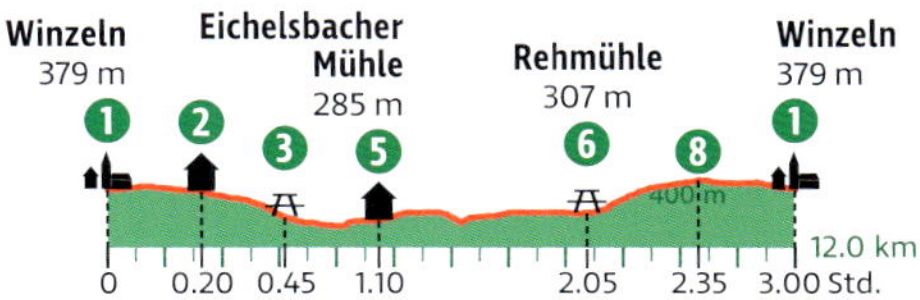

Felsdächer und rauscht zwischen moosbewachsenen Felsblöcken hindurch. Wo wir auf der anderen Seite der Klamm eine Schutzhütte sehen, befindet sich in einem grün bemoosten Felskessel der schönste Teil der Hexenklamm mit dem größten Wasserfall. Unter einem überhängenden Felsdach gibt es hier einen **Rastplatz ❸**. Wir wandern von dort ein kurzes Stück zurück und kommen auf dem breiten Waldweg an Fischteichen vorbei, verlassen danach die sich öffnende **Waldschlucht ❹** und wandern links auf der Forststraße (*rot-weißer Strich* und *Naturfreundeweg*) durch das Felsalbtal. An der Straße *L 482* können wir rechts einen Abstecher (100 m) zum **Gasthof Eichelsbacher Mühle ❺** machen. Danach gehen wir zurück und wandern 200 m links neben der Landstraße weiter, die wir dann überqueren und dem Waldweg oberhalb des Felsalbtals folgen. An einer beschilderten Abzweigung verlassen wir die Forststraße und gelangen auf dem felsigen, schmalen Weg ins Tal und dort

Sportheim des TuS Winzeln
Im Sportheim bietet das italienische Ristorante Da Alessandro leckere Pizza, Pasta, Schnitzel, Steaks und Salate. Mo. Ruhetag, geöffnet Di.–Fr. ab 17 Uhr, Sa., So. 12–14 Uhr und ab 17 Uhr, Am Sportzentrum, Tel. +49 6331 988 62.

Stockwald-Hütte
Die Hütte des Pfälzerwaldvereins Winzeln bietet Pfälzer Gerichte, Schnitzel und sonntags zusätzlich ein feines Tagesessen und Kuchen. Geöffnet Mi.–Sa. 12–20 Uhr, So. und Feiertag 10–19 Uhr, Mo. und Di. Ruhetage, Pirmasens-Winzeln, Tel. +49 6331 98829.

Sportheim SV Gersbach
Das auch bei Wanderern beliebte Sportheim bietet gutbürgerliche Pfälzer Hausmannskost. Geöffnet Di.–Sa. ab 15 Uhr, So. ab 10 Uhr. Am Sportplatz, Pirmasens-Gersbach, Tel. +49 6331 913 88.

Eichelsbacher Mühle
Das nette Ausflugslokal (Gästezimmer) mit überdachter Terrasse und Biergarten bietet deutsche Küche mit italienischem Einschlag. Geöffnet Mo., Fr. ab 17 Uhr, Sa., So. ab 12 Uhr, www.eichelsbachermuehle.com, Tel. +49 6331 808 99 21.

Hotel-Restaurant Kunz
In dem 4-Sterne-Familienhotel verwöhnt Küchenchef Moritz Sommer mit seinem Sous-Chef Sascha Schwartz die Gäste mit Fisch- und Krustentierspezialitäten, wie einem »Dialog von Meer – See – Fluss« aus Salm auf Currysauce, Zander auf Hummersauce und Kabeljau an Beurre blanc. Das Wild stammt aus den umliegenden Wäldern, und die »sous vide« gegarte Entenbrust schmeichelt auch verwöhnten Gaumen. Das Restaurant ist So.–Do. 12–14 Uhr und täglich 18–22 Uhr geöffnet. www.hotel-kunz.de, Bottenbacher Straße 74, Pirmasens-Winzeln, Tel. +49 6331 8750.

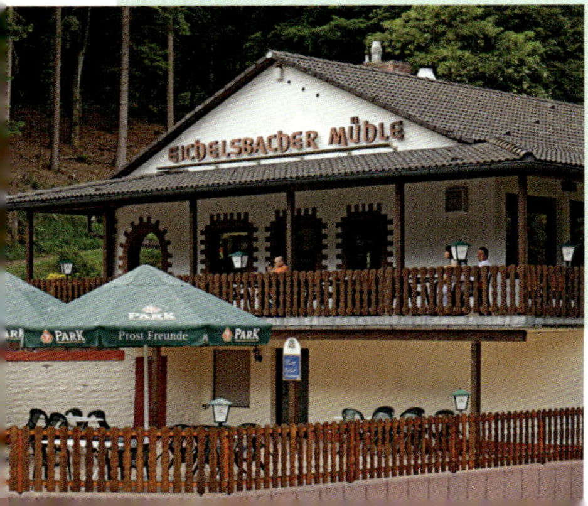

Eichelsbacher Mühle.

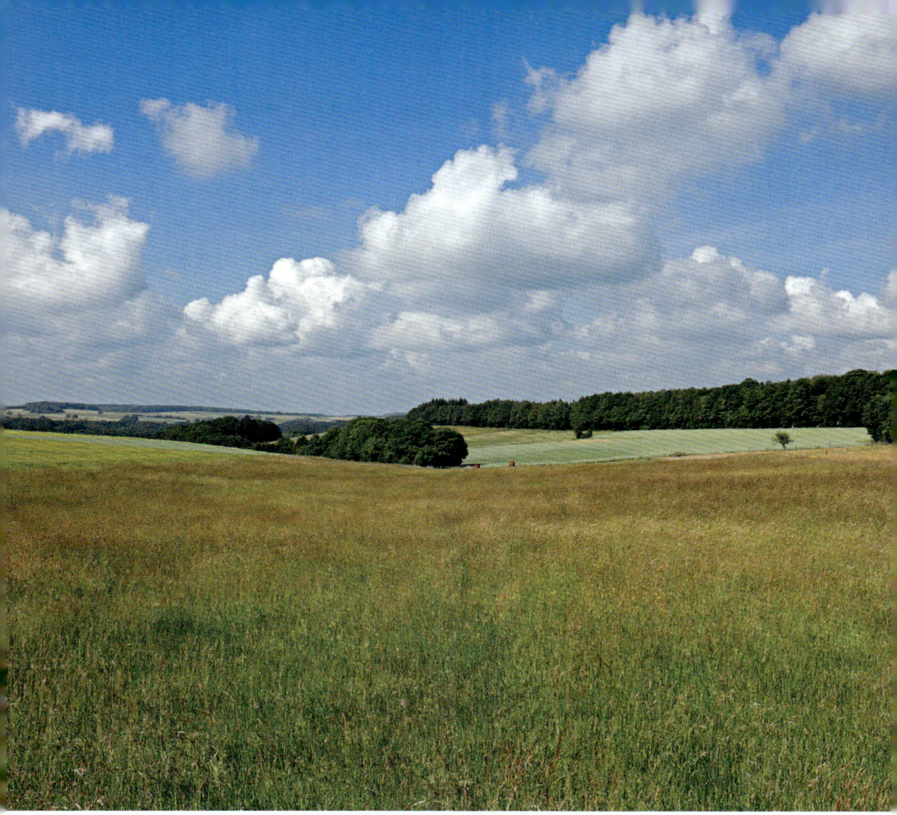

Wolken über der Hochebene bei Winzeln.

links auf der Forststraße zur Schelermühle, einer nicht öffentlichen Freizeitanlage des Nardinihauses Pirmasens, eines Zentrums der Kinder- und Jugendhilfe in der Südwestpfalz. Nach dem Talbogen erreichen wir den Rastplatz an der **ehemaligen Rehmühle 6**. Hier verlassen wir den *Naturfreundeweg* und folgen dem *rot-weißen Strich* auf der asphaltierten Forststraße 350 m geradeaus bis zur nächsten Gabelung **7**. Dort verlassen wir den *rot-weißen Strich* und wandern links auf dem Waldweg zurück nach Winzeln.

Der Weg führt zunächst bergauf und nach dem Waldstück über die Felder zum **Molkenbrunner Hof 8**. Hinter diesem gehen wir auf dem geschotterten Feldweg 150 m links bis zur Ruhebank, biegen dort nach rechts ab und erreichen auf dem asphaltierten Feldweg (*Rundwanderweg 1)* geradeaus den Ort. Bei der Wasgau Produktions- und Handels AG überqueren wir die Straße *L 482* und gehen geradeaus auf dem Fußweg in das Wohngebiet. Dort folgen wir der *Luitpoldstraße* nach links und treffen in der Straßenkurve wieder auf den *blau-weißen Strich*. Am Ende der Straße überqueren wir die *Bottenbacher Straße* und gehen auf der Straße *Am Stockwald* geradeaus, kommen am Hotel-Restaurant Kunz vorbei und erreichen auf dem *blau-weißen Strich* wieder das **Sportzentrum Winzeln 1**.

39 Von Niedersimten zu den »Drei Buchen«

Teufelspfad und Lemberger-Rothenberg-Weg

4.00 Std. | 13,2 km | ↗ 310 m | ↘ 310 m

Der Teufelsfelsen und das Westwall-Museum

Nicht weit vom Naturfreundehaus Niedersimten entfernt liegen der beeindruckende Haspelfelsen und der Hühnerfelsen über dem Gersbachtal. Auf der gegenüberliegenden Seite des Tals erhebt sich der Teufelsfelsen oberhalb einer engen Schlucht, durch die Treppen und Holzstege führen. Dort bildet ein unterirdischer Bach in einer Felshöhle einen kleinen Wasserfall. Die Felsen liegen auf dem Teufelspfad, der 2020 den 4. Platz bei der Wahl zu Deutschlands schönstem Wanderweg belegte. Das Festungswerk Gerstfeldhöhe wurde 1938–1940 als größte Bunkeranlage des Westwalls gebaut. Auf einem 1 km langen unterirdischen Rundgang bekommt man in diesem Westwall-Museum einen Eindruck von dem gigantischen Bauwerk und wie die Soldaten darin lebten.

Ausgangspunkt: Niedersimten, Wanderparkplatz am Naturfreundehaus in der Gersbachtalstraße.
Anforderungen: Mittel, lange Wanderung auf überwiegend Waldwegen.
Kinder: Wo Gespenster wandern, sind auch Kinder gerne unterwegs. Doch diese sollten gut zu Fuß sein.
Tipp: Festungswerk Gerstfeldhöhe (Westwall-Museum) in Niedersimten, In der Litzelbach 2, geöffnet April–Oktober Sa., So. 13–17 Uhr, www.westwall-museum.de. Warme Jacke mitnehmen, da es in dem Bunker nur 8° C warm ist!

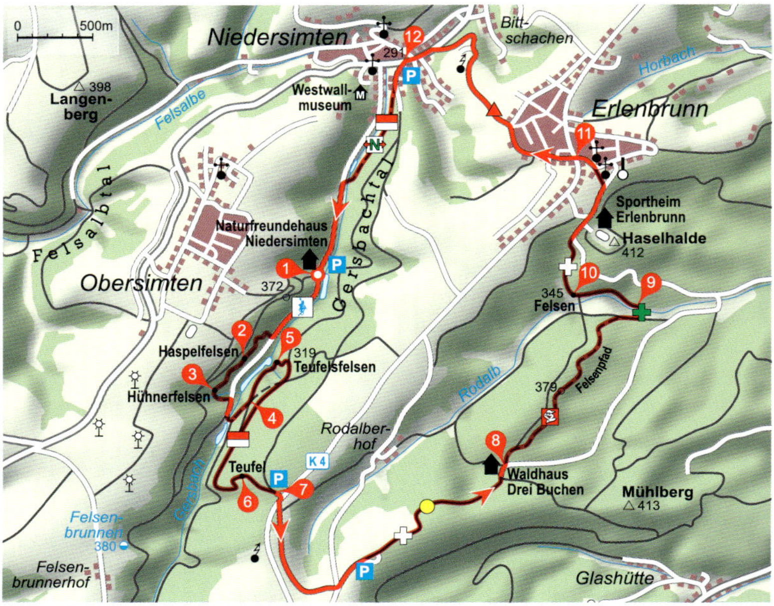

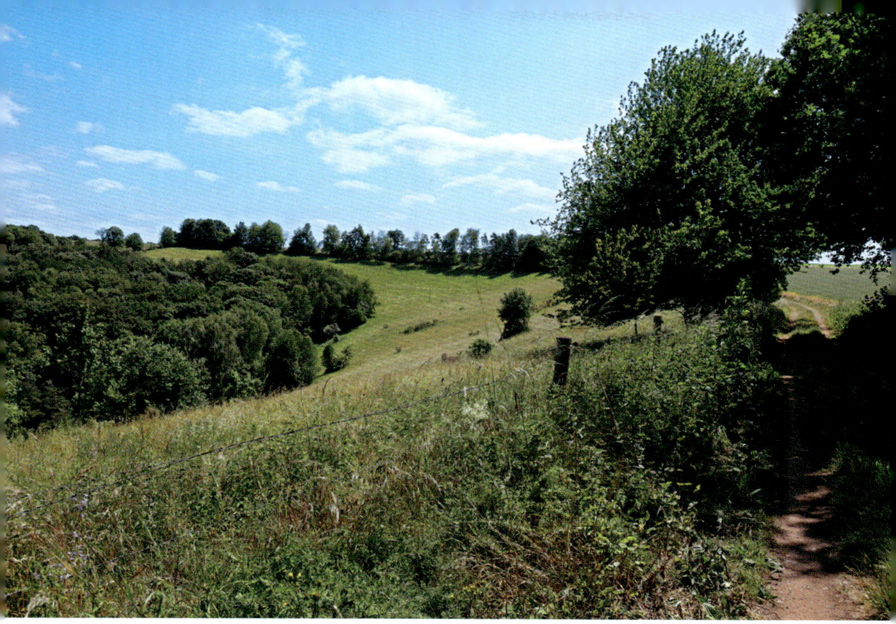

Höhenweg über dem Tal der Rodalbe bei Lemberg.

Vom Wanderparkplatz beim **Naturfreundehaus Niedersimten ❶** leitet uns der *Teufelspfad* auf der Forststraße am Weiher vorbei durch das Gersbachtal. Nach 700 m verlassen wir das Tal und steigen rechts den Waldhang hinauf zum **Haspelfelsen ❷**. An feuchten Stellen unter seinem Felsdach wachsen sattgrüne Lebermoose. Davor sind die Bäume dicht mit Efeu bewachsen. Wir wandern an der langen Felswand entlang zum **Hühnerfelsen ❸**. Hier können wir in einer Felsgrotte rasten. In der Felswand liegen Kieselsteine, die mit besinnlichen Worten beschriftet sind, während andere ein lächelndes Gesicht zeigen. Danach führt der *Teufelspfad* wieder hinunter ins Gersbachtal und quert dieses vor einem Weiher. Knapp 200 m weiter verlassen wir an einer **Abzweigung ❹** den *Teufelspfad* und folgen links dem Forstweg immer geradeaus, bis dieser nach 350 m bei den Felsen wieder auf den Teufelspfad trifft. Auf ihm steigen wir rechts durch die enge Schlucht hinauf zum **Teufelsfelsen ❺**. Danach kommen wir am Teufelsbrunnen vorbei. 70 m weiter biegt der *Teufelspfad* scharf links ab. Kurz darauf verlassen wir diesen an der nächsten Abzweigung und gehen rechts. Nach etwa 70 m treffen wir wieder auf das Logo des *Teufelspfads*, dem wir jetzt weiter geradeaus durch den

Rastplatz am Hühnerfelsen.

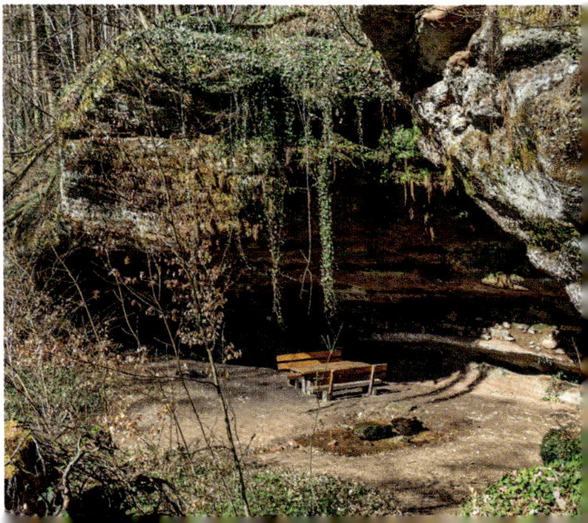

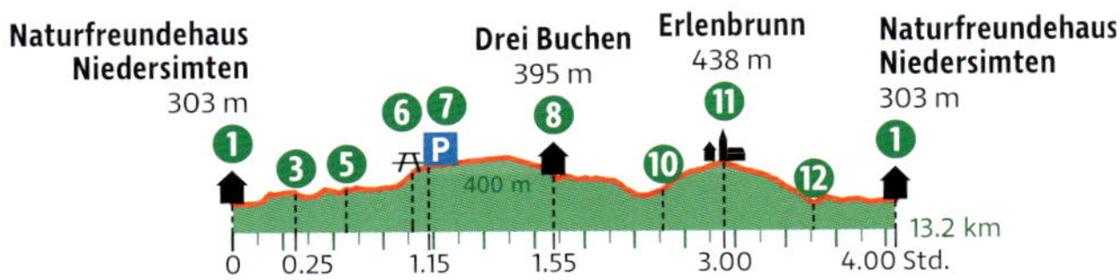

Wald folgen. Nach 1,1 km steht der leibhaftige **Teufel 6** in Gestalt einer mannsgroßen Holzskulptur mit Vollbart und Hörnern neben einem Rastplatz. Früher waren die dunklen Wälder und die bizarren Felsen für die Menschen unheimlich und voller Gefahren, sodass sie ihnen Teufelsnamen gaben. Deshalb gibt es im Pfälzerwald so vieles, das mit einem Teufelsnamen belegt wurde. Aber der »Teufel« lässt sich auch gut touristisch vermarkten ...

Der *Teufelspfad* erreicht wenig später einen **Waldparkplatz an der Straße K 4 7**. Hier verlassen wir den *Teufelspfad*, überqueren die Straße rechts haltend (*rot-weißer Strich*) und wandern auf dem aussichtsreichen Wiesenweg knapp 1 km weit bis zu einer Wegkreuzung. Hier verlassen wir den *rot-weißen Strich* und folgen links dem asphaltierten Feldweg (*weißes Kreuz* und *gelber Punkt*) zum bewirtschafteten **Waldhaus »Drei Buchen« 8**. Vor dem Haus gehen wir am Spielplatz rechts auf dem *weißen Kreuz* und dem *Lemberger-Rothenberg-Weg* (Logo *Gespenst mit Rucksack*) weiter. Nach 300 m verlassen wir das *weiße Kreuz* und lassen uns rechts von dem *Gespenst* über den 1 km langen *Felsenpfad* führen. Nach knapp 100 m halten wir uns links und wandern an den Felsen entlang. Am Ende des *Felsenpfads* gelangen wir ins Rodalbtal, wo wir 100 m rechts gehen. Dann verabschieden wir uns von dem kleinen *Wander-Gespenst* und queren links auf dem grünen Kreuz das **Tal 9**. Auf der anderen Seite verlassen wir auch gleich wieder diese Markierung und wandern links auf dem

Naturfreundehaus Niedersimten
Preisgünstige Pfälzer Gerichte und selbstgebackener Kuchen. Terrasse, Kinderspielplatz und Gästezimmer (Reservierung unter Tel. +49 6331 2599318). Geöffnet Mi.–So. ab 11 Uhr. www.naturfreunde-niedersimten.de, Gersbachtal, Tel. +49 6331 46288.

Waldhaus »Drei Buchen«
Das Haus des Pfälzerwaldvereins Pirmasens hat einen Kinderspielplatz und einen Biergarten. Es bietet Pfälzer Küche. Geöffnet Mi., Sa., So. 11–19 Uhr, Tel. +49 6335 5228.

Sportheim Erlenbrunn
Thomas Weber, der Pächter des Ausflugslokals, ist bekannt für seine Steaks. Es gibt aber auch Schnitzel und diverse Salate und sonntags meist auch einen Braten. Geöffnet Di.–Sa. ab 16.30 Uhr, So. ab 10 Uhr. www.sverlenbrunn.de, Tel. +49 6331 450055.

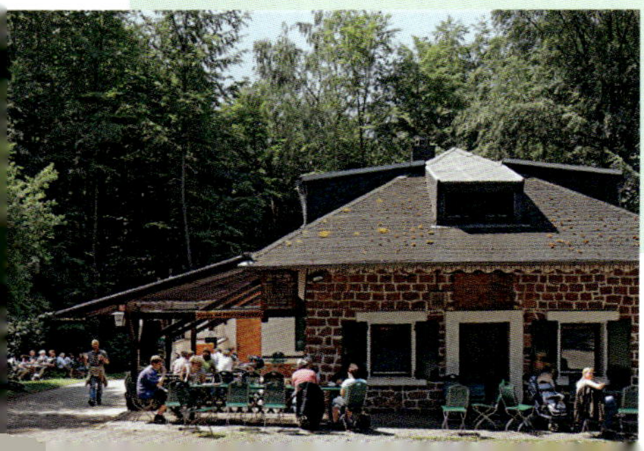

Waldhaus »Drei Buchen«.

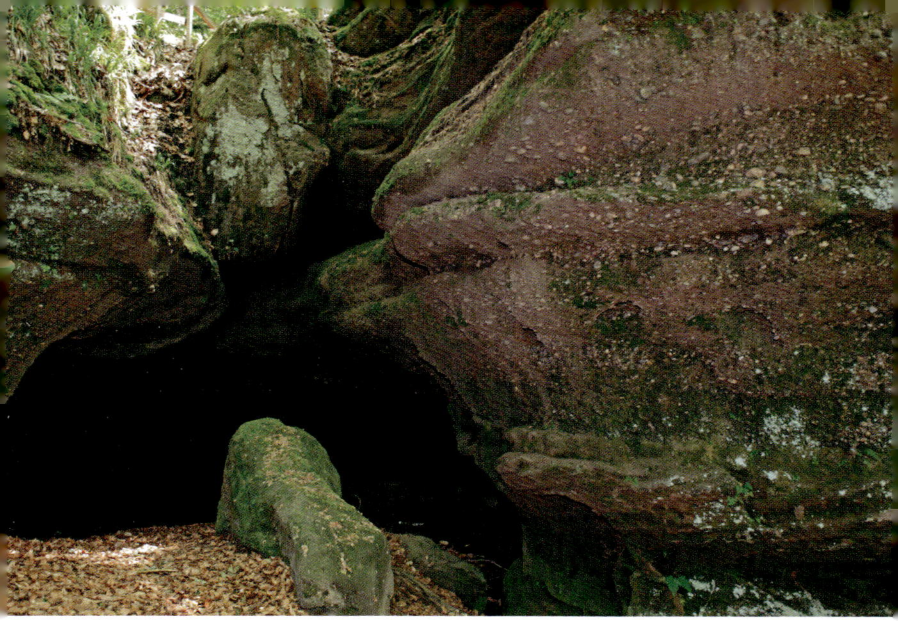

Der Teufelsfelsen bei Obersimten.

nicht markierten Waldweg durch das Rodalbtal. Nach 500 m treffen wir wieder auf das *weiße Kreuz*, folgen diesem bei den **Felsen ⑩** auf dem schmalen Weg nach rechts und verlassen das Tal. Nach dem Aufstieg gehen wir an der Wegkreuzung geradeaus zum Sportplatz, wo wir im Sportheim Erlenbrunn einkehren können. Danach treffen wir auf das *rote Dreieck*, das uns zusammen mit dem *weißen Kreuz* nach **Erlenbrunn** leitet. Dort gehen wir an den zwei Kirchen vorbei auf der Forststraße links in die **Ortsmitte ⑪**, wo wir das *weiße Kreuz* verlassen. Dem *roten Dreieck* folgend wandern wir von dort geradeaus auf der *Erlenstraße* am Brunnen und dem Rathaus vorbei und weiter auf der *Zollstockstraße* durch den Ort bis zur Kreuzung mit dem *Simter Weg*. Hier verlassen wir den Ort und folgen dem *roten Dreieck* links über die Felder nach **Niedersimten ⑫**, wo wir auf der *Lothringer Straße* 120 m links gehen. An der Abzweigung der *Wackelbergstraße* treffen wir auf den *rot-weißen Strich*. Diese Markierung führt uns nun links auf dieser Straße durch das Gersbachtal mit seinen Weihern zurück zum **Naturfreundehaus ❶**.

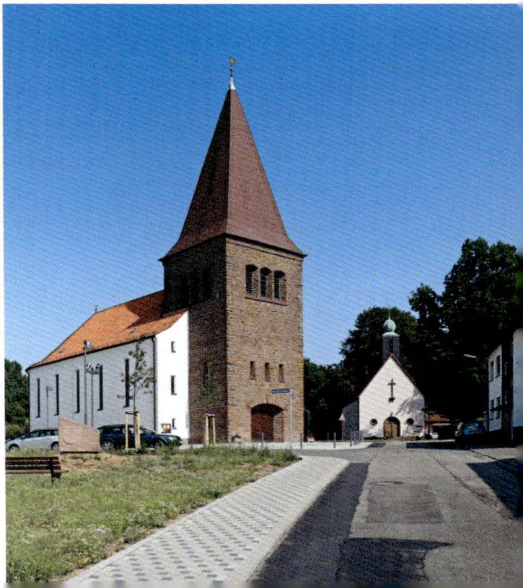

Evangelische und katholische Kirche in Erlenbrunn.

40 Zum Forsthaus Beckenhof
Burgen am Lemberger Graf-Heinrich-Weg

4.20 Std. | 14,8 km | ↗ 410 m | ↘ 410 m

Das Tauschgeschäft des Grafen Heinrich

Ein Tauschgeschäft hat wohl zum Bau der beiden Burgen Lemberg und Ruppertstein geführt. Am 8. Januar 1198 übertrug Graf Heinrich I. von Zweibrücken dem Benediktinerkloster Hornbach ein Hofgut. Im Gegenzug erhielt er von Abt Werner von Hornbach zwei Berge, den »Gutenberg« und den »Rupprechtisberg«, damit er auf ihnen eine Burg errichten konnte. Der Graf ließ daraufhin auf dem 458 m hohen Gutenberg, der später Schlossberg genannt wurde, eine Burg erbauen. Da der Graf einen roten Löwen auf goldenem Schild als Wappen hatte, bekam die Burg den Namen »Löwenburg«, woraus sich das heutige »Lemberg« ableitet. 1534 ließ Graf Jakob von Zweibrücken die Burg zu einem Schloss umbauen und machte sie 1541 zu seiner Residenz. 1689 wurde die Burg im Pfälzischen Erbfolgekrieg vollständig zerstört. Erhalten geblieben sind Reste der Burg und die Grundmauern der ehemaligen Burgkapelle. Da man beim Graben des Brunnenschachts selbst in knapp 100 m Tiefe immer noch nicht auf Wasser gestoßen war, wurde er zu einer großen Wasserzisterne umgebaut. Dazu wurde von einer Quelle am Burgberg ein 131 m langer, waagrechter Stollen gegraben, der in 59 m Tiefe auf den Brunnenschacht trifft. Die Quelle füllte über den Stollen den Brunnenschacht mit Wasser. 1994 fanden Archäologen bei der Freilegung des 94,8 m tiefen Brunnenschachts zahlreiche Relikte aus der Zeit, in der die Burg zerstört wurde. Am nördlichen Ausläufer des Hummelbergs ließ Graf Heinrich I. eine kleinere Vorburg zur Burg Lemberg erbauen, die den Namen des Bergs behielt: Burg Ruppertstein. Man nimmt an, dass diese Burg ebenfalls um 1200 erbaut und 1698 zerstört wurde. Die Burg stand auf einem 12 m hohen Felsen, auf den eine um 1900 erbaute Steintreppe führt. Da man von der Felsplattform eine herrliche Aussicht hat, wurde die baufällige Treppe 2007 restauriert.

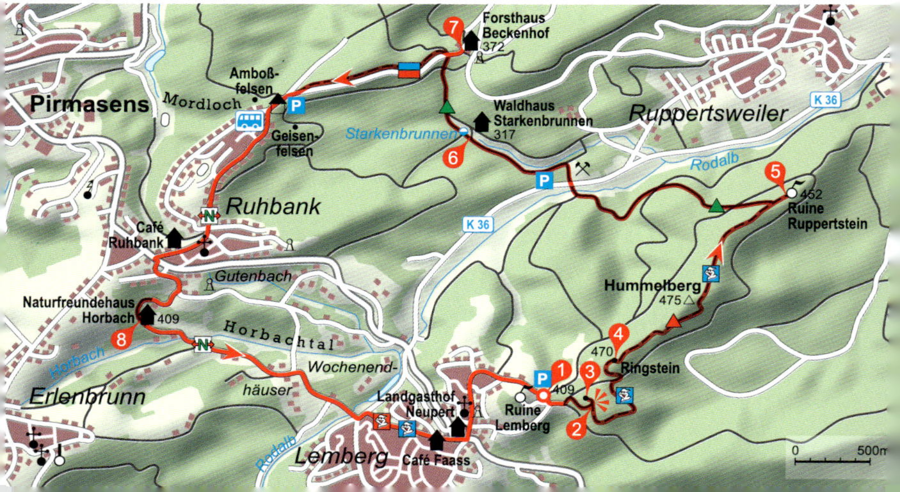

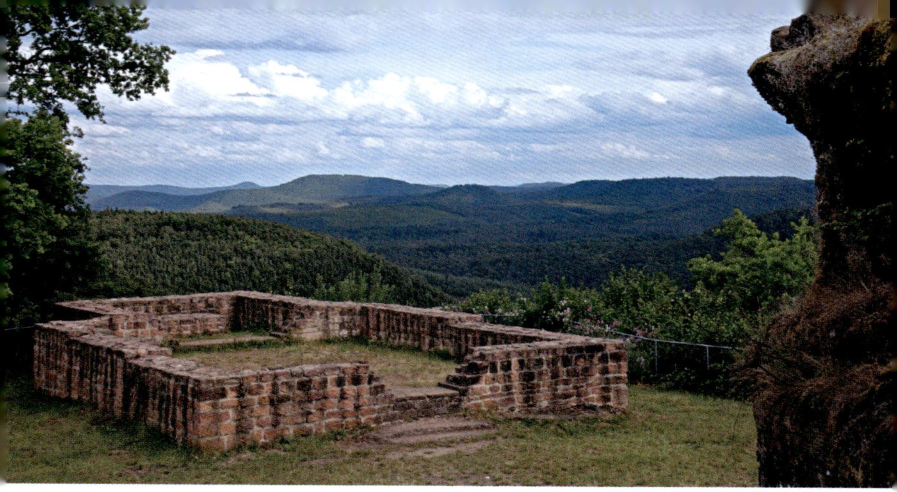

Pfälzerwaldblick von der Ruine Lemberg.

Ausgangspunkt: Parkplatz am Fuß der Ruine Lemberg bei Pirmasens.
Anforderungen: Mittel, lange Wanderung mit mehreren kurzen Auf- und Abstiegen auf schmalen Wegen und Treppen.
Kinder: Für größere Kinder geeignet.
Information: Über die Geschichte der Burg Lemberg und die archäologischen Funde im Brunnenstollen informiert das Burgeninformationszentrum (www.burg-lemberg.de). Geöffnet im Sommer Sa., So. 11–18 Uhr, im Winter bis 17 Uhr. Der Brunnenstollen kann von Mai bis Oktober nach Voranmeldung bei der Tourist-Info der Gemeinde Lemberg (Tel. +49 6331 8720) im Rahmen einer Gruppenführung besichtigt werden.

Auf dem *Lemberger Graf-Heinrich-Weg* führt uns ein *kleines Gespenst mit Rucksack* vom Parkplatz am Fuß der **Ruine Lemberg** ❶ an zahlreichen imposanten Buntsandsteinfelsen vorbei zum Ruppertstein. Wir wandern zunächst vom Parkplatz auf dem asphaltierten Sträßchen bergauf in Richtung Ruine. Nach 100 m gehen wir an der Gabelung links und 50 m weiter an der nächsten Abzweigung erneut links. Wieder nach 50 m biegen wir scharf rechts ab. Am Weg liegen große Sandsteinblöcke. Auf dem *Felsenweg* gelangen wir zum ersten Aussichtspunkt auf unserer Wanderung: Oberhalb der Treppe können wir am »**Wasgaublick«** ❷ den Luitpoldturm sehen. Nächstes Ziel am Weg ist der **Rabenfelsen** ❸, auf dessen Aussichtskanzel eine Stahlleiter führt. Wir blicken von hier auf Lemberg und den Pfälzerwald. Das *Gespenst* führt uns dann an mächtigen überhängenden Felsen vorbei. Am Ende der Felsen wartet ein steiler Abstieg zu einer Waldlichtung auf uns, danach halten

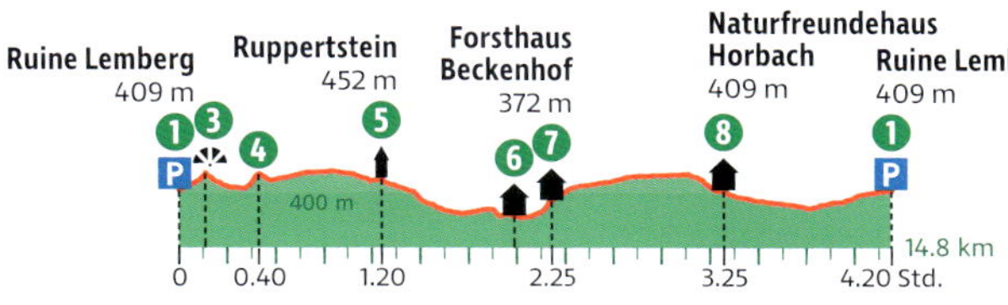

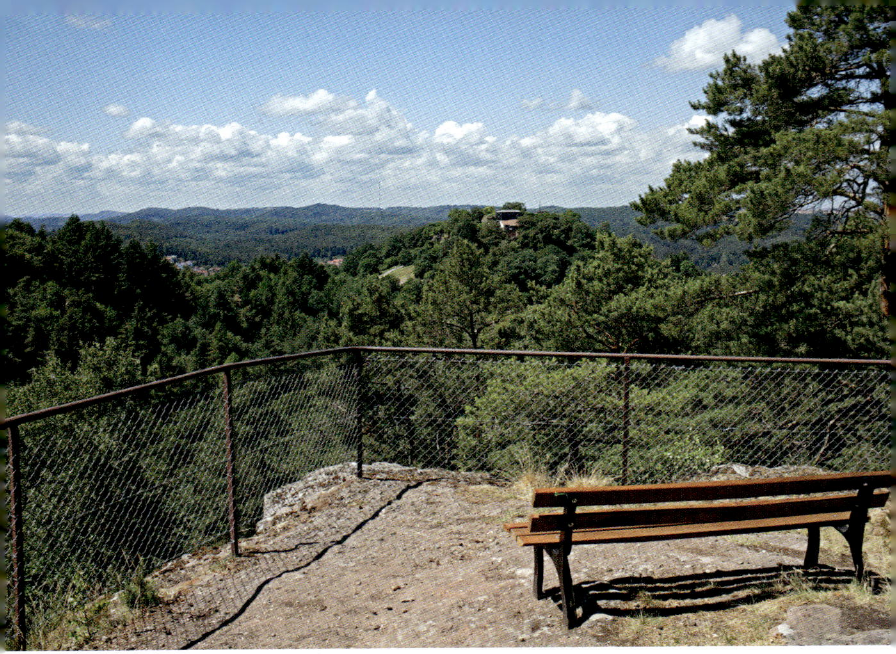

Blick von der Felskanzel auf dem Ringstein zum Schlossberg.

wir uns links. An der nächsten Gabelung gehen wir rechts leicht bergab und treffen dann auf eine Forststraße, der wir 50 m nach rechts folgen. Jetzt führt uns das *Gespenst* scharf links den Waldhang hinauf zum **Ringstein ❹**, wo uns eine Leiter den Aufstieg auf die Felskanzel erleichtert. Zum Greifen nah sehen wir von hier den Schlossberg mit dem modernen Bau des Burgeninformationszentrums vor uns liegen; von der Ruine selbst ist leider kaum etwas zu sehen, da Bäume die Mauern verdecken. Wenn wir uns hier ruhig verhalten, können wir Mauereidechsen beobachten, typische Bewohner der Sandsteinfelsen. Von der Kanzel gehen wir geradeaus über den Felsrücken und danach steil bergab. Eine Steintreppe führt uns dann an einer lang gezogenen Felswand vorbei. An einem Rastplatz treffen wir auf das *rote Dreieck* und folgen diesem und dem *Gespenst* über den Hummelberg. Wir kommen an einem weiteren Rastplatz vorbei, der unter einem überhängenden Felsdach liegt. Im weichen Sand am Fuß der Felsen können wir die kleinen Fangtrichter von Ameisenlöwen entdecken, und die vielen Kieselsteine im Buntsandstein verraten uns, dass hier vor vielen Millionen Jahren urzeitliche Flüsse Sedimente ablagerten, deren weichere Bestandteile durch Erosion abgetragen wurden. Zum nächsten Aussichtspunkt »Wasgaublick« machen wir einen kurzen Abstecher nach links, gehen dann zurück und folgen geradeaus weiter den Markierungen zum 452 m hohen **Ruppertstein ❺**. Von der ehemaligen Burg ist kaum etwas übrig geblieben, doch von der Aussichtsplattform, auf die eine steile Steintreppe führt, haben wir einen tollen Rundumblick. Vom Februar bis Juni ist der Aufgang jedoch gesperrt, da hier Wanderfalken brüten.

Wir verlassen das *Gespenst* und lassen uns links vom *grünen Dreieck* die nächsten 3 km zum Waldhaus Starkenbrunnen führen. Dabei überqueren wir das Tal der Rodalbe und die Straße *K 36* und erreichen auf einem ebenen Weg den Waldparkplatz Am Starkenbrunnen. Dort führt uns der *Felsenwaldweg* zum ausgeschilderten **Waldhaus Starkenbrunnen ❻**, an dem ein Kinderspielplatz und ein großer Rastplatz liegen. Oberhalb vom gefassten Starkenbrunnen gelangen wir rechts auf dem Waldweg zum **Forsthaus Beckenhof ❼**, der nächsten Einkehrmöglichkeit *(Felsenwaldweg, grünes Dreieck)*. Wir verlassen hier den *Felsenwaldweg* und das *grüne Dreieck*, gehen am Beckenhof vorbei und dahinter links neben der Straße auf dem *blauroten Strich* zum ausgeschilderten Mordloch. Der Wanderweg verläuft oberhalb der Straße bei den Felsen. Wir erreichen dann vor dem Pirmasenser Ortsteil Ruhbank den Waldparkplatz am Waldlehrpfad (Schutzhütte). Von hier gehen wir geradeaus auf der Straße an der Bushaltestelle »Platte« vorbei nach Ruhbank und wandern auf dem Gehweg neben der *Beckenhofer Straße* durch das Wohngebiet. Nach der Rechtskurve kommen wir am Café Ruhbank vorbei. Am Ende der *Beckenhofer Straße* steht die Nachbildung einer historischen »Ruhbank«; eine Tafel erklärt uns ihre Funktion zum Abstellen von Lasten, die früher auf dem Kopf getragen wurden, und die Herkunft des Ortsnamens. Wir überqueren an der Ampel die *Lemberger Straße* und gehen neben dieser kurz links, dann rechts auf dem *Naturfreundeweg* auf der *Alten Landstraße* bergab. Unser nächstes Ziel, das Naturfreundehaus Horbach, ist hier bereits ausgeschildert. Am Ende des Wohngebiets gehen wir rechts auf dem Fußweg bergab. Nach dem asphaltierten Wegstück halten wir uns an der Abzweigung rechts und gehen im Tal auf der Forststraße links zum **Naturfreundehaus Horbach ❽**. Unterhalb des Naturfreundehauses gelangen wir dann am Spielplatz rechts auf der Zufahrtsstraße zurück nach Lemberg. Auf dem *Naturfreundeweg* wandern wir nun durch das Horbachtal. Am Ende der *Alten Landstraße* gehen wir am Ortsanfang von Lemberg links und am Kreisel rechts und treffen hier zwei kleine Gespenster mit Rucksack: die Logos des *Lemberger Graf-Heinrich-Wegs* und des *Lemberger Rothenberg-Wegs*. Diese Markierungen leiten uns weiter. Im Café Faass und im Landgasthof Neupert können wir einkehren. Beim Gasthof gehen wir auf der *Bergstraße* links und können nach dem Anstieg rechts durch das *Schlossgässl* einen Abstecher zum ausgeschilderten mittelalterlichen Brunnenstollen machen. Auf der *Landgrafenstraße* gelangen wir dann geradeaus zurück zum Parkplatz unterhalb der **Ruine Lemberg ❶**. Wer möchte, kann die Ruine Lemberg besichtigen.

Treppenaufstieg zum Ruppertstein.

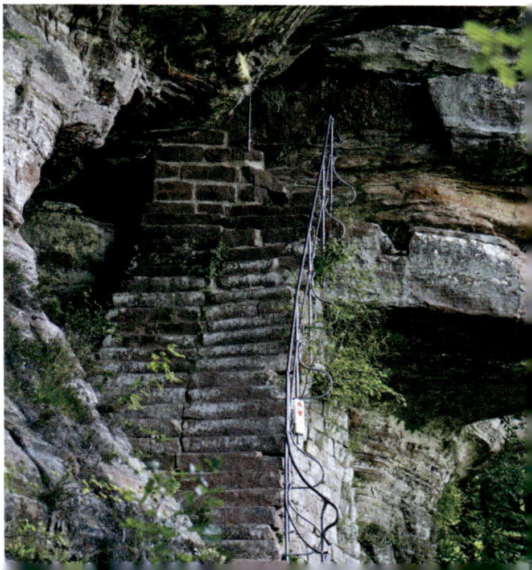

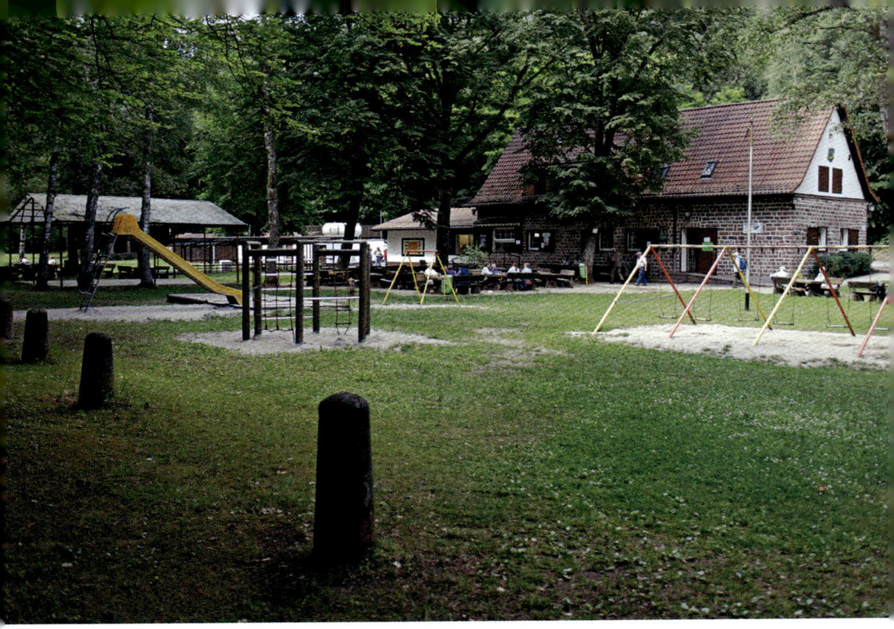

Waldhaus Starkenbrunnen mit Kinderspielplatz.

Waldhaus Starkenbrunnen
Das Haus des Pfälzerwaldvereins Pirmasens-Starkenbrunnen bietet Schnitzel, Pfälzer Gerichte und sonntags eine Hüttensuppe. Geöffnet Di.–So. ab 10.30 Uhr, www.pwv-starkenbrunnen.de.

Forsthaus Beckenhof
Großes Ausflugslokal mit noch größerem Biergarten und langer Speisekarte, die deftige Pfälzer Gerichte, Schnitzel, Hirschgulasch und Grillhähnchen offeriert, ab 17 Uhr Flammkuchen, Kuchen. Geöffnet Mi.–So. ab 11 Uhr, www.beckenhof.de, Tel. +49 6331 47239.

Café Ruhbank
Empfehlenswertes Familiencafé (mit Gästezimmern), probieren Sie unbedingt die leckeren Kuchen und Torten! Geöffnet Di., Mi., Do., Sa., So 13–18 Uhr, Beckenhofer Straße 17, Tel. +49 6331 46778.

Naturfreundehaus Horbach
Pfälzer Gerichte, Schnitzel. Geöffnet Mi., Sa., So. 11–19 Uhr. Horbachhalde 4, Pirmasens, www.naturfreunde.de/haus/naturfreundehaus-horbach, Tel. +49 6331 46494.

Café Faass
Frisch gebackenes Brot, leckere Kuchen und feine Torten aus der eigenen Backstube bietet Andreas Faass seinen Gästen. Geöffnet täglich außer Di. (Ruhetag) 5.30–18 Uhr, So. nur bis 12 Uhr. www.cafe-faass.de, Hauptstraße 31, Lemberg, Tel. +49 6331 49371.

Landgasthof Neupert
Pfälzer Sauerbraten und in Olivenöl gebratene Lammnüsschen sind nur zwei Spezialitäten der gutbürgerlichen Küche von Friedrich und Sebastian Neupert, deren Landgasthof ein Partnerbetrieb des Biosphären-Reservats ist. Gästezimmer, Mo. Ruhetag, Restaurant geöffnet So. 12–14 Uhr, Di.–Sa. 16–22 Uhr. www.landgasthausneupert.de, Hauptstraße 2, Lemberg, Tel. +49 6331 230560.

Vom Clausensee nach Heltersberg

Einsame Waldwege durch ein feuchtes Bachtal

3.00 Std. | 11,1 km | ↗ 220 m | ↘ 220 m

Brunnenwanderweg und Pfälzer Waldpfad

Eine Wanderung für Campingfreunde und Liebhaber einsamer Wanderwege! Abseits der Großstädte liegen am Westrand des Pfälzerwalds zwei familienfreundliche Campingplätze. Wo das 4 km lange Hundsbächel in den Schwarzbach mündet, liegt unweit der ehemaligen Sägemühle der idyllische Campingplatz Hundsweiher-Sägemühle. Am östlich gelegenen Clausensee, einem 4,5 ha großen Bade- und Freizeitsee, befindet sich der zweite Campingplatz. Am letzten Wochenende im Juli findet hier ein Seefest statt.

Ausgangspunkt: Campingplatz Hundsweiher-Sägemühle südl. von Heltersberg.
Anforderungen: Mittel, lange Wanderung auf Waldwegen.
Kinder: Für Kinder, die gerne laufen, geeignet.

Von **Hundsweiher-Sägemühle ①** im Schwarzbachtal südlich von Heltersberg wandern wir in nördlicher Richtung auf einem Teilstück des 40 km langen *Brunnenwanderwegs Heltersberg* durch das Tal des Hundsbächel. In dem feuchten Waldtal liegen mehrere kleine Weiher, die zur Wasserversorgung der ehemaligen Sägmühle angelegt wurden. Die Felsen und Baumstämme sind üppig mit Moosen und Flechten bewachsen; auch viele Farne und die Tollkirsche kommen hier vor, und im Herbst kann man köstliche Pfifferlinge finden. Wir kommen am Kasimirfelsen vorbei und erreichen nach 1,3 km beim Korbmacher-Felsen den

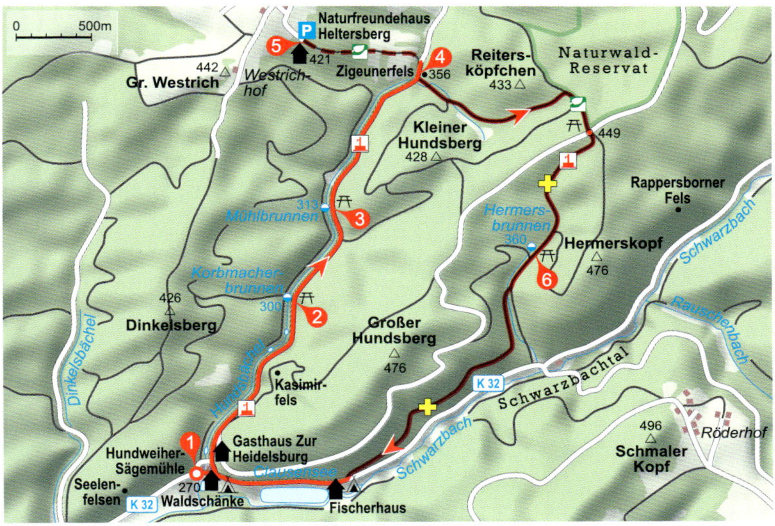

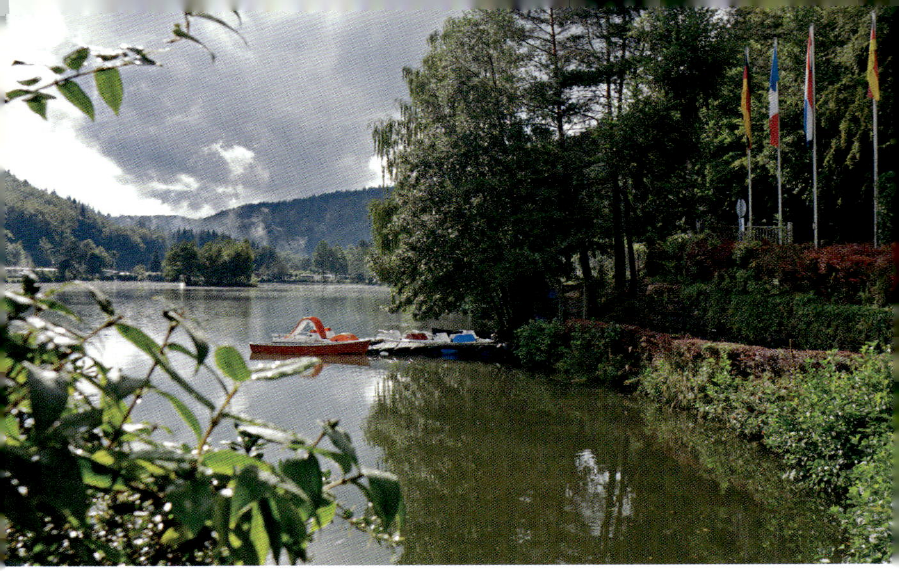

Früh morgens am Clausensee.

Korbmacher-Brunnen ❷ mit einem Rastplatz am Quellhäuschen. 750 m weiter liegt am **Mühlbrunnen ❸** der nächste Rastplatz. Nach den verlandeten Fischteichen (Bügelweiher) gehen wir an der Weggabelung beim **Zigeunerfels ❹** auf dem *Brunnenwanderweg* und dem *Pfälzer Waldpfad* rechts. Den Abstecher zum **Naturfreundehaus Heltersberg ❺** lassen wir aus, da diese Einkehrmöglichkeit bis auf Weiteres geschlossen ist. Wenn das Haus wieder geöffnet hat, können wir geradeaus auf dem *Pfälzer Waldpfad* 200 m weiter am Bach entlangwandern, diesen links überqueren und im 1 km entfernten Naturfreundehaus einkehren. Bis zu seiner Wiedereröffnung wandern wir am Zigeunerfels rechts auf dem *Brunnenwanderweg* und dem *Pfälzer Waldpfad* durch das kleine Seitental des Hundsbächels, das sich zwischen dem 428 m hohen Kleinen Hundsberg im Süden und dem 433 m hohen Reiterskopfchen im Norden erstreckt, auf eine Anhöhe (Rastplatz). Hier biegen wir nach rechts ab und wandern am Rand des Naturwaldreservats Langendell entlang, in dem sich der Wald natürlich entwickeln darf. An der großen Wegkreuzung beim Rettungspunkt 6712-912, die mit 449,5 m Höhe auch die höchste Erhebung auf unserer Wanderung ist, verlassen wir den *Pfälzer Waldpfad* und gehen auf dem rechten der beiden geradeaus führenden Wege leicht bergab (*Brunnenwanderweg* und *gelbes Kreuz*)

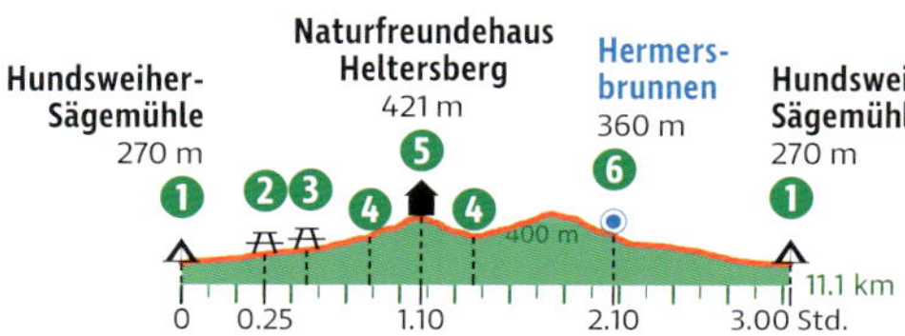

zum **Hermersbrunnen ❻**, an dem eine Quelle unterhalb eines Felsens austritt. Auch einen Rastplatz gibt es hier. Wo die Forststraße 300 m weiter in einer leichten Linkskurve bergab führt, verlassen wir den *Brunnenwanderweg* und wandern rechts auf dem *gelben Kreuz* in das Schwarzbachtal. Der grasbewachsene Weg führt am felsigen Waldhang oberhalb des üppig bewaldeten Tals entlang. Am Ende des aussichtsreichen Höhenwegs erreichen wir am Campingplatz beim Clausensee die Straße *K 32*. Von dem Fußweg (*gelbes Kreuz*), der rechts oberhalb der Straße verläuft, führt ein Stichweg zum See. Geradeaus führt uns die Markierung zurück zum nahen **Campingplatz Hundsweiher-Sägemühle ❶**.

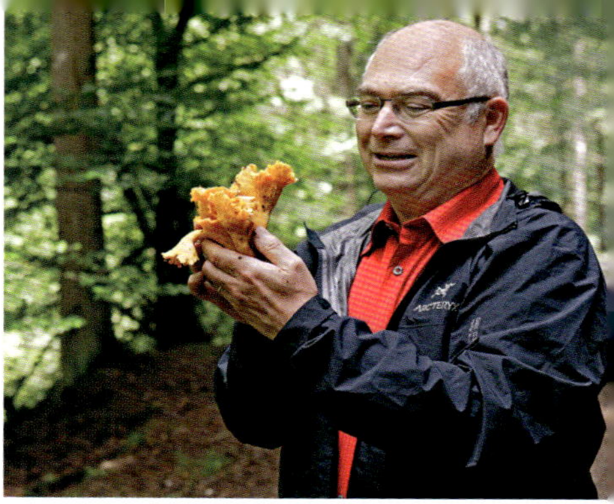

Pfifferlingsfund im Hundsbächeltal.

Waldschänke Hundsweiher-Sägemühle am Campingplatz
Heidi Dechert verwöhnt Wanderer und Campingurlauber in der Gaststätte und im idyllischen Biergarten am Weiher mit preisgünstigen, gutbürgerlichen Gerichten, Getränken, Eis und Kuchen. Mo., Di. Ruhetag, geöffnet Mi.–Fr. 11–18 Uhr, Sa., So. 9.30–18 Uhr, www.hundsweiher-saegemuehle.de, Tel. +49 6333 5468.

Gasthaus Zur Heidelsburg
Das Gasthaus von Sonja Winter bietet eine preiswerte, gutbürgerliche Küche mit Pfälzer Gerichten, Jägerschnitzel, Steaks und selbstgebackenem Kuchen. Geöffnet Fr., Sa. ab 14 Uhr, So. ab 9.30 Uhr, Hundsweihersägemühle 3, Tel. +49 6333 276445.

Naturfreundehaus Heltersberg
Das Naturfreundehaus sucht einen neuen Pächter und ist bis auf Weiteres geschlossen, www.naturfreunde-heltersberg.de, Tel. +49 6333 64698. *Siehe Tour 42.*

Pizzeria Bella Italia in Heltersberg
Lamperto Vincenzo serviert seinen Gästen Pizza, Pasta und leckere italienische Fleischgerichte. Schillerring 11, Heltersberg, geöffnet täglich ab 16 Uhr, Tel. +49 6333 2790191.

Fischerhaus Clausensee
Der Seeblick ist toll, die Speisekarte aber ziemlich klein. Es gibt Salate, Schnitzel, Maultaschen und Nudeln, aber keinen Fisch. Am Wochenende werden weitere Gerichte wie ein Pfälzer Teller, Hamburger und anderes angeboten. Geöffnet Mi.–Sa. 14–20 Uhr und So. 11–19.30 Uhr, www.fischerhaus-clausensee.de, Tel. +49 6333 9937060.

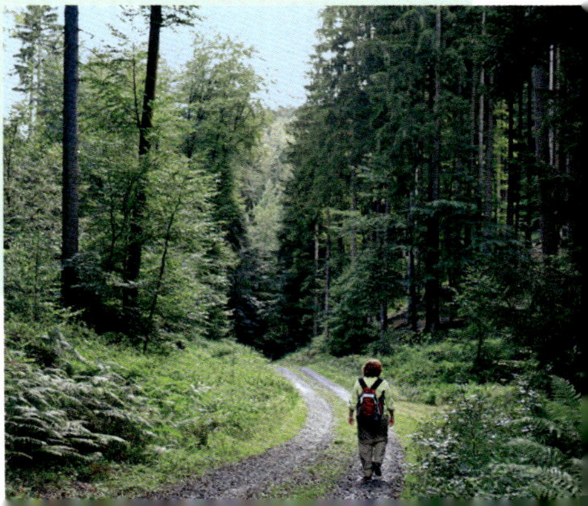

Vom Hermersbrunnen führt der Wanderweg ins Schwarzbachtal.

42 Von Heltersberg nach Waldfischbach

Felsenwege auf dem Pfälzer Waldpfad

4.40 Std. | 17,0 km | ↗ 360 m | ↘ 360 m

Eine leuchtende Seele und ein römischer Saltuarius

Um den mächtigen Seelenfelsen ranken sich zwei Geschichten. Die erste ist urkundlich belegt. Sie besagt, dass am 4. September 1839 der königliche Revierförster Philipp Jakob Seel morgens um 1 Uhr von dem Felsen gestürzt ist und dabei ums Leben kam. Seitdem heißt dieser Felsen »Seelenfelsen«. Die zweite Geschichte ist nicht belegt. Am letzten Wochenende im September 1875 soll ein Mann namens Johann Cronauer mit seinem fünfjährigen Sohn auf dem nächtlichen Rückweg von der Heltersheimer Kerwe den Durchgang am Felsen nicht gefunden haben und abgestürzt sein. Sein Sohn jedoch soll von einem fahlen Lichtschein – der »Seele seines Vaters« – sicher ins Schwarzbachtal geleitet worden sein.

Nach Münzfunden ist die Heidelsburg zwischen dem 2. Jahrhundert nach Christus und dem Jahr 351, in dem die Germanen den Limes überschritten, als römische Verteidigungsanlage auf einem exponierten Felsen über dem Schwarzbachtal erbaut worden. Möglicherweise stand hier aber schon früher eine keltische Befestigung. Erhalten geblieben sind die Mauerreste von zwei Toren und Treppen sowie einer Zisterne. Bei Ausgrabungsarbeiten im 19. Jahrhundert entdeckte man eine Grabplatte, auf der ein Mann mit einer Axt und eine Frau mit einem Korb dargestellt sind. Die Axt ist das Symbol eines römischen Forstverwalters, eines Saltuarius. Man nimmt an, dass dieser und seine Frau hier begraben wurden. 1876 fertigte man von der Grabplatte eine Replik an, die an der Mauer auf der Ostseite angebracht wurde. Das Original befindet sich im Historischen Museum in Speyer. Durch diesen Fund wird die Heidelsburg werbewirksam als das älteste Forstamt Deutschlands bezeichnet.

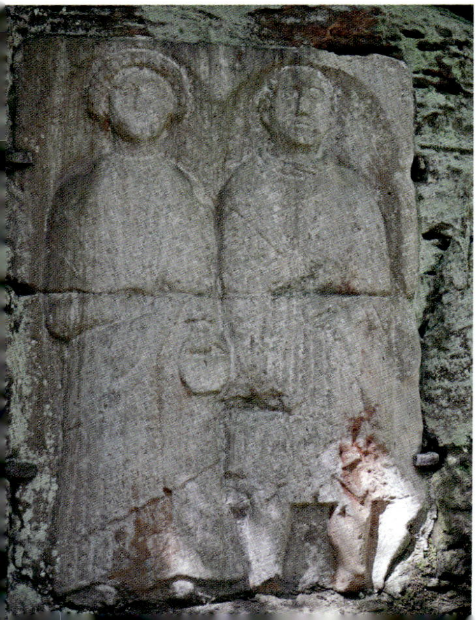

Ausgangspunkt: Heltersberg, Naturfreundehaus.
Anforderungen: Mittel, lange Wanderung.
Kinder: Die Tour ist für größere Kinder geeignet.

Vom Parkplatz am **Naturfreundehaus Heltersberg ❶** gehen wir auf der *grün-weißen Welle* des *Pfälzer Waldpfads* auf der Zufahrtsstraße in Richtung Ort. Nach der Rechtskurve kürzen wir ein wenig ab und folgen

Replik der Grabplatte eines Saltuarius.

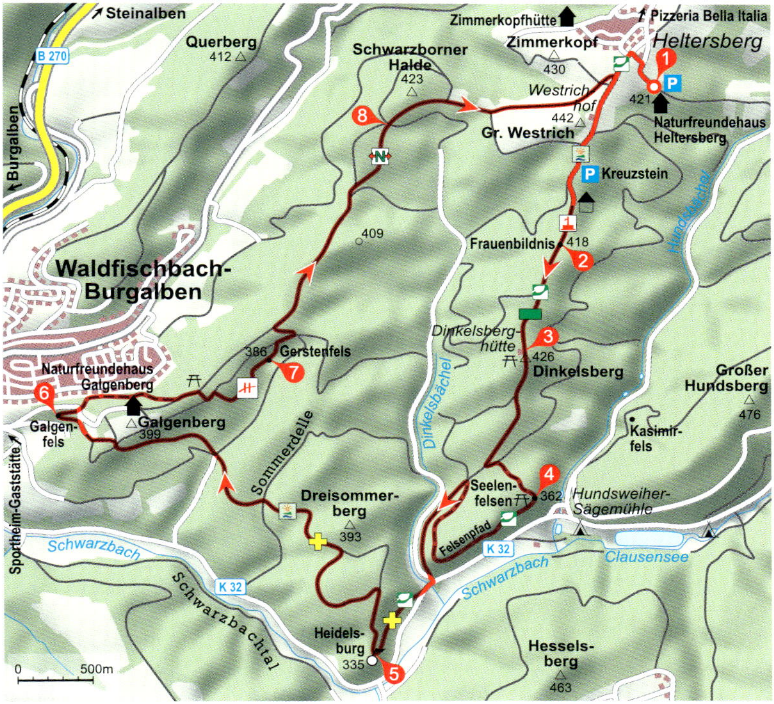

vor der Hecke dem nicht markierten Weg 100 m nach links. Im Wohngebiet gehen wir danach wieder links auf dem *Pfälzer Waldpfad* weiter. Auf dem Höhenweg, einer geschotterten Forststraße, wandern wir dann geradeaus durch den Wald. Der Weg ist auch als *Holzlandweg*, *Brunnenwanderweg Heltersberg* und mit einem *grünen Strich* gekennzeichnet. Wir kommen am Waldparkplatz Kreuzstein vorbei und gehen danach bergab. Nach der Waldarbeiterhütte halten wir uns an der nächsten Weggabelung geradeaus. 300 m weiter hat ein Künstler das Bildnis einer Frau in die Baumrinde geritzt ❷. Danach erreichen wir den Rastplatz an der **Dinkelsberghütte** ❸. Hier gehen wir links bergab; rechts stehen zwei alte Grenzsteine am Weg. Nach 400 m orientieren wir uns nur noch am *Pfälzer Waldpfad* und biegen 300 m weiter scharf links auf die Forststraße ab. Nach knapp 100 m gehen wir dann rechts, an der

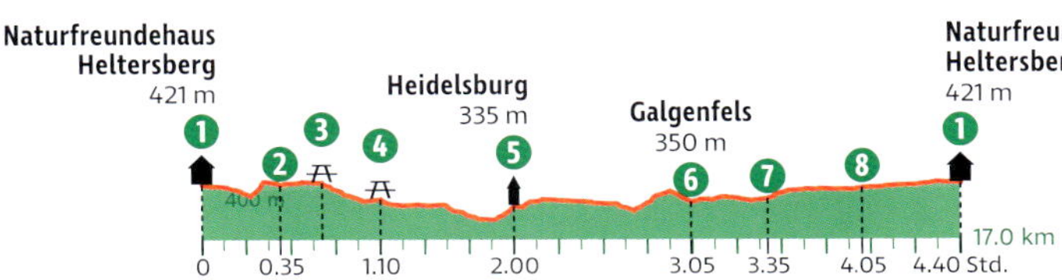

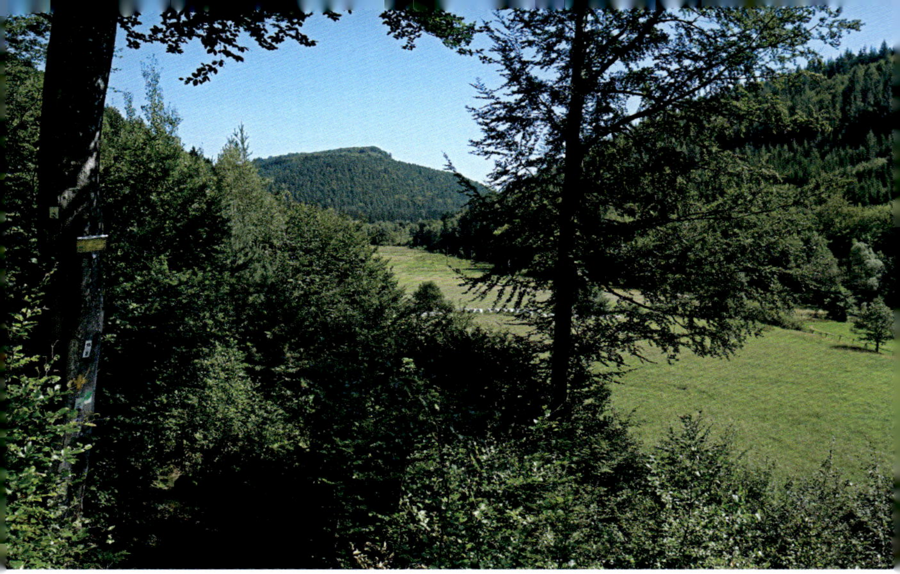

Im Schwarzbachtal.

nächsten Gabelung erneut rechts und auf der Anhöhe geradeaus zum ausgeschilderten **Seelenfelsen ❹**, an dem ein Rastplatz liegt. Der Wanderweg führt am Felsen ein kurzes Stück bergab und schlängelt sich dann hoch über dem Schwarzbachtal rechts an der 673 m langen, zerklüfteten Felswand entlang. Am Ende des *Felsenpfads* halten wir uns auf dem Waldweg links und folgen an der Wegkreuzung am östlichen Dinkelsbächel der Forststraße links bergab durch das Dinkelsbächeltal ins Schwarzbachtal. Dort gehen wir 100 m neben der Straße *K 31* rechts

Pizzeria Bella Italia in Heltersberg
Lamperto Vincenzo serviert seinen Gästen Pizza, Pasta und leckere italienische Fleischgerichte. Geöffnet täglich ab 16 Uhr, Schillerring 11, Heltersberg, Tel. +49 6333 2790191.

Zimmerkopfhütte in Heltersberg
Das Vereinsheim des Heimatvereins Heltersberg ist am Wochenende bewirtschaftet. Geöffnet Sa. 14–19.30 Uhr, So. 9–12.30 Uhr, Am Zimmerkopf, Heltersheim, https://pwv-heltersberg.de, Tel. +49 6333 993566.

Sportheim-Gaststätte in Waldfischbach
Die Gaststätte ist schlicht eingerichtet, doch die Speisen und der Service von Berila Ekrem sind sehr gut und preiswert. Es gibt Pizza, Pasta und Schnitzelgerichte. Geöffnet Mo.–Fr. 17–23 Uhr, Di.–Fr. auch 11–13 Uhr, Sa. 15–23 Uhr, So. 10–14 Uhr und 17–23 Uhr, Schlossstraße 28, Waldfischbach-Burgalben, Tel. +49 6333 2410.

Naturfreundehaus Heltersberg
Das Naturfreundehaus sucht einen neuen Pächter und ist bis auf Weiteres geschlossen. www.naturfreunde-heltersberg.de, In der Lettenkaut, Heltersberg, Tel. +49 6333 64698.

Naturfreundehaus Galgenberg
Das Naturfreundehaus ist bis auf Weiteres geschlossen. Schlossstraße 28a, Waldfischbach-Burgalben, Tel. +49 6333 1268.

und wandern dann rechts auf dem *Pfälzer Waldpfad* und dem *gelben Kreuz* zur **Heidelsburg ❺**. Dort kommen wir an der Grabplatte des römischen Saltuarius vorbei und folgen den Markierungen auf ein Plateau. Dort verlassen wir den *Pfälzer Waldpfad* und wandern rechts auf dem *gelben Kreuz* und dem *Holzlandweg* weiter. Der schmale Weg führt kurz darauf durch eine kleine Schlucht zu einem Rastplatz (Schutzhütte). Hier gehen wir 250 m geradeaus, biegen dann scharf links ab und wandern am Südhang des 393 m hohen Dreisommerbergs durch den Wald. Nach knapp 2 km trennen sich hinter der Sommerdelle, einem Taleinschnitt, die beiden Wege. Wir bleiben auf dem *gelben Kreuz*, wobei wir nach 280 m wieder auf den *Holzlandweg* treffen. Die nächsten 950 m orientieren wir uns wieder an beiden Markierungen, bis wir oberhalb vom Naturfreundehaus Galgenberg das *gelbe Kreuz* verlassen und rechts auf dem *Holzlandweg* zum **Galgenfels ❻** wandern. Von seiner 350 m hoch gelegenen Aussichtskanzel (Rastplatz) haben wir einen schönen Blick auf Waldfischbach-Burgalben und das Kloster Maria Rosenberg. Danach wandern wir auf dem *Holzlandweg* am Waldparkplatz links um das bis auf Weiteres geschlossene Naturfreundehaus bis zum **Gerstenfels ❼** mit seinem überhängenden Felsdach. Ein kleines Schild erklärt uns, dass dieser Fels auf dem 399 m hohen Galgenberg vor 200 Millionen Jahren bei trockenem, wüstenähnlichem Klima aus Sedimentablagerungen entstanden ist, als Saurier auf der Erde lebten. Wir verlassen hier den *Holzlandweg* und folgen 70 m dem nicht markierten Pfad, der geradeaus am Felsen entlangführt (je nachdem, welcher Pfad besser begehbar ist, kann man auch 100 m links am Felsen entlanggehen), zu einer nahe gelegenen Forststraße. Auf dieser gehen wir 170 m rechts bis zur nächsten Abzweigung, wo wir nach links abbiegen und nach weiteren 180 m auf der nächsten Forststraße (*Naturfreundeweg* und Mountainbike-Strecke) rechts weiter durch den Wald wandern. Nach 1,7 km gehen wir an der **Wegspinne ❽** geradeaus und verlassen die Mountainbike-Strecke 500 m weiter an der Wegkreuzung am Waldrand. Der *Naturfreundeweg* führt uns hier geradeaus nach Heltersberg. An der Weggabelung vor der Buche, an der eine Ruhebank steht, folgen wir dem aussichtsreichen Feldweg links unterhalb des 430 m hohen Zimmerkopf über die Wiese. Am Ende treffen wir wieder auf den *Pfälzer Waldpfad*, der uns auf bekanntem Weg zurück zum **Naturfreundehaus Heltersberg ❶** führt.

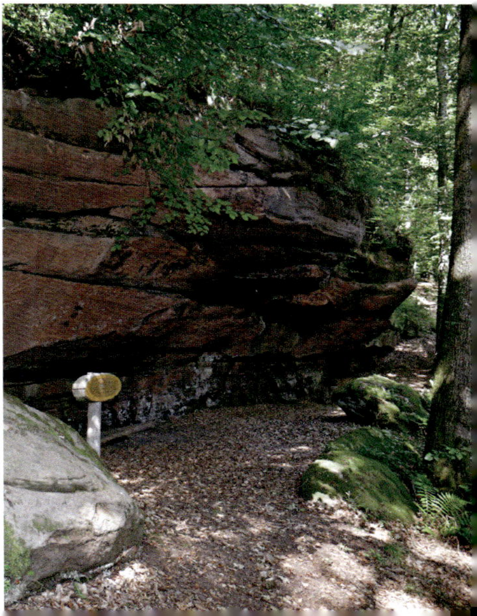

Das überhängende Felsdach am Gerstenfels.

43 Von Trippstadt zum NFH Finsterbrunnertal

Durch ein wildromantisches Bachtal

TOP | 4.00 Std. | 13,9 km | ↗ 150 m | ↘ 150 m

Ältestes Gasthaus im Pfälzerwald, Industriegeschichte im Karlstal und eine unerfüllte Liebe

Andreas Huber hat 1726 in Trippstadt ein Haus gebaut und darin die Dorfwirtschaft mit der »Gerechtigkeit zum Weißen Schwan« eröffnet. Bis 2005 blieb der Gasthof in Familienbesitz, dann übernahm Anke Henzelmann und 2019 ihre Schwester Anne Schmitt das denkmalgeschützte Fachwerkhaus. Der heutige Landgasthof Zum Schwan gilt damit als ältester im Pfälzerwald.

1724 ließ Ludwig Anton Freiherr von Hacke in Unterhammer im Karlstal ein Eisenhammerwerk errichten, das Johann Jakob Gienanth 1772 pachtete und Ludwig Gienanth 1804 erwarb. Dieser wurde später in den erblichen Adelsstand erhoben. 1820/21 wurde das Herrenhaus als Direktions- und Verwaltungsgebäude errichtet. Hinter dem Wirtschaftsgebäude, das wegen seines Uhrenturms auch »Uhrenhaus« genannt wird, informieren in einem kleinen Park Tafeln über die pfälzische Eisenindustrie im Karlstal von deren Anfängen bis zur Stilllegung Ende des 19. Jahrhunderts. Im Wirtschaftsgebäude wurden das gemütliche Café Unterhammer und ein Gesundheitszentrum eigerichtet, im Herrenhaus Ferienwohnungen. Doch der »Unterhammer« bietet auch Kultur mit Ausstellungen zeitgenössischer Künstler, Lesungen, Konzerten, und in einem 45 m langen Gewölbekeller sind historische Kaminofenplatten ausgestellt, die im 19. Jahrhundert im Gienanth'schen Eisenhüttenwerk gegossen wurden. Im Karlstal hat die Moosalbe eine 1 km lange, wildromantische Schlucht ausgewaschen, durch die einer der schönsten Wanderwege im Pfälzerwald führt. Romantisch wirkende schmale Holzstege, kleine Steindenkmäler, eine gemauerte Felsenhöhle, die an eine unerfüllte Liebe erinnert, und der sechseckige Pavillon am Ufer des Wildbachs deuten aber darauf hin, dass diese Schlucht von Menschenhand gestaltet wurde. 1780 ließ Karl Josef von Hacke von dem kurfürstlichen Schwetzinger Gartenarchitekt Friedrich Ludwig Sckell, der auch den Englischen Garten in München geschaffen hat, in der Schlucht einen englischen Landschaftsgarten anlegen.

Ausgangspunkt: Trippstadt, Ortsmitte beim Rathaus/evangelische Kirche. Parkplatz 100 m weiter an der Karlstalhalle/Freibad. Bushaltestelle.
Anforderungen: Mittel, lange Wanderung.
Kinder: Für größere Kinder geeignet.
Tipp: Eisenhüttenmuseum und Tourist-Info in der Hauptstraße 26 in Trippstadt, Tel. +49 6306 341, www.trippstadt.de. Coronabedingt kann das Eisenhüttenmuseum derzeit nur von Gruppen ab 4 Personen nach Voranmeldung besucht werden. Führungen durch den Brunnenstollen in der Tourist-Info erfragen.

In **Trippstadt** ❶ beginnen wir unsere Wanderung in der Ortsmitte und kommen auf der *Hauptstraße* (*roter Strich*) am Rathaus und der evangelischen Kirche vorbei. Diese wurde 1744/45 auf dem Fundament der Hei-

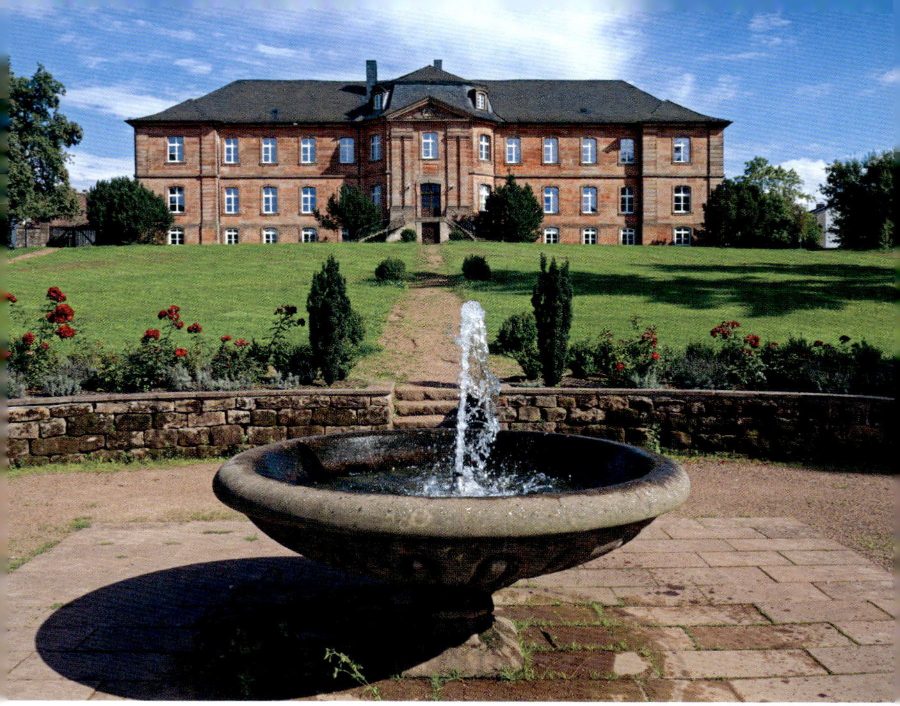

Trippstadter Schloss.

lig-Kreuz-Kapelle aus dem 13. Jahrhundert errichtet. Danach können wir uns im Eisenhüttenmuseum über die pfälzische Eisenindustrie informieren, in deren Blüte Mitte des 19. Jahrhunderts auch der Ort reich wurde. Die 1754 geweihte katholische Kirche St. Josef ließen die Freiherren von Hacke erbauen, die hier beigesetzt sind. Größter »Schatz« der Kirche ist ein Taufstein aus dem Jahr 1500 von der Mutterkirche St. Blasius in Aschbach. Das Trippstadter Schloss wurde 1767 als herrschaftliches Landhaus mit einem französischen Garten von Franz Karl Freiherr von Hacke und seiner Gattin Amönia Freifrau von Sturmfeder erbaut. Der Giebel über dem Eingang trägt das Hacke'sche-Sturmfeder'sche Allianzwappen. 1794 wurde das Schloss teilweise zerstört, 1833 kaufte es Ludwig von Gienanth und verkaufte es zwei Jahre später an Bayern. 1888 wurde das Schloss aus roten Sandsteinquadern neu aufgebaut. Seit 1987 befinden sich darin die Forschungsanstalt für Waldökologie und Forstwirtschaft des Landes Rheinland-Pfalz und die Forstverwaltung. Der große Schlossgarten, der von Friedrich Ludwig Sckell ins Karlstal erweitert

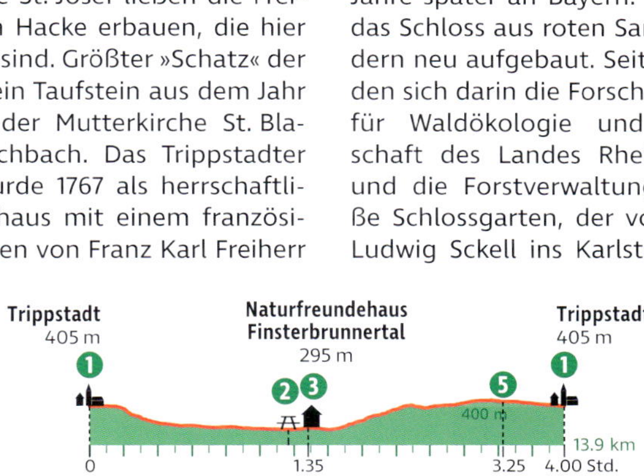

wurde, ist als öffentlicher Park frei zugänglich. Zur Wasserversorgung des Orts und des Schlosses wurde 1767 ein Brunnenstollen durch den Fels gegraben. In seinem gemauerten Kanal wurde das Wasser aus zwei Quellen zusammengeführt und in den Ort geleitet. Die Anlage war bis 1965 in Betrieb.

Bevor die Straße am Ortsende ins Tal führt, wandern wir links auf der Schanzstraße weiter. Beim Wald erinnert ein Gedenkstein an das Gefecht bei Trippstadt am 13. Juli 1794. Kurz danach zweigt der Wanderweg nach links ins Karlstal ab. In Oberhammer gehen wir rechts an dem 1780 erbauten Haus »Am Weiher« vorbei, überqueren am Parkplatz die Straße und folgen dem *Pfälzer Waldpfad*, dem *roten Kreuz* und dem *Jakobsweg* durch die Karlstalschlucht. Am Anfang der Schlucht kommen wir am Gedenkstein vorbei, der an die Einführung der Weymouthskiefer im Pfälzerwald am 26. Mai 1903 erinnert. Hier gibt es einen Rastplatz mit einem urigen Steintisch. Danach wandern wir entlang der Moosalbe durch die 1 km lange, wildromantische Schlucht und überqueren auf schmalen Stegen mehrmals den Bach. Am Ende der Schlucht (Rastplatz) weist eine Eisentafel darauf hin, dass am 9. August 1862 Ludwig I. von Bayern, Großherzog Ludwig III. von Hessen-Darmstadt und Erzherzogin Hildegard von Österreich die Schlucht besucht haben. Oberhalb davon liegt die kleine Felsenhöhle eines Eremiten. In der Höhle steht ein steinernes Kreuz mit einem Sockel. Eine Inschrift besagt, dass auch Wanderer hier Gottes Gnade erflehen sollen, wie es der Herr von Burg Wilenstein einst tat.

Wir wandern weiter entlang der

Rastplatz mit kleinem Pavillon im Karlstal.

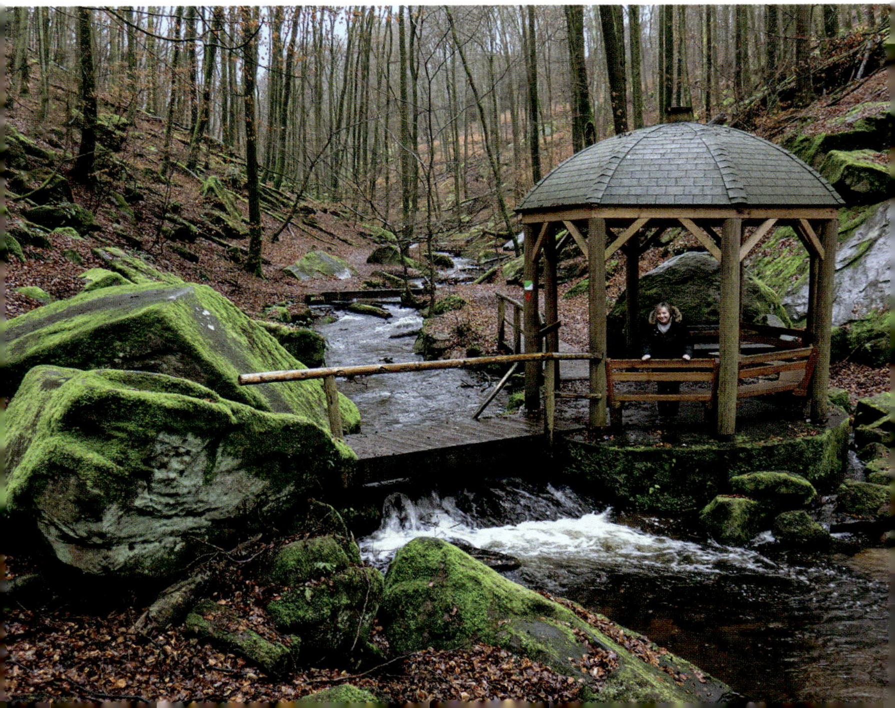

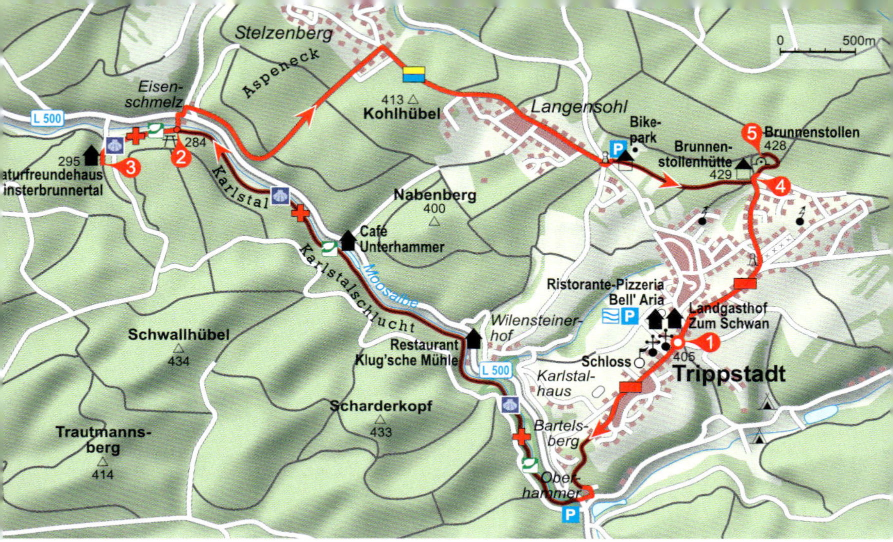

Moosalbe, kommen dann an der Klug'schen Mühle vorbei und entdecken neben dem schattigen Waldweg eine gefasste Quelle mit einem alten Steinbecken. Danach kommen wir durch Unterhammer, lassen uns von dem herrschaftlichen Herrenhaus am Weiher beeindrucken und bestaunen den schönen Uhrenturm auf dem Wirtschaftsgebäude. Hier lohnt es sich, in dem netten Café oder im Biergarten zu verweilen. Wir gehen rechts an dem Wirtschaftsgebäude vorbei durch den kleinen Park. Nach 1,5 km erreichen wir bei Eisenschmelz einen **Rastplatz ❷**. Hier machen wir geradeaus auf dem *Pfälzer Waldpfad*, dem *roten Kreuz* und dem *Jakobsweg* einen Abstecher zum 700 m entfernten **Naturfreundehaus Finsterbrunnertal ❸**. Vom Parkplatz vor dem Haus führt ein kurzer alpiner Steig zu einer Aussichtskanzel auf einem Felsen. Vom Naturfreundehaus kehren wir auf demselben Weg zurück zum **Rastplatz ❷** und verlassen dort die Markierungen. Wir überqueren

Die Sage von Burg Wilenstein

Einst hatte sich das schöne Burgfräulein in den jungen Schäfer vom Aschbacherhof verliebt und die beiden trafen sich oft. Ihr Vater wollte sie jedoch im nächsten Frühjahr mit einem Ritter vermählen, sodass das Burgfräulein ihren Schäfer nicht mehr sehen durfte und nur noch seine Hirtenflöte hörte. Als diese im Winter verstummte, bat sie ihren Vater, bei dem Mönch, der als Einsiedler in einer kleinen Höhle im Karlstal hauste, beichten zu dürfen. Unter diesem Vorwand verließ sie die Burg und suchte nach ihrem Geliebten. Sie erfuhr von dem Einsiedler, dass dieser an einem gebrochenen Herzen gestorben sei. Auf dem Rückweg zur Burg stürzte sich das Burgfräulein in einen Weiher und ertrank. Von dem Einsiedler erfuhr der Burgherr, wie tief die Liebe seiner Tochter zu dem Schäfer gewesen war, worauf er beim Aschbacherhof eine Kirche erbauen und in den Turm einen Hirtenstab und eine Flöte einmeißeln ließ, die heute noch zu sehen sind.

links die Moosalbe, in Eisenschmelz die Straße *L 500*, halten uns rechts, und wandern etwa 300 m auf dem Fuß- und Radweg an der Straße entlang. An der Abzweigung des Forstwegs verlassen wir den asphaltierten Radweg und wandern geradeaus auf dem nicht markierten Schotterweg bergauf nach Stelzenberg. Am Aspeneck erreichen wir den Ort und gehen rechts auf dem *Römerweg* und dem *gelb-blauen Strich* durch das Wohngebiet. Danach folgen wir geradeaus der Forststraße, die entlang der Stromleitung über den Kohlhübel führt, nach Langensohl. Dort steht am Verkehrskreisel die Skulptur »Tor zum Biosphärenreservat« von Bärbel Schmidt. Am Parkplatz bei der Schutzhütte verlassen wir die Markierung und gehen links an der Hütte vorbei (*Nordic-Walking-Strecke 2* und *3*). Hier wurde im August 2012 ein 1,5 ha großer Bikepark mit Dirt-Freeride-Parcours eröffnet, wo wir die wagemutigen Fahrradakrobaten bewundern können. An der Weggabelung bei der **Brunnenstollenhütte ❹** verlassen wir die *Nordic-Walking-Strecke* und machen einen kurzen Abstecher zum Brunnenstollen. Dazu folgen wir hinter der Schutzhütte links dem *roten Strich* und der *1*. Im Linksbogen der Forststraße verlassen wir die Markierungen und gehen an der Wegkreuzung links 100 m bergab zum **Brunnenstollen ❺**. Der Eingang ist zwar mit einem Eisentor versperrt, zwischen den Stäben können wir aber einen Blick in den langen, gemauerten Stollen werfen. Oberhalb des Stolleneingangs liegt ein Rastplatz. Auf gleichem Weg gehen wir zurück zur **Brunnenstollenhütte ❹**. Von dort führen uns der *rote Strich* und die *1* links nach 200 m zur Straße *Am Wasserstollen*. Auf dieser gehen wir rechts zur *Friedhofstraße*, die uns rechts am Friedhof vorbei zurück nach **Trippstadt ❶** bringt. Nach dem Denkmal für die Kriegsopfer gelangen wir rechts auf der *Hauptstraße* in die Ortsmitte. Zuvor können wir in der abknickenden Vorfahrtsstraße rechts einen Abstecher zum »Schwan«, dem ältesten Gasthof im Pfälzerwald machen.

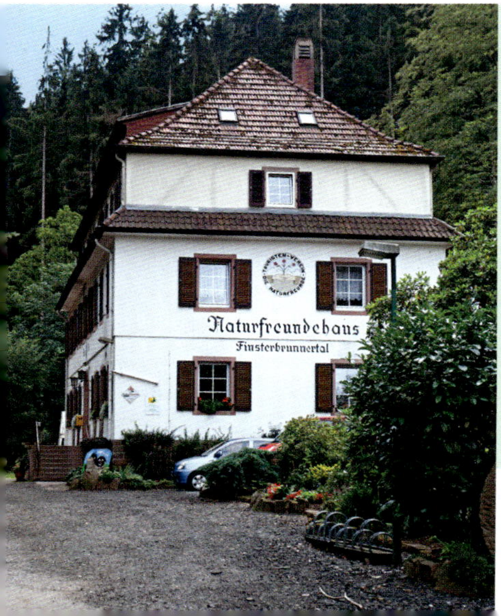

Restaurant Klug'sche Mühle
Die ehemalige Wilensteiner Mühle befand sich von 1827 bis 2014 im Besitz der Familie Klug. Heute bewirtet hier Familie Lotsch ihre Gäste mit schmackhaften regionalen Pfälzer Gerichten. Mo., Di. Ruhetage, geöffnet Mi.–So. 11.30–18 Uhr. www.klugsche-muehle.de. Wilensteiner Mühle 1, Trippstadt, Tel. +49 6306 312.

Café Unterhammer
Im denkmalgeschützten Wirtschaftsgebäude des ehemaligen Eisenhammerwerks betreibt Judith Lambrecht mit viel Liebe zu netten Details ihr

Naturfreundehaus Finsterbrunnertal.

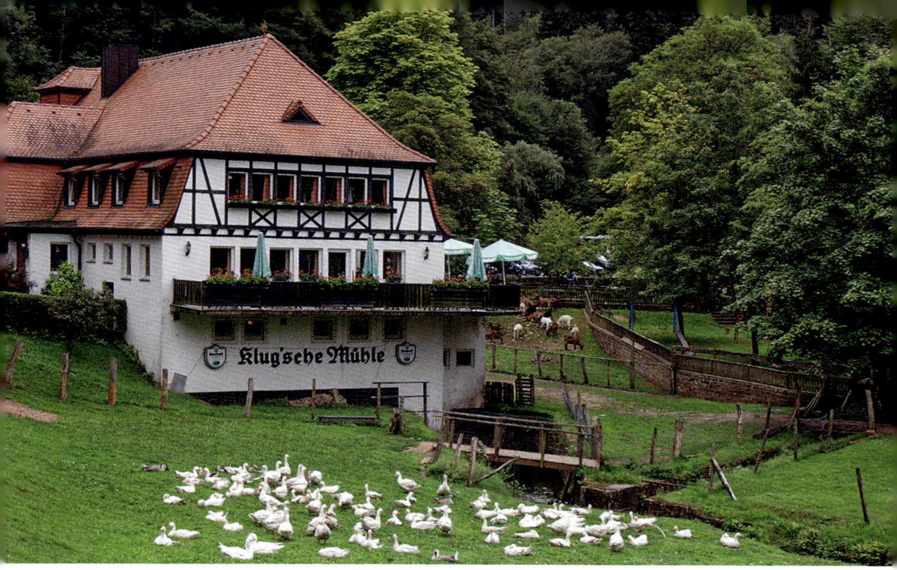

Gasthaus Klug'sche Mühle.

gemütliches Café. Die leckeren, hausgemachten Kuchen, Torten und kleinen Gerichte lohnen eine Einkehr. Wer es deftiger mag, kann ein frisches Unterhammer Bier probieren, das in der hauseigenen Brauerei gebraut wird. Geöffnet Mi.–Sa. 12–18 Uhr, So. 10–18 Uhr. www.unterhammer.com, Karlstal, Tel. +49 6306 701460.

Naturfreundehaus Finsterbrunnertal

In einem Seitental des Karlstals liegt das gastliche Haus der Naturfreunde Kaiserslautern. Gutbürgerliche Küche mit wechselnden Tagesgerichten. Täglich bis 18 Uhr geöffnet. www.naturfreunde-kaiserslautern.de, Tel. +49 6306 2882. Vom Parkplatz führt ein kurzer alpiner Steig (Pfälzer Waldpfad) zu einer Felskanzel, von der wir einen herrlichen Blick über das Naturfreundehaus ins Finsterbrunnertal haben.

Landgasthof und Hotel Zum Schwan

Eine leckere regionale Küche zu angemessenen Preisen lockt viele Gäste in das älteste Gasthaus im Pfälzerwald. Manchmal sind es nur Kleinigkeiten, die eine gute Küche ausmachen, wie ein Wanderersalat (Bratkartoffeln mit Spiegelei und Salat) oder ein Rumpsteak mit zweierlei hausgemachter Butter. Jeden 1. Freitag im Monat gibt's mittags Dampfnudeln. Geöffnet Mo., Di., Do., Fr. 17–21 Uhr, Sa. 12–14 Uhr und 17–21 Uhr, So. 12–21 Uhr. www.schwan-trippstadt.de, Kaiserslauterer Straße 2–4, Trippstadt, Tel. +49 6306 92130.

Ristorante-Pizzeria Bell' Aria

Im Restaurant des Tennisclubs Trippstadt fühlt man sich bei den mediterranen Gerichten von Francesco Marinelli wie in einem Italienurlaub. Der aus Kalabrien stammende Chefkoch verwendet originale Zutaten aus seiner Heimat, wie dort hergestelltes Olivenöl, Wurstspezialitäten, Gewürze und Grappa. Geöffnet Di.–Fr. 11.45–14 Uhr und 17–22 Uhr, Sa. 17–22 Uhr, So. 11.45–22 Uhr. Auf dem Steig 1, Trippstadt, Tel. +49 6306 992379, www.tc-trippstadt.de.

44 Von Johanniskreuz zum Sägmühlweiher

Auf dem Pfälzer Waldpfad durchs Moosalbtal

3.30 Std. | 13,6 km | ↗ 180 m | ↘ 180 m

Wo der Pfälzerwald seinen Namen bekam

Das 470 m hoch gelegene Johanniskreuz ist ein besonderer Ort. Kelten, Römer und Alemannen zogen hier vorbei, und auch Kaiser Friedrich I. Barbarossa ritt auf seinem Weg von der Reichsburg Trifels zu seiner »Kaiserpfalz« im heutigen Kaiserslautern über das Johanniskreuz. Hier verläuft die Wasserscheide zwischen dem Rhein und der Mosel, und hier verlief auch die Grenze zwischen den Besitzungen der Herren von Wilenstein und Hohenecken. 1269 ließ Ritter Johannes von Wilenstein dreimal sein Wappen um das des Hoheneckers in ein altes Wegkreuz schlagen und markierte damit die Grenze. In Johanniskreuz erhielt der Pfälzerwald seinen Namen, als sich im August 1843 eine Kommission bayerisch-pfälzischer Forstleute hier traf, um eine neue Richtlinie zur Bewirtschaftung des Waldes zu erstellen. Da es für die Wälder in der Pfalz noch keine einheitliche Bezeichnung gab, fasste man diese unter dem Namen »Pfälzerwald« zusammen. Alle mit einem Kreuz markierten Wanderwege des Pfälzerwalds führen über das Johanniskreuz. Und hier wurde auch das »Haus der Nachhaltigkeit« erbaut, ein Stützpunkt für naturnahen Tourismus und Umweltbildung. Übers ganze Jahr finden in dem ökologisch optimierten Haus naturkundliche und ökologische Veranstaltungen statt. Im »Pfälzer Waldladen« werden Bioprodukte und Kunsthandwerk verkauft, und Kinder können mit einer Becherlupe und einem Bestimmungsbuch die kleinen Lebewesen in einem Tümpel erforschen.

Ausgangspunkt: Johanniskreuz, Parkplatz. Bushaltestelle.
Anforderungen: Mittel, Wanderung mit längeren Auf- und Abstiegen.
Kinder: Für größere bzw. für konditionsstarke Kinder geeignet.
Tipp: Romantische Waldweihnacht am Haus der Nachhaltigkeit in Johanniskreuz am dritten Adventswochenende.

In **Johanniskreuz ①** treffen sich am Wochenende auf dem großen Parkplatz vor dem gleichnamigen Hotel-Restaurant Motorradfahrer aus ganz Deutschland. Vom Parkplatz gehen wir in Richtung Haus der Nachhaltigkeit zur Abzweigung der Straße *L 499* nach Waldfischbach-Burgalben und Heltersberg und folgen dieser links zu der kleinen Kapelle. Dahinter treffen wir vor der Gabelung der Straße auf die *grün-weiße Welle* des *Pfälzer Waldpfads* und wandern auf diesem rechts bergab. Auf einem etwas trostlos wirkenden, ausgewaschenen und steinigen Sandweg gelangen wir zur Quelle der **Moosalbe ②**, dem »Moosalbsprung« (Rastplatz). Ab hier werden der Wanderweg und die Landschaft schöner. Wir wandern jetzt auf der Forststraße und dem *Pfälzer Waldpfad* durch das Tal der Moosalbe. Wo sich der Wanderweg der Straße *L 500* annähert, halten wir uns rechts und kommen danach an einem **Waldweiher ③** vorbei. Im darauffolgenden Ehetal gehen wir an der Wegkreuzung links durch

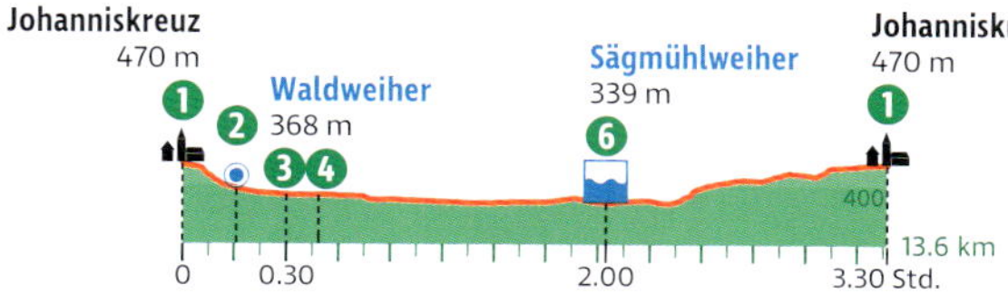

den Wald. Am Weg steht ein **Ritterstein** ❹, auf dem eine Inschrift besagt, dass hier der Amoenenhof stand, der 1840 abgerissen wurde.
Danach halten wir uns an der nächsten Abzweigung links, gehen durch das Wildschutzgatter und wandern am Zaun entlang zum Gutenbrunnerhof, einer ehemaligen Waldhüttensiedlung von Holzfällern und Köhlern. Freiherr von Hacke ließ hier im 18. Jahrhundert in der Nähe des Gutenbrunnens, dessen mineralienhaltigem Wasser Heilkräfte attestiert wurden, ein Bad- und Kurhaus erbauen. Es wurde aber nur wenige Jahre genutzt. Wir gehen hier geradeaus und folgen dem schönen Weg am Waldrand. Dabei passieren wir wieder das Wildschutzgatter und gehen vor dem eingezäunten Grundstück, auf dem ein sehenswertes Baumhaus steht, rechts daran vorbei. Danach steht plötzlich mitten auf einer Wiese eine Skulptur aus Stein.
Am Ende des Hüttentals kommen wir vor dem kleinen Kottelbachweiher bei Oberhammer an der »Uralten Schmelz« vorbei; hier wurde zur Zeit des Dreißigjährigen Kriegs ein Eisenschmelzofen betrieben. Wir verlassen vor dem Weiher den *Pfälzer Waldpfad* und wandern rechts auf der Forststraße (Mountainbike-Strecke) an dem kleinen Stausee vorbei durch das Tal des Kottelbachs. An der nächsten Weggabelung gehen wir links. Im Bruchwald entlang des Bachs haben sich hügelförmige Moospolster ausgebildet, die dem feuchten Tal einen moorartigen Charakter verleihen. Nach der Linkskurve des Wegs oberhalb vom

Badefreuden am Sägmühlweiher.

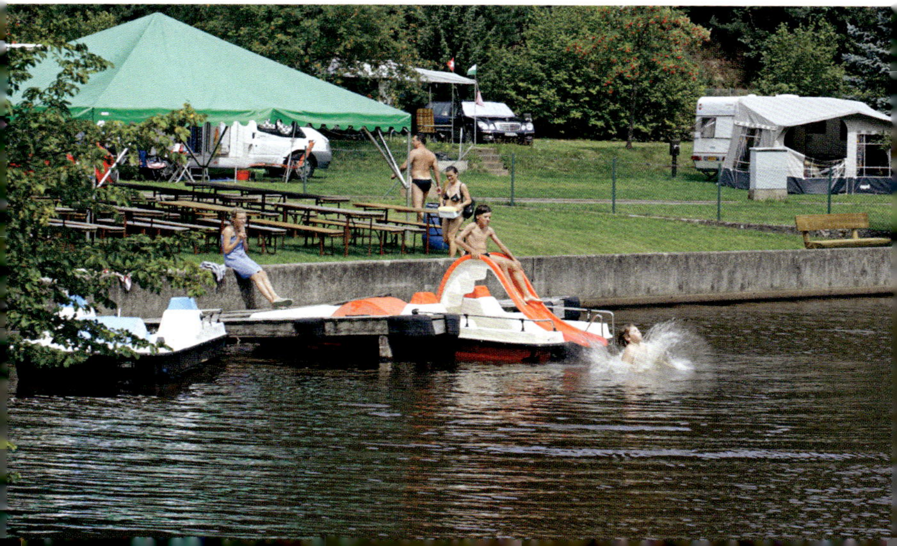

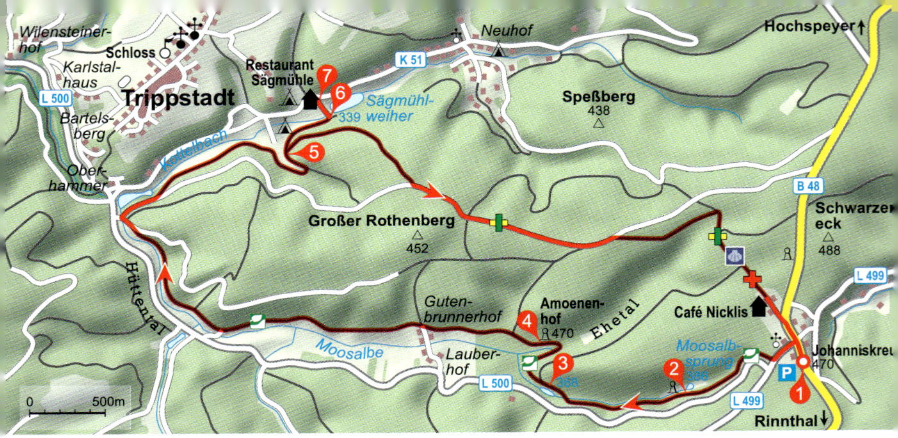

Campingplatz verlassen wir an einer **Abzweigung 5** die Mountainbike-Strecke und machen auf dem *gelb-grünen Kreuz* einen Abstecher nach links zum **Sägmühlweiher 6**, einem Bade- und Freizeitsee mit Tretbootverleih. Vor dem Weiher gelangen wir links zum **Restaurant Sägmühle 7**. Danach gehen wir zurück zu der **Abzweigung 5** und folgen links dem *gelb-grünen Kreuz* durch den Wald nördlich des 461 m hohen Rothenbergs. Nach gut 2 km treffen wir an einer Wegkreuzung beim Rettungspunkt 6612-652 auf das *rote Kreuz* und die *Jakobsmuschel*. Die drei Markierungen leiten uns jetzt zurück nach **Johanniskreuz 1**. Kurz davor können wir im gemütlichen Café Nicklis einkehren. Am Ende des Parkplatzes stehen rechts an der Hecke die drei Johanniskreuze und auf der anderen Seite der Bundesstraße *B 48* liegt das Haus der Nachhaltigkeit. Entlang der Straße gelangen wir rechts zum **Parkplatz 1**.

Café Nicklis

Das gemütliche Café mit seiner Gartenterrasse ist zwar ein beliebter Biker-Treff, aber es liegt abseits des Trubels und ist meine Empfehlung für eine Einkehr in Johanniskreuz. Es bietet regionale Küche und leckere Kuchen und Torten aus der eigenen Konditorei. Mo., Di. Ruhetage, geöffnet Mi.–So. 11–18 Uhr, Johanniskreuz 3, Tel. +49 6306 2466.

Restaurant Sägmühle

Das Restaurant am Campingplatz ist zwar einfach eingerichtet, bietet aber eine gute und preiswerte Küche mit Pfälzer Gerichten und Wild und sonntags ein Mittagsmenü. Schnitzelabende von Februar–Juni und September–Oktober freitags ab 18 Uhr, im Juli und August samstags ab 18 Uhr. Grillfest am See im Juli und August freitags ab 18 Uhr. Pizza gibt es von Juni–August jeden Di. ab 18 Uhr. Mo. Ruhetag, geöffnet Di., Mi. ab 17 Uhr, Do.–So. ab 12 Uhr, www.saegmuehle.de, Sägmühle 1, Trippstadt, Tel. +49 6306 92190.

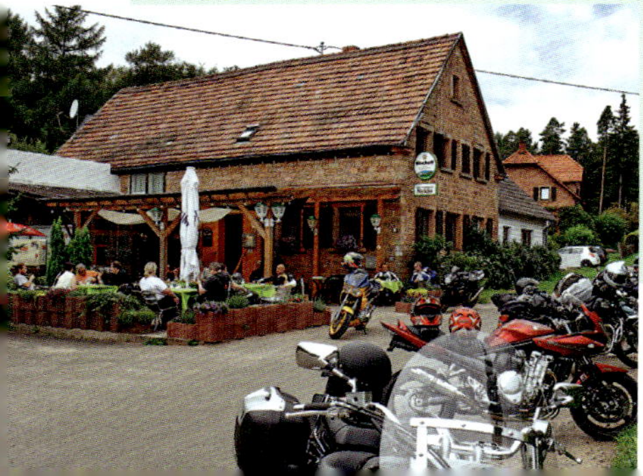

Biker-Treff am Café Nicklis.

Von Waldleiningen zum Stüterhof

Waldwanderung auf ein Hochplateau

45

3.50 Std. | 13,5 km | ↗ 300 m | ↘ 300 m

Die Pfalz als Mittelpunkt der Welt

Der Kleine Roßrück, ein 459 m hoher Bergrücken, liegt östlich von Waldleiningen versteckt im Pfälzerwald. Dieser unscheinbare Berg ist für einen Pfälzer von allergrößter Bedeutung, denn hier verläuft die »Achse der Welt«. Also liegt hier auch der »Mittelpunkt der Welt«, und die Pfälzer sind dafür verantwortlich, dass die Achse immer gut geschmiert ist, damit in der Welt alles rundläuft. Nach 1816, als die Pfalz zu Bayern gehörte, wurde auf einem Felsklotz auf dem Roßrück eine Vermessungsmarke angebracht, um die Umgebung topografisch vermessen zu können. Der Pfälzer Heimatdichter Paul Münch (1879–1951) stellte in seiner »Pälzisch Weltgeschicht« fest, dass hier die »Achse der Welt« verläuft: »Do wird die Weltachs ingeschmeert un uffgebasst, dass nix passeert«. Dieser Spruch von Münch wurde 1960 in den Felsen eingemeißelt, und seit 1964 wird einmal im Jahr die »Weltachs« von einem Pfälzer symbolisch mit Wein eingeschmiert. Der Weltachs-Fels ist zwar nur eine künstlich geschaffene Landmarke, damit wird aber das im tiefsten Innern eines jeden echten Pfälzers verwurzelte Aufbegehren gegen staatliche Unterdrückung und sein Freiheitsdrang zum Ausdruck gebracht. Im Nachwort zu seiner »Pälzisch Weltgeschicht« schreibt Münch 1950: »Die Welt is aus em Leim gerot', nix als wie Krieg un Krach un Not, … Die Weltachs wird frisch ufpoliert, gebutzt, geschmeert un neu montiert, korz, alles stelle mer ins Lot, was aus de Fuge is gerot«.

Die Pfälzer Weltachs bei Waldleiningen.

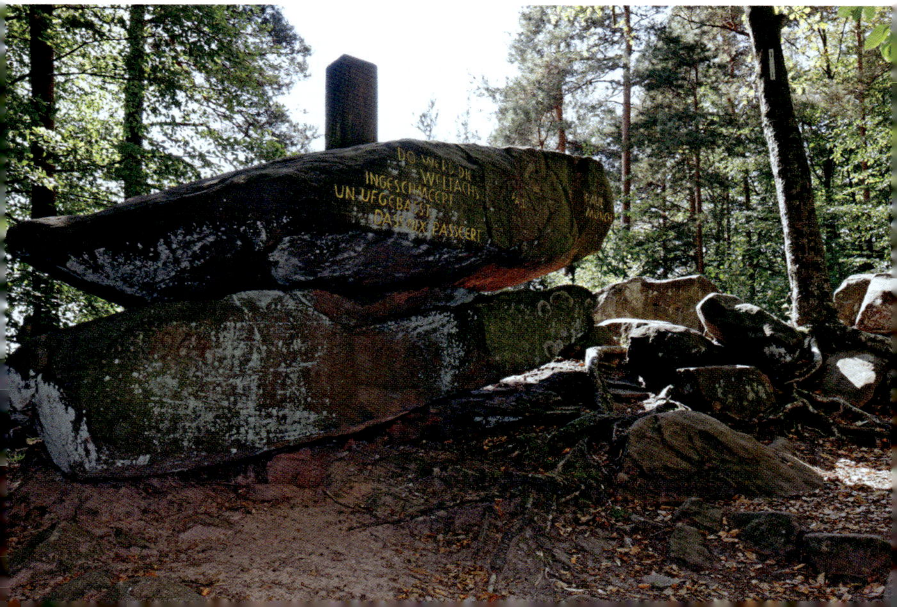

Ausgangspunkt: Waldleiningen, Paul-Münch-Scheune in der Ortsmitte. Bushaltestelle.

Anforderungen: Mittel.
Kinder: Für größere Kinder geeignet.

In **Waldleiningen ❶** beginnt unsere Wanderung in der Ortsmitte an der Paul-Münch-Scheune, dem Dorfgemeinschaftshaus. Davor stehen eine kleine Nachbildung der »Weltachs« und ein Backhaus (Rastplatz). Wir gehen von der Scheune zur Lauterstraße, auf dieser 100 m links (*rot-weißer Strich*) und vor dem Brunnen mit den Waldtieren (Rastplatz) rechts auf dem schmalen Weg am Leinbach entlang. Auf Höhe des Bürgerhauses überqueren wir den Bach und wandern links auf dem Waldweg durch das Leinbachtal. An einem Waldweiher liegt am Fuß eines kleinen Felsens ein netter Rastplatz. Auf der Forststraße gehen wir an dem mit Pflanzen überwucherten Weiher entlang; oberhalb davon entspringt der Leinbach. An der Straße *L 504* gehen wir 150 m rechts, dann rechts auf der Forststraße durch das Lauterer Tal hinauf zur *B 48*. Dort gehen wir auf der Bundesstraße 50 m links, überqueren diese und wandern 100 m auf dem ansteigenden Waldweg weiter. An der Wegkreuzung verlassen wir dann den *weiß-roten Strich* und folgen der nicht markierten, grasbewachsenen Forststraße nach links. An der nächsten Wegkreuzung (verfallener Rastplatz) gelangen wir links zum Parkplatz am »Stall«. Wir überqueren hier geradeaus die Straße *L 504* und folgen dem ausgeschilderten Fußweg (*weißer Punkt* und verblasste *1*) hinauf zur »Weltachs«. Dazu gehen wir an der nächsten Wegspinne auf der 2. Forststraße von

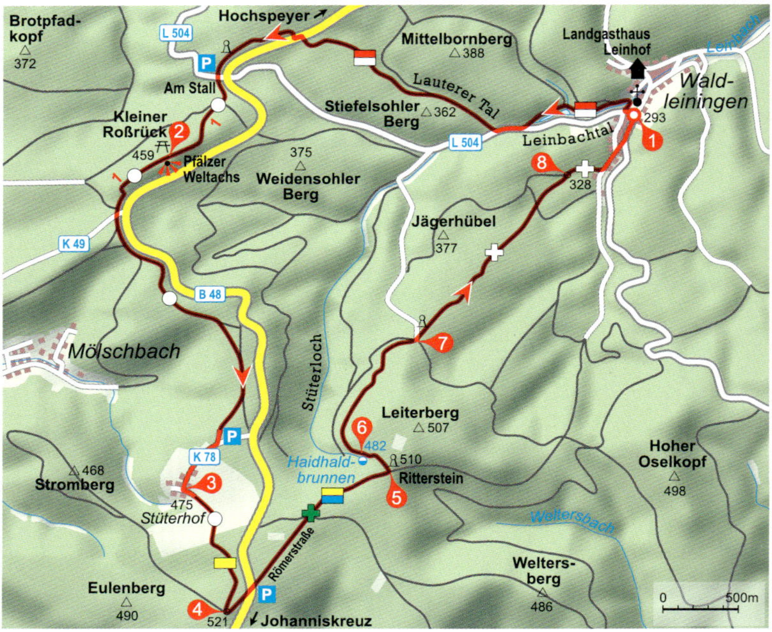

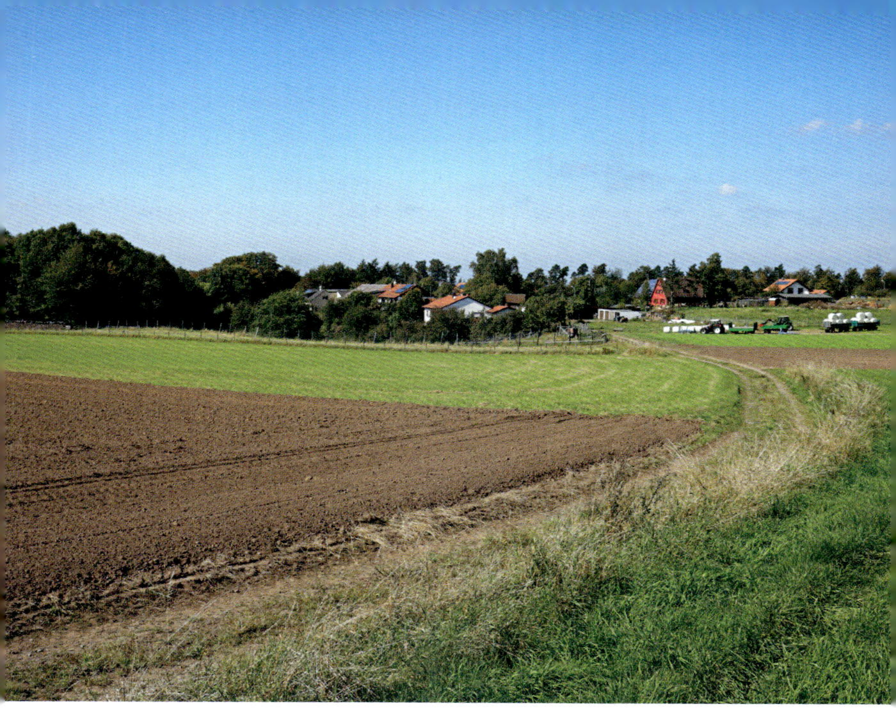

Der Stüterhof bei Johanniskreuz.

rechts weiter. In einer Rechtskurve verlassen wir diese wieder und folgen links dem schmalen Waldweg zu einer Weggabelung, an der sich *weißer Punkt* und *1* trennen. Die *1* führt uns von hier steil hinauf zur **»Pfälzer Weltachs« ❷**. Auf dem kleinen Felsplateau liegt ein Rastplatz, von dem wir eine schöne Aussicht über den Pfälzerwald haben.

Der *weiße Punkt* und die *1* leiten uns von dort über den Bergrücken des Kleinen Roßrück zur Abzweigung der Straße *K 49* von der *B 48*. Hier gehen wir geradeaus auf dem weißen Punkt und nach 50 m links oberhalb der *B 48* weiter. Am Wochenende begleitet uns das dunkle Motorengeheul der schweren Motorräder, deren Fahrer auf dieser kurvenreichen Straße hinauf zum Johanniskreuz brettern. Nach gut 2 km erreichen wir am Ende des Walds einen Parkplatz. Geradeaus gelangen wir von hier auf der Zufahrtsstraße (*K 78*) zum **Stüterhof ❸**. Wir gehen links an dem ehemaligen Landhotel vorbei und folgen dem *weißen Punkt* zum Wald (Rastplatz am Waldrand). Danach öffnen wir das Gatter eines Wildschutzzauns und folgen geradeaus dem *gelben Strich*, bis wir nach

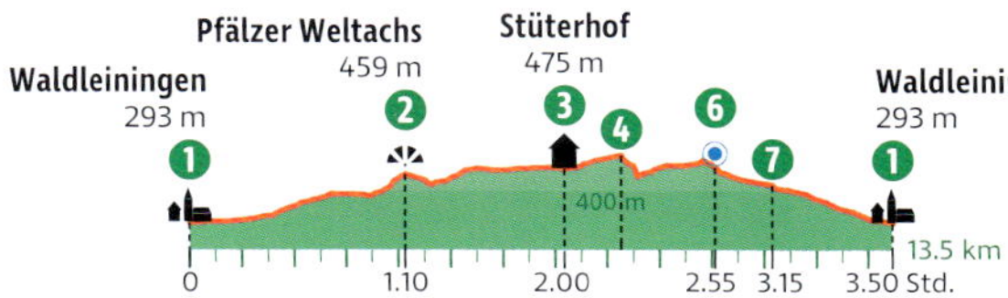

600 m zu einer **Abzweigung ❹** kommen, an der ein Grenzstein von 1769 steht. Hier treffen wir auf das *grüne Kreuz* und den *gelb-blauen Strich*. Beiden Markierungen folgen wir links zur Bundesstraße *B 48* und überqueren diese linkshaltend. Auf der anderen Straßenseite wandern wir dann geradeaus auf den beiden Markierungen entlang der alten Römerstraße bis zum **Ritterstein ❺** am Haidhaldbrunnen (Rettungspunkt 6613-762). Auf einem Schild steht, dass der Brunnen 220 Schritte links von dem Stein liegt. Folgen wir also dem nicht markierten Pfad vor dem Ritterstein nach links und halten uns immer geradeaus, wobei wir nach jeweils etwa 70 m eine Forststraße kreuzen. Der **Haidhaldbrunnen ❻** mit seinem langen Steintrog, der früher als Viehtränke diente, liegt etwa 20 m unterhalb der dritten Forststraße im Waldhang. Er ist einer der Quellen des kleinen Stüterbächle, das durch das enge Tal des Stüterlochs fließt. Das Stüterloch ist ein Naturwald-Reservat. Es gehört zu den geschützten Kernzonen des Pfälzerwalds, in der sich die Natur ohne menschliche Eingriffe entwickeln darf. Vom Brunnen steigen wir auf dem kaum erkennbaren Pfad 70 m weiter ab ins Tal bis zu einer Forststraße, auf der wir rechts oberhalb des tief eingeschnittenen Stüterlochs entlangwandern (*weißes Kreuz*). Die Markierung entdecken wir aber erst nach 1 km kurz vor der Wegspinne und dem Rettungspunkt 6613-761 **Am Sandplatz ❼**, wo wir rasten können. Hier gehen wir links, kommen rechts an einem übermannsgroßen Menhir vorbei, auf dem ein Baum eingemeißelt ist, auf dem eine Eule sitzt, und können neben dem Weg kleine Kreuze entdecken, die aus Baumstümpfen herausgesägt wurden. An der Abzweigung nach dem zweiten *weißen Kreuz* biegen wir nach rechts ab. In diesem Waldstück müssen wir auf dem nächsten Kilometer genau auf die Markierungen *weißes Kreuz* achten, damit wir an den vielen Abzweigungen nicht falsch abbiegen. An einer **Wegkreuzung ❽** gelangen wir dann rechts auf der breiten Forststraße zurück nach **Waldleiningen ❶**, wo uns das weiße Kreuz geradeaus auf der Elmsteiner Straße zur Paul-Münch-Scheune leitet.

Kaninchenheim in Hochspeyer
Hochspeyer liegt zwar 6 km nördlich von Waldleiningen und nicht am Wanderweg, eine Einkehr im Kaninchenheim lohnt sich wegen des guten Essens und des idyllischen Biergartens aber auf jeden Fall. Spezialität des Hauses ist die böhmische Küche, und für seine Schnitzelgerichte ist das Vereinshaus der Kaninchenzüchter ebenfalls bekannt. Von Oktober bis Februar gibt es ein Sonntagsbuffet mit böhmischen Spezialitäten. Geöffnet Mi.–So. 12–20 Uhr, Am Meisenkopf 1, Hochspeyer, Tel +49 6305 8774.

Landgasthaus Leinhof
Stephanie und Silke Haag bieten ihren Gästen eine gutbürgerliche Küche und im Herbst Wild aus dem Pfälzerwald. Jeden dritten Sonntag im Monat laden sie zum Brunch mit feiner Landhausküche ein (Reservierung erwünscht) und im November gibt's das beliebte Martinsgansessen. Mo. und Di. Ruhetag, geöffnet Mi., Do. ab 17.30 Uhr, Fr., Sa. ab 12 Uhr, So. und Feiertage ab 11 Uhr. Gästezimmer, Leinhofstraße 12, Waldleiningen, Tel. +49 6305 1792.

Vom Gelterswoog auf den Perlenberg

Romantischer Weg durch ein bewaldetes Bachtal

46

3.00 Std. | 11,6 km | ↗ 200 m | ↘ 200 m

Strandbad und Feuchtbiotop

Der 1 km lange und 500 m breite Gelterswoog ist der größte Stausee im Pfälzerwald. Er wurde im Mittelalter zur Fischzucht angelegt und ist heute ein Naherholungsgebiet der Stadt Kaiserslautern und mit seinem 300 m langen Sandstrand auch ein beliebter Badesee. Die drei Täler seiner Zuflüsse – Walkmühltal, Erlental und Kolbental – sind im Mündungsbereich bei den aufgestauten Woogen (ehemalige Fischteiche) moorig und seit 1997 Naturschutzgebiet. Im Kolbenwoog und in den Verlandungszonen am Seeufer kommen zahlreiche geschützte Libellen und Amphibien vor. Auf dem 371 m hohen Gipfelplateau des nach allen Seiten steil abfallenden, kegelförmigen Kleinen Bergs, der auch Perlenberg genannt wird, sind die Grundmauern aus behauenen Buckelquadern der Perleburg (Ruine Perlenberg) zu sehen. Über die Entstehungsgeschichte der vermutlich im 12./13. Jahrhundert errichteten Höhenfestung ist nichts bekannt. Erstmals erwähnt wurde die Burg im 16. Jahrhundert. Der bewaldete Perlenberg mit seinen bis zu 180 Jahre alten Kiefern und Buchen ist heute ein 12 ha großes Naturwaldreservat.

Ausgangspunkt: Parkplatz am Strandbad Gelterswoog an der B 270 südwestlich von Kaiserslautern. Bushaltestelle.
Anforderungen: Mittel, meistens ebene Waldwege, jedoch ein steiler Anstieg auf den Perlenberg.
Kinder: Für Kinder gut geeignet, denn hier finden sie immer etwas am Weg zum Verweilen, Entdecken und Bauen. Die Libellen, Frösche und Ameisenhaufen sowie eine Burg lassen Kinder in ihre Fantasiewelt eintauchen.
Tipp: Samstags ab 10 Uhr Flohmarkt am Parkplatz Gelterswoog.

Vom Parkplatz am **Strandbad Gelterswoog** ➊ gehen wir vor dem Eingang rechts den schmalen Weg hinauf und links auf dem Waldweg oberhalb des Sees entlang (*rotes Kreuz*). Nach 800 m queren wir an der ersten Abzweigung links das Naturschutzgebiet und wandern danach rechts durch das Walkmühltal (*rotes Kreuz* und *Jakobsmuschel*). Ein traumhaft schöner, schmaler Waldweg führt auf den nächsten 2,5 km am Rand des feuchten Bachtals entlang. Auf der linken Seite des Wegs überwuchern Baumwurzeln moosbewachsene Felsblöcke, auf

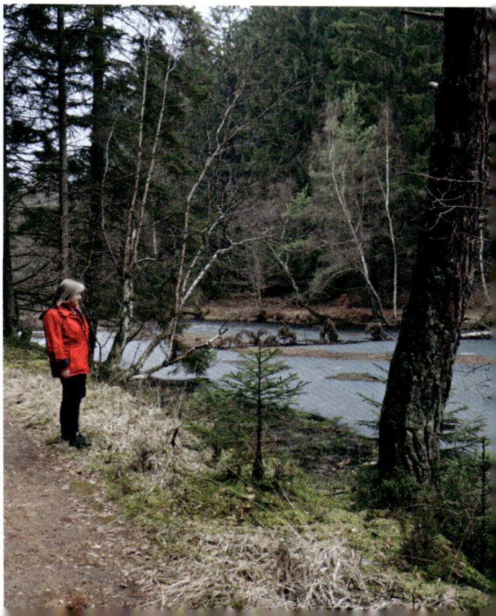

Im Walkmühltal.

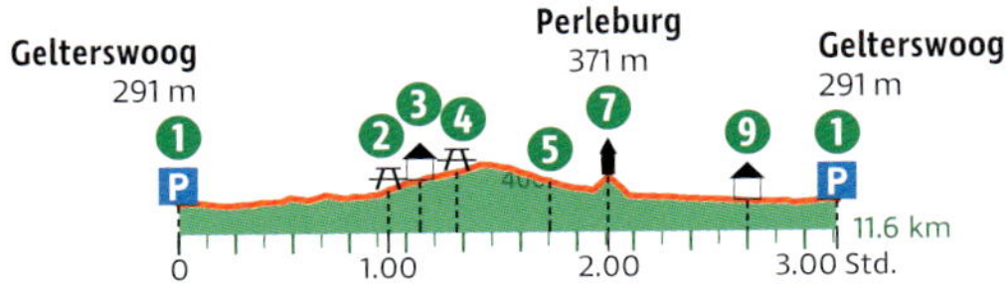

der rechten reihen sich kleine gestaute Waldweiher, die auf Pfälzisch Wooge genannt werden, wie eine Perlenkette aneinander. Am Ende des Feuchtbiotops, wo das Tal enger wird, entspringt eine Quelle, an der ein **Rastplatz ❷** liegt und ein in den Stein gemeißelter Jäger mit seinem Jagdhorn ein Halali bläst. Etwas weiter steht eine **Schutzhütte ❸** am Fuß des Zimmerbergs. Hier gehen wir auf der Forststraße links unterhalb der Hütte weiter. Nach gut 500 m erreichen wir nördlich vom Zimmerberg einen **Rastplatz ❹**, an dem eine Jakobsmuschel in einen Stein gemeißelt ist. Hier verlassen wir das *rote Kreuz* und die *Jakobsmuschel* und wandern geradeaus weiter. Nach 70 m überqueren wir eine Forststraße und gelangen auf einem schmalen, nicht markierten Pfad geradeaus durch den Wald. An seinem Ende treffen wir nach 250 m beim Rettungspunkt 6511-248 wieder auf die Forststraße. Hier können wir neben einem Relief rasten, das die Topografie dieser Landschaft zeigt. Wir folgen rechts weiter der Forststraße, die oberhalb eines breiten Tals verläuft. Die nächsten 1,2 km wandern wir geradeaus durch den Wald bis zu einer großen **Wegkreuzung ❺**, in deren Mitte eine Linde steht. Hier biegen wir nach rechts ab und folgen der Forststraße, die als Mountainbike-Tour markiert ist, zum Naturwaldreservat **Perlenberg ❻**.

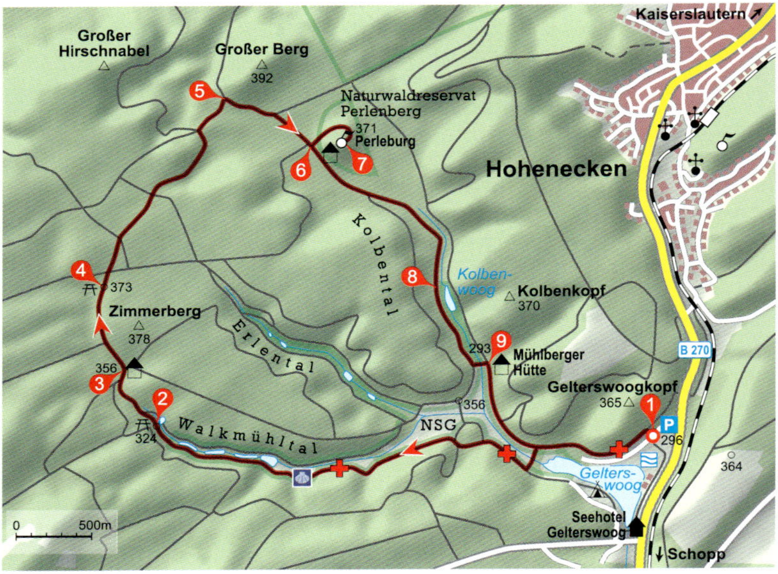

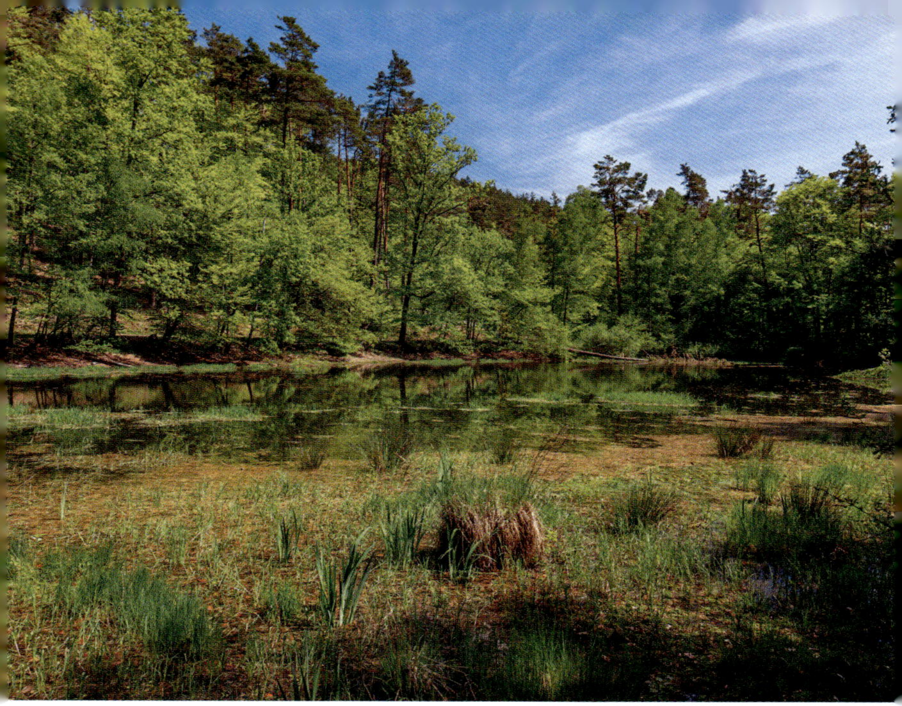

Kolbenwoog.

Ein steiler Pfad führt uns hier links neben der Infotafel hinauf zur Ruine der **Perleburg ❼**. Unterhalb der Ruine umschließt eine hohe, senkrechte Felswand das Gipfelplateau. Nach der Besichtigung der Ruine steigen wir auf demselben Weg wieder hinunter zur Forststraße und wandern auf dieser links weiter. Kurz darauf steht links neben dem Weg eine Schutzhütte, die durch ihr Flachdach auffällt. Nach 1,4 km passieren wir den **Kolbenwoog ❽**, überqueren 500 m weiter links den Bach und wandern danach vor der **Mühlberger Hütte ❾** rechts weiter. Danach mündet das Kolbental in das Walkmühltal, durch das wir links haltend zurück zum **Gelterswoog ❶** gelangen. Jetzt können wir den Wandertag im Biergarten des Kiosks am Minigolf ausklingen lassen oder im Seehotel leckeren Fisch genießen.

Seehotel Gelterswoog
Das Restaurant mit herrlichem Seeblick und mediterraner Terrasse bietet eine gehobene deutsche und italienische Küche. Es ist bekannt für seine Fischgerichte. Geöffnet Di.–Sa. ab 18 Uhr, So. ab 12 Uhr, www.seehotel-gelterswoog.de, Am Gelterswoog 20, Tel. +49 631 35300.

Kiosk am Minigolf beim Parkplatz
Biergarten, kleine Gerichte wie Frikadellen, Würstchen, Pizza und Flammkuchen. Neben Bier vom Fass gibt's auch gute Pfälzer Weine. Geöffnet Mo.–Sa. 13–20 Uhr, So. 11–20 Uhr, in den Ferien täglich ab 11 Uhr, bei Regen geschlossen.

47 Rund um die Burg Hohenecken

Auf dem Rochusweg durch weite Wälder

1.20 Std. | 4,7 km | ↗ 110 m | ↘ 110 m

Mächtige Burg

Die Burg Hohenecken wurde um 1160 auf einem Felsen des Schlossbergs erbaut. Bis zu ihrer Zerstörung im Pfälzischen Erbfolgekrieg 1688 befand sich die mächtige Burg im Lehensbesitz der Herren von Hohenecken. Die Oberburg mit dem Wohnbau war durch eine 11 m hohe Schildmauer und einen fünfseitigen Bergfried geschützt. Mauerreste des Wohnbaus mit dem Rittersaal und der Küche sowie der Schildmauer sind erhalten.

Ausgangspunkt: Parkplatz an der Burgherrenhalle in Hohenecken südwestlich von Kaiserslautern. Bushaltestelle.

Anforderungen: Gering, anfangs aber steil ansteigender Weg.
Kinder: Die Tour ist mit Kindern ideal zu gehen.

Vom Parkplatz an der Burgherrenhalle in **Hohenecken ❶** gehen wir links auf der *Burgherrenstraße* (*grün-gelber Strich* und *schwarzer Punkt auf weißem Strich*) bis zur Straßenbiegung beim Landgasthof Burgschänke. Dort folgen wir rechts der *Schlossstraße* und biegen kurz darauf nach links ab. Der steile *Rochusweg* führt uns zwischen der 1897 erbauten, katholischen Pfarrkirche St. Rochus und der 1748 im ländli-

Burg Hohenecken.

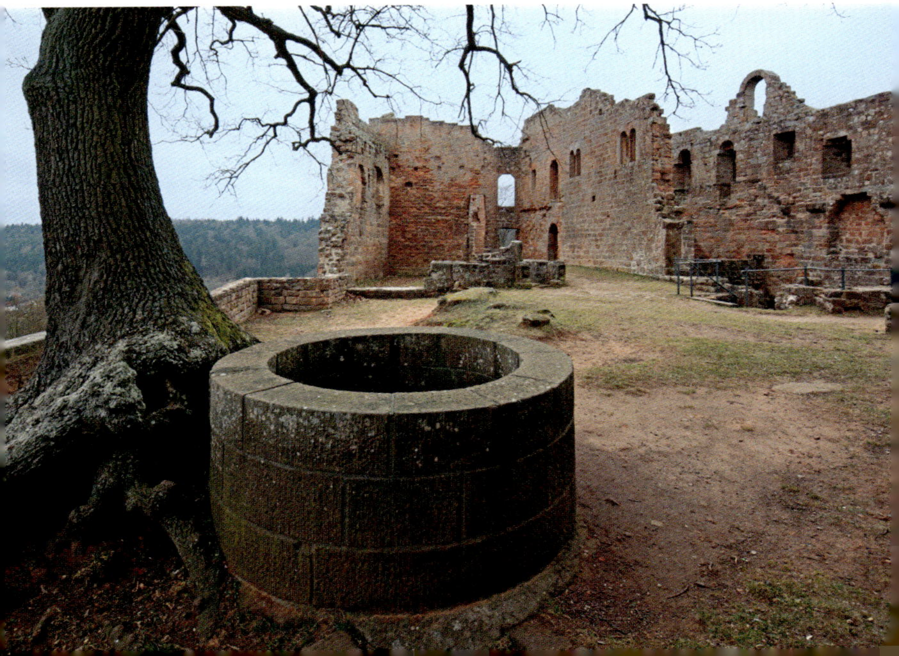

🍴 Hotel-Restaurant Landgasthof Burgschänke
Gute regionale Küche mit Pfälzer Lamm und Wild, leckeren Braten und Fisch. Gemütliche Gaststube mit offenem Kamin. Täglich 11–22 Uhr geöffnet. www.burgschaenke-kl.de, Schlossstraße 1, Hohenecken, Tel. +49 631 351530.

🍴 Restaurant Ciro
Das Restaurant bietet eine typisch italienische Küche mit selbstgemachter Pasta, Pizza, Fleisch- und Fischgerichten und schmackhaften Salaten. Mo. Ruhetag, geöffnet Di.–Sa. 17.30–22 Uhr, So. 12–14 Uhr und 17.30–22 Uhr, www.ristorante-ciro.de, Vogelweher Str. 59, Hohenecken, Tel. +49 631 4140844.

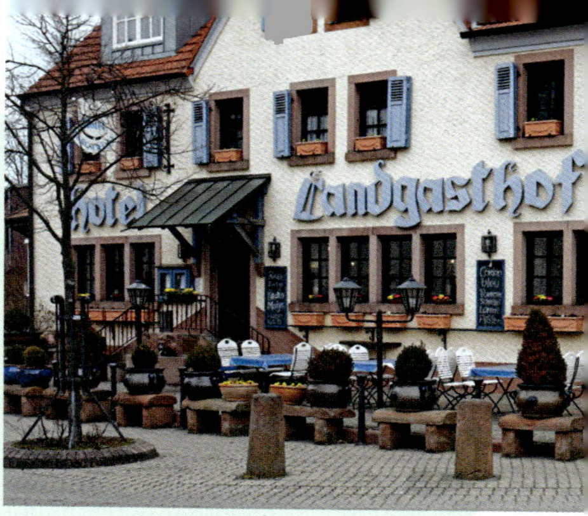

Landgasthof Burgschänke.

chen Barockstil errichteten Rochuskapelle hinauf zur Ruine der **Burg Hohenecken ❷**. Durch den Burghof mit dem großen Rastplatz gelangen wir in die Oberburg, wo wir die alten Gemäuer erkunden. Danach verlassen wir die Burg und wandern geradeaus auf der Forststraße und den Markierungen um den Taleinschnitt bis zu der großen **Waldlichtung ❸** mit dem Kinderspielplatz und der Andachtsstelle beim Holzkreuz. Danach folgen wir weitere 750 m den Markierungen und verlassen diese dann an der **Abzweigung ❹** vor der Rechtskurve. Hier gehen wir rechts auf dem nicht markierten Waldweg weiter und kommen nach 300 m zu einer Lichtung, an der wir der Forststraße kurz nach links folgen und uns gleich darauf an der Weggabelung rechts halten. An der nächsten Wegspinne nach 100 m gelangen wir dann geradeaus zum Rettungspunkt 6512-350 ❺. Hier gehen wir rechts auf der asphaltierten Forststraße durch das Tal der Neuwoogsdell zum großen Rastplatz an der **Kellereiwaldhütte ❻**, einer unbewirtschafteten Grillhütte. Daran vorbei, erreichen wir am Ende des Waldwegs vor der Eisenbahnbrücke die *Burgherrenstraße*. Hier gehen wir rechts zur Bushaltestelle, nehmen rechts die Treppe und wandern am Ende des Walds auf der *Kellereiwaldstraße* durch das Hohenecker Wohngebiet. Am Ende der Straße gelangen wir auf der *Hildegardstraße* links zur *Schlossstraße* und von dort links auf bekanntem Weg zurück zur Burgherrenhalle in **Hohenecken ❶**.

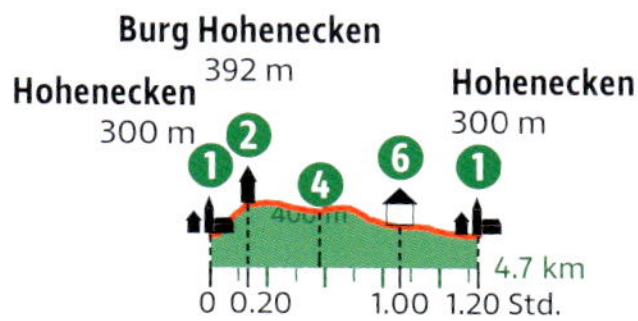

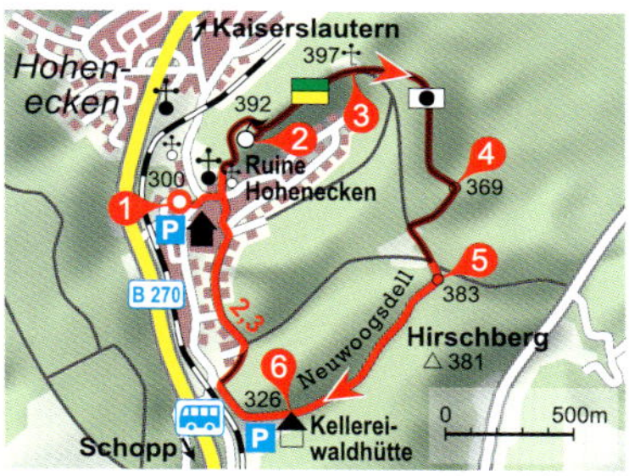

48 Vom Bremerhof ins Letzbachtal

Auf dem Pfälzer Waldpfad zum Aussichtsturm

2.40 Std. | 9,1 km | ↗ 230 m | ↘ 230 m

Humbergturm und Pfaffenfels

Der 35,7 m hohe, schlanke Humbergturm ist ein beliebtes Ausflugsziel. Eine Außentreppe mit 33 Stufen und eine innen liegende Wendeltreppe mit 130 Stufen führen auf die Aussichtsplattform in 28,2 m Höhe. Von ihr haben wir einen herrlichen 360°-Panoramablick über den Pfälzerwald und Kaiserslautern. Der Turm wurde 1899/1900 nach Plänen von Ludwig Ritter von Stempel aus Sandsteinquadern auf dem 425 m hohen Humberg erbaut.
Im 12. Jahrhundert gründete Kaiser Friedrich I. Barbarossa in Kaiserslautern ein Prämonstratenserkloster, das 1511 mit weltlichen Stiftsherren besetzt wurde. Diese nannte man im Mittelalter »Pfaffen«. Sie betreuten auch die Kirche St. Blasius in dem südlich gelegenen Dorf Aschbach. Die erstmals 1215 urkundlich erwähnte Kirche wurde um 1550 eine der ersten lutherischen Pfarreien in der Pfalz. Die Kirche verfiel im 18. Jahrhundert und nur der Kirchturm ist erhalten geblieben. Auf ihrem Weg von Kaiserslautern nach Aschbach kamen die »Pfaffen« über den »Pfaffenberg« mit dem »Pfaffenbrunnen« und dem »Pfaffenfels« zur »Roten Hohl« nördlich vom Großen Letzberg, wo sie durch einen Taleinschnitt nach Süden gelangten.

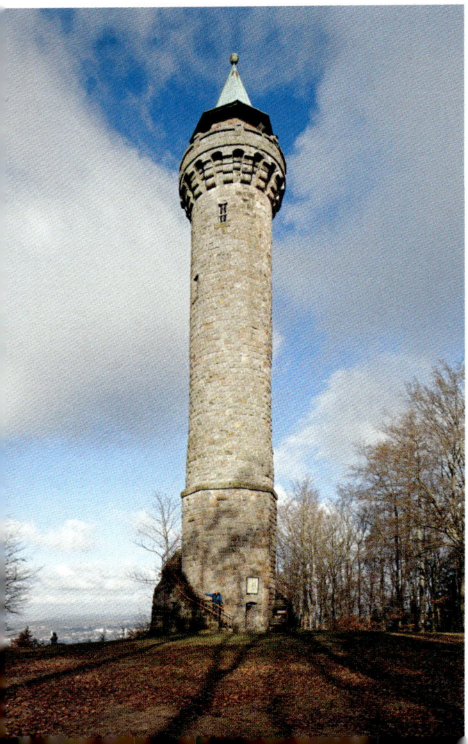

Ausgangspunkt: Bremerhof am südlichen Stadtrand von Kaiserslautern.
Anforderungen: Gering, überwiegend Waldwege.
Kinder: Die Tour ist mit Kindern gut zu gehen.

Vom Parkplatz am **Bremerhof ❶** gehen wir auf der Zufahrtsstraße zum nahen Waldrand, steigen dort die kleine Treppe und links den Waldhang hinauf und folgen der Beschilderung zum Humbergturm (*roter Turm*). An einer Wegspinne gehen wir weiter geradeaus bergauf und treffen unterwegs auf die *grün-weiße Welle* des Zugangswegs zum *Pfälzer Waldpfad*. Auf dem Plateau beim **Humbergturm ❷** liegt ein großer Rastplatz.
Nachdem wir den Rundumblick von der Aussichtsplattform genos-

Der 35,7 m hohe Humbergturm.

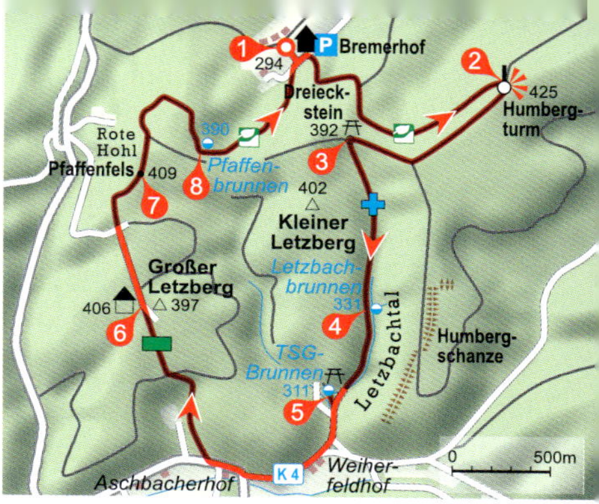

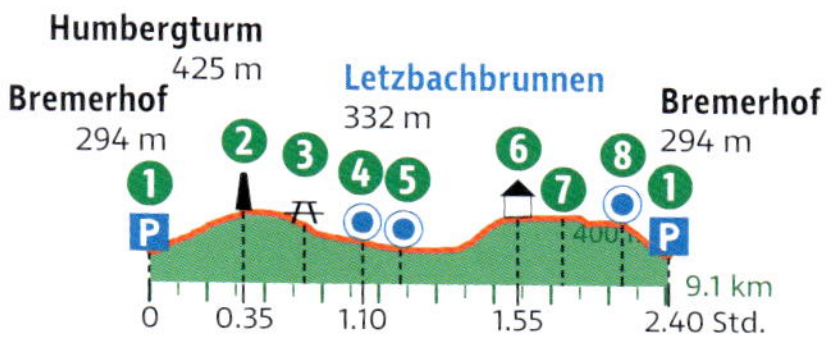

sen haben, folgen wir dem *Pfälzer Waldpfad* und dem *roten Turm* nach rechts zum Dreieckstein. Auf der Forststraße wandern wir hier durch eine »Waldzone für natürliche Entwicklung«, die »Hiebsruhe« heißt. Am **Dreieckstein ❸** gibt es ebenfalls einen Rastplatz. Von dort wandern wir auf dem *blauen Kreuz* bergab durch das Letzbachtal. Am Weg stehen alte Grenzsteine aus dem 19. Jahrhundert, die das Wappen der Kurpfalz und die Buchstaben »FI« für »Forêt imperale« und »KW« für »Bayerischer Königswald« tragen. Dieses große Waldgebiet gehörte ab 1357 als königlicher Bannwald zur Kurpfalz, von 1794 bis 1814 zu Frankreich, von 1816 bis 1945 zu Bayern und seit 1947 dem Land Rheinland-Pfalz. Das Letzbachtal ist ein kleines, feuchtes Bachtal mit Sumpfzonen, in denen Amphibien vorkommen. Wir kommen dort am **Letzbachbrunnen ❹** und am **TSG-Brunnen ❺** vorbei, der 50 m rechts vom Weg liegt (Rastplatz). Am Weiherfelderhof mündet das Tal in das breitere Aschbachtal. Hier gehen wir rechts entlang der Straße *K 4* bis zum Aschbacherhof. Dort folgen wir dann rechts dem *grünen Strich* über den Großen Letzberg zur »Roten Hohl«. Unterwegs kommen wir an einer Wegkreuzung vorbei, an der eine **Schutzhütte ❻** steht, und erreichen danach den **Pfaffenfels ❼**. Dieser trägt das Stiftswappen und das Wappen der Kurpfalz. Nun verlassen wir den *grünen Strich*, gehen auf der Anhöhe 50 m nach links und dann links weiter in Richtung Tal. Nach 100 m treffen wir an einer Wegkreuzung auf den *Pfälzer Waldpfad* und den *roten Turm*. Diesen Markierungen folgen wir rechts auf dem Panoramaweg mit Kaiserslautern-Blick in Richtung des ausgeschilderten Dreiecksteins. Unterwegs kommen wir am **Pfaffenbrunnen ❽** vorbei, dessen Wasser in kleinen Kaskaden ins Tal plätschert. Die beiden Markierungen führen uns danach zurück zum **Bremerhof ❶**. Hier können wir uns im schattigen Biergarten erholen.

Hotel-Restaurant Bremerhof
Der historische Bremerhof mit seinem großen Biergarten ist eine beliebte Ausflugsgaststätte am südlichen Stadtrand von Kaiserslautern. Die Speisekarte ist lang und bietet neben regionaler Küche Steaks, Schnitzel, Wild und noch einiges mehr. Spezialität des Hauses sind die Rindsroulade »Großmütterchen Art« und das Wildragout »Jennerwein« mit Waldpilzen, verfeinert mit Dornfelder. Täglich 11.30–21 Uhr warme Küche (sonntags nur bis 20 Uhr). Auch Events wie der Jazzfrühschoppen, Aktionstage und die bayerische Wiesnwoche werden angeboten. www.bremerhof-kl.de, Bremerhof 1, Tel. +49 631 316320.

49 Die Mehlinger Heide

Sandwege zu einem Menhir im Wald

2.50 Std. | 10,1 km | ↗240 m | ↘240 m

Heideblüte im August

Die nördlich von Kaiserslautern gelegene, 150 ha große Mehlinger Heide ist die größte Heide in Süddeutschland. Wo heute im August das Heidekraut die Landschaft in ein rosarotes Blütenmeer verwandelt, stand bis 1912 ein Wald. Dann wurde er für einen Truppenübungsplatz abgeholzt. Zuerst ein 92 ha großer Wald beim Kleinen Fröhnerhof, dann 1937 der Wald beim Großen Fröhnerhof. Bis 1992 war dies ein militärisches Sperrgebiet und wurde danach als Naturschutzgebiet ausgewiesen. Diese »Pfälzer Heide« ist einzigartig, nicht nur weil hier die seltene Heidelerche und der Ziegenmelker brüten und Libellen und Schmetterlinge ihren Lebensraum finden, sondern weil hier auch eine für diese Gegend ungewöhnliche Landschaft aus Sandrasen, Zwergstrauchheiden und Halbtrockenrasen entstanden ist. Angelegte Wege führen durch die Heide und von einem Aussichtsturm können wir die weite Ebene überblicken. Doch aus Gründen des Naturschutzes und auch wegen der eigenen Sicherheit dürfen die Wege in der Heide und im angrenzenden Wald nicht verlassen werden, denn es könnten immer noch Blindgänger und scharfe Munition im Boden verborgen sein.

Ausgangspunkt: Parkplatz Mehlinger Heide an der Landstraße L 401 zwischen Fröhnerhof und Mehlingen.

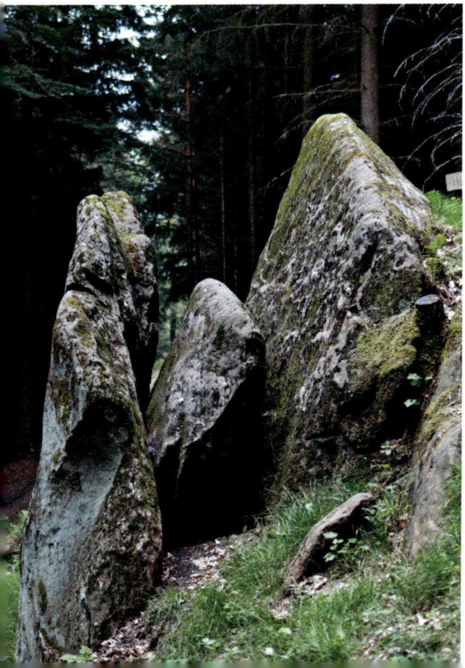

Anforderungen: Gering, überwiegend Wald- und Heidewege.
Kinder: Die Tour ist mit Kindern gut zu gehen.

An der Zufahrt zum Parkplatz **Mehlinger Heide ❶** folgen wir dem ausgeschilderten *Heideweg* (Feldweg) in die Mehlinger Heide. An der nächsten Wegkreuzung gehen wir 50 m nach rechts, dann erneut rechts auf dem unterhalb der Schotterstraße verlaufenden Sandweg weiter. Auf der Fußgängerbrücke überqueren wir links die Autobahn A 63 und wandern geradeaus auf der *Eule* durch den Wald. An der nächsten Abzweigung gelangen wir rechts auf die Heidehochebene. Am Weg stehen Erklärungstafeln und links haben wir von

Der Hochfels – ein Menhir aus der Steinzeit?

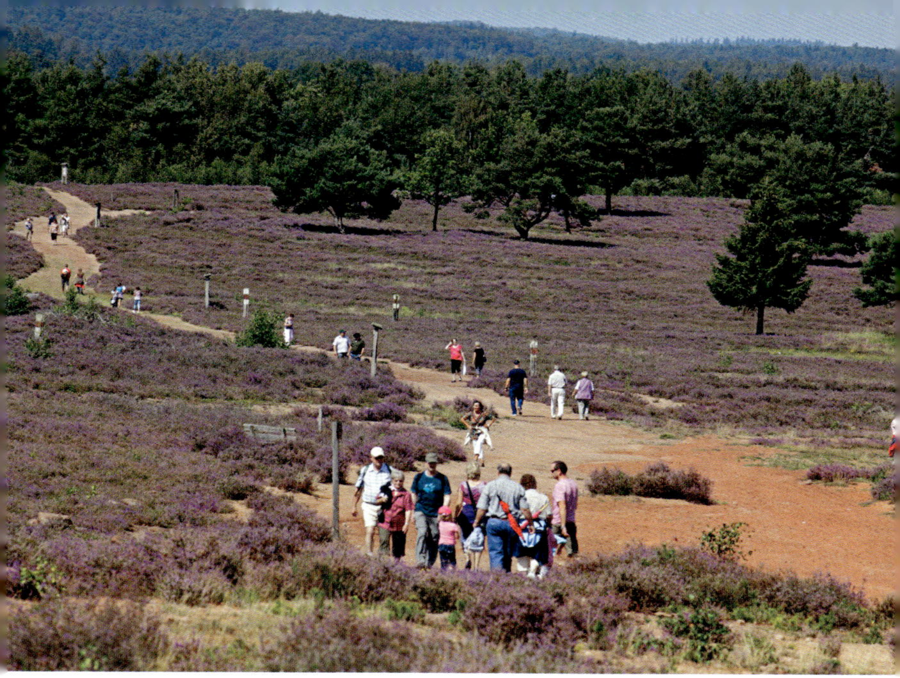

In der Mehlinger Heide.

dem kleinen Pavillon eine herrliche Aussicht über die ganze Heide. Wir gehen an dem Pavillon vorbei und folgen dem sandigen Weg durch die Heide. Am Ende der **Heidefläche** ❷ verlassen wir den *Heideweg* und gehen geradeaus durch den Wald. Am Ende des **Naturschutzgebiets** ❸ führt uns der Waldweg links bis zur nächsten Abzweigung. Dort biegen wir nach rechts ab und gehen 50 m weiter links über den 368 m hohen Eichelberg. Auf dem Berg halten wir uns an der **Weggabelung** ❹ links und gehen kurz darauf bergab. Nach dem Abstieg vom Berg wandern wir auf der Schotterstraße links weiter bergab. Im Tal biegen wir beim Rettungspunkt 6512-325 nach rechts ab und gehen danach an der ersten Abzweigung rechts hinauf zum **Hochfels** ❺ auf dem Gersweiler Kopf. Dieser Hochfelsweg ist mit einem *blauen Auge* markiert; unterwegs kreuzen wir eine Forststraße. Beim Hochfels könnte es sich um einen bearbeiteten Menhir aus der Steinzeit handeln, dessen horizontale Deckplatte einstürzte und zwischen zwei seitlichen Felsplatten eingeklemmt wurde. Unterhalb des Felsblocks wandern wir auf der Forststraße und dem *blauen Auge* rechts und dann immer geradeaus weiter, wobei wir auf den *roten Strich* treffen. An der **Weggabelung** ❻ beim

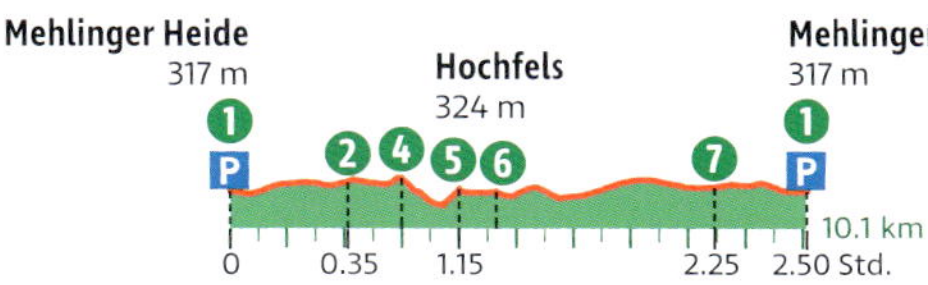

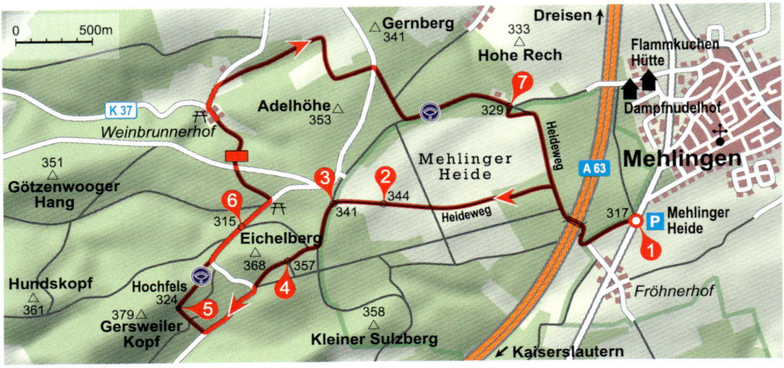

Markierungspfosten der Ferngasleitung verlassen wir das *blaue Auge* und folgen der Forststraße (*roter Strich*) geradeaus zur nächsten Wegkreuzung beim Rettungspunkt 6512-324 (Rastplatz). Hier gehen wir links und danach immer geradeaus dem *roten Strich* folgend zum ausgeschilderten Weinbrunnerhof. Dort gehen wir links durch das Gehöft und erreichen bei dem alten Mühlstein (Rastplatz) die Straße K *37*. Auf dieser gehen wir rechts und biegen nach 100 m rechts auf den Feldweg ab (Markierung *Hinkelsteinweg*). Nach 900 m halten wir uns am Waldrand erneut rechts, verlassen den *Hinkelsteinweg* und folgen nach dem kurzen Waldstück der nächsten Forststraße 300 m nach links. Hier gehen wir 30 m rechts, dann links auf dem Waldweg weiter. Geradeaus überqueren wir auf den nächsten knapp 500 m zwei Forststraßen und treffen beim eingezäunten Wasserreservoir am Waldrand wieder auf das blaue Auge des *Hochfelswegs*. Dieser Markierung folgen wir nun auf der geschotterten Forststraße nach links und an der nächsten nach rechts. Am **Waldrand 7**, wo wir links die Stromleitung sehen, verlassen wir die Markierung und wandern rechts auf der *Eule* in die Heide. Am Ende des kleinen Wäldchens geht es links auf dem breiten Sandweg weiter. Nun sind wir wieder auf dem *Heideweg* unterwegs, der uns zum Aussichtspavillon führt. Von dort gelangen wir auf dem Hinweg zurück zum **Parkplatz 1**.

Flammkuchen Hütte

Familie Becker bietet in ihrem gemütlichen Lokal mit dem schönen Biergarten am Rand der Mehlinger Heide Pfälzer Gerichte und als besondere Spezialität viele Flammkuchen-Variationen an. Ganzjährig geöffnet, Mo. und Di. Ruhetage, Mi.–Fr. 12–14 Uhr und 18–22 Uhr, Sa. 18–22 Uhr, So. 12–21 Uhr. www.flammkuchen-huette.de, An der Heide 3, Mehlingen, Tel. +49 6303 8090080.

Pfälzer Dampfnudelhof

Platz nehmen in der Lounge (Biergarten) zwischen Palmen und Olivenbäumen und das Gefühl von Urlaub spüren. Dazu einen Secco oder ein Glas Pfälzer Wein trinken und eine Dampfnudel mit Vanille- oder Weinsoße oder eine Kartoffelsuppe genießen. Geöffnet Mi.–So. 12–18 Uhr, www.pfaelzer-dampfnudelhof.de, An der Heide 15, Mehlingen, Tel. +49 15140400823.

Waldwanderung um Otterberg

Ein Stück auf dem Pfälzer Jakobsweg

2.00 Std. | 7,5 km | ↗ 120 m | ↘ 120 m

Der Einzug der Mönche und eine historische Altstadt

Otterberg liegt nördlich von Kaiserslautern in der Talaue des Otterbachs. Graf Siegfried von Boyneburg-Northeim stiftete 1143 bei der Otterburg ein Kloster, das von Zisterziensermönchen aus dem Kloster Eberbach erbaut wurde. 1168 begann der Bau der Klosteranlage im Tal des Otterbachs, 1254 wurde die Abteikirche nach 86 Jahren Bauzeit geweiht. 1561 erfolgte die Auflösung des Klosters. 1579 wurde die verlassene Klosteranlage an wallonische Glaubensflüchtlinge übergeben. Diese gründeten auf den Fundamenten des Klosters den Ort Otterberg, der zwei Jahre später von Pfalzgraf Johann Casimir die Stadtrechte verliehen bekam. Erhalten geblieben ist die große Abteikirche mit der prächtigen »Großen Rosette« über dem Eingangsportal. Sie ist nach dem Speyrer Dom der größte Sakralbau der Pfalz. Auf dem Kirchplatz hat der Bildhauer Richard Menges die historischen Ereignisse auf einem Brunnenstein dargestellt: Die eine Seite zeigt den Einzug der zwölf Zisterziensermönche in die Otterburg im Jahr 1145, die andere den Einzug der Wallonen im Jahr 1579.

Ausgangspunkt: Parkplatz an der Johannisstraße oberhalb der Abteikirche in Otterberg. Bushaltestelle im Ort.
Anforderungen: Gering, überwiegend Waldwege.
Kinder: Die Tour ist mit Kindern gut zu gehen.
Tipp: Die alte Schmiede Theis in Otterberg (Kirchstraße 15) kann jeden 1. Samstag im Monat 15–17 Uhr besichtigt werden. Sie wurde 1612 erbaut und 1792 von dem Schmiedemeister und Namensgeber Friedrich Theis übernommen. Über sieben Generationen befand sie sich im Besitz der Familie und war bis 1980 in Betrieb. 1997 wurde darin ein Hufschmiedemuseum eingerichtet.

Relief im Brunnenstein auf dem Kirchplatz in Otterberg.

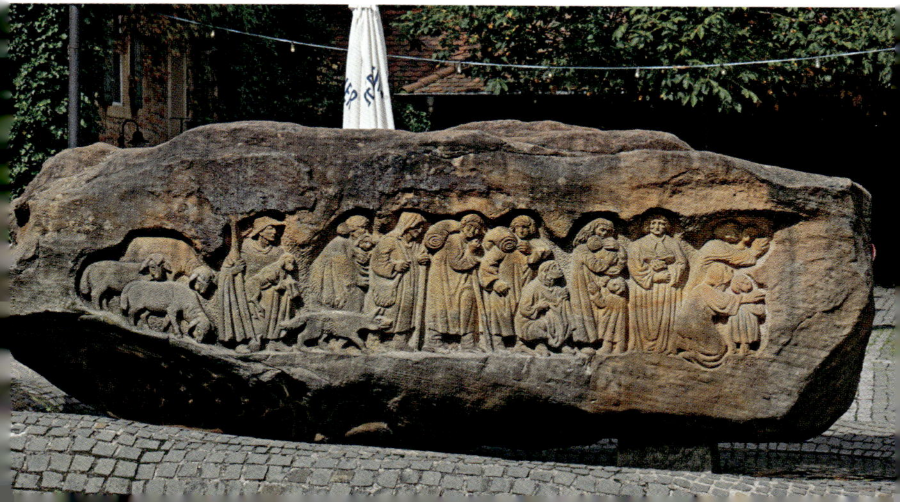

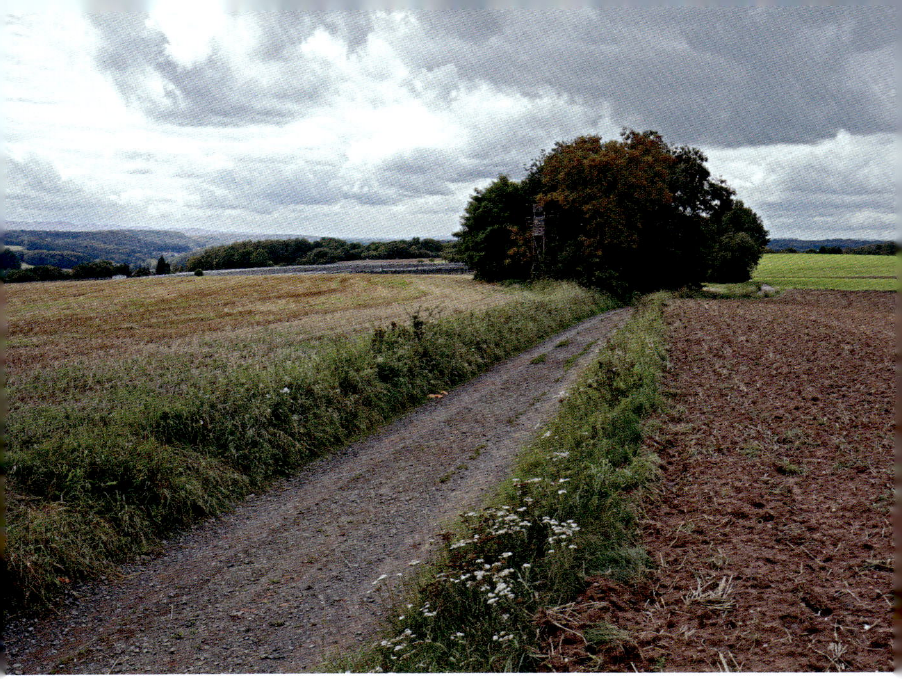

Höhenweg über die Felder auf dem Großen Frohnberg bei Otterberg.

In Otterberg gehen wir vom **Parkplatz ❶** oberhalb der Abteikirche auf dem roten Sandweg (*grün-gelber Strich*) zwischen den Schrebergärten und dem Otterbach entlang. Am Ende des Wegs gehen wir vor dem Schilfgebiet rechts und nach 50 m links weiter durch das Bachtal zum Schwimmbad. Hier können wir im geschichtsträchtigen Wallonenhof mit seinem großen Biergarten einkehren. Wir gehen links an der Gaststätte vorbei und in der Straßenbiegung geradeaus den Waldweg hinauf. Hoch über dem Otterbach wandern wir nun auf dem *grün-gelben Strich* durch das bewaldete Tal. Am Friedhof beim **Drehenthalerhof ❷** treffen wir auf den *roten Strich*; dieser Markierung folgen wir rechts auf der geschotterten Forststraße durch den Wald. Nach 500 m verlassen wir an einer **Gabelung ❸** die Forststraße und wandern links auf dem Waldweg immer geradeaus bis zum **Waldrand ❹**. Dort verlas-

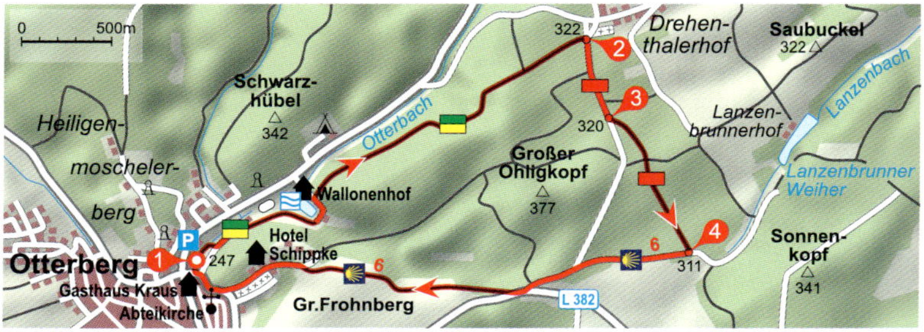

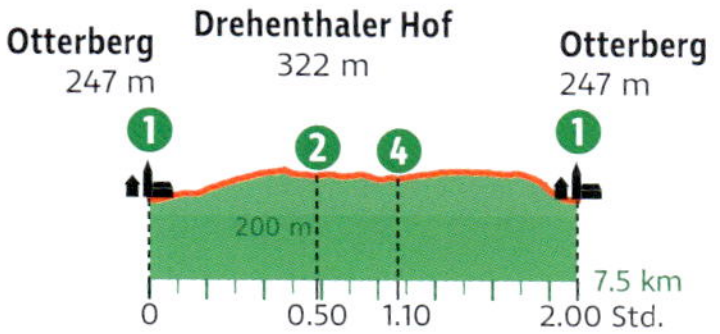

sen wir den *roten Strich*, orientieren uns am *Rundwanderweg 6* und der *Jakobsmuschel* und gehen rechts auf der Forststraße am Waldrand und der Hochspannungsleitung entlang. Nach 500 m halten wir uns an der Weggabelung schwach rechts, berühren kurz die Straße *L 382*, gehen unter der Hochspannungsleitung hindurch und geradeaus weiter an dieser entlang. Auf einem aussichtsreichen Höhenweg wandern wir dann über den Großen Frohnberg und gehen am Ende des Feldwegs *Am Schlossberg* links bergab, vorbei am Hotel Schippke. Am Friedhof erreichen wir dann wieder Otterberg, wo wir rechts auf der *Johannisstraße* zurück zum **Parkplatz 1** gelangen.

Wer möchte, kann jetzt noch einen Rundgang (1,2 km) durch den historischen Ortskern von Otterberg machen. Dieser ist ab dem Kirchplatz mit dem Logo eines Eichhörnchens ausgeschildert. Er führt uns zunächst von der Abteikirche auf der Kirchstraße an der alten Schmiede Theis und am Erbsenbrunnen vorbei zum 1779 erbauten Haus Jörg. Entlang der Hauptstraße geht es zurück zum Kirchplatz und dort geradeaus weiter. Wir kommen an der Alten Apotheke (1608), dem Ferkelschen Haus (1606), dem Marktbrunnen und dem Haus Binoth (1611) vorbei zum alten Stadthaus (1753), in dem sich die Tourist-Info befindet. Vor dem Schlösschen gelangen wir links auf dem Krankenpfad an der Stadtmauer entlang zur Engelschen Mühle (1663). Danach führen uns die Mühlstraße, die Klosterstraße, die Gerberstraße und die Lutherstraße zum Blauen Haus (1612) und zurück zum Kirchplatz.

Das Hufschmiedemuseum in der alten Schmiede.

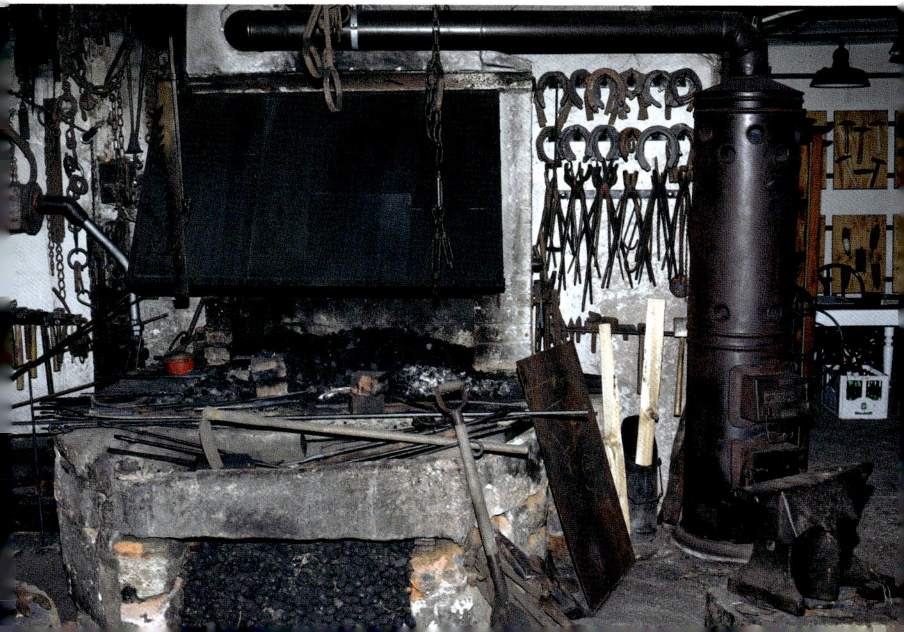

Hotel-Wallonenhof

Das Haus soll einmal die Gartenvilla des Bankiers Karl Karcher gewesen sein, der sie 1893 in Kaiserslautern erbauen ließ. Seit 1934 steht sie originalgetreu wiederaufgebaut am Schwimmbad. Sehenswert ist der Festsaal mit seinen bemalten Glasfenstern. Die Gaststätte wird heute von dem Ehepaar Mona (Hotelfachfrau) und Benjamin Wolter (gelernter Koch) geführt, die einige Jahre lang in gehobenen Hotels in Australien und Österreich Erfahrung sammelten, die sie nun in ihrem Restaurant in besondere Gerichte umsetzen: Spargel mit Kalbsfilet und Kartoffelbaumkuchen, Cordon bleu vom Duroc-Schwein, gefüllt mit Serrano-Schinken und Käse aus der Franche-Comté stehen auf der Speisekarte. Geöffnet Mo., Do., Sa. und So. ab 17.30 Uhr, So. auch 12–15 Uhr. www.wallonenhof.de, Schwimmbad 1, Otterberg, Tel. +49 6301 6010333.

Hotel Schippke

Schnitzel, Steaks, Fisch, vegetarische Küche und mehr, mit Biergarten. Geöffnet Mo.–Sa. ab 17 Uhr, So. 11–14 Uhr. www.hotel-schippke.de, Schlossberg 5, Otterberg, Tel. +49 63011205.

Restaurant Blaues Haus

Italienische, französische und deutsche Alltagsgerichte wie Pizza, Flammkuchen, Nudeln, Schnitzel, Steaks und Fisch stehen auf der Speisekarte des Restaurants, das unabhängig vom Hotel Blaues Haus geführt wird. Geöffnet Di.–Fr. 12–15 Uhr und ab 17 Uhr, Sa ab 17 Uhr, So ab 12 Uhr. Kirchstraße 2, Otterberg, Tel. +49 6301 3890605.

Gasthaus-Metzgerei Kraus

Die alteingesessene Gaststätte wird auch Zur Jakobslust genannt. Sie befindet sich seit über hundert Jahren im Besitz der Familie Kraus und wird als Familienbetrieb geführt. Die Liebe zum Kochen merkt man bei den leckeren und bodenständigen Gerichten des gastlichen Hauses. Geöffnet Mi.–So. 12–14 Uhr und 17.30–21 Uhr, Johannisstraße 6, Otterberg, Tel. +49 6301 31977, www.metzgerei-kraus.com.

Restaurant Alte Apotheke

Die Alte Apotheke wurde 1608 von dem Gerber David Gille Anthoine auf den Grundmauern des Zisterzienserklosters erbaut. Es ist das älteste Fachwerkständerhaus der Pfalz. Von 1814 bis 1966 befand sich darin eine Apotheke. Im Ambiente des Klosterstübchens mit seinen Wandmalereien fühlt man sich ins 17. Jahrhundert zurückversetzt. Sehenswert ist auch der Apothekersaal, der Festsaal des Hauses, und auf der italienisch anmutenden Piazza Luisa gibt es 20 Sitzplätze im Freien. Geöffnet Mi.–Fr. ab 18 Uhr. Jeden 1. Sa. im Monat gibt es 10–14 Uhr Dampfnudeln und jeden 1. So. im Monat 9–18 Uhr Frühstück und hausgemachten Kuchen. Hauptstraße 61, Otterberg, www.alte-apotheke-otterberg.de, Tel. +49 6301 7987550.

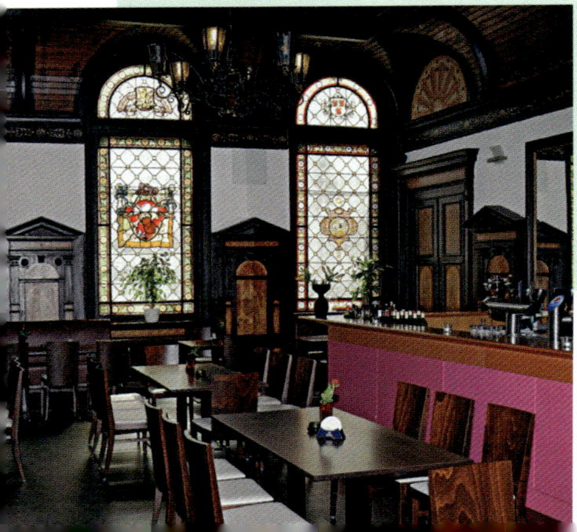

Links: Prächtige Glasfenster schmücken die Gaststube des Wallonenhofs. Rechts: Das Blaue Haus in Otterberg.

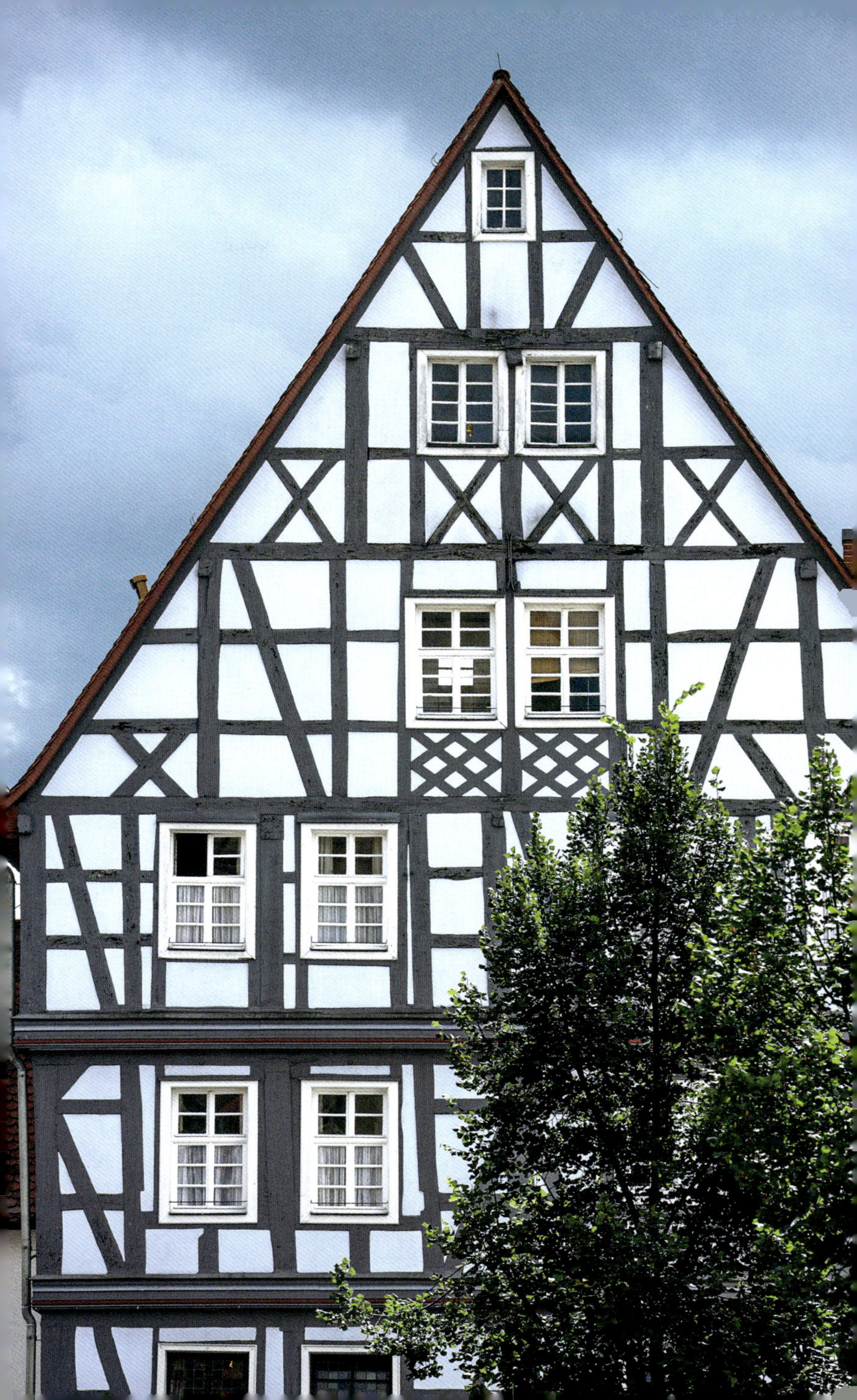

Stichwortverzeichnis

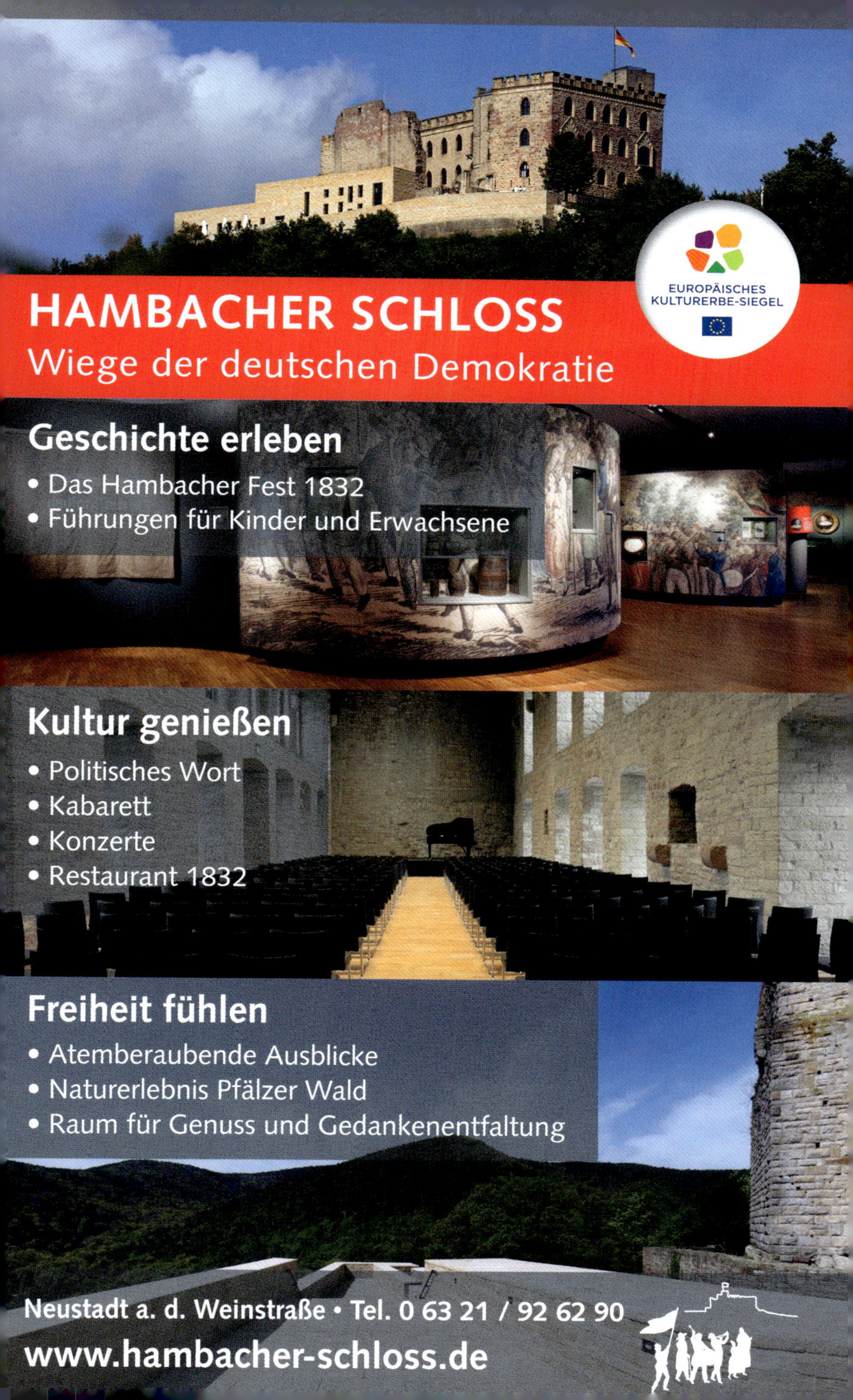

EUROPÄISCHES KULTURERBE-SIEGEL
HAMBACHER SCHLOSS
Wiege der deutschen Demokratie
Geschichte erleben
• Das Hambacher Fest 1832
• Führungen für Kinder und Erwachsene
Kultur genießen
• Politisches Wort
• Kabarett
• Konzerte
• Restaurant 1832
Freiheit fühlen
• Atemberaubende Ausblicke
• Naturerlebnis Pfälzer Wald
• Raum für Genuss und Gedankenentfaltung
Neustadt a. d. Weinstraße • Tel. 0 63 21 / 92 62 90
www.hambacher-schloss.de

Impressum

Umschlagbild: Einkehr auf der Wachtenburg (Tour 9).
Bild im Innentitel: Burg Altdahn im südlichen Pfälzerwald (Tour 31).
Bild Seite 22/23: Das Hambacher Schloss bei Neustadt an der Weinstraße (Tour 14).
Alle Fotos vom Autor.

Kartografie: 50 Wanderkärtchen im Maßstab 1:50.000 © Bergverlag Rother GmbH, München (gezeichnet von Barbara Häring und Martina Rieger, Gröbenzell) sowie 2 Übersichtskärtchen im Maßstab 1:400.000 und 1:700.000 © Freytag & Berndt, Wien

Der Autor:
Jörg-Thomas Titz ist promovierter Naturwissenschaftler, Buchautor und Fotograf (TIPHO Fotografie und Text). Er ist im Pfälzerwaldverein aktiv und Vorstandsmitglied beim NABU Eisenberg/Leiningerland, einer Naturschutz-Organisation. Der Autor hat im Rother Bergverlag bereits mehrere Wanderbücher veröffentlicht. Er bedankt sich ganz herzlich bei seiner Frau Annette Wolpert, die ihn tatkräftig unterstützt und auf den Wanderungen begleitet.

4., aktualisierte Auflage 2023

ISBN 978-3-7633-3391-2

MIX
Papier aus verantwortungsvollen Quellen
FSC® C021956

Wir freuen uns über jeden Korrekturhinweis zu diesem Wanderbuch!
Bitte per E-Mail an: **leserzuschrift@rother.de**

ROTHER BERGVERLAG · Keltenring 17 · D-82041 Oberhaching
Tel. +49 89 608669-0 · rother.de